한국사상선 9

정제두
이충익
심대윤

참된 마음의 공부길

한국사상선 9

정제두
이충익
심대윤

심경호 편저

참된 마음의
공부길

창비
Changbi Publishers

창비 한국사상선 간행의 말

　나날이 발전하는 세상을 약속하던 자본주의가 반문명적 본색을 여지없이 드러내며 다수의 삶을 고통으로 몰아간 지 오래다. 이제는 인간 문명의 기본 터전인 지구 생태를 거세게 위협하는 시대에 이르렀다. 결국 세상의 종말이 닥친다 해도 놀랄 수 없는 시대의 위태로움이 전에 없던 문명적 대전환을 요구한다는 각성에서 창비 한국사상선의 기획은 시작되었다. '전환'이라는 강력하게 실천적인 과제는 우리 모두에게 다른 삶의 전망과 지침이 필요하며 전망과 지침으로 살아 작동할 사상이 절실함을 뜻한다. 그런 사상을 향한 다급하고 간절한 요청에 공명하려는 기획으로서, 창비 한국사상선은 한국사상이라는 분야를 요령 있게 소개하거나 새롭게 정비하는 평시적 작업을 넘어 어떤 비상한 대책이기를 열망하며 구상되었다.

　사상을 향한 요청이 반드시 '한국사상'으로 향할 이유가 되는지 반문하는 이들도 있을지 모른다. 사상이라고 하면 플라톤 같은 유구한 이름으로 시작하여 무수히 재해석된 쟁쟁한 인물과 계보로 가득한 서구사상을 으레 떠올리기 때문이다. 우리가 겪는 위기가 행성 전체에 걸친 것이라면 늘 그래왔듯 서구의 누군가가 자기네 사상전통에 기대 무언가 이야기하지 않았을까, 그런 것들을 찾아보는 편이 더 효율적이지 않을까 하는 생각은 사실 오래된 습관이다. 더욱이 '한국사상'이라는 표현 자체가 많은 독자들에게 꽤 낯설게 느껴질 법하다. 한국의 유교사상이라거나 한국의 불교사상 같은 분류는 이따금 듣게 되지만 그 경우는 유교사상이나 불교사상의 지역적 분화라는 인상이 강하다. 한국사상이 변모하고 확장하면서 갖게 된 유교적인 또는 불교적인 양상으로 이해하는 방식은 익숙지 않을 것이기에 '한국사상'에 대한 우리의 공통감각은 여전히 흐릿하다고 말할 수 있다.

하지만 이런 사정이야말로 창비 한국사상선 발간의 또 다른 동력이다. 서구사상은 오랜 시간 구축한 단단한 상호참조체계를 바탕으로 세계 지성계에서 압도적 발언권을 유지하는 한편 오늘날의 위기에 관해서도 이런저런 인식의 '전회turn'라는 형식으로 대응하고 있다. 그럼에도 그 위상의 이면에 강고한 배타성과 편견이 작동하고 있음을 지적하는 목소리가 높다. 무엇보다 지금 이곳 — 그리고 지구의 또 다른 여러 곳 — 의 경험이 그들의 셈법에 들어 있지 않고 따라서 그 경험이 빚어낸 사상적 성과 역시 반영되지 않는다는 느낌은 갈수록 커져왔다. 서구사상에서 점점 빈번해지는 여러 전회들이 결국 그들 나름의 뚜렷한 한계 안에서 이루어지는 뒤집기 또는 공중제비에 불과하다는 인상도 지우기 어렵다. 정치, 경제, 문화 등 여러 부문에서 그렇듯이 이제 사상에서도 서구가 가진 위상은 돌이킬 수 없이 상대화되고 보편의 자리는 진실로 대안에 값하는 사상을 향한 열린 분투에 맡겨졌다.

그런가 하면 '한국적인 것' 일반은 K라는 수식어구를 동반하며 부쩍 세계적 이목을 끌고 있다. K의 부상은 유행에 민감한 대중문화에서 시작되어서인지 하나의 파도처럼 몰려와 해변을 적셨다가 곧이어 다른 파도에 밀려가리라 생각되기도 한다. '한류'라는 지칭에 집약된 이 비유는 숱한 파도가 오고 가도 해변은 변치 않는다는 암묵적 전제에 갇혀 있지만, 음악이든 드라마든 이만큼의 세계적 반향을 일으킨다면 해당 분야의 역사를 다시 쓰면서 더 항구적인 영향을 남길 수 있다고 평가받아야 한다. 중요한 것은 이제 한국적인 것이 무시 못 할 세계적 발언권을 획득하면서 단순히 어떻게 들리게 할까가 아니라 무엇을 말할까에 집중할 수 있게 된 점이다. 대중문화에 이어 한국문학이 느리지만 묵직하게 존재감을 발하는 이 시점이 한국사상이 전지구적 과제를 향해 독자적 목소리를 보태기에 더없이 적절한지 모른다.

그러기 위해 한국사상은 스스로를 호명하고 가다듬는 작업을 함께 진행해야 한다. 이름 자체의 낯섦에서 알 수 있듯 한국사상은 그저 우리 역사에 존재했던 여러 사상가들의 사유들을 총합하는 무엇이 아니라 상당 정도로 새로이 구성해야 하는 무엇에 가깝다. 창비 한국사상선은 문명전환을 이룰 대안사상의 모색이라는 과제를 중심으로 이 작업에 임하고자 했는데, 이는 거꾸로 바로 그런 모색이 실제로 한국사상의 면면한 바탕임을 발견하는 과정이기도 했다. 여기 실린 사상가들의 사유에는 역사와 현실을 탐문하며 새로운 삶의 보편적 비전을 구현하려 한 강도 높은 실천성, 그리고 주어진 사회의 시스템을 변혁하는 일과 개개인의 마음을 닦는 일이 진리에 속하는 과업으로서 단일한 도정이라는 깨달음이 깊이 새겨져 있다. 이 점은 오늘날 한국사상의 구성과 전승이 어떤 방식으로 지속되어야 할지 일러준다. 아직은 우리 자신에게조차 '가난한 노래의 씨'로 놓인 이 사유들을 참조하고 재해석하면서 위태로운 세계의 '광야'를 건널 지구적 자원이자 자기 삶의 실질적 영감으로 부단히 활용하는 실천을 통해 비로소 한국사상의 역량은 온전히 발휘될 것이다.

창비 한국사상선이 사상가들의 핵심저작을 직접 제공하는 데 주력한 이유도 여기에 있다. 학구적 관심이 아니라도 누구든 삶과 세계에 대해 사유하고 발언할 때 펼쳐 인용하고 되새기는 장면을 그려본 구성이다. 이제껏 칸트와 헤겔을 따오고 맑스와 니체, 푸꼬와 데리다를 언급했던 만큼이나 가까이 두고 자주 들춰보는 공통 교양서가 되기를 기대한다. 그러기 위해 원문의 의도를 훼손하지 않는 범위에서 되도록 오늘날의 언어에 가깝게 풀어 싣고자 노력했다. 핵심저작 앞에 실린 편자의 서문은 해당 사상가의 사유를 개관하며 입문의 장벽을 낮추는 역할에 더하여, 덜 주목받은 면을 조명하고 새로운 관점을 보탬으로써 독자들의 시야를 넓혀 각자 또 다른 해석자가 되도록 고무한다. 부록과 연보는 사상가를 둘러싼 당대적·세계적 문맥을 더 면밀히 읽는 데 도움이 되고자 한다.

사상선 각권이 개별 사상가의 전체 저작에서 중요한 일부를 추릴 수밖에 없었듯 전체적으로도 총 30권으로 기획되었기에 어쩔 수 없이 선별적이다. 시기도 조선시대부터로 제한했다. 그러다 보니 신라의 원효나 최치원같이 여전히 사상가로서 생명을 지녔을뿐더러 어떤 의미로 한국적 사상의 원류에 해당하는 분들과 고려시대의 중요 사상가들이 제외되었다. 또 조선시대의 특성상 유교사상이 지나치게 큰 비중을 차지한 느낌도 없지 않을 것이다. 하지만 조선의 유학 자체가 송학 내지 신유학의 단순한 이식이 아니라 중국에서 실현된 바 없는 독특한 유교국가를 만들려는 세계사적 실험이었거니와, 이 시대의 사상가들이 각기 자기 나름으로 유·불·선 회통이라는 한반도 특유의 사상적 기획에 기여하고자 했음이 이 선집을 통해 드러나리라 믿는다.

조선시대 이전이 제외된 대신 사상선집에서 곧잘 소홀히 되는 20세기 후반까지 포함하며 이제껏 사상가로 이야기되지 않던 문인, 정치인, 종교인을 다수 망라한 점도 본서의 자랑이다. 한번에 열권씩 발행하되 전부를 시대순으로 간행하기보다 1~5권과 16~20권을 1차로 배본하는 등 발간 방식에서도 20세기가 너무 뒤로 밀리지 않게 배려했다. 1권 정도전에서 시작하여 30권 김대중으로 마무리되는 구성에 1인 단독집만이 아니라 2, 3, 4인 합집을 배치하여 선별의 아쉬움도 최대한 보충하고자 했으나, 사상가들의 목록은 당연히 완결된 것이 아니고 추후 보완작업을 기대해야 한다. 그럼에도 이 사상선을 하나의 '정전'으로 세우고자 했음을 굳이 숨기고 싶지 않다. 다만 모든 정전의 운명이 그렇듯 깨어지고 수정되고 다시 세워지는 굴곡이야말로 한국사상의 생애주기에 꼭 필요한 일이다. 아니, 창비 한국사상선 자체가 정전 파괴와 쇄신의 정신까지 담고 있음에 주목해주시기를 바란다. 특히 수운 최제우와 소태산 박중빈 같은 한반도가 낳은 개벽사상가를 중요하게 배치한 점은 사상선의 고유한 취지를 한층 부각해주리라 기대한다.

창비 한국사상선은 1966년 창간 이래 60년 가까이 한국학에 남다른 관심을 기울여온 계간 『창작과비평』, 그리고 '독자와 함께 더 나은 세상을' 꿈꾸어온 도서출판 창비의 의지와 노력이 맺은 결실이다. 문명적 대전환에 기여할 사상, 그런 의미에서 단순히 개혁적이기보다 개벽적이라 불러야 할 사상에 의미 있는 보탬이 되고 대항담론에 그치지 않는 대안담론으로서 한국사상이 갖는 잠재성을 세계의 다른 구성원들과 공유하는 계기가 된다면 더없는 보람일 것이다. 오직 함께하는 일로서만 가능한 이 사상적 실천에 독자 여러분의 많은 관심과 참여를 부탁드린다.

2024년 7월
창비 한국사상선 간행위원회 일동

차례

일러두기

1. 국립국어원 표기 규정을 따르되, 일부 표기에는 가독성과 당대의 맥락을 고려했다.
2. 각주는 모두 편저자의 것이고, 원주는【 】안에 표기했다.

정제두·이충익·심대윤의 '실기實己' 사상

정제두鄭齊斗가 왕양명王陽明의 심학心學을 연찬하고 61세 되던 1709년 (숙종 35) 강화도에 이주한 이후로 여러 문생들이 강화도에 결집하고 그 후 손과 그 문생의 후손들이 다시 상호 결연하여 이루어진 학파를 강화학파 라고 부른다.

강화학파는 18세기에 정통 교학이 현실 구원의 기능을 하지 못하고 편 협한 당론으로 굳어갈 때 정국과는 거리를 두었거나 정국에서 소외된 소 론少論 지식인들이 새로운 인간학을 추구하면서 성립했다. 그들은 양명학 의 사상을 참조하면서 내면의 순수 동기를 중시하는 실심실학實心實學을 주장하고, 인간존재의 물질적 조건인 신체를 통한 작위作爲의 의미를 탐색 했다. 그들은 조선 주자학의 핵심을 이루는 성리학이 '내성內省'과 '외왕 外王'의 일도연속一途連屬을 이념으로 삼은 것에 대해 회의했다. 조선 성리 학은 내성과 관련하여 심心의 문제를 탐색하여 인심人心과 도심道心의 이 원론을 수립하고 도심의 우위를 수시로 확인하는 경敬의 자세를 확인하는 한편, 외왕과 관련하여 경세의 책무를 자담自擔하는 실천을 강조한다. 하 지만 강화학파는 '내성'과 '외왕'의 무매개적인 종합이 가능하지 않다고 생각했다. 이것은 강화학파의 대부분이 정치에서 스스로를 소외시킨 일민逸民이거나 정치권력으로부터 강제적으로 소외당한 인물들이었다는 사실과 관련이 있다. 이들은 『대학』에서 말하는 팔조목의 단계별 층차적 실현 가능성에 대해 동의하지 않았고, 주희의 「대학장구서大學章句序」에서 당시의 군주를 군사君師(군주이자 스승)의 전형으로 건립하려고 했던 기획에 대해서도 동의하지 않았다. 강화학파는 인간 내면의 참된 본질을 우선 탐구하고, 생활세계의 현장 속에서 개인이 취할 주체적 행동에 더욱 관심을 두었다. 그것을 한마디로 표현하면, 자기 자신을 충실하게 만든다는 '실기實己'의 사상이자, '무자기毋自欺(스스로를 속이지 마라)'의 수시 점검을 스스로에게 부과하는 주체적 학문이다. 동시에 강화학파는 타자에 대한 순수한 연대의식을 확보하기 위해 '진성측달眞誠惻怛'의 감정적 결단을 중시했다. '무자기'와 '진성측달'의 성의誠意는 당위當爲의 이염성移染性, 고착성을 거부하는 실천의 형태이다. 그렇기에 강화학파는 양명학의 심학을 참조했지만 양명학을 회호回護하지 않았다.

강화학파에 대해서는 정인보鄭寅普의 『양명학연론陽明學演論』과 민영규閔泳珪의 「강화학 최후의 광경」이 그 계보를 밝힌 바 있다. 정인보는 일제 강점기에 민족 주체의식을 상실한 허학虛學에 대결하는 비판적 힘을 실심 실학에서 찾았다. 민영규는 18세기 이후에 대두된 진보적 학풍인 실학의 흐름 속에 공리주의적 성향과는 달리 내면의 가치에 우선 주목하는 실심 실학의 계보가 있다는 사실을 부각시켰다. 정인보는 강화학파라는 명칭을 사용하지 않았다. 하지만 조선 후기의 양명학 전개 상황을 개괄하면서 강화학파에 속한다고 말할 수 있는 인물들의 사유와 지적 탐색에 큰 비중을 두었다. 이후 민영규는 정인보가 서술한 양명학의 전개에서 특별히 학맥을 이룬 일파를 강화학파라고 명명하여 그들의 계보를 정리하되, 그들의 근본 사상이 양명학으로 수렴하는 것은 아니며 실학의 조류 가운데 실심 실학의 맥을 새로이 형성했다고 보았다.

일반적으로 學science이 성립하려면 완결된 규모의 학적 체계가 객관적으로 성립하여 그 학적 체계가 당대의 검증을 거치고 후대에 재확인되어야 한다. 강화학파의 경우 이 두 조건과 관련하여 정론이 마련되어 있지 않다. 다만 최근의 여러 자료들이 속속 발견되어 그 학파의 학문 성격이 구명되어가는 한편, 사승師承(스승에게 학문을 이어받음) 관계를 통해 핵심 강령이 전승된 사실이 확인되고 있다.

정제두 이후 강화학파가 성립하기 이전인 16세기의 남언경南彦經과 17세기 최명길崔鳴吉은 양명학을 수용했지만 조선의 사상 풍토에 학파를 형성하지는 못했다. 18세기 강화학파의 실심실학은 소론의 가계를 통해서 계승되었다. 즉, 연일정씨 정제두 가계, 전주이씨 덕천군파德泉君派 이광사李匡師·이광신李匡臣·이광려李匡呂·이긍익李肯翊·이영익李令翊·이충익李忠翊·이면백李勉伯·이시원李是遠·이건창李建昌 가계, 평산신씨 신대우申大羽·신작申綽·신현申絢 가계, 청송심씨 심육沈錥·심대윤沈大允 가계, 풍산홍씨 홍양호洪良浩 가계, 동래정씨 정동유鄭東愈·정인보鄭寅普 가계 등이다. 방계로 유희柳僖를 들 수 있다.

강화학파의 학인들은 윤리 주체로서의 인간 자신의 양심을 믿고 현실생활에서 실천하고자 했다. 당시 정통 교학인 도학道學은 본연의 모습을 잃어가고 있었다. 본래 도학은 인간과 자연을 바라보는 심오한 시선을 제공하고 인간과 사회를 구원하기 위한 이념으로 기능했다. 즉, 17세기 중엽 이후 동아시아 지역의 민족·지역·문화의 고립적 안정 구조가 붕괴될 때 조선이 그 스스로의 정치경제와 문화학술의 정체성을 확인하고 통합할 수 있도록 하는 역할을 수행했다. 하지만 18세기에 이르러 도학자들은 배타적 당파를 이루어 국시國是를 내걸고 반대당을 극렬하게 공격하는 풍조를 드러내었다. 이러한 시기에 강화학파 학인들은 당론에 이용당하는 도학을 허학으로 규정하고 '실기實己'의 실학實學을 모색했다.

정제두는 성리설이 지배적 담론으로 확립되어가던 상황에서 그 설이 인간의 도덕적 실천과 지적 활동을 모두 포괄할 수는 없다는 인식에서 왕양명의 양지설良知說을 받아들여 인간의 마음을 직관하고, 윤리적 보편이념과 사물의 개별자에 편재하는 이理의 차별성에 주목했다. 그리고 "예악禮樂과 형정刑政은 성인이 되는 공부에 관계되지 않는다"고 분명히 말했다. 인간이라면 본연의 양심을 지켜 누구나 '빛나는 몸'을 지닌 주체로서 우주 간에 설 수 있다는 인식이 바탕에 깔려 있다.

이충익은 「군자지과설君子之過說」과 「가설假說」 상·하에서 가사假事와 가도학假道學의 가습假習을 비판했다. '가假'란 본래 자신의 내부에 있지 않았던 이념·사상을 빌려 와 마치 자신의 고유한 가치 개념인 듯이 포장하고, 타인을 압박하고 스스로의 우월성을 입증하는 논리로 사용하는 것을 말한다. 본래 『맹자』에서 인의仁義의 강령을 빌려 패권을 주장하는 패도覇道를 비판할 때 사용한 말이다. 이충익의 글은 표면적으로는 경학설經學說(사서오경에 대한 해설)의 논변 형태를 취했지만, 사실상 강화학파의 정치 학문상의 강령이었다고 볼 수 있다. 즉, 이충익은 특정한 당파가 대덕大德을 갖추지 않고서, 내면에 체득하지도 않은 인의에 가탁하여 자신들의 행동을 인의에 부합한다고 정당화하는 것은 불인불의不仁不義보다도 현실의 가치 구조를 더욱 훼손시키는 행위라고 비판했다. 그리고 가假를 오랫동안 참으로 여겨 거짓 행동에 익숙해지는 가습假習 때문에 인의의 도가 끊어질 위기를 구하기 위해서는 자심自心인 양지良知를 존중해야 한다고 주장했다. 이충익은 여기서 왕양명의 양지 개념을 활용하되, 양명학이 마음의 무한한 자율성으로 나아가지 않도록 유의했다. 또한 사유의 출발에서는 괄호 속에 넣어두었던 당대 현실의 병폐를 구원하는 문제를 환기하고 그 개념을 실천적 의미로 활용했다. 한편 심대윤에 이르러서는 인간의 몸이 '묘리가 무궁하다'는 사실에 주목하고 인체의 각 부분이 신비로운 기관으로서 하나의 고도한 기제機制를 형성하여 미물微物과 차별된다는 사실에 주목했다. 그리고 인간이 몸을 통해 생활세계 내에서 수행하는 노동의 가치를 중시했으며, 인간과 인간의 연대의식에 무한한 의미를 부여했다.

사실, 이른바 실학파의 학자로 분류되는 이익李瀷(1681~1763)의 경우, 『성호사설星湖僿說』에서 일리一理보다도 분수分殊(이치〔一理〕가 개별 사물들에 다양한 형태로 나타남)의 사실을 탐구했으며, 인간의 상성常性(일반 본성)을 전제하고 인심론과 윤리론을 전개하는 것을 수긍하지 않았다. 이익은 경학의 세계가 모두 보편적 인간의 본성 탐구와 관련이 있는 것이 아니라는 사실을 조선 사상사에서 처음으로 제기했다. 이를테면 『주역』 가운데 '효제孝弟'의 글자가 없는 사실에서 알 수 있듯이, 『주역』의 도는 '정사에 임하여 백성을 다스리는 의〔臨政治民之義〕'이고 여항의 돈독한 행실에 대의大意가 있지 않으며 역학이 조도자造道者의 공부 내용일 수 없다고 단언했다. 이것은 『논어집주』가 "『주역』을 배우면 길吉·흉凶·소消·장長의 이치와 진進·퇴退·존存·망亡의 이치를 알 수 있으므로 '큰 허물은 없으리라' 했다"라고 해서 학역學易의 의의를 명시한 것과 완전히 다르다. 같은 시기에 강화학파도 모든 경서의 본문을 일관된 논리로 해석할 수 있다고 보지 않고, 경서 각각, 경문 각각의 근저를 다각도로 탐구하기 시작했다.

강화학파는 양명학적 논리를 수용했지만 양명학을 고수하지 않았다. 강화학파의 비조鼻祖(시조) 정제두가 타계한 뒤, 일부 직전直傳(스승의 가르침을 직접 전해받음) 제자들은 양명학을 공공연하게 비판했다. 정제두의 저술을 최초로 정리한 심육沈錥은 양명학의 어떤 개념도 자신의 사유와 학술에 이용하지 않다. 일부 학인들은 양명학에서 '방종'의 우려를 읽어내고 양명학과 주자학을 절충하고자 시도했다. 이로써 강화학파는 여러 모습으로 전개했다. 다만 그들의 사상조류는 연계성을 지니고 있었다. 곧, 강화학파의 학자들은 정제두의 학문을 '위기지학爲己之學'이라고 부르고 그 가르침을 추억하면서, 실심實心을 확충하기 위한 '실기實己' 공부를 우선시했다. 그리고 실심의 주체의식을 토대로 민족과 현실생활의 문제를 주체의 관점에서 논했으며, 실심과 신체의 관계에 대해 주목하고 '진성측달'의 심정적 교류를 통해 인간과 인간의 연대로 나아가고자 했다.

강화학파의 여러 학자들은 교조적인 경학설을 비판하여 한문고전을 주체적으로 해석하고자 문체비평과 고거적考據的 방법을 도입했다. 고거적 방법이란 입론의 근거를 제시하여 논증하는 방식이다. 보편의 기성 관념이나 경전의 권위적 언설을 다시 확인하는 회호의 방식과는 완전히 다르다. 또한 그 방식은 청나라 고증학이 언어학을 토대로 경전이나 문헌의 어휘를 분석하는 실증적 태도와도 다르다. 이미 정제두는 심학과 이기설에 대해 논하는 한편으로 사서오경四書五經과 예학서禮學書를 명료하게 변증하고 그 내용을 차록箚錄(체계적으로 저술하는 것이 아니라 그때그때 기록함)했다. 역학과 관련해서는 상수학象數學(역학易學에서 의리를 논하기보다 상像과 수數를 도구로 삼아 인간현실과 우주자연의 변화 원리를 도식화하는 학문 방법)의 실천적 가치를 탐색했다.

그 후 이충익과 이영익은 『고문상서古文尚書』의 진위 문제를 토론했다. 신대우의 아들 신작申綽(1760~1825)은 문헌집성의 방법을 활용하여 『시』 『서』 『역』의 고훈詁訓을 정리하여 '삼차고三次故'(『시차고詩次故』『서차고書次故』『역차고易次故』)를 엮었다. 1919년에 조선총독부의 테라우찌 마사따께寺內正毅 총독은 조선이 경학이 주자학 일색인 상황에서 신작이 고주古注를 정리하여 『시차고』를 편성한 것을 매우 기이하게 여겨 석인본으로 간행하기까지 했다. 이 사실은 신작의 경학이 주자학의 본류와는 전혀 다른 계열이라는 사실을 간접적으로 말해준다. 신작은 해배解配 이후의 정약용丁若鏞과 깊이 교유했다. 정인보는 정약용을 경세가經世家로 규정하는 반면에 신작을 경학가經學家로 규정하고, 신작이 고주를 정리할 뿐이고 자기의 견해를 함부로 제시하지 않는 태도는 노자老子에 뿌리를 두는 '옛것으로 옛것을 정정한다(以古訂古)'의 방법이라고 정의한 바 있다. 정인보는 그 학술 사유 방법이 양명학적 사유와 어떤 관계에 있는지 설명하지는 않았다. 현재의 관점에서 보면, 그 방법은 양명학적 사유에서 유출되어 나온 것이 아니라, 강화학파의 발전 과정에서 허가虛假를 부정하는 태도가 학술사유에 착근한 결과라고 보아야 할 것이다. 신작의 아우 신현申絢은 정조가 규장각을 설립한 이후 젊은 문신들을 뽑아 학문에 매진하도록 하기 위해 특별 선발한 초계문신抄啓文臣으로서 당시의 학술 진흥에 협찬했다.

강화학파는 문언文言 한문의 문맥과 차별되는 한글의 창제 원리와 언어 환경의 특성을 고찰했다. 이미 정제두는 최석정崔錫鼎이 1678년(숙종 4) 저술했던 『경세정운經世正韻』을 비판적으로 검토하여 훈민정음학을 사실상 개화시켰다. 한문은 선진先秦 시대(춘추전국시대) 이래 정식 문헌에 사용하는 문언 어법이 중심을 이루지만, 생활언어의 어법을 따르는 시문(백화문), 불교경전이나 선어록 등에 사용하는 불교한문도 있다. 근대 이전의 한국에서는 문언어법의 서사書寫 규칙을 따르는 한문이 문자생활에서 중심 기능을 담당했고, 국가의 인재 등용 제도에서 가장 큰 비중을 차지한 과거 시험에서도 강제되었다. 이 문언 한문은 구어와는 전혀 다른 어법을 따랐으므로, 교육을 받지 못한 민중들은 문자 생활에서 이를 구사할 수가 없었고, 조기 교육을 받은 지식인들도 시문 창작은 물론 공사 간의 문서 작성에서 상당한 고통을 겪었다. 정제두를 이어 이광사는 「동국의 언해와 토를 논함[論東國諺解吐]」이란 논문에서 현토懸吐(한문에 다는 토)·언해에 관하여 논함으로써 국어학 및 고전문헌학의 분야를 개척했다. 이 분야의 학문은 이영익·이충익을 거쳐 정동유鄭東愈(1744~1808)·유희柳僖(1773~1837)로 이어졌다. 유희는 1824년에 『언문지諺文誌』를 저술했다. 한편 이충익은 1800년에 범어(산스크리트어) 진언眞言 사전인 『진언집眞言集』의 중간重刊에 간여했다.

강화학파는 정통 교학의 틀을 고수하지 않았을 뿐 아니라 정통 교학으로부터 배척받고 있던 사상까지 깊이 탐색하고 그 본지를 적극적으로 수용했다. 이충익은 『노자』의 왕필王弼 주석을 받아들여 『담로談老』를 남기고 「제물론편론齊物論篇論」을 저술했으며, 신작은 『노자지략老子旨略』을 집필했다. 이들은 노자의 이문異文을 검토하면서 장구章句를 풀이하며 주지

主旨를 재해석해서 실기實己의 이념을 읽어내고자 했다.

강화학파 학인들은 민족사의 연찬에서 볼만한 성과를 남겼다. 이긍익의 『연려실기술燃藜室記述』, 이면백李勉伯(1767~1830)의 『감서憨書』(실전)·『해동돈사海東惇史』(실전), 이시원李是遠(1790~1866)의 『국조문헌國朝文獻』, 이건창李建昌(1852~98)의 『당의통략黨議通略』 등이 그 대표적인 예다.

이광사는 윤순尹淳(1680~1741)의 서체를 발전시켜 동국진체東國晉體의 서법을 확립했다. 근세 이전의 각종 서사書寫 행위는 우선 한문의 필사에 의해 이루어졌는데, 조선 전기에는 왕희지王羲之의 필체를 모방한 조맹부趙孟頫의 서체가 지배적인 전범이었다가, 조선 중기에 한호韓濩의 석봉체가 나왔다. 하지만 양반 지식층은 석봉체보다 명말의 서체에 관심을 두었다. 윤순과 이광사에 이르러서는 중국 명인의 서체를 모방하지 않고 독자적인 서체를 수립하고자 부심했다. 이때 여전히 왕희지체를 근원으로 상정하기는 했으나, 중국에서 유행하는 서체를 맹목적으로 모사하는 것이 아니라 왕희체를 재해석하여 서사書寫의 범위를 넓히고 글자의 체세體勢를 새로 수립했다. 이는 주체적인 미의식을 반영한다. 이광사의 필법은 이영익에게 계승되었다. 또한 그는 이영익과 함께 서법 이론서 『필결筆訣』을 저술했다.

현종 연간에 이르러 강화학파 인사들은 민족과 민생의 문제를 더욱 중시했다. 현종 때 판서 직을 지내고 은퇴해 있던 이시원李是遠(1790~1866)은 1866년(고종 3) 병인양요 때 아우 이지원李止遠과 함께 자결하여 제국주의의 침략에 저항하는 기개를 떨쳤다. 심육의 후손인 심대윤沈大允(1806~72)은 경학 연구에서 복리福利를 중시하는 독특한 관점을 수립하고 주희의 경학설 가운데 이기理氣, 도심인심道心人心의 심성론을 다각도로 철저히 비판했다. 구한말에 강화학의 인사들은 비로소 정치에 대해 직접 발언할 수 있게 되었다. 이시원의 손자 이건창은 정원하鄭元夏·홍승헌洪承憲·이건승李建昇(1858~1924)·이건방李建芳(1861~1939)과 함께 강화도에서 강학하면서 현실 대처의 방안을 토의했다. 명성황후 시해 사건(1895년 음력 8월 20일)이 일어나자 이건창은 홍승헌·정원하와 함께 「청토복소請討復疏」를 올렸다. 그리고 파당의 분열이 민족의 진보를 방해해왔다고 비판하며 붕당 정치사 『당의통략』을 집필했다. 이건창의 아우 이건승은 강화도 사기리에 계명의 숙啓明義塾을 설립하여 교육구국 운동을 하다가, 1910년 국치를 당하자 만주 회인현懷仁縣으로 망명했다. 조선 심학의 정신과 민족자존의 이념은 그 뒤 정인보에게 계승되었다.

본서는 정제두, 이충익, 심대윤의 주요 저술을 살펴보고 그 사상을 이해할 수 있는 대표적 글들을 역주하여 제시하기로 한다. 우선 여기에서, 그 세 사람의 수학 과정과 주요 업적에 관해 간단히 서술한다.

정제두, 양명학의 도입과 실심실학의 건립

강화학파의 비조 정제두(1649~1736)의 본관은 연일延日로, 자는 사앙士仰, 호는 추곡楸谷·하곡霞谷이다. 포은 정몽주鄭夢周의 11대손이며, 진사 정상징鄭尙徵과 부인 한산이씨韓山李氏 사이의 장남으로, 서울 반석방盤石坊(현 서소문 밖 의주로 2가)에서 태어났다. 조부 정유성鄭維城(1596~1664)은 현종 대에 경상卿相의 자리에 올랐으며, 창징昌徵과 상징尙徵의 두 아들을 두었는데, 정창징의 아들 제현齊賢은 숙선공주淑獻公主에게 장가들어 효종의 부마駙馬(임금의 사위)가 되었다. 정제두 자신은 영조 초 소론 산림(숨어 지내는 선비)으로서 정국 운영에 영향력을 행사하면서 종1품 좌찬성에 올랐고, 사후에 문강文康의 시호를 받았다.

정제두는 소년기에 이찬한李燦漢·이상익李商翼·이성령李星齡에게서 수학했는데, 이들은 송시열宋時烈·송준길宋浚吉의 문인이다. 하지만 정제두는 제자백가를 비롯하여 역사·천문·병사·농업·의약·감여堪輿·복서卜筮·

패관소설·자집子集·전고典故 등의 서적을 넓게 읽었다. 24세 때 별시 초시에 합격했지만 전시殿試에 낙방하자 모친의 허락을 받아 과거 공부를 포기했다. 이후 박세채朴世采(호 현석玄石·남계南溪, 1631~95)와 윤증尹拯(호 명재明齋, 1629~1714)의 문하에서 수업했다. 경학에 전념하는 한편, 주돈이周敦頤(호 염계濂溪)와 정호程顥(자 명도明道)의 설을 독실하게 믿고 심성心性의 학문과 무실務實의 실행을 과제로 삼았다. 23세 때 첫 부인 윤씨를 사별하고, 24세에서 33세 사이에 양명학을 공부했다. 박세채 문하의 동문 최석정崔錫鼎(호 명곡明谷)의 조부 최명길崔鳴吉(호 지천遲川)은 이미 인조 연간에 양명학을 공부한 인물인데, 최석정의 형 최내길崔來吉은 정제두에게 처외조에 해당한다.

정제두는 32세 때 영의정 김수항金壽恒의 추천으로 벼슬이 내렸지만 취직하지 않았다. 34세 때인 1682년에 병이 위독하자 아우 정태제鄭齊泰와 아들 정후일鄭厚一에게, "왕양명의 학문은 주돈이·정호 이후로 성인의 참됨을 얻었기에 (내가 이를) 잠심潛心(깊이 생각하다)하기는 했으나 아직 강講하지 못한 것이 한스럽다"라고 했다. 스승 박세채에게 영결을 고하면서는 "심성의 종지宗旨는 왕양명의 설을 바꿀 수 없습니다"라고 밝혔다. 이렇게 '심성'의 설에 주목했지만, 주돈이-이정二程-주희의 계보를 인정하지 않고 주돈이-정호-왕양명의 계보를 언급한 점에 주목해야 한다.

정제두는 회니논쟁懷尼論爭 이후 노소의 대립을 크게 우려했다. 1684년(숙종 10) 4월 9일 송시열의 제자 최신崔愼이 상소하여, 윤증이 박세채에게 보낸 서찰에서 스승 송시열을 배반했다고 탄핵했다. 이에 박세채는 「황극탕평론皇極蕩平論」을 발표하여 절충을 꾀했다. 당시 36세이던 정제두는 「박남계에게 올리는 서찰[上朴南溪書]」에서 "공론公論의 결정은 옳고 그름에 달려 있지, 세력의 강하고 약함에 달려 있지 않습니다"라고 전제하고, "자신을 확고하게 세워 유속流俗에 따르지 않는 사람들이 혹시라도 제 밭을 버리고 남의 밭을 갈아주는 따위의 일로써 문드러져 시속의 병폐에 휩

쏠려 돌아가게 된다면 진실로 염려할 만한 일입니다"라고 시국을 비판했다. 명나라 설선薛瑄의『독서록讀書錄』권4에서 "부지런하게 스스로를 닦아도 미치지 못할 지경이거늘 어느 겨를에 남을 책망하겠는가? 스스로를 닦지 않고 남을 책망하는 것은 자기 밭은 버려두고 남의 밭을 갈아주는 것이다(汲汲自修不及, 何暇責人? 不自修而責人, 舍其田而耘人之田也)"라고 한 뜻을 취해 와서, 세태를 혁신시킬 수 없다는 자괴감을 토로한 것이다.

정제두는 40세 때 평택平澤 현감에 부임했으나, 1689년(숙종 15) 기사환국으로 남인이 집권하여 율곡 이이와 우계 성혼을 문묘에서 출향하자 벼슬을 버리고 안산安山 추곡楸谷으로 낙향했다. 추곡은 경기도 안산군 잉화면 화정리(지금의 시흥시 화정동)를 말한다. 정제두는 박세채와 윤증을 비롯하여 최석정·민이승閔以升·박심朴鐔 등과 양명학에 관해 주로 서찰을 통해 논변을 주고받았다. 박세채는 「왕양명학변王陽明學辨」, 윤증은 「변설辨說」, 최석정은 「변학辨學」을 저술해서 정제두가 당시의 지배적 사상으로 형성되어 있던 주자학에 대해 공공연하게 반기를 든다고 책망했다. 이에 정제두는『학변學辯』을 지어 정주학을 양명학적 입장에서 비판했으며,『존언存言』을 집필하기 시작했다. 훗날 정인보는 정제두의『존언』을 왕양명의『전습록傳習錄』에 견주었다.

1706년(숙종 32) 윤지완尹趾完(1635~1718)이 정제두를 지방 수령의 직책으로라도 시험하라는 소疏를 올렸다. 이로써 정제두는 사복시 정, 사헌부 장령 등에 임명되었으나 사임했다. 1709년(숙종 35) 8월에는 강화도의 하곡霞谷으로 은둔했다. 10월에 호조참의에 제수되지만 상소하여 사직했다. 1710년(숙종 36) 9월 강원도 관찰사에 임명되었으나 부임하지 않다가 1711년 7월 회양도호부사에 임명되자 8월에 부임했다. 비록 10월에 벼슬을 버리고 돌아왔지만, 주변 인물들은 정제두가 "목민관이 되면 정백程伯(진성晉城 현령 정호程顥)이 지녔던 마음을 지니고 정백이 하신 다스림으로 다스려야 한다. 그렇지 않으면 모두 구차할 따름이다"라고 했던 말을 실천했다고 그를 높이 평가했다.

　1726년(영조 2) 78세의 정제두는 좨주祭酒의 직함을 지녔다. 이때 사헌부 지평 이정박李廷樸이 계계啓를 올려 정제두가 양명학을 주장한다고 탄핵했다. 영조는 이정박을 유현儒賢 무고죄로 질책했으나, 당시 정치권력과 학문권력을 병합하여 지니고 있던 세력이 정제두를 이단으로 규정했음을 잘 알 수 있다. 1727년 7월 정제두는 이조참판에 임명되고 곧이어 세자시강원 찬선으로 옮겼으며, 10월 6일 사헌부 대사헌에 임명되었다. 1728년(영조 4) 정월 8일에 자헌대부로 승급하고, 2월 3일 의정부 우참찬에 임명되었다. 그해 3월의 무신란(이인좌 난) 때 고변告變(역모를 고발함)했던 친우 최규서崔奎瑞(1650~1735)와 함께 3월 말 도성에 들어가「문적변소聞賊變疏」를 올려 영조를 위로했다. 정제두는 3월 말부터 4월까지 희정당熙政堂에서 여러 차례 연설筵說(군주를 중심으로 학문을 논하면서 당시의 여러 현안을 토론하는 경연經筵의 자리에서 진언하는 자설)을 올리고 11월 8일 진수당進修堂에서 역시 연설을 올렸다. 이때 왕실의 복제服制와 국가의 전례를 논하고, 전화錢貨의 유통에 관한 자문에 응했으며, 관제·세제·전제·병제 등에 대해 의견을 진술했다. 정제두의 제자 이보혁李普赫은 무신란 평정에 공을 세웠고 또 다른 제자 심육沈錥은 정국庭鞫에 참여했다. 1735년(영조 12) 정제두는 종1품 세자이사世子貳師에 이르렀다.

　1736년(영조 12) 8월 11일, 정제두는 88세로 타계했다. 윤순은 제문을 지어 "마음을 보존하여 만가지 이치에 정밀하며 마음을 실하게 하여 만가지 일에 응했던 것은, 선생의 학문이 명통明通하고 깊고 충실하여 마침내 탄탄 태평하며 안리安履하는 데 이르렀던 까닭에서였다"라고 강조했다. 정제두의 학문사상이 '마음을 실하게 하는' '실기實己'를 우선시했다는 점, 학설의 형태를 띤 정치권력의 탄압에 대해 꿋꿋하게 자설을 지켜내고자 부심했다는 사실을 명료하게 부각시킨 것이다. 『영조실록』의 해당 일자에 '의정부 우찬성 성균 좨주 문강공 하곡 정 선생'의 졸기가 있다. 윤순이 지었던 제문을 전재하고, 다음과 같이 서술했다.

　바깥 것을 향해 내달리는 자가 선생을 의혹하고 자기를 높이길 좋아하는 자가 선생을 의심했다 하더라도, 선생은 스스로를 믿으시고 후회하지 않으셨을 뿐더러 남이 알아주기를 원하지 않으셨다. 그러니 선생은 공자와 안연을 스승이라 여긴다고 했던 것이다. 또 이르건대, 요·순의 구법九法이 막혀 어둡고 조종祖宗의 육전六典이 황폐하여 땅에 떨어졌다 해도, 선생이 계실 적에는 멀게는 도에 합했고 가깝게는 조술祖述하셨으니, 말씀이 쓰여 실행에 옮겨지면 올바른 정치가 이루어질 것 같았다.

　심육沈銷(1685~1753, 자 화보和甫·언화彦和, 호 저촌樗村·저헌樗軒)은 「하곡행장」을 지어 정제두가 만년에 영조의 지우知遇를 입었다(타인으로부터 재능을 인정받음)고 강조했다. 그러나 영조가 심육의 말처럼 정제두의 학문을 전적으로 인정했는지는 단언하기 어렵다. 심육의 조부 심유沈濡(1640~84)는 정제두와 이종형제 간이다. 정제두의 사위 신대우申大羽가 정제두의 묘표墓表를 지었다. 정제두가 죽은 7년 후 조정에서 '문강文康'의 시호를 내렸다. 1802년 9월『하곡연보』가 편찬되었다. 하지만 이후 정제두의 학맥은 정치 문화적 위상을 확보하지 못했다. 또한 정제두의 후손도 경제적으로 안정되지 못했다. 이 때문에 정제두의 문집은 사본의 형태로 전하고 끝내 목판이나 목활자로 간행될 수 없었다.

　정제두는 초취 윤씨(윤홍거尹鴻擧의 딸)에게서 후사를 얻지 못하고 재취 서씨(서한주徐漢柱의 딸)에게서 후일厚一을 얻었다. 정후일은 부평 부사를 지냈으며, 초취 연안이씨는 부제학 이단상李端相의 딸이었다. 일남 이녀를 낳았는데, 아들 지흠志欽은 정후일의 사후에 천연두를 앓아 죽었다. 큰딸은 완산 이광명李匡明에게 시집가고, 둘째딸은 용인 이경우李景祐에게 시집갔다. 재취는 전주유씨 유춘양柳春陽의 딸이다. 아들 지윤志尹과 딸 셋을 두었다. 임달호林達浩·신대우申大羽·이영익李令翊이 그 사위들이다. 정지윤도 일찍 죽었다. 지윤의 아들 술인述仁은 문진文晉·문겸文謙·문상文尙·문승文升의 네 아들을 두었다. 정문승이 정제두의 문집을 최종적으로 정리하게 된다.

정제두의 문집으로 『하곡집霞谷集』(국립중앙도서관 22책)이 전한다. 정문승의 「하곡집목록발霞谷集目錄跋」에 따르면, 심육과 이진병李震炳이 수습한 유고를 토대로 신대우가 35권으로 정리하고 목록을 작성했다. 단, 정문승이 발문을 쓴 1856년(철종 7) 무렵에는 경설經說·서書·소疏 등만 남았다. 정문승의 장남 기석箕錫이 정문진의 후사로 가서 원하元夏를 낳고, 정문승의 차남 규석奎錫의 손자 계섭啓爕이 강화학파의 여러 문적들을 선사繕寫(잘못을 바로잡아 다시 고쳐 베끼다)했다.

정제두는 윤선거尹宣擧의 '각실愨實' 사상과 윤증의 '무실務實' 사상을 계승하면서 양명학의 사유를 도입했다. 사물의 이치인 물리物理를 논의의 중심에 두지 않고 역동적인 이치인 생리生理를 사유의 중심에 두어, 사고의 궁극적 대상을 인간에 두었다. 주희는 주체의 심心과 객체의 이理를 나누고 주체의 허령虛靈한 지각知覺이 물리를 궁구하는 과정에서 지식이 형성되어 주체와 물리가 활연관통豁然貫通하는 경지에 이르게 된다고 했다. 그러나 왕양명은 심心과 사事와 이理를 의意에서 통일했다. 정제두는 격물치지의 해석에서 양명의 이론에 동의하여, 격물格物이란 것은 의意가 소재하는 물物 즉 사事를 바르게 함이라 하고, 치지致知라는 것은 마음의 본체인 지知에 이르게 하는 것이라고 보았다. 한편 왕양명이 지知를 양지로 대체하고 물物을 의意의 지향이라 본 데 비하여, 정제두는 지知를 지선至善의 발發, 물物을 의意의 용用이라 규정했다. 의意와 물物, 지知와 이理를 체용의 관계로 파악한 것이다. 본래 주희는 조작造作을 기의 소위所爲로 돌리고 이를 기 조작의 조리로 간주하되, "이에 동정이 있다(理有動靜)"고 했는데, 후대인들은 이 자체가 동動하기도 하고 정靜하기도 한다고 오인하게 되었다.

조선의 이른바 주리파는 이=태극 자체의 동정을 주장했다. 정제두는 이를 물리物理와 생리生理로 나누어, 물리는 허조공도虛條空道·사리死理인 반면에 생리는 정신생기精神生氣를 가진 인간의 참다운 성性을 의미한다고 구분했다. 또한 생리의 선한 부분을 진리眞理로 재규정하고, 진리가 모든 사물을 능동적으로 통섭通攝하는 영통성靈通性을 갖춘다고 주장했다. 정제두는 주돈이와 정호가 태극과 음양은 동정動靜하며 상생相生한다고 한 말에 근거를 두면서, 이기와 성정, 인심과 도심, 지와 행, 심과 이가 모두 상즉相卽(서로 다른 두가지가 본질상 같음)하며, 모든 것은 심체의 작용이라고 간주했다.

중년의 정제두는 왕양명의 양지설이 간명하고 정밀하다고 여겨 이를 신봉했다. 그러나 차츰 심학의 바탕 위에 새로운 경학을 구축하고자 했다. 그리고 예학禮學·경세론經世論의 과제와 역상易象·천문학天文學·조석설潮汐說(밀물·썰물 발생설) 등에 대해서도 깊은 관심을 두었다. 정치적 실천방안으로는 사농공상 4민 평등론을 수용하고 양반제도의 폐지와 노비제도의 단계적 폐지를 주장했다. 사회적 실천은 적극적이었다고는 할 수 없으나, 의리와 경세를 모두 존중하는 절충적 태도를 보였다. 이것은 명말청초의 황종희黃宗羲나 만사동萬斯同 등이 양명학을 바탕으로 반성적 경세학풍을 열었던 것과 유사하다.

그런데 정제두는 83세 되던 1731년 6월, 동호東湖에서 하룻밤 묵게 되었을 때 꿈에서, 왕양명의 치양지학致良知學이 정밀하지만 역시 폐단이 있으니, 혹 '정情에 맡기고 욕欲을 따르는 근심〔任情縱欲之患〕'이 있겠다고 생각하는 자기 자신을 보았다. 이것은 그동안 그가 양명학의 치양지학으로는 경세 사상을 구축하기 어렵고, 생활세계에 대한 적절한 대응을 할 수 없다는 의구심을 지녀왔던 사실을 간접적으로 말해준다. 또한 그는 양명학의 계보를 추적하면서 양명좌파가 결국은 방종放縱에로 흘렀던 사실을 똑똑히 알았을 것이다. 사실, 정제두는 인간 본성에 내재된 생리生理의 주체적

활동에 주목하는 한편, 물리物理 탐구와 접점을 모색했지만, 그 사유의 연결고리를 확실하게 제시할 수 없었다. 생리에 주목할 때는 양명학의 양지설을 참조할 수 있었지만, 물리를 탐구할 때는 주자학의 격물 이론을 소환하지 않을 수 없었다. 다만 정제두는 이理의 보편적·원리적 특성에 주목하기보다는 인간생명의 유한함 속에서 구현되어 오히려 개체의 본질을 개별적으로 구현하는 생리生理에 주목했다. 이것은 강화학파의 중기·후기 학자들이 인간생명과 몸의 기능에 주목하고 상황이 영위되는 현실을 깊이 탐구하는 단서를 열었다.

앞서 언급했듯이 정제두는 인간사와 우주 운행의 법칙성을 탐색하고자 『주역』 연구에 심취했다. 이때 당시 역학易學에서 주목하던 「하도河圖」 「낙서洛書」에 대한 연구에 심취하고 송대 상수학·의리학을 참조하되, 선천과 후천을 본체 면에서 하나로 보았다. 뒷날 정제두의 외증손 신작申綽은 송대 역학을 폐기하고 『주역정의周易正義』를 저본으로 한대 의리학을 깊이 연찬하여, 정제두와는 다른 길을 걷게 된다. 또한 심대윤沈大允에 이르러서는 인간의 행복을 공공의 복리福利에 두고 『주역』을 이해利害·화복禍福·길흉吉凶을 점치는 도구로서 재확인하게 된다. 이것은 강화학파가 하나의 설을 교조적으로 묵수하고 회호하려고 작심하지 않고, 시대 현실을 읽고 각자의 주체적 사유 활동에 따라 학문세계를 구축해나갔다는 사실을 잘 말해준다.

이충익, 허학虛學과의 투쟁 속에 실기實己의 학문 수립

이충익李忠翊(1744~1816)은 이진급李眞伋(1675~?)의 손자로, 생부는 이광현李匡顯(1707~76)이다. 즉 이광현의 재취 나주임씨(1710~86, 임숭하林崇夏의 딸)가 낳은 3남 1녀 중 둘째로, 형은 문익文翊, 아우는 홍익弘翊이고, 누이는 박윤원朴胤源에게 시집갔다. 이들은 조선 2대왕 정종의 열번째 왕자인 덕천군德泉君 이후생李厚生의 후예다. 이경직李景稷(1577~1640)이 병자호란 때 비변사 당상으로 인조를 호종했고 이후 강화유수로서 임지에서 죽으면서 강화도 덕천군파가 형성되었다.

이충익이 12세 되던 1755년에 나주괘서羅州掛書의 변과 을해옥사가 일어나 생부 이광현은 경상도 기장機張으로 귀양을 갔다. 그런데 1760년에 이충익은 역시 을해옥사 때 함경도 갑산甲山으로 귀양 가 있던 이광명李匡明(자 양보良輔, 호 해악장인海嶽丈人, 1701~78)의 양자로 나갔다. 이광명은 이경직의 현손(4대손)이고 이진위李眞偉의 외아들로, 이광현의 사촌형이며, 정제두의 아들 정후일의 큰사위였다. 이광명은 1755년, 앞서 경종 때 신임사화를 일으켰다고 하여 영조 초 옥사했던 백부 이진유李眞儒(1669~1730)에게 추후 반역죄가 부과될 때 연좌되어 갑산으로 귀양갔다. 이때 가사 「북찬가北竄歌」를 지은 것으로 유명하다. 종제자 이정효李庭孝가 이광명의 양자로 갔으나 장가들기 전에 죽고, 1760년 정부인(정후일의 딸)이 죽은 뒤 이정효의 종제(사촌 아우) 이충익이 그 양자로 나간 것이다.

1710년 이진위의 부인 송씨(송병원宋炳遠의 둘째 딸)가 열살의 아들 이광명을 데리고 강화도로 내려옴으로써, 이광명 이후 이충익, 이면백李勉伯, 이시원李是遠, 이상학李象學, 이건창李建昌·이건승李建昇·이건방李建芳 등으로 강화도 전주이씨 덕천군파 학맥이 이어졌다. 이충익은 원교員嶠 이광사李匡師의 조카이자 이긍익李肯翊·이영익李令翊의 재종(육촌)이기도 하다. 자가 우신虞臣이다. 이충익은 기장과 갑산을 오가며 본생부(이광현)와 양가부(이광명)를 모셨다. 생부 이광현이 기장에서 22년간 유배생활 끝에 타계하고 양부 이광명 또한 갑산에서 24년간 유배생활 끝에 타계하자, 운구하여 강화도 후원後園에 합장했다. 심주沁州 즉 강화 초피봉椒皮峯 아래 거주하여 초원椒園·폭포암주인瀑布庵主人이란 호를 사용했고, 당호는 구사龜槎라고 했다. 불교에 심취하여 수관거사水觀居士라고 자호하기도 했다. 일체 벼슬에 나아갈 수 없었으며, 곤궁한 생활을 하다가 73세 되던 해 2월 부인 안동권씨의 상을 치르고서 한달 후에 생을 마감했다. 아들 이면백(1767~1830)이 「선고비합묘지先考妣合墓誌」(『대연유고岱淵遺稿』 곤坤)를 작성하고, 이종사촌 신작이 「초원공묘표椒園公墓表」(『석천유고石泉遺稿』)를 작성했다.

전주이씨 덕천군파의 광匡자 항렬은 다재다예한 인물들이 많았다. 그다음 세대는 주희의 격물치지론을 다시 참조하거나, 반대로 불교와 도가의 사상을 흡수하여 실기實己의 철학을 심화시켰다. 특히 이충익은 재종형제 이영익과 함께 주학朱學과 왕학王學의 차이를 논하는 한편, 『상서尙書』고문의 진위 문제를 논함으로써 지적 관심사를 경학의 문제로 확대했다.

이영익은 이광사의 차남으로 정제두의 손자사위다. 이영익은 교조화된 경학론이나 이기론에 찬동하지 않고 주체의 존재양식 자체에 대하여 물음을 던졌다. 또한 양지론이나 격물론을 이론적으로만 따진다는 것은 의식의 '방랑'일 뿐이라고 경계해서, 왕양명과 주자의 격물치지론을 절충하여 '본말을 깨우쳐 뜻을 성실하게 함(格其本末, 而誠此意)'을 주장했다. 이에 비해 이충익은 왕양명의 설을 되도록 지켜서 '양지를 다하여 이 뜻(마음)을 성실하게 함(致其良知, 而誠此意)'을 주장했다. 하지만 이충익도 양명학의 설을 동어반복하지 않았다. 일체의 허학虛學을 배격하고 실기實己의 학을 이룰 것을 일생 목표로 삼아, 앞서 말했듯이, 「가설假說」 상·하와 「군자지과설君子之過說」을 저술했다. 뿐만 아니라 승려들과 교유하고 불경을 연찬했다. 심지어 1800년 망월사望月寺에서 범어梵語 주문呪文 사전인 『진언집』을 중간할 때 서문을 써주었다.

이충익은 『노자』의 왕필王弼 주석과 박세당의 『신주도덕경新註道德經』을 참조하여 『담로談老』를 집필했다. 이때 명나라 초횡焦竑의 『노자익老子翼』에서 설을 채록하고, '무가 유를 낳는다'는 설은 '논리적 발출'의 문제를 논했을 뿐이라고 하여, '절대 무'의 존재를 인정하지 않았다. 이충익의 『담로』는 같은 강화학파 학인이었던 신작의 『노자지략老子旨略』과 횡적으로 연결된다.

1768년(영조 44) 이충익은 불교에 심취하여 마니산摩尼山 망경대望京臺의 폭포 아래에 승려 혜운慧雲과 함께 일곱칸 암자를 짓고 스스로를 폭포암주인瀑布庵主人이라 호했다가, 관금官禁이 두려워 철거했다. 신지도에서 부친을 모시고 있던 이영익은 그 소식을 듣고 연작절구시 14수를 보내어 기롱했다. 「이우신이 최근에 불교 이치에 빠졌다. 듣자니 마니산 망경대의 폭포 아래에다 승려와 함께 작은 암자를 짓고, 스스로를 폭포암주인이라 호했는데, 암자가 채 낙성된 뒤 관금이 두려워 곧바로 철거하고 불상을 묻었다 한다. 부지불식간에 절도할 지경이라 주필走筆로 14절구를 지어 부친다〔虞臣近長佛理 聞與釋子 構小庵於摩尼山望京臺瀑布下 自號瀑布庵主人 甫落 畏官禁 旋撤材藏埋 不覺絶倒 走筆寫十四絶句以寄〕」라는 긴 제목이다. 이충익이 변명하는 뜻을 담아 보낸 9수 연작의 「망경곡에다 작은 암자를 영건했다가 관금으로 저지되는 바가 있어 재목을 묻고 후일을 기다린다. 유공幼公 종형이 시를 써서 조롱하기에 내키는 대로 붓을 놀려 스스로 해명한다〔營小庵于望京谷 有以官禁沮 埋材以俟後 幼公從兄以詩嘲 信筆自解〕」 가운데 제1수는 다음과 같다.

瀑布庵中一病夫 폭포암 가운데 병든 한 사내
靑天與我盖頭顱 푸른 하늘이 내 두개골을 덮어준다
門前露坐無人識 문 앞에 드러내놓고 앉았어도 아는 사람 없지만
已得三車自在娛 이미 삼거三車를 얻었기에 절로 즐겁다

삼거는 불교에서 말하는 성문聲聞·연각緣覺·보살菩薩의 삼승三乘을 비유하는 우거牛車·양거羊車·녹거鹿車의 세 수레를 말한다. 이충익은 불교 교리를 체득했다고 스스로 믿었다. 이에 대해 이영익은 불리佛理가 이충익이 추구하는 양명학설과는 합치될 수 없다고 보아, 불교의 논리를 차용하는

망행妄行을 그만두라고 충고했다. 그래서 이영익은 연작시의 제14수에서 이렇게 읊었다.

莫將夷語附稽山　불교의 말을 계산稽山학에 붙이지 마라
實理空觀千理間　계산학의 실리實理는 공관空觀과는 천리나 멀다
能說佛家都着相　달변의 불가는 모두 상相에 집착하거늘
何人妙解到斯關　누가 묘리 해득하여 이 관關에 이르렀더냐

왕양명은 절강성浙江省 여요餘姚 사람이다. 여요는 소흥紹興의 동방 회계도會稽道에 속하는 데다가 회계산會稽山이 거기에 있다. 따라서 계산稽山이란 말로 왕양명을 가리켰다. 양명학은 인간 존재의 근원을 공공연하게 드러내는 방법에서 선禪의 체질과 통하는 면이 있다. 이충익은 그 점을 체득했던 듯하다. 하지만 이영익은 불가는 상相에 집착하여 왕양명이 제시한 실리의 관문에는 도달하지 못한다고 선을 그었다. 이충익은 이영익의 제14수에 대한 답으로 다음과 같이 설파했다.

捨筏稽山已度人　계산에서 뗏목을 버려 사람을 이미 제도했고
三乘時教摠非眞　삼승의 시교時教(임시방편의 교)는 결코 참이 아니네
隨緣導說何論跡　인연 따라 인도하여 설할 일이지, 어찌 자취를 따지랴
閉戶開門只一身　문을 닫고 문을 여는 것도 다만 이 한 몸의 일

『금강경金剛經』「정신희유분正信希有分」에서 부처는 『백유경』에서의 설법을 환기시키면서, "너희 비구들은 내 설법을 뗏목의 비유로 알아야 한다. 법도 마땅히 버려야 하거늘 하물며 법이 아닌 경우에야 더 말해 무엇하랴?〔汝等比丘, 知我說法, 如筏喩者, 法尚應捨, 何況非法?〕"라고 했다. 시의 첫 구에서 사벌捨筏은 진리에 이르면 방법이나 수단의 속박을 벗어나야 한다는 뜻

이다. 이충익은 양명학도 불교의 삼승도 인연에 따라 진리에 도달하기 위한 하나의 방법일 뿐이고 진리 그 자체는 아니라고 보았다. 오로지 이 한 몸의 주재하에 진리에 도달할 수 있다고 주장한 것이다. 하지만 이충익은 진리의 광경에 대해서는 구체적으로 묘사하지 않았다.

현재 이충익의 문집으로는 필사본 『초원유고椒園遺藁』 2책이 전한다. 서울대학교 규장각과 연세대학교 중앙도서관에 있는데, 연대본은 후대의 전사본이다. 이 문집은 이충익 사후에 아들 이면백이 편찬한 듯하다. 이면백은 자신이 작성한 합장지合葬誌에서 부친의 문집 2권이 가장家藏되어 있다고 밝혔다. 규장각본 책1에는 시 292제 528수가 연도순으로 배열되어 있다. 이충익이 30대 중반까지 기장과 갑산에 유배된 생부와 양부를 봉양하느라 왕래할 때 지은 시가 많다. 책2는 57편의 문文으로, 잡저雜著·묘도문墓道文·제문祭文으로 분류되어 있다. 민경속閔景涑과 그 조부 민창연閔昌衍, 그리고 신대우申大羽의 묘지명, 양부·양모의 무덤에 묻은 지석의 글(선고비합묘지先考妣合墓誌)과 생부·생모의 무덤에 묻은 지석의 글(본생고비묘지本生考妣墓誌), 백형 이문익李文翊과 종형 이영익李令翊의 묘지명, 종형 이양익李良翊·이영익李令翊·이세익李世翊의 가전家傳, 조카 권흡權熻 묘지명, 사돈 심열지沈悅之에 대한 서술이 있다.

이충익은 안동권씨와의 사이에 아들 이면백과 4녀를 두었다. 이면백은 진사시에 합격했으나 관직에 나아가지 않고 강화에서 은거하며 학문에만 힘을 썼다. 문집 『대연유고岱淵遺稿』가 전한다. 이면백은 시원是遠·지원止遠·희원喜遠 3형제와 남영주南永周에게 시집간 딸 하나를 두었다. 큰아들 이시원(1790~1866)은 을해옥사 60년 후인 1815년의 을해년(순조 15) 정시 문과에 급제하며 조정에 나아갔다. 1865년(고종 2) 이조판서, 홍문관 제학, 예문관 제학, 동지성균관사 등의 관직에 제수되었고, 이듬해(고종 3) 특지로 정헌대부에 올랐다. 이해 병인양요로 프랑스 군함이 양화진楊花津과 강화에 들어오자 자국의 권익을 지키고 외인을 물리칠 것을 건의하는 상소문을 남기고, 동생 이지원李止遠(1801~66)과 함께 자결했다. 황현黃玹은『매천야록梅泉野錄』에 이시원에 대해 기사를 남겼는데, 이때 이충익에 대해 언급하며 이충익이 의술·지리·문장에 뛰어났으므로 사람들이 그를 삼절三絕이라 일컬었다고 밝혔다. 그리고 이충익은 집안의 정치적 족쇄가 손자대에 완전히 풀리기를 기대하며 손자 이시원이 장원급제하리라고 예언했는데, 실제로 손자의 장원급제 기별이 전해지자 얼마 안 되어 세상을 떠났다고 특별히 기록했다.

심대윤, 몸의 사상론과 민중의 자발적 실천윤리

심대윤沈大允(1806~72)은 정제두의 전법 제자 심육의 후손이다. 양명학자를 표방하지 않고, 경학의 독자적 연구에 매진하고, 몸의 사상과 민중의 자발적 실천윤리론을 확립하고자 고심했다. 본래 심육은 강화도로 정제두를 찾아가 수학했고, 정제두의 문집을 처음 편집할 때 진력했지만, 정제두의 학문 가운데 양명학적인 국면을 추종하지 않았다. 심육 이후 청송심씨의 가학은 양명학으로 돌아가지 않고, 생활환경의 실상과 민중적 현황에 깊은 관심을 두고 독자적인 사유양식을 추구했다.

심대윤의 자는 진경晉卿, 호는 백운白雲·석교石橋·동구자東邱子다. 경기도 안성 가곡佳谷(현 용인시 원삼면 가좌리)에서 출생했다. 가곡을 가좌곡嘉佐谷이라고도 불렀다. 고조는 소론 가운데서도 노론과의 일체 타협을 굳게 거부했던 준소峻少의 영수로 활동했던 심수현沈壽賢(1663~1736)이다. 심수현에게는 두 딸이 있었는데, 한 사람은 정석기鄭錫耆, 또 한 사람은 홍진보洪鎭輔와 혼인했다. 홍진보는 정조 때 개명관료로서 크게 활약한 홍양호洪良浩(1724~1802)의 부친이다. 따라서 홍양호는 심육의 외질(외조카)이다. 심육의 조부 심유는 정제두와 이종간이어서, 심육은 정제두의 아들 정후일을 숙항叔行(아저씨뻘)으로 지칭했다. 심육은 영의정을 지낸 부친 심수현과 스승 정제두의 후광으로 정치에 깊이 간여했고, 정제두를 잇는 산림으로 이종성李宗城과 함께 소론 강경파에 속했다.

하지만 심육의 아우들과 그 후손들은 정치적 입지를 빼앗긴 폐족으로 살았다. 1755년(영조 31) 2월부터 5월까지 나주 객사에 "간신이 조정에 가득하고 백성은 도탄에 빠졌기에 거병한다〔奸臣滿朝, 民陷塗炭, 擧兵〕"라는 글이 내걸렸다. 이후 옥사獄事가 이루어져, 연루 인물들이 국문을 당할 때 나주의 나씨 일문과 이들의 친척 및 이광사 등이 연좌되었다. 그리고 그해 5월 '토역경과정시討逆慶科庭試' 때 시권에 시제試題와 이름을 쓰지 않고 '상변서上變書'라 쓴 문건이 나왔다. 무신란의 정법죄인正法罪人 심성연沈成衍의 아우 심정연沈鼎衍이 작성한 것으로, 소론의 이준李峻과 박사집朴師緝 등이 이에 연루되었다. 이로써 소론계의 유수항柳壽垣(1694~1755)·신치운申致運(1700~55)을 비롯하여 학자 500여 명이 처형되었다. 이때 이조참판 심악沈鏁(1702~55, 심수현의 차남)은 복주伏誅(형벌을 순순히 받아 죽음)되고, 아우 심필沈鉍(1716~56, 심수현의 4남)은 유배 갔다. 심악의 아들 신지新之의 둘째 아들 완륜完倫(자 소유少有, 1778~1833)은 심발沈鈸(1722~52, 심수현의 5남)의 아들 무지戊之의 양자로 갔다. 그 뒤 심완륜과 의령남씨(남지묵南持黙〔1782~1855〕의 딸)의 사이에서 대윤大允·대재大載·의래宜來·대시大時·의돈宜敦·의규宜逵 등 다섯 아들이 태어났다. 그 5형제의 장남인 심대윤은 경주이씨(1802~54)와 결혼했으나 자식이 없어서 의돈宜敦의 아들 이명택李明澤(1857~?)을 양자로 들였다.

심대윤은 극심한 곤궁에 시달렸지만 10대 중반부터 독학으로 경서를 공부하고 제자백가와 음양술수까지 공부했다. 28세 되던 1833년 부친이 타계한 이후로 모친과 두 동생들의 뒷바라지를 하면서, 틈틈이 『논어고정論語考正』 『대학고정大學考正』 『중용훈의中庸訓義』 등을 저술했다. 37세 되던 1842년(헌종 8) 병을 얻은 뒤로는 『주역』에 잠심하여 5개월 만에 『상의점법

象義占法』을 저술했다. 심대윤은 경학을 연구하면서 정제두와 그 제자 심육의 학문 내용이나 주요 개념을 고수하거나 학문 방법을 고수하려고 하지 않았다. 무관심할 정도로 언급조차 하지 않았다. 더구나 정제두가 수용했던 양명학을 존숭하는 논설도 사실상 남기지 않았다. 심대윤의 경학은 교조화된 학설을 부정하고 새로운 사유를 구축하는 데 초점을 두었다.

심대윤은 경제적으로 더욱 곤란하게 되자, 39세 때인 1845년(헌종 11) 노모, 두 동생, 가족과 함께 안성 가곡 동리東里로 이주했다. 이듬해에는 반상盤床 공방을 운영하고 약방도 열었다. 그와 동시에 두 아우와 함께 경사經史를 더욱 깊이 연구하여, 천지인물의 소이所以와 고금치란의 원인 등을 토론하고, 인정물태人情物態, 길흉화복, 갖가지 기예技藝, 해외 이문異聞에 대해서 격론했다.

이 무렵 심대윤은 안성 혹은 진천에 거주하던 동래정씨 정기하鄭基夏(1827~87)와 경주이씨 이하곤李夏坤(1677~1724)의 고손 이희영李曦榮(1821~68) 등과 교유했다. 그들을 문하에 두었다고도 볼 수 있다. 정기하는 자신의 외동딸을 심경섭沈經燮에게 출가시켰는데, 심경섭은 심대윤의 족손(가까운 친척은 아닌, 손자뻘의 사람)이다. 그의 친형 심명섭沈明燮(1853~?)은 이후 심대윤의 경학 저술을 간행하려고 시도했다. 이희영은 정기하와 사돈간이었다.

심대윤은 1854년(철종 5)에 이르러 『정법수록政法隨錄』『대순신서大順新書』를 집필하는 한편, 살옥殺獄의 판결에 관한 논평을 모은 『흠서박론欽書駁論』을 저술했다. 54세 되던 해인 1859년(철종 10)에는 『시경집전변정詩經集傳辨正』과 『서경채전변정書經蔡傳辨正』을 저술했다. 『시경집전변정』 6책에서는 주희의 『시집전』을 철저히 비판하여 국풍의 창작자를 '달리군자達理君子'로 보고 그 화민化民의 효용을 강조하여, 그것이 『시경』의 연구에서 실리實理를 추구하는 길이라고 보았다. 그리고 후지後識에서 심대윤은 자신의 학문 편력을 다음과 같이 술회했다.

나는 어릴 때 경전에 대해 공부했는데, 일정을 정해 읽고 난 뒤에 스스로 재지才知가 모자라 경전을 통달할 수 없다고 여겨 다시 책을 펴지 않은 것이 20년이었다. 34, 35세가 지나 다시 경전 연구를 시작했지만 집이 가난한데다 어머니는 나이가 드셨고, 서울에 살면서 생계를 꾸리기에 바빠 공부할 틈조차 없었다. 임인년(37세 되는 해)에는 병중에도 『상의점법』을 저술하여 5개월 만에 마쳤다. 그 후로 지금까지 거의 20년 동안 틈이 있을 때마다 저술을 했다. 오직 삼례三禮만은 일년 동안이나 공부를 했었고, 나머지 모든 경서는 수십일 혹은 수개월 걸려 완성했다. 대부분 밤에 잠자리에 들기 전과 새벽에 닭이 울 즈음, 그리고 바람과 비가 올 때나 손님이 자기 집으로 돌아간 후의 여가를 이용해서 공부했다.

심대윤은 스스로를 '초야의 기인畸人'으로 규정했다. 「문생 정기하를 전송한 글〔送鄭犀亭序〕」에서, 혹시 자신에 대해 묻는 자가 있다면 "그 사람은 술 마시기 좋아하고 실없는 농담을 잘 하며 글을 대충 읽을 줄 아는데 마음대로 말하고 제멋대로 행동한다"고 말하라고 했다. 하지만 심대윤은 곤궁 속에서도 『춘추』를 읽어나가면서 제자서諸子書 및 기타 서적들을 섭렵하고, 그 토대 위에서 경전을 이해해나갔다. 또한『동사東史』와『전사全史』를 집필하고, 삶의 체험을 경학 저술에 접목시켜나갔다.

특히 심대윤은 노동의 경험을 바탕으로, 신체의 활성화가 인간 존재의 본래성을 확인하는 주요한 통로라는 사실을 거듭 강조했다. 심대윤은 인간의 몸이 '묘리가 무궁하다'는 사실에 주목했다. 인간의 몸은 신비한 것이기에 인간의 지능으로 전모를 파악할 수 없고, 또 병이 들었을 때 치료하기도 쉽지 않다. 인간의 유한성이라는 것도 인체의 신비로움으로부터 도출되므로, 인간은 거머리 같은 미물微物과 차별되지 않을 수 없다. 이러한 인식에 기반하여 심대윤은 『장자』「제물론」에 대한 재해석을 시도한 「제물론편론」에서, "하늘이 내려준 직분을 게을리하고 자기의 삶을 포기해버리면, 살아 있는 형체는 해골 같아지고 영명한 본성은 식은 재처럼 적막하게 되어, 죽지 않았으나 죽은 것이 되고 사라지지 않았으나 사라진 것이 된다"라고 단언했다. 인간은 영명한 본성을 지니고 있기에, 직분에 힘써서 매순간 자기의 삶을 확인해나가야 한다고 본 것이다.

나아가 심대윤은 57세 되던 1862년(철종 13) 『복리전서福利全書』를 저술하여, '복리'를 인간 보편의 생명원리라고 주장했다. 그 「대문對問」에서 심대윤은 자신이 시대에 쓰일 수 없도록 버림받은 사람이라, 때때로 글을 짓는 것으로 소일하며 마음의 고민을 떨쳐버리고는 하는데, '멋지고 특이함〔塊琦〕'을 애써 추구하지 않는데도 저절로 멋지고 특이하니 이는 천성天性이라고 자부했다.

심대윤은 이利과 해害를 나누고, 이利를 다시 미리美利와 욕리慾利로 구분했으며, 여기에서 인의仁義와 탐비貪鄙, 공정公正과 음사陰私가 파생된다고 보고 그 대립을 조절할 수 있는 것이 충서忠恕라고 주장했다. 그리고 공리公利 추구의 걸림돌이 될 수 있는 나와 남의 선후 문제에 대해, 남을 이롭게 하는 것이 결국은 자신을 이롭게 하는 것이라는 점을 입증하고자 했다. 현실의 생활에서는 어느 정도 자신을 굽혀서 대중을 따라가면서 보완해서 온전하게 만들어가야 하지, 자신만 잘났다고 혼자 깃발 세우고 북을 두드리며 밀어붙여서는 안 된다고도 주의했다.

한편 『복리전서』의 「천지·인물·귀신의 유래를 밝히다〔著天地人物鬼神之所自生也〕」에서는 "사람의 행사와 사려는 형체를 사용하고 품물을 사용해서 천지의 기氣에 감응한다. 기에 감응하여 남녀음양이라는 형形의 정精과 하나를 이룬 것은 자손이 되고, 기가 감응하여 희로애락이라는 정情을 쓰는 정精에 배합한 것은 화복禍福이 된다. 형을 사용하고 품물을 이용해서 나온 정精이 하늘에서 품부받아 생명을 있게 한 기氣와 하나로 되면 혼백魂魄이라 이름하니, 이것이 귀신이다"라고 규정했다.

그런데 심대윤은 '어리석은 사람들'까지 '실기實己'에로 인도하겠다는 대담한 뜻을 드러냈다. 종래 조선 성리학자들은 인심도심을 논하더라도 사실상 민중의 주체적 윤리의식에 대해서는 그리 인정하지 않았다. 성리학자들은 『논어』「옹야雍也」의 "중인 이상에게는 높은 단계를 말해줄 수 있으나 중인 이하에게는 높은 단계를 말해줄 수 없다〔中人以上可以語上也, 中人以下不可以語上也〕"에서 말한 윤리적 자질론을 무겁게 받아들였다. 심지어 일부 지식층은 이 개념을 신분계급의 차별관에 도입했다. 이 사실은 한국의 성리학 연구에서 주목하지 않아온 계급차별적 윤리관이다. 그리고 '중인 이하'에 해당하는 서민·천민의 윤리 실천을 유도하는 교화敎化를 성군·현자의 정교政敎 치적으로 선전했다.

여성에 대한 차별의식의 경우에는 더욱 심각하여, 남성 지식인들은 대개 서민 여성의 윤리적 결단을 온전히 긍정하지 않았다. 예컨대 서얼 출신으로 문과에 장원까지 했던 걸출한 문인 신유한申維翰은 「서열부한씨전후書烈婦韓氏傳後」를 작성하여 위기 상황에서 자결을 선택한 사대가의 한 여성을 칭송하면서도, 일반적으로 여성은 "편협하고도 날카롭기에 이지러지기 쉽고 편협하기에 중정을 잃어버린다〔褊而峭, 峭則善缺, 褊則失中〕"라는 편견에서 서민 여성이 절개를 지키기 위해 목숨을 버리는 행동은 '극단적 상황'에 내몰린 여성이 감정과 사고를 통제하지 못해 우연히 일으키는 사건이라고 보았다.

18세기 이후로도 많은 성리학자들이 여전히 서민·천민의 윤리 실천 문제를 정면으로 다루지 않았다. 이러한 시기에 민간에서는 공과격功過格 류가 유포되기 시작했다. 그 주된 교리는 복선화음福善禍淫의 단순 논리와 사후세계를 인정하는 미신이다. 하지만 이것은 윤리담론의 사각지대를 민중이 점유하기 시작한 조짐으로 보아야 할 것이다. 강화학파의 이광려에게서 글을 배운 유희柳僖는 민간 신앙과 수련 사실에 주목했다. 비록 민간의 천주학 유포와 공과격의 유행을 비판했지만 그는 민간사상의 새로운 조류에 민감하게 반응했다. 1796년에 「벽천주학책闢天主學策」을 작성하고 1798년경에 「공과격변功過格辨」을 작성했다. 1803년 7월에는 「홍씨환성변 洪氏喚醒辨」에서 찰방 홍의영洪義泳이 짧은 노래를 지어 그 문도를 '환성喚 醒(어리석은 이를 깨우침)'시키려고 했던 의도를 언급하고, 그의 '환성' 공부가 육상산(사실상 왕양명을 지칭)의 '돈오설'에 의해 오도되었다고 비판했다. 하 지만 민간의 '환성' 공부에 관심을 표시한 것 자체가 거꾸로 그의 심학적 성향, 진보적 윤리관을 드러내준다고 평가할 수 있다.

앞서 말했듯이 심대윤은 『시경집전변정』에서 '달리군자達理君子'의 '화 민化民'에 초점을 두었으나, 『복리전서』에서는 '화민'의 실제 환경과 방안 에 주목했다. 여전히 위로부터의 '화化'를 강조한 점에서는 보수적 논법을 띠고 있다. 하지만 민의 생활환경을 시야에 두고 그 현실의 모습을 탐구한 점에서는 한걸음 전진했다. 우선, 심대윤은 중인 이하의 서민이 '처한 환 경' 때문에 궁박하여 저지르게 되는 살인죄의 처벌에 관해서 심각하게 고 찰했다. 『흠서박론欽書駁論』에서는 정약용의 『흠흠신서欽欽新書』를 여러 차 례 거론하면서, 살옥殺獄에 대해서는 검험법檢驗法(부검)을 더욱 정교하게 적용할 것을 주장하되, 이념적으로는 다음 세가지에 주목했다. 첫째, 미매 微昧(애매모호함)의 술수로 죄안을 성립시키지 말고 백성에게 청문淸問하여 실제 자취를 파악해야 한다. 둘째, 미세하게 분석하여 죄안을 구성하는 데 주력하면 간사한 백성이 오히려 법률을 이용해서 사특한 짓을 저지를 수 있으므로 이를 경계해야 한다. 셋째로, 범죄자를 잔인하게 도륙한다면 흉 려凶戾를 조장할 뿐이므로 백성의 심성을 인도하여 인선仁善에 들어가게 해야 한다. 이것은 유교의 정치이념에서 관대함을 표방하여 가혹한 형벌 을 제거할 것을 주장하는 관념적 태도가 아니다. 백성들의 윤리적 태도에 초점을 두면서 청문淸問과 실검實檢을 중시하는 논리다.

그리고 심대윤은 『복리전서』에서 '복리'의 개념을 통해 인간의 윤리적 완성이라는 과제를 인민 전체의 문제로 확대시키고자 했다. 그 스스로 지식인으로서의 책무의식을 탈각하지 않고 인민을 환성하고자 의도한 것이다. '화化'의 논리에 담긴 계급적 요소를 완전히 불식하지는 못했지만, '중인 이하'에서도 윤리주체를 확인했다. 이와 관련하여 심대윤이 왕양명의 「순임금의 아우 상象의 사당에 대한 기문[象祠記]」을 재작성한 것에 주목할 필요가 있다. 왕양명은 순임금이 포악한 이복동생 상象을 선한 사람으로 교화시킨 점을 강조하여, "인간의 본성이 선하다는 것을 믿음으로써 천하에 교화할 수 없는 사람은 없다고 본다"라고 전제하면서도, "군자가 자신의 덕행을 수양하여 지극해지면 비록 상象처럼 흉포한 사람도 감화시킬 수 있는 것이다"라고 군자의 주도적 교화론을 주장했다. 심대윤은 38세 때인 1843년에 왕양명의 이 글을 개작하면서 "순이 지극한 덕으로 마침내 오만한 아우를 감화시켰으며, 사적인 사랑 때문에 공도를 폐하지 않았다는 것을 알 수 있다"라고 하여, 사적인 사랑과 공도의 감화를 구별했다. 중화제국의 주변 이민족의 처지를 두고 사적인 사랑과 공도의 감화를 변별하고 그들이 후자에 감화되었다고 파악한 것이다. 『복리전서』에서 심대윤은 교화 주체로서의 군자의 위상을 강조하지 않고 건전한 복리 추구의 원리를 경전이나 고전에서 찾아내고자 해서, 종래의 보수성을 얼마간 극복할 수 있었다.

『복리전서』는 모두 3개의 텍스트가 있는데, 규장각에 두 텍스트가 있고 고려대학교에 한 텍스트가 있다. 고려대학교 소장본에는 무인년(1938) 5월에 정인보가 쓴 지識가 있다. 이 글에서 정인보는 심대윤이 '어리석은 사람들을 깨우쳐 인도하기 위해' 노력한 사실에 주목했다.

　　이 책은 석교石橋 심대윤이 지은 것이다. 석교가 저술한 경설이 백여권에 가까운데 정주程朱의 학설과 상치되어 그 때문에 세상에 행해지지 못했다. 대개 그 설은 이해利害와 화복禍福으로 주지主旨를 삼고 공과 사로 선악을 구분했다. 이 책은 어리석은 사람들을 깨우쳐 인도하기 위한 것이라서 조어

措語가 더러 천근淺近(표현이 얕음)하지만 일파의 학(一派之學)으로서 면모를 갖추고 있으니 하찮게 볼 수 없다.

한편, 연세대학교 도서관에 소장된 『한중수필閒中隨筆』 2책에도 정인보의 지識가 있다. 이 글에서 정인보는 심대윤이 음운·훈고·지리·천문·산수·제도 등 여러 분야에 걸쳐 통달한 청나라 고증학자 대진戴震에 가까웠다고 평가했다.

　　백운 선생은 심대윤으로 부제학을 지낸 심악의 손자이며, 영의정을 지낸 심수현의 증손(고손의 잘못)이다. 부제학 심악이 을해년 옥사에 죽자, 집안도 끝내 몰락했다. 선생은 어려운 속에서도 정성을 다하고 스스로 분발하여 부친과 숙부가 유배 가서 원지遠地에서 돌아가시자, 모두 수습하여 돌아와서 선영에 장사 지내니, 사람들이 모두 의롭게 생각했다. 가난이 심하여 형제 삼인이 소반을 만들어, 그 값을 취하여 모친을 봉양했다. 지금 이 문집에 수록된 「치목반기治木槃記」가 이것이다. 국조國朝의 여러 사유師儒들은 모두 정주程朱의 가법을 지켜 감히 새로운 논의를 발의하지 못하여, 그 폐단을 따르며 모방하여 마음에 자득自得한 것이 없어졌다. 선생은 재주가 높고 생각이 깊으며, 세상사를 많이 겪어 인정물태에도 두루 익숙하여, 마음에 쌓인 답답함과 무젖은 체험으로 성인의 말을 풀이하여 그 정회를 풀었다. 그 설이 대진戴震에 가까우면서도 넓고 큰 면에서는 더 낫다. 근세에 학문을 이을 만한 재언才彦으로 성호 이익, 순암 안정복 같은 분은 역사로 저명했고, 다산 정약용 같은 분은 언정言政으로 드러났다. 선생은 외로이 홀로 지키고 적막하여 명성과 칭송이 민멸되고 말았다. 게다가 말을 공격적이고 과격하게 하고, 앞 시기의 학자를 비판하고 헐뜯어 당시의 비방한 글을 모아놓아, 마침내 막히고 말아서 방문하여 질문하는 자가 드물었다. 그러나 마음을 가다듬고 논의를 정밀하게 하여 그 뜻이 영특하고 견해가 탁월하여 여러 학자들의 설說을 재단했으니, 삼한三韓 경학의 빛〔光〕이다.

대진(1723~77)은 고증학의 대가로 문자 훈고訓詁보다 경서 해명의 방법을 궁구했다. 그런데 정인보는 양명학의 계보를 잇는 청나라 학자로 황종희黃宗羲(1610~95)를 존숭했거늘 강화학파의 어느 학자에 대해서도 황종희와의 친연성을 언급하지 않았다. 심대윤의 경우는 대진과 비교했다. 이것은 정제두 이후 강화학파가 양명학을 고수하지 않고 조선의 '근세의 학문'을 형성하는 데 오히려 공로가 있었다는 점을 암암리에 밝힌 것이다.

심대윤은 67세 되던 1872년 2월에 『효경산정孝經刪正』을 저술했다. 그리고 7월 25일 세상을 떠났다. 경학 저술 44책과 역사 저술 64책 등, 심대윤의 저작물은 성균관대학교 대동문화연구원에서 2005년에 『심대윤전집』1~3책으로 영인했다. 하지만 일부 저작들이 여전히 흩어져 있다.

*

이 책에서 다룬 정제두·이충익·심대윤은 모두 과거지학科擧之學에 골몰하지 않은 학자들로, 그들의 한문은 전고典故·대우對偶·변우騈偶·성률聲律의 구속에서 벗어나 소박하다. 이충익의 경우는 문인의 체격을 비교적 갖추었지만 문장의 형식미에 주의하지 않았다. 또한 이들은 공통적으로 기존의 문헌을 초촬抄撮하는 데 주력했지, 특정 개념을 중심으로 경서·역사서·정치문서·고거문헌考據文獻·관련 사실 등의 논거를 다양하게 제시하면서 의미를 심화하거나 확장해나가는 서술에 뛰어나지 못했다. 따라서 그 중심사상을 적출하는 데는 상당한 어려움이 있다. 그들의 문체는 확실히 강화학파 후기의 이건창·이건승·이건방이 사색의 결과를 시문에 차분하게 담아나가거나, 정인보가 사유의 그릇으로서의 문장의 미학에 주목하게 되는 것과는 달랐다.

그러나 정제두·이충익·심대윤 등은 사유 구축의 형식적인 한계에도 불구하고 사유의 내용 면에서 체리집의體理集義를 강조하고 '내면을 오로지하고 자기 자신을 참되게 함〔專內實己〕'을 분명히 표방했다. 정제두는 이기理氣 개념을 가지고 심心의 문제를 다루었지만, 이후 강화학파 학자들은 이기론의 틀에 머물지 않았다. 이충익의 경우는 이기설을 아예 논하지 않고 인간존재의 진실을 응시하고자 노력하고, 진실무위眞實無僞를 주장하기 위해 『노자』의 설을 원용했다. 심대윤에 이르면 '복리福利'를 추구하는 심성의 동적 측면과 신체 기관의 활동에 주목했다. 특히 '복리' 추구가 '중인' 이상의 자질을 지닌 인간에게 제한된 윤리의식이 아니라 '중인' 이하에게도 보편적인 윤리의식이라는 점을 확인했다. '중인'은 조선의 계층 개념이 아니라 성리학자들이 은연중에 설정한 윤리실천의 비주체를 지칭하는 용어다. 정제두·이충익·심대윤 그들은 각각 사유방법을 달리하고 학술 내용도 달랐지만, 모두 가학假學을 배격하고 인간 양심의 순수 동기에 주목하여 '실기實己'를 사유의 중심에 두었다는 점에서 공통된다. 그들은 시문에서 늘 자기를 속이지 않았고〔毋自欺〕 열패한 선비나 참혹한 처지의 농민, 여성, 노비에 대해 진성으로 슬퍼했다〔眞誠惻怛〕.

강화학파는, 고종 연간에 이건창이 정계에 들어가지만, 사상적으로 탄압을 받고 대부분 가세가 영락하여 주요 저술은 물론 시문집조차 간행하지 못했다. 순조 연간에 소론의 일부가 정치권력의 장에 가담할 때 이광려의 저술 가운데 시만이 목판으로 간행되고 신대우의 산문이 자제들의 노력으로 역시 목판으로 간행된 것이 거의 전부다. 이 때문에 그들의 학술사상은 사상계에서 확산의 힘을 갖지 못했다. 정치권력을 지닌 특정 집단이 학문권력을 장악하여 출판을 사실상 금제했다는 사실은 비단 강화학파의 문제만이 아니라 조선 사상계의 역동성을 제약한 중대한 문제라고 볼 수 있다. 그렇지만 오늘날 보기에 강화학파 학자들은 열패劣敗한 처지에 굴하지 않고 투쟁적이고 혁신적인 한걸음을 옮겼다.

강화학파의 학자들은 유교적 도통이나 중세적 문화규범에 대립하여 인간의 본연의 양심을 내세우고 인간의 순수한 욕망과 보편적 윤리의식에 주목했다. 또한 민족의 역사적 상황과 현실을 주체의 관점에서 바라보아, 민족의 언어문자, 인민의 생활조건과 현실정치의 모순에 관한 깊이 있는 언설을 남겨, 민족사상사에서 매우 의미 있는 주체의 철학을 수립할 수 있었다.

정제두

하곡 정제두 문인석.

1장
주자학인가 양명학인가

명아설名兒說[1]

『중용』에서 자사子思가 "하늘이 명한 것을 성性이라 한다"고 했으니, 사람의 성이 곧 천이다. 『맹자』「진심상盡心上」에서 맹자가 "자신의 마음을 극진히 하는 자는 자신의 성을 아는 것이니, 성을 알면 곧 하늘을 아는 것이다. 자신의 마음을 간직하고 자신의 성을 기르는 것이 하늘을 섬기는 일이다"라고 했으니, 이것은 마음과 성과 하늘이 하나라는 뜻이다. 사람은 바로 이 마음뿐이요, 마음은 바로 이 하늘이기에, 이미 마음이라고 말하면 곧 하늘이 이미 거론된 것이니, 하늘과 사람이 어찌 둘이겠는가? 비록 그

---

1   정제두가 아들 후일(厚一)의 아명을 입천(立天)이라 짓고 뜻을 풀이했다. 정제두는 17세 되던 1665년(현종 6) 겨울, 최명길(崔鳴吉)의 외종손녀이자 윤홍거(尹鴻擧)의 딸인 파평윤씨와 혼인하고, 23세 되던 1671년(현종 12) 2월 아들을 얻었다. 이해 11월, 부인 상을 당했다. 정후일의 자는 후지(厚之)다. 1727년(영조 3) 가평군수, 이듬해 고양군수에 이르렀다. 1736년(영조 12) 가을 부친이 죽고 삼년상 뒤에 사도시 주부가 되었다. 1741년(영조 17) 3월 13일 황화방 집에서 타계했다. 사위 신대우(申大羽)가 행장(「조선 고 통훈대부 부평도호부사 수원진영병마동첨절제사 정공행장朝鮮故通訓大夫 富平都護府使 水原鎭營兵馬同僉節制使 鄭公行狀」)을 지었다.

렇다고 하더라도 사람의 한 몸은 형기形氣가 승勝하고 천리가 미약하기 때문에, 사람은 오직 피와 살이 꿈틀거리는 것이 사람이고 둥그스름하게 위에 있는 것이 하늘인 줄만 알 따름이지, 그 근본이 곧 하나임은 모른다. 살아서 꿈틀거리는 것을 사람이라 여기는 까닭에 다만 기욕嗜慾과 명리名利 등 제 몸을 편하게 하고 자기를 이롭게 할 수 있는 모든 것으로 만족해하며, 위에 있는 것을 하늘이라 여기는 까닭에 성性이 옥죄고 하늘이 멸하게 되도록 내맡겨두고 스스로 알지를 못한다. 진실로 자기 하나의 사람(一己之人〕 때문에 본연의 하늘을 사람의 도에 골몰하게 만드는 일에 거의 가까울 것이다.

『근사록近思錄』「위학爲學」에 보면 장재張載는 "천지를 위하여 마음을 정립한다"[2]고 했으니, 천지가 사람 밖의 것이 아님을 알아서 곧바로 이를 자기의 책임으로 삼은 것이 아니겠는가? 『논어』「헌문憲問」에서 공자는 "나를 알아주는 이가 없구나"라 하고, "아래로 배우면서 위로 통달하나니(하학이상달下學而上達) 나를 알아주는 것은 하늘일 것이로다"라고 했으니, 홀로 하늘에 계합契合(꼭 들어맞음)함이 있어서 남이 알아줌에 상관함이 없었기 때문이 아니겠는가? 그러므로 또한 천지가 사람의 바깥에 있지 않다는 것을 알고 하학下學(형이상학적인 것이 아니라 일상의 생활공간에서 실천하는 학문)하여 홀로 하늘에 통달하리라는 것을 알아서 반드시 이 마음을 하늘의 도에 정립하여 남이 알아주기를 구하지 않아야 한다. 그런 뒤에 천리를 온전히 하고 내 한 몸을 제거하는 공부를 말할 수 있을 것이다. 그러므로 옛날에 도를 말하면 공부功夫의 절목節目이 번다하여 비록 하나가 아니라고 말하더라도 요컨대 그 본원本原이 다만 여기에 있었다. 이것이 정립되지 않

---

2   장재(張載)의 자(字)는 횡거(橫渠)다. 『근사록(近思錄)』 권2 「위학(爲學)」에 보면 장재가 당나귀 울음소리를 듣고 천지간에 인(仁)이 충만한 생의(生意)를 느껴 "천지를 위하여 마음을 정립하고, 생민을 위하여 도를 정립하며, 옛 성인을 위하여 끊어진 학문을 잇고, 만세를 위하여 태평 시대를 열어야 한다(爲天地立心, 爲生民立道, 爲去聖繼絶學, 爲萬世開太平)"라고 말했다. 이를 '횡거 4구(橫渠四句)'라고 한다.

으면 비록 학문이 있는 자라도 모두 위기爲己하는 바가 아니다.

나도 실로 인욕에 골몰하여 천성을 능히 하지 못한 사람이다. 지금 여기에서 본 바가 있어 깊이 감동했으므로 그 뜻을 취하여서 너를 이름하여 입천立天이라 한다. 대개 나의 뜻하는 바를 표시하고 또한 너에게 바라는 것이다. 사람은 이 몸이 있으면 반드시 명을 받은 곳이 있으니, 하늘이여! 하늘이여! 이 마음을 하늘의 도에 세우는 것이 참으로 우리 인생의 명을 정립하는 것이다. 천지를 위함에 정립하여 우뚝하게 우주 안의 일을 나의 임무로 삼으면 이른바 공리功利, 기욕嗜慾, 소물小物, 외모外慕의 누累 따위가 자연히 용납되지 않을 것이다. 하학하여 하늘이 알아줌에 뜻을 정립하여 하늘만이 아는 신묘함을 초연하게 바란다면 세상의 시비是非, 훼예毀譽(훼방과 예찬), 영욕榮辱, 현회顯晦(알려짐과 알려지지 않음) 따위가 이르러 오는 것은 모두 돌아볼 바가 아니다. 하늘을 알고 하늘을 섬기는 데 뜻을 정립하여 종신토록 마음을 간직하고 성을 기르는 공부에 게으르지 않다면, 천명의 성이 다시는 이지러짐이 없을 것이며 하늘은 사람에게서 벗어나지 않을 것이다.

입立이여! 입立이여! 하늘을 두고 하늘로 하여금 정립하게 만드는 것이 바로 명을 정립하는 일이다.

이제 너의 인생의 처음에 네게 줄 것은 오직 이것일 뿐이다. 아! 사람치고 누군들 이 마음이 없으랴? 하나의 마음이 미미하지만 천지가 갖추어 있으니, 그 체體가 크다고 할 수 있을 것이다. 하늘이 넓고 넓거늘 마음 하나에 보존되어 있으니, 그 간직하는 도가 간약하다고 할 수 있을 것이다. 제 몸을 한낱 혈육의 몸뚱이로만 간주한다면 참으로 스스로를 작게 여기는 것일 뿐이다.

정관재 문집 수록 시에 차운하다次靜觀齋集中韻³

정과 성은 원래 물의 체와 용과 같나니
체는 맑아서 성이요 용은 정이다.
이로써 알리라, 흐르는 물이 비록 탁하더라도
탁한 곳에 어찌 맑은 체가 없으랴.

情性元同水體用, 體淸爲性用爲情

從知流水渾雖濁, 濁處寧無是體淸

주자학과 양명학 존언하存言下

주자는 심心을 몸[身]의 주재主宰로 보고 성性을 이理로 보았으며, 이理가
일[事]마다 물物마다 있다고 여겨, 일마다 물마다 각각 당연當然한 법칙이
있으므로, 당연한 법칙을 모두 다하기를 구하라고 했다. 이런 까닭에 마음
은 성경誠敬을 다하고 사물事物은 이理를 궁구하는 까닭에, 마음을 간직하
여 만물의 이理를 궁구해서 만가지 일의 법칙에 응한다고 보았다. 그러므
로 당연한 이理를 궁구하는 것을 지知라 하고 당연한 법칙을 준수하는 것

---

3   이단상(李端相, 1628~69)의 『정관재선생집(靜觀齋先生集)』 권3 「수락산을 유람하며 최
     덕유 선의 시에 차운하다(游水洛山. 次崔德裕〔宣〕韻)」에 차운(次韻)했다. 최선(崔宣)은
     1655년(효종 6) 동부 참봉(東部參奉)을 지냈다. 이단상은 "성정이란 원래 물의 청탁과 같으
     니, 고요할 때가 성이고 움직일 때가 정이다. 알겠네, 움직인 뒤 정이 비록 탁할지라도, 탁한
     곳에 어찌 고요 속 맑음이 없으랴?(情性元同水淸濁, 靜時爲性動爲情. 從知動後情雖濁, 濁處
     寧無靜裏淸?)"라고 읊었다. 이단상은 성정체용론에 따라, '성＝체-정(靜), 정＝용-동(動)'
     의 논리를 주장했다. 그러나 정제두는 정 속에 체가 있다고 주장했다. 정제두는 지천(知天)
     과 사천(事天)에 뜻을 세우면 세간의 시비(是非), 훼예(毁譽), 영욕(榮辱), 현회(顯晦) 등에
     연연하지 않게 되어 천명의 성(性)이 이지러지지 않을 것이라고 믿었다.

을 행行이라고 하며, 또한 물物에 있는 것이 이理이고 물物에 대처하는 것이 의義라고 보았다【이理는 물에 있고 의義는 마음에 있다】.

왕양명은 심心을 이理로 여기니, 곧 양지良知이다. 마음의 양지가 체體이고, 무릇 사물의 작용作用이 용用이며, 사물의 이理라고 말하면, 이理는 모두 심心에 갖추어져 있고, 심에는 절로 양지良知가 있으니 알지 못하는 이理가 있지 않은 셈이다. 다만 사욕私欲에 골몰하는 까닭에 어둡거나 어리석은 면이 있으므로, 양지를 이루고 성性을 회복하여 마음의 이理를 궁구하고 심의 성性을 다한다면 오륜五倫에 있어서나 심성心性에 있어서나 사물事物에 있어서나 천리天理 아닌 것이 없게 된다.[4]

이런 까닭에 체體와 용用은 있어도 안과 밖[內外]이 없고 정精한 것과 추粗한 것도 없다. 그러므로 명덕明德과 친민親民은 하나라서 나뉨이 없다. 지知와 행行은 하나로 합하여, 지知라는 것은 행行의 시작이요 행行이라는 것은 지知가 이름[至]이다. 그러므로 도道는 하나일 뿐이고 정성[誠]일 뿐이며 둘도 아니요 나뉘지도 않는다. 내 몸으로부터 사물에 이르고 천하 만물에 이르기까지 다만 하나로 관통貫通할 뿐이다. 그러므로 천지天地를 일체一體로 삼고 천하를 일가一家로 삼는다면 비록 다스리지 않으려고 하여도 다스려질 것이다. 그러므로, "예악禮樂과 형정刑政은 성인聖人이 되는 공부에 관계되지 않는다"[5]라고 말한다. 진실로 이理에 부합되고 심에 합당한다면 비록 옛 성인聖人이 아니더라도 작위作爲할 수 있으므로 다만 성심誠心으로 진실함에 힘쓸 뿐이다.

---

4   주자학은 성(性)=이(理)를 모든 사물에 내재한 것으로 마음이 궁구해야 할 대상으로 여기지만 양명학에서는 심(心)=이(理)=양지(良知)가 모든 사물의 이(理)를 갖추고 있다고 본다. 이에 따라 정제두는 '격물(格物)'을 '정물(正物)'로 해석하고, 그것이 바로 박물(博物)이요 궁리(窮理)라 보았다. '정물(正物)'이란 바로 내 마음이 사물을 바르게 하는 것이요, '박물(博物)'한다는 것은 정물(正物)을 넓혀가는 것이며, '궁리(窮理)'한다는 것은 정물(正物)함으로써 내 마음의 이(理)가 물(物)에서 드러나는 것이다.

5   왕양명의 설을 인용한 것이 아니라 정제두가 자설을 정리한 것이다.

일점생리설一點生理說[6] 존언상存言上

  한 덩어리 생기生氣의 원元과 한 점 영소靈昭(신령하고 분명함)의 정精은 그 한개【혹은 일一 자가 없다】의 생리生理【즉 정신과 생기가 한 몸의 생리이다】란 것이 마음[方寸]에다 집을 짓고 중극中極[7]에서 뭉친 것[團圓]이니, 그 것은 신腎에 뿌리를 내리고 얼굴에서 꽃을 피우며, 그것이 확충擴充되면 곧 한 몸에 가득해지고 하늘과 땅에 가득할 것이다. 그 영통靈通함은 헤아릴 수 없으니 묘용妙用을 다할 수 없으며 만가지의 이치를 주재主宰할 수 있으니, 참으로 이른바 육허六虛(육합六合, 즉 상하 동서남북)에 두루 퍼지고[周流] 운동하여 한군데에 있지 않는 것이다.[8]

  그 체體인 것은 진실로 순수하여 본래 지닌 속마음에 각각 법칙으로 삼는 바가 있지 않은 것이 없었으니, 이것이 곧 내 몸을 낳아준 생명의 근원인 것이며 이른바 성性이다.[9] 다만 그 생리로서 말한다면『맹자』「고자하告

---

6 『존언상(存言上)』에 들어 있다. 정제두는 생성·활동하는 기(氣)인 '생기(生氣)'와 영명(靈明)한 '정신(精神)'이 사람의 한 몸에 깃들어 있는 '생리(生理)'가 되고, 이 생리(生理)가 일신(一身)과 우주(宇宙)에 충만하고 모든 이치를 주재(主宰)하여 생리(生理)와 성(性)이 하나가 된다고 보았다. 즉 생리(生理)는 "마음을 집으로 삼고, 중극(中極, 배꼽 아래 4촌寸에 위치한 경혈經穴)에서 둥글게 뭉치고, 콩팥[腎]에 뿌리내리고 얼굴에 꽃피며 일신(一身)에 충만하고 천지(天地)에 가득하며, 영통(靈通)함은 헤아릴 수 없고 묘용(妙用)은 다할 수 없으며, 모든 이치를 주재(主宰)할 수 있으니, 진실로 이른바 우주에 두루 유행하고 변동하여 머물지 않는다". 생리(生理)의 실체가 '본래 지니고 있는 속마음[本有之衷]'이요, '살아 있는 신체에 생명의 뿌리[生身命根]'요, 또한 '성(性)'이라 하며 '본래 지니고 있는 속마음'이므로 '성선(性善)'이라 하고, '생명의 근원[命元]'이라 보았다.

7 중극(中極)은 원래 북극성이며 천중(天中)이라고 한다. 인체에서는 경혈(經穴), 즉 제하(臍下) 네 치에 있다고 한다.

8 『주역』「계사전하(繫辭傳下)」에 "도란 자주 옮기고 변동하여 한군데 있지 않으며 육허(六虛)에 주류(周流)하여 상하가 일정하지 않다(爲道也屢遷, 變動不居, 周流六虛, 上下无常)"라고 했다. 육허(六虛)는 육효(六爻)를 지칭한다. 단, 정제두의 이 글에서는 상하사방(上下四方)을 뜻한다.

9 『전습록(傳習錄)』하(下)에서 왕양명은 요수불이(夭壽不貳)에 대한 제자의 질문에 답하여,

子下」에서 말하듯 "타고난 것을 성性이다"라고 할 것이니,[10] 『주역』 「계사전하」의 "천지의 큰 덕을 생生이라 한다"라는 것이 이것이다. 오직 그 본래 지닌 마음이 있는 까닭에 '성은 선하다'고 하며, 『중용』 수장에 "하늘이 명하는 것을 성性이라 하고 도道라 한다"라고 했으니 그 실제 내용은 하나이다. 만가지 일과 만가지 이치가 모두 이것으로 말미암아 나오므로, 『맹자』 「고자하」에서 "사람이면 모두 요·순이 될 수 있다"고 한 것도 곧 이 때문이다. 노자가 "죽지 않는다"고 말한 것이나 석씨(석가모니)가 "멸滅하지 않는다"고 말한 것도 역시 모두 이 때문이다. 보통 사람[凡夫]이 이利를 탐내어 욕심에 목숨을 바치는 것도 역시 여기에서 나오는 것이니, 욕심에 가리었기 때문이다. 새와 짐승이 각각 한가지의 성性을 지닌 것도 여기에서 얻어서 그 일단一端을 지닌 것이다. 이것이 곧 몸을 낳아준 생명의 근원이므로 "천지의 큰 덕을 생生이라 한다"라고 한다.

그러나 오직 본래 지닌 마음을 생명의 근원[命元]으로 삼는 까닭에 이것을 법칙으로 삼지 않을 때에는 생生도 포기할 수 있으며 이利도 차지하지 않을 수가 있다.[11]

"생사에 대한 사람의 염두는 본래 살아 있는 몸뚱이와 목숨의 뿌리에서부터 띠고 와야 비로소 성(性)을 다하고 명(命)에 이르는 학문이 된다(人於生死念頭, 本從生身命根上帶來, 方是盡性至命之學)"라고 했다.

10 『전습록(傳習錄)』중(中)에서 왕양명은 "생(生)이란 글자가 곧 기(氣)란 글자라고 하는 것은, 말하자면 기(氣)가 곧 성(性)이라고 말하는 것과 같다. 기가 곧 성이라는 것은 즉 이미 한쪽 변(邊)으로 떨어진 것이니, 성의 본원이 아니다. 맹자가 성은 선하다고 한 것은 본원에 있어서 말한 것이다(生字卽是氣字, 猶言氣卽是性也. 氣卽是性, 卽已落在一邊, 不是性之本原矣. 孟子性善, 是從本原上說)"라고 했다.

11 『맹자』「고자상(告子上)」에 "물고기도 내가 원하고 곰 발바닥도 내가 원하지만 이 두가지를 가질 수 없다면 물고기를 버리고 곰 발바닥을 가지겠다. 삶도 내가 원하고 의도 내가 원하지만 이 두가지를 가질 수 없다면 삶을 버리고 의를 취하겠다"라고 했다.

생리허세설生理虛勢說[12] 존언상存言上

발發하는 것은 기氣이다【기가 아니면 발할 수가 없다】.[13] 발하게 하는 것은 이理이다【이理가 아니고서는 발할 수 없다】. 신神이 생生하는 것을 이理로 삼고【성은 지志의 주장이요 신神은 성性의 영한 것[性之靈]이니 낳고 낳아서 쉬지 않는 것이다】 실實로 삼는다【마른 나무나 죽은 재에서는 끊어지고 도적질과 난폭·음란함에서는 그친다】.

사람은 태어나면서 정靜한데, 그 이상(태어나서 정하기 이전)은 하늘의 성性이다【바야흐로 이것은 성性의 진체眞體의 곳이다】.[14] 성性을 말하기만 하면 이미 물物에 감感하여 동動하는 것이다【기품의 편벽됨이 동動하고 사사로이 얽매인 정情이 일어난다】.

발發하게 하는 것은 이理이며【이가 아니면 발하는 바가 없다】, 형세를

---

12 『존언상(存言上)』에 들어 있다. 정제두는 이(理)로서의 성(性)인 '이성(理性)'이 '생리(生理)'이고 살아 움직이는 신명(神明)인 '생신(生神)'을 이(理)요 성(性)이라고 하지만, 성(性)에 스스로 진체(眞體)가 있는 것이 이(理)요 성(性)이라고 구분하고, 생신(生神) 속의 진체(眞體)를 주장하는 것이 '존성(尊性)'의 학문이라 보았다. 범리(凡理, 물리物理·만리萬理)의 주재(主宰)로서 생리(生理)를 정립하고 생리(生理)를 '진실한 이(理)'(진실지리眞實之理)요 '성(性)'의 본체(本體)'(성지본체性之本體)인 '진리(眞理)'로 확립하고자 했다. 그런데 정제두는 왕양명의 심즉리설을 받아들이되 이기일원론의 입장을 취했다. 왕양명은 소혜(蕭惠)의 질문에 답하면서 "너의 마음이 보고 듣고 말하고 행동할 수 있는 것은 곧 성(性)이요 천리(天理)이며, 이 성(性)이 성(性)의 생리(生理)를 생(生)할 수 있으면 곧 인(仁)이라 한다"고 하여, 심(心)·성(性)·생리(生理)·인(仁)을 일치시켰다. 이에 비해 정제두는 심(心)을 태극이자 상제인 신명(神明)으로 보고, 기(氣)란 심(心)이 싸고 있는 기막(氣膜)이요 정신원기(精神元氣)가 머무르는 '명문(命門)'의 화기(火氣)인 '상화(相火)'로서 기욕(氣欲)이라고 파악했다.

13 이이(李珥)도 성혼(成渾)에게 보낸 서찰(「율곡여성호원서栗谷與成浩原書」)에서 이와 같이 말했다. 『율곡전서(栗谷全書)』 22책본 권10 서2 참조.

14 『전습록(傳習錄)』 중(中)에서 왕양명은 "'사람이 나면서 고요하다'는 이상은 더 말할 것이 없다. 말하기만 하면 기가 곧 성이니, 성의 본원이 아니다. 정자는 말하길, '성을 논하면서 기를 논하지 않으면 구비되지 않고, 기를 일컬으면서 성을 논하지 않으면 분명하지 않다'(人生而靜以上, 不容說, 纔說氣卽是性, 不是性之本原. 程子謂: 論性不論氣 不備, 謂: 氣不論性, 不明)"라고 했다.

이루는 것은 이理이고【조리條理로 관통하여 형세가 이루어지게 하기 때문에 형세에는 조목과 절차의 준칙이 있다】허虛이다【마른 나무나 죽은 재에서도 같고, 도적질과 난폭·음란함에서도 한가지이다】.

사람이 태어나서 정靜하기 이전은 미처 태어나지 않은 먼저이다【이것을 이理의 순전純全함이라 이른다】. 성性을 말하기만 하면 이미 각각 그 기氣 위의 이理에 있다【이는 이理가 아니다】.

형세의 이理란 것은 마른 나무와 죽은 재도 또한 이理이며【또한 크나큰 근본이요 중화中和[15]이니 중화도 또한 마른 나무에 대해서도 쓰일 수 있다】, 도적질하고 난폭·음란한 것도 또한 이理이다. 본이든 말이든, 정正이든 반反이든, 다 같이 이것을 지닌다.

신神의 체體라는 것은 마른 나무와 죽은 재이며【죽음의 이理이지, 생生의 성性이 아니다. 끊어진 이理이지, 체體의 이理가 아니다. 성性과 이理가 이미 끊어져서 계속되지 않는다】도적질과 난폭·음란함도 이理이다【피폐한 이理이지, 올바른 이理가 아니다. 망령된 성性이지, 참다운 성性이 아니다. 성과 이는 멸망되어서 존재하지 않는다】. 삶과 죽음, 진眞과 망妄의 다름이 있다.

"무릇 성性 밖에는 물物이 없다"(정자의 말)라고 말할 때 성性 밖이란 것은 죽은 재나 마른 나무를 말하는 것과 같을 뿐이다. 하늘의 명命이나 사람의 성性은 또한 함께 주재主宰하더라도 통괄되지 않음이 없다【마음 밖에 있지 않다고 이르는 것이 이것이다】. 그것이 내 몸의 이理로서 기능하는 이상, 사람이 죽게 되면 생리生理는 끊어지게 된다.

이理·성性이란 것은 생리生理일 뿐이다. 대개 생신生神은 이理이고 성性이니, 그 성性의 근본에는 저절로 진체眞體란 것이 있다. 이것이 성性이고 이理이다. 그러므로 생신生神 가운데서 진眞과 망妄을 분별하여 진체眞體를

---

15 『중용』수장(首章)에 "중(中)과 화(和)를 극도로 이루면 천지가 궤도에 위치하고 만물이 길러진다"고 했다.

주장하게 할 수 있다면 이것이 존성尊性의 학문이다. 그러므로 범리凡理 가운데서 생리生理를 주장하고 생리 가운데서 진리眞理를 골라야만 이리理일 수 있다.

박남계[16]에게 올리려던 글擬上朴南溪書[17]
임술壬戌(숙종 8년, 1682년, 34세)

후세의 학문은 의리義理와 심성心性에 대해 두가지로 그 공부를 하므로, 학자들은 도道에 대하여 두 갈래로 보기를 면하지 못하니, 공자 문하에서 인을 구하는〔求仁〕 학문과 비교한다면 다름이 없지 않을 수 없습니다. 제가 수년 동안 분발하고 답답해하며 생각을 거듭했던 것을 한번 선생님께 털어놓아 양단을 다 드러내주셔서[18] 바름을 구해주시기를 바랐지만 한스럽게도 여태 그럴 수가 없었습니다.[19]

---

16   정제두의 스승 박세채(朴世采, 1631~95)를 말한다. 본관은 반남(潘南), 자는 화숙(和叔), 호는 현석(玄石)·남계(南溪)다. 숙종 초기까지는 송시열과 정치적 입장을 같이했으나, 노·소 분열 이후에는 윤증(尹拯, 1629~1714)을 두둔했다. 정제두는 윤선거(尹宣擧, 1610~69)의 종서(從婿)로, 성혼(成渾, 1535~98)의 학맥을 이었으니, 윤선거, 윤증·윤휴(尹鑴, 1617~80) 부자 및 박세당(朴世堂, 1629~1703)과 인척간이다. 윤선거는 성혼의 외손이고 윤증의 부친이며, 윤휴의 학우이고, 박세당의 중형 박세후(朴世垕, 1627~50)의 장인이며 박태보(朴泰輔, 1654~89)의 외조부다.

17   34세 되던 1682년에 작성한 서찰이다. 정제두의 연보(年譜)에 "이해에 선생께서 병이 더욱 심하여 여러 번 위독한 지경에 이르게 되어 선생께서는 돌아가신 뒤의 일을 손수 적어서 동생 광주군(廣州君, 광주부윤 정제태鄭齊泰)에게 부탁하고 또 편지를 써서 남계(박세채)에게 영결을 고했다(年先生疾盆劇, 屢瀕危, 子疏身後事, 付季氏廣州君, 又爲書告訣於南溪, 此卽其時書也)"고 했다.

18   원문의 '갈양단(竭兩端)'은 『논어』 「자한(子罕)」의 '고갈양단(叩竭兩端)'에서 가져왔다. 즉, 공자가 "어떤 사람이 나에게 무엇을 물을 경우에는 그가 아무리 무식한 사람이라고 하더라도 나는 묻는 내용의 양쪽을 다 말해준다(有鄙夫問於我, 空空如也, 我叩其兩端而竭焉)"라고 했다.

19   정제두의 제자 심육(沈鈵)은 「하곡선생유사(霞谷先生遺事)」에서 정제두가 사우연원(師友

가만히 생각하기를, 천리天理는 즉 성性입니다【인·의·예·지가 이것입니다】. 심心과 성性의 취지趣旨는 아마도 왕 문성王文成(왕양명王陽明)의 설[20]을 바꿀 수 없을 듯합니다. 『맹자』의 서적 전부로 분명히 이것을 증명할 수 있고, 『중용』『대학』의 여러 논지論旨라든가 『논어』의 '구인求仁'이나 요堯·순舜의 주고 받은 심법心法[21]은 그 취지가 같지 않은 것이 없습니다. 만약 저들이 의리와 심성 두가지 중에 하나만 주장하고 하나를 버린다고 하면 정말 말할 것도 없지만, 지금 그 둘을 나누고 그 둘을 합하는 때에 하나이면서 둘이 되는 사이에 있어서 다투는 바가 호리毫釐(매우 작음)의 차이에 있으므로, 마땅히 극력 밝게 분별해야 할 곳일 따름입니다.

엎드려 생각하건대, 선생님께서는 심상한 것에 익숙하여 그것을 폐했을 따름이 아니겠습니까? 가만히 생각하건대 저는 이것이 천지간 큰 도리가 매달린 곳이라 여겨서 저는 바른 해답을 구하지 않고서 차마 잠자코 묵묵할 수가 없기에, 감히 이렇게 간단히 진술하오니, 양찰하여주시기 바랍니다.

淵源)을 거치지 않았다고 했다. 정제두는 주자학의 '즉물궁리(卽物窮理)' 주장에 회의하고, 중년에 왕양명의 치양지설과 지행합일론에 동조했다. 그러나 윤증, 박세채, 민이승이 모두 못마땅하게 여겼고, 박세채는 그를 겨냥하여 「왕양명학변(王陽明學辨)」을 지어 진건(陳建)의 『학부통변(學蔀通辨)』과 이황의 논리를 계승하여 양명의 설을 반박했다. 43세의 정제두는 윤증에게 서한을 내어, 양명의 설도 그 나름의 본원이 있다고 변론했다.

20 왕양명은 심즉리설(心卽理說)과 치양지설(致良知說)을 주장했다. 그의 학을 요강학(姚江學) 혹은 신건학(新建學)이라고 불렀다. 왕양명의 어록 『전습록(傳習錄)』에 대해 이황은 「인백사시교 전습록초전 논변(因白沙詩教傳習錄抄傳論辨)」과 「심경후론(心經後論)」에서 비난했으나, 정제두는 『존언(存言)』에 '퇴계심경후론발(退溪心經後論跋)'을 남겨 이황의 설을 반박했다. 정제두는 왕양명이 천리를 인성의 안에서 파악했던 심성론을 받아들이고, 『맹자』 전체가 이를 증명하고 있다고 인정했다. 또한 『중용』과 『대학』의 취지, 『논어』의 '구인(求仁)', 『서경』「대우모(大禹謨)」의 16자결(十六字訣) 등도 모두 같은 취지라고 주장했다.

21 원문의 '당우수수(唐虞授受)'에서 당은 도당씨(陶唐氏) 요(堯)를 말하고 우는 유우씨(有虞氏) 순(舜)을 말한다. 여기서는 『서경』「대우모」에서 순(舜)임금이 우(禹)임금에게 제위를 선양하며 전해준 도통(道統)의 심법으로 "인심(人心)은 위태롭고 도심(道心)은 은미하니, 오직 정밀하게 살피고 전일하게 지켜야 진실로 중도(中道)를 잡을 수 있다"라고 한 말을 가리킨다. 원문은 16자라서 '십육자결(十六字訣)'이라고 부른다.

박남계에게 답하는 글答朴南溪書

정묘丁卯(숙종 13, 1687년, 39세)²²

정암整庵(나흠순羅欽順)과 퇴계退溪(이황李滉)²³ 등 여러 선생의 변론은 또한 일찍이 마음에 깊이 탐구했었습니다만, 이제 하교下敎(어르신의 말씀)를 받자오니, 다시 풀어 말씀드리지 않을 수 없습니다. 다만 저는 감히 스스로 그릇된 일에 미혹되려는 것도 아니거니와, 또 감히 어느 쪽에 아첨하여 회호回護(남의 허물을 덮어줌)하거나 아교로 붙이고 잘게 새겨둘 계책을 꾀하는 것도 아닙니다. 그 가운데 필시 크게 의심되고 이해하기 어려운 것이 남아서 풀지 못하고 있는데, 여러 사람들의 변론하는 말들은 대부분 모두 물을 긷는 두레박 줄이 끊긴 것²⁴과 같아서 밑바닥에 쌓인 것까지 통렬히 파헤치지 못하니, 비록 마음으로는 다른 분에게 나아가 바로잡아주셔서 덮힌 것을 드러내주시길 바라지만 누구를 따르겠습니까? 이 때문에 마치 몸에 병이 있는 것 같아서 울울하고 답답해하며 헷갈리고 미혹하여 그칠 줄을 몰라온 것이 지금까지 이미 여러 해입니다. 진실로 흐릿하고 어둑어둑

---

22 39세의 정제두는 명나라 나흠순(羅欽順, 1465~1547)과 조선의 이황이 양명학을 비판했으나 그들이 양명학의 본질을 파헤치지는 못했다고 여겼다. 나흠순은 강서성(江西省) 태화(泰和) 사람이다. 자는 윤승(允升), 호는 정암(整庵)이다. 『곤지기(困知記)』에서 왕양명의 『주자만년정론(朱子晚年定論)』을 반박했다. 그런데 기일원론과 인심도심체용설을 주장한 내용은 양명우파(陽明右派)와 통했다. 노수신(盧守愼, 1515~90)이 그 설을 수용했다.

23 이황은 남언경(南彦經, 1528~94)과 양명학에 대한 논변을 주고받았다. 남언경은 서경덕(徐敬德)의 문인인데, 서찰로 이황의 학설을 비판하고 왕양명과 서경덕의 주장에 동조했다. 『전습록』은 이미 명종 8년에, 『양명집』은 명종 13년에 각각 조선에 전해졌다.

24 소식(蘇軾)의 시 「상사일에 두세 사람과 함께 술을 가지고 나가서 노닐며 눈에 보이는 대로 곧 서너 구를 짓고 다음 날 모아서 시를 이루었으므로 시의 언어가 차서가 없다(上已日與二三子攜酒出游隨所見輒作數句明日集之爲詩故詞無倫次)」에 "도르래에 두레박줄이 끊겨 나가고 우물은 짙푸르며, 추천(그네)의 줄이 걸려 있다만 사람은 어디에 있나?(轆轤絚斷井深碧, 鞦韆素掛人何所?)"라고 한 것에서 비유를 끌어왔다.

한 미혹이 환하게 열리고 풀어질 수 있기를 바라서, 속마음에 경책하고 깨닫게 되기를 아주 간절히 바랐거늘, 어찌 이렇게 선생께서 번거롭게 경계하고 가르쳐주시는 지경에 이르게 되었는지 모르겠습니다.

근일에 민언휘閔彦暉(민이승閔以升)[25]와 더불어 이것을 강론했는데, 언휘도 바야흐로 날카롭게 이를 논변했습니다. 이것은 정말로 죽고 사는 갈림길이므로 그대로 놓아둘 수 없지 않겠습니까? 부디 한바탕 함께 통렬하게 강론하여 그 설을 죄다 드러내보고 바닥에 쌓여 있는 것까지 쪼개어 보기를 바라오니, 그렇다면 장차 한바탕 결착이 있을 것입니다.

저의 마음에 품고 있는 것을 또 감히 진술하지 않을 수 없습니다. 대개 제가 왕양명의 설을 놓아두지 못하고 미련을 두는 것이 혹시라도 남과 다른 것을 구하여 사사로운 마음을 풀려는 뜻에서 나왔다면 결연히 떠나서 끊어버려 놓아두기란 어려운 바가 아닙니다. 다만 우리가 학문하는 것은 무엇을 위한 것인지 모르겠습니다. 성인의 뜻을 찾아서 실지로 얻음이 있고자 생각할 따름입니다. 이제 성학聖學의 적확한 길이 과연 어디에 있는지를 변별하지 않고 한평생을 헛되이 보내게 될 두려움이 바야흐로 마음속에 간절하니, 누추한 제가 열리기 전에야 누가 능히 결연코 놓아둘 수 있겠습니까? 연래로 근심하여 편치 못한 것이 바로 이 때문입니다. 면재勉齋(황간黃榦)가 주자의 행장에서 속류 학자를 두고 지적한 '도를 구하여 지나친 자'[26]가 바로 진실로 이러하거늘 그것을 깨닫지 못한 것이 아니겠습니

---

25 민언휘는 민이승(閔以升, 1649~98)이다. 자는 언휘(彦暉), 호는 성재(誠齋)로, 윤증(尹拯)의 문하에서 정제두와 함께 수학했다. 1682년(숙종 8) 창릉(昌陵)·영릉(英陵)·효릉(孝陵) 등 참봉(參奉)에 배수되고, 종부시 주부(宗簿寺主簿)로 초배(超拜)되었으나 사퇴했다. 민이승은 「변언(辨言)」과 「정술(正術)」 등 두 글을 보내 양명학을 비판했는데, 정제두는 조목별로 변박(辨駁)하고, 왕양명의 저술을 1권으로 초록(抄錄)하여 보냈다. 1696년 6월 민이승은 정제두와 함께 서연관(書筵官)에 뽑히기도 했다. 민윤창(閔允昌)과 민경창(閔景昌)이 두 아들이다.

26 주자의 사위 황간(黃榦)은 그가 쓴 「조봉대부 문화각대제 증 보모각직학사 통의대부 시 문주선생 행장(朝奉大夫文華閣待制贈寶謨閣直學士通議大夫謚文朱先生行狀)」에서 "도를 구

까! 아! 천하의 지극한 어진 이가 아니고서야 누가 이것을 살펴보려고 하겠습니까? 바라건대 선생께서는 이 마음을 긍휼하셔서 살펴주소서.

장마철 더위가 조금 사이를 띄고 있으므로 서쪽으로 나가볼〔도성으로 가볼〕 뜻이 없지 않습니다. 부디 마땅히 함장函丈(스승)께 절하고 가르침을 받겠습니다. 만에 만도 예를 제대로 갖추지 못합니다.

박남계에게 답하는 글答朴南溪書

무진戊辰(숙종 14, 1688년, 40세)[27]

저는 지난달에 민언휘閔彦暉(민이승)와 더불어 며칠 동안 고양高陽에서 만나서, 제가 사사로운 일이 있는 참에 가까스로 한 틈을 낼려고 도모했습니다만, 또 저의 표숙(외숙)이 길 떠나시는 것을 전송하는 기일이 박두하여 기일에 맞춰 급히 돌아오느라 그 김에 선생님께 나아가 청익請益하지를 못하여 저의 한스러운 마음이 맺혀서 지금까지도 멈추지 않고 있습니다.

언휘(민이승)가 전에 말하기를, "양지良知의 학문은 심心과 성性과 천天을 모른다"고 말하기에, 그 설을 듣고서 정히 의혹을 깨부수려고 했습니다. 그러다가 강론하고 문난問難(풀기 어려운 문제를 논의)하기에 이르러, 끝내 한마디도 긍경肯綮(문제의 핵심)을 곧바로 얻을 수가 없어서, 강론하지 않은 것

하려다가 지나친 자들은 경전에 주석하고 암송하고 익히는 번거로움을 병으로 보고 '문자를 세우지 않고 심을 알고 성을 볼 수 있으니 수양하지 않고도 도에 나아가 덕에 들어갈 수 있다'라고 여겨서는, 허령의 견식을 지키고 천리의 참된 본질에 어두워서, 유학자의 말을 빌려 석가와 노자의 설을 문식(文飾)한다. 학자는 그 학설의 간편함을 이롭게 여기고 성현을 깔보고 욕하며 경전을 버리고 미쳐 떠들며 편벽되고 고루하면서 스스로는 깨달았다고 여긴다"라며 속류 학자를 비판했다.

27 정제두는 40세 때 박세채에게 올린 이 서찰에서도, 자신이 주자의 글에 정밀하지 못할 가능성을 인정하고, 또 깊이 사색하며 오랜 세월 정밀하게 찾아온 것이 어느날엔가 궁극의 경지에 이르기를 바라지만 아직 자신할 수 없다고 밝혔다.

과 다르지 않았습니다. 대개 언휘는 양지의 설을 본 일이 없기 때문에 그런 것입니다. 다만 그의 말에 "양지 밖에 따로 한 층의 성명의 원두〔性命源頭〕가 있다"고 하면서, 제가 인식하고 있는 내 마음의 본연本然한 체體에 그치는 것만도 아니라고 했습니다. 과연 그러한지 않은지 하는 것은 마땅히 세밀하게 추론해야 하겠습니다. 또 제가 주자의 글에 대해 혹 정밀하지 못하여 잘못하여 함부로 의심을 일으키는지도 모릅니다. 그러므로 오늘 제가 깊이 생각하고 돌이켜 구하여 세월을 두고 정신을 쏟아온 것은, 바로 스스로 믿어서 다른 날 구경究竟(궁극)의 근거로 감히 삼을 수가 없기 때문이었습니다. 그런데 홀연 물으시는 말씀이 여기에 미치니, 정말로 어찌 대답해야 좋을지 모르겠습니다.

만에 만, 틀림 없이 이후에 한번 나아가 가르침을 청하여 양쪽의 견해를 충분히 논해주시는 것을 받들까 합니다. 삼가 이렇게 절하고 사례를 표합니다.

이하 세세한 예를 갖추지 못합니다.

최여화[28]에게 답하는 글答崔汝和書

계유癸酉(숙종 19, 1693년, 45세)[29]

삼가 절하고 아룁니다. 지난번에 긴 서찰을 주시고 다시 「변학辨學」편

---

28 최여화는 최명길(崔鳴吉, 1586~1647)의 손자 최석정(崔錫鼎, 1646~1715)이다. 본관은 전주(全州), 자는 여시(汝時)·여화(汝和), 호는 존와(存窩)·명곡(明谷), 시호는 문정(文貞)이다. 문집으로『명곡집(明谷集)』, 저서로『예기유편(禮記類編)』이 있다. 정제두는 최석정과 1693년(숙종 19)부터 1713년(숙종 39)까지 서찰을 주고받았다. 최석정은 33세이던 1678년 홍문관 교리 시절『경세정운(經世正韻)』을 저술했는데, 정제두에게 그에 대해서도 토론을 계속했다.

29 최석정은 1692년 「정사앙에게 주는 서찰(與鄭士仰書)」(『명곡집明谷集』 권13)에서 정제두가 양명학을 전공하는 것에 대해 질책했다. 「변학(辨學)」의 글을 보냈다고 했는데, 이 글

으로 친절하게 가르쳐주시니, 정말 다행입니다. 말씀 중에 "천하의 이理는 하나이다. 이가 있다면 사람에 따라 경중輕重을 따지지 않는다" 하신 것은 지당하십니다. 어찌 이런 뜻을 얻어 듣겠습니까? 또 저에 대해 "왕씨(왕양명)의 설을 믿는 것이 어찌 근본이 없겠는가? 반드시 진실로 믿고 즐거워함이 있을 것인데, 그 근본이 어디 있는지를 캐어 보지 않고 그저 배척하기를 일삼는다면 그 마음을 감복시킬 수 있겠는가?"라고 하셨는데, 남[저]의 심정을 논하심에서도 또한 절실하시니, 어찌 마음에 걸리지 않겠습니까? 제가 얻어서 효과를 보려는 것이 어찌 이에서 더한 것이 있겠습니까?

그러나 왕씨를 논척論斥하심은 깊이 고찰하지 못한 점이 있는 것 같고 남[저]이 말한 뜻을 다 이해하지 못한 것 같으니 어째서입니까? 무릇 왕씨의 명백한 말과 극진한 논도 오히려 전도顚倒와 현란眩亂의 과科로 돌리시니, 제가 스스로 돌아봄에 대단히 섭섭합니다. 비록 마음속에 맺힌 것을 펴서 아뢰어 청익請益을 바라고자 해도, 형세상 그럴 수가 없습니다. 「변학」의 경우에는 글이 어찌 명백하지 않겠습니까? 다만 두세번 읽어볼수록 미혹이 더욱 많아지므로 산길에 띠풀이 잔뜩 덮인 것 같다는 기롱³⁰을 실로 사양할 수가 없습니다.

전에 계곡谿谷(장유張維)이 왕양명에 관해 쓴 글을 보았는데, 문의文義와

은 『명곡집』에 실려 있지 않다. 정제두는 답장을 하지 않다가, 민이승을 만나 최석정이 책망했다는 말을 듣고 이 서찰을 작성했다. 『하곡전집』 권2에 실려 있다. 남극관(南克寬, 1689~1714)의 자는 백거(伯居), 호는 몽예(夢囈) 혹은 사시자(謝施子)로, 본관은 의령(宜寧)이다. 남구만(南九萬)의 손자이고 남명학(南鳴鶴)의 아들이다. 남언경의 방손이다. 최석정이 자하동 집에서 정제두와 대좌하여 학문을 토론하는 내용을 정리했는데, 『대학』의 경(經) 1장, 『중용』의 비은장(費隱章), 『맹자』의 구방심장(求放心章) 등에 관한 것이었다. 최석정은 '치양지(致良知)'라는 말이 경전에 근거가 없다고 비판했는데, 정제두는 주희가 말한 '즉물궁리(卽物窮理)'도 경전에 없다고 반박했다.

30 원문의 모혜(茅蹊)는 『맹자』 「진심하(盡心下)」에서 나온 말이다. 맹자가 고자(高子)에게 이르기를 "산길 가운데 사람들이 다니는 곳이 삽시간만 사용하면 길이 되고, 한동안 사용하지 않으면 띠풀이 자라 길을 막으니, 지금 띠풀이 그대의 마음을 꽉 막고 있구나(山徑之蹊間, 介然用之而成路, 爲間不用, 則茅塞之矣. 今茅塞了之心矣)"라고 했다.

견해見解가 다 익숙하므로 한번 보자마자 이해했으니, 그 글이 요령을 얻지 않은 것이 없었습니다. 이에 선배들의 안목이 높고 흉회胸懷가 공정함을 매양 탄복했습니다. 이제 선생께서는 문학이 이미 아주 드넓고 궁극에 이르러 있으시면서, 항시 날마다 사승師承을 이어받으신 것이 막중하므로, 비록 그 사이에 좌우나 피차의 차이를 둘 수는 있다고 하여도 언의言意와 지귀指歸라면 필시 또렷하게 불 비추듯이 하여 미혹한 사람들의 지남指南이 될 수 있으리라 여겼거늘, 이와는 반대이십니다. 혹시 주자와 왕양명의 명언名言(개념)의 뜻이 달라서 발명發明(숨은 뜻까지 밝혀냄)하지 못했을 뿐 아니라 도리어 서로 병을 줄 수가 있어서 털끝만 한 사이에서 그 실질을 얻기 쉽지 않아서 그런 것이 아니겠습니까? 또 무릇 변론가는 쉽게 부연敷衍하는데 만약 그 본령을 먼저 찾지 않고 의훈義訓에만 급급하면 이理의 전체가 혹시라도 가리어지는 바가 있어서 보지 못하는 것이 많으니, 어찌 말을 앎(知言)의 지극한 것이 되겠습니까? 한두군데 의심나는 곳을 대략 표기標記하여 청익합니다. 조금 전 말한 바, "남의 말한 뜻을 다 살피지 못했다"한 것이 곧 이 때문입니다. 그렇기는 하지만 선생께서는 저를 개도開導하고 반복反復하셔서 자상하게 염려해주심이 아주 깊고 간절하십니다.

연래로 우매하고 누추한 제가 친밀하고 후덕한 분들에게 다하지 못한 일을 선생께서는 홀로 하셨으니, 구구한 제게 감사하고 탄복함이 어찌 다함이 있겠습니까? 다만 저의 마음에 의심되는 것이 저러하되, 감히 쉽게 열어서 아뢸 수가 없기에, 이와 관련하여 그 귀추歸趨를 알아볼 수 있는 문자(글)를 가지고 삼가 질정을 한 이후에 비로소 선생의 가르침을 청하여 논할 수가 있을 것입니다. 이른바 본원本源이라는 것도 이 김에 역시 진달하겠습니다.

어제 언휘彦暉(민이승)를 만났더니 저의 회답 없음을 궁금히 여기시더라고 하기에 깊이 송구스러워 다시 지체할 수 없어서 삼가 몇 마디 말로써 감사의 예를 갖춥니다. 그러나 제가 한해가 끝나도록 머뭇거릴 뜻은 아닙니다. 골자를 모아 책을 이룬 것이 과연 있습니다만 본시 어른들께 보여드려 입증하고 질정하려고 요령을 갖춘 것일 뿐이어서 엮은 것이 잡다하여 보실 수 있도록 올리기 어렵습니다. 조만간 정리하게 된다면 마땅히 결국 청익하겠습니다. 부디 살펴주시기 바랍니다. 더 예를 갖추지 못합니다. 삼가 재배합니다.

「변학辨學」에 대한 표기標記(의문 나거나 의미있다고 생각되는 부분에 자신의 견해를 간단히 적은 것)는 추솔粗率함을 면치 못해서 송구합니다. 대숙大叔(박심朴鐔)도 여기에 질문할 것이 있다고 하는데 미처 언급하지 못했다고 합니다.

2장
생리生理가 학문의 대상이다

학변學辯[1], 하나

『서경』「대우모」에 나오듯, 지난날 요堯가 순舜에게 전하여준 것이 있으
니, "인심人心은 위태롭고 도심道心은 은미隱微하니 정精하고 전일專一하여
야 진실로 그 중中을 잡을 것이다"라고 했다.[2] 『서경』「순전」에 나오듯, 설

---

1   『하곡집(荷谷集)』 22책본 중 정집(正集)에 속한다. 고전번역원 제공 DB에서는 『하곡집』 권
    8에 실려 있다. 43세인 1691년(숙종 17) 무렵 저술한 듯하다. 박세채가 『왕양명 학변(王陽
    明學辯)』을 보내오고 최석정도 「변학(辨學)」을 보내오자, 이에 대응하여 저술한 듯하다. 편
    의상 7단락으로 분절하고 그 가운데 4단락을 소개한다. 주희는 사물의 이치를 궁구하는 것
    을 격물(格物)이라 보고 지식의 추구를 치지(致知)라 했으나, "대인의 마음은 모든 변화에
    통달하고 적자(赤子)의 마음은 순일(純一)하여 거짓이 없을 뿐이다"라고 하여 본래의 순일
    한 마음을 설정했다. 왕양명은 격(格)을 정(正)이라고 하여 마음이 있는 곳(意之所在)인 물
    (物)을 바르게 하는 것이라고 보고, '치양지'를 양지를 이룬다는 뜻으로 풀이했다. 정제두는
    왕양명의 치양지설을 따르되 주희가 대인의 마음을 논한 설과 절충하려고 했다. 한편, 『맹
    자』「진심상(盡心上)」에서 양능(良能)과 양지(良知)를 거론했는데, 『전습록』에서 왕양명은
    양지를 지행(知行)의 본체로 간주하고 양능의 개념은 논하지 않았다. 정제두는 양지와 함께
    양능(良能)을 중시했다.
2   왕양명의 『전습록(傳習錄)』 중(中)에 "그 가르침의 대단(大端)은 요·순·우가 서로 주고받은
    것으로, 이른바 '도심은 … 진실로 그 중(中)을 잡을 것이다'라고 말한 것이다(其教之大端則

契에게 명하여 사도司徒를 삼고 '경敬으로 다섯가지 가르침을 펴게 했으니,' 바로 부자父子에는 친親함이 있고 군신君臣에는 의리義理가 있으며 부부夫婦에는 구별(別)이 있고 어른과 어린이에는 서열序列이 있으며 친구에는 신의信義가 있어야 함이다. 『서경』 「홍범」에서 은나라의 기자箕子는 주나라 무왕武王에게 황극皇極의 도道를 주어, "편벽하지 말고 기울어지지도 말며 좋아하는 일이라고 하지 말고 싫어하는 일이라고 마다하지 말며 왕자王者로서의 의로움(義)과 왕자로서의 도道를 따라야 한다"라고 했다. 『시詩』 3백편을 한마디로 개괄하여 말한다면 '생각에 사특함이 없음(思無邪)' 이요,[3] 『역易』이라는 경서에서 공자께서 건·곤乾坤 두 괘卦에다 학문하는 방법을 밝혀 이르기를, 건괘 문언전文言傳에서는 "보통 말(庸言)에도 삼가하고 보통 행동(庸行)에도 신의가 있어야 하며 사사로움을 막고 정성을 간직하여야 한다"고 하고, 곤괘 문언전에서는 "공경해서 안(內)을 곧게 하고 의롭게 해서 밖(外)을 바르게 하여 익히지 않더라도(不習) 이롭지 않음이 없다"라고 했다.

공자가 안자顏子(안회顏回)에게 전하여준 것을 말하면, 『논어』 「자한子罕」에 "차례대로(循循然) 사람을 잘 인도하시되 나를 넓히는 데는 글(文)로 하고 나를 요약(約)함에는 예禮로 하시니 그만두고자 하여도 그만둘 수가 없어서 이미 내 재주를 다해보건만, 마치 공자가 눈앞에 우뚝 서 계시는 듯하여 비록 따르고자 하나 역시 어찌할 도리가 없도다"라고 했다. 『논어』 「안연」에서는 '천하가 인仁으로 돌아온다'는 인仁을 말하여 "내 사욕을 이기어 예로 돌아오며(克己復禮) 예절에 맞는 것이 아니면 보거나 듣거나 말하

堯舜禹之相授受, 所謂道心 … 允執厥中)"라고 했다.

3　『전습록』 하(下)에서는 "어찌 단지 『시경』 삼백편만 그러하겠느냐? 육경은 단지 이 한마디로 곧 모두 아우를 수 있다. 나아가서 고금천하의 처음부터 끝까지 성현이 남긴 이야기에 이르기까지 '생각에 사특함이 없음'이다. 이 밖에 다시 무슨 설이 있겠는가? 이것이 바로 하나로 백가지를 맞닥뜨리는 공부이다(豈特三百篇? 六經只此一言, 便可該貫. 以至窮古今天下聖賢之話, 思無邪也. 此外更何有說? 此是一了百當工夫)"라고 말했다.

거나 행동하지 말라"고 말한 데 지나지 않았고, 『논어』「옹야」에서 '학문을 좋아함'을 말하여 "노여움을 옮기지 아니하고〔不遷怒〕 잘못을 두번 다시 하지 않는다〔不貳過〕"라고 말하고 "그의 마음은 석달 동안 인仁을 어기지 않았으나 나머지 사람들은 하루나 한달밖에는 인仁에 이르지 못했다"라고 했다. 『논어』「이인」에서는 증씨曾氏(증삼曾參)에게 말하여 "우리의 도는 하나〔一〕로 꿰뚫는다"라고 했으니, 즉 충서忠恕일 뿐이고, 『논어』「위 영공」에서 자공子貢(단목사端木賜)이 스승 공자가 '많이 배워서 안다'고 여긴 것을 두고 공자가 잘못이라고 말했다.

대인大人의 학문을 게시하여서는, 명덕明德을 천하에 밝히는 도道가 정심正心·성의誠意·치지致知·격물格物에 있으니, 이것이 이른바 명덕을 밝히는 것이며, 그 공功은 스스로를 속이지 않음〔毋自欺〕이다. 중용의 도道를 드러내어서는, 천지를 자리잡게 하고 만물을 길러지게 하는 도道는 희·노·애·락喜怒哀樂이 아직 발發하지 않은 중〔未發之中〕에 근본할 뿐이니, 이것이 하늘이 명하신 성〔天命之性〕이라고 하는 것이며, 그 공功은 곧 조심하고 두려워하는 것〔戒愼恐懼〕이다.

이것이 맹자에게 전하여서, 『맹자』「고자하告子下」에서는 "사람이면 모두가 요순이 될 수 있다"라고 하고는 곧 "요순의 도는 효孝와 제弟일 뿐이다"라고 했고, 『맹자』「등문공상滕文公上」에서는 "도는 큰 길〔大路〕과 같다"라고 했다. 『맹자』「등문공상」에서 '성性의 선善을 일컬을' 때면 "반드시 요순을 일컬었다"라고 하고 "무릇 도道는 하나일 뿐이다"라고 했다.

이하, 정제두는 『맹자』와 『중용』에서 성선, 인의, 집의集義, 구인求人의 공부, 대인大人·천도天道의 학을 말한 내용을 발췌했다. 대부분 『맹자』에서 발췌하고 『중용』은 대인천도의 학을 말하는 단락에 한번 인용했다.

1. 선을 밝히고〔明善〕 사해를 보존하는 도〔保四海之道〕를 말하여, 성선性善과 인·의仁義를 논함.

2. 의리가 나에게 있음[義理之在我]을 말하여, 의리가 안에 있음[義理之內]을 논함.

3. 자신의 장점으로 '지언知言'과 '양호연지기養浩然之氣'를 말하고 호연지기에 대해 부연하면서 의리를 모으고 인을 구하는 공부[集義求仁之功夫]를 말함.

4. 대인·천도의 학[大人天道之學]을 말함.

이어서 정제두는 주돈이周敦頤와 정호程顥가 그 뒤를 이었다고 보고, 주돈이의 「태극도설太極圖說」과 정호의 「정성서定性書」[4]를 중심으로 천지성인의 도가 내외가 없음[天地聖人之道無內外]을 말한 내용을 발췌했다.

고금을 두루 알고 의리義理를 탐구하여 물칙物則을 집지執持하여 이 심心을 규범화하여 제약한다는 설이 있은 뒤로, 물物과 이理가 떨어지고 안과 밖이 둘이 어그러져서, 줄기와 가지[枝條]를 먼저 하고 밑둥과 뿌리[根本]를 뒤로하게 되어, 심心을 논하는 한 방도[途]를 불도佛徒에게 미루어 주고서 심心에 대해 말하기를 꺼리게 되었으니, 어째서인가? 아아! 이렇게 하는 이도 역시 나름대로 설이 있다만, 이 가운데 무엇이 나왔는가? 물物이란 한 글자가 이것일 따름이다. 그 설에, 『시경』 「증민」에 '하늘이 백성을 내실 적에 물物이 있으면 칙則이 있도다'라고 했으니 그 칙則이 물에 있기 때문에 이理를 사사물물事事物物에서 구하여,[5] 하늘이 명한 성性과 성性을 따르는 도道는 사물事物 사이에 있으며 지선至善은 사물의 이理라 하여, '사물의 이理를 궁구하여 이른다'라고 말한다. 사사물물의 위에는 각기 천연天然의 중中이 있다고 말하여서, 이理를 정定하고 이를 집지하려고 한다. 오직 이와 같았기 때문에 『논어』의 '극기복례克己復禮'를 논함에 있어서는 그 예禮를 이·목·구耳目口와 사지四肢에서 구하여 밖에서 이를 규제規制하려

4　송나라 정호(程顥)가 23세 때 장재(張載)의 질문을 받고 인성(人性)에 대해 토론한 서찰로, 그의 스승인 주돈이(周敦頤)의 『태극도설(太極圖說)』과 표리 관계를 이룬다는 평가를 받는다. 『근사록(近思錄)』 「위학(爲學)」 4장에 나온다.

5　『전습록(傳習錄)』 중(中)에 "주자의 이른바 격물이라는 것은 즉물하여 그 이치를 궁구하는 데 있다(朱子所謂格物云者, 在即物而窮其理也)"라고 했다.

했고, 『맹자』의 집의集義가 "반드시 일삼음이 있다〔必有事焉〕"고 한 말을 논함에 있어서는, 그 의義를 행사行事하는 가운데서 찾아서 일마다 의義에 합하게 하려고 한다.

학변學辯, 둘

왕양명은 이치가 이 심心에서 나오지, 물物에 있지 않다고 여겼다. 이것은 마음의 천리天理가 물에서 발發하면 각각 그 법칙이 있지 않을 수 없다는 것이다. 이른바 "천연天然의 중中이 사사물물에 있다"는 것이 바로 이 마음이다. 이런 까닭에 "백성이 잡은 떳떳함〔民之秉彝〕"이라고 말한 것이다. 맹자가 인·의·예·지仁義禮智의 마음은 사람마다 모두 지닌 것이지, 바깥에서부터 나에게 녹아든 것이 아니라고 한 것[6]이 바로 이것이다. 어찌 그것을 물物에 있다고 하겠는가? 그러므로 인仁이라면 '사욕을 이기고 예로 돌아오고〔克己復禮〕', 의義라면 '반드시 일삼음이 있는〔必有事焉〕' 것이다. 예禮인 것과 예가 아닌 것은 이 마음에 있는 것이지 이·목·구耳目口와 사지四肢에 있는 것이 아니다. 의義인 것과 의가 아닌 것은 이 마음에 있는 것이지 사물에 있는 것이 아니다.

이른바 예로 돌아온다〔復禮〕는 것은 보고 듣고 말하고 행동하는 데서 이 마음의 예를 돌이키는 것이다. 사물四勿이란 것과 극기克己란 것은 예가 아닌 마음에서 보거나 듣거나 말하거나 행동하는 것을 이겨내는 것이지, 그 예의 법칙이 보거나 듣거나 말하거나 행동함에 달려 있어서 규제하는 것

---

6 『맹자』「고자상(告子上)」에 "측은한 마음은 인이요, 수오의 마음은 의요, 공경의 마음은 예요, 시비의 마음은 지이니, 인, 의, 예, 지가 밖으로부터 나에게 녹아든 것이 아니라, 나에게 고유한 것이지만 생각하지 못할 뿐이다(惻隱之心, 仁也; 羞惡之心, 義也; 恭敬之心, 禮也; 是非之心, 智也. 仁義禮智, 非由外鑠我也, 我固有之也, 弗思耳矣)"라고 했다.

은 아니다. 이른바 의를 모은다〔集義〕는 것은 일마다 이 마음의 의義를 모으는 것이다. 반드시 일삼음이 있는 것은 이 마음에 있는 의義에 일이 있을 뿐이지, 의義를 가지고 일에서 모아서 밖에 일을 두는 것이 아니다. 어째서인가? 인仁이다, 예禮다, 의義다 하는 것은 모두가 마음이지 밖이 아니다. 【인·경·효·자仁敬孝慈[7]와 공·종·명·총恭從明聰[8]은 그 법이 마음 위에 있는 것이지 물物에 있는 것이 아니며, 극기克己·사물四勿과 집의集義·유사有事는 그 공이 마음 위에 있는 것이지 일 위에 있는 것이 아니라는 것을 모두 알 수 있다.】

저 사람〔마음을 규범화하여 제약한다는 설을 주장하는 사람들, 주희 등을 말함〕은 『대학』 수장首章의 '격물치지'에 대해서, 물物은 사물의 이理이고 이理는 물物에 있다고 말한다. 물物의 이理에서 지식을 구하여 내 마음의 도道를 밝힌다는 데에서는 "물物의 이理를 궁지窮至하여서 그 심心의 지知를 극진하는 데 있는 것이다"라고 말한다. 그러므로 천지 사이에 한개의 공중에 매달린 도리道理를 가지고 천지 만물의 칙則을 아우르고 뭉뚱그려, 마음이란 것은 이를 수섭受攝하는 장소와 운행運行하는 바탕이 될 뿐이다.[9]

7　『대학장구』 전(傳) 3장에 『시경』에 '화목하신 문왕이여, 아! 계속하여 밝혀서 지극한 경지의 공경에 도달하셨다' 했으니, 임금으로서는 인(仁)을 지극히 하셨고, 신하로서는 경(敬)을 지극히 하셨고, 자식으로서는 효(孝)를 지극히 하셨고, 아비로서는 사랑(慈)을 지극히 하셨고, 국인(國人)을 대할 때는 신뢰(信)를 지극히 하셨다"라고 했다.

8　『서경』 「홍범(洪範)」에 "모습은 공손하고(恭), 말은 순종하고(從), 봄은 밝고(明), 들음은 귀 밝고(聰), 생각함은 지혜롭다(睿). 공손함은 엄숙함(肅)을 만들고, 순종함은 다스림(乂)을 만들고, 밝음은 지혜(哲)를 만들고, 귀 밝음은 헤아림(謨)을 만들고, 지혜로움은 성스러움을 만든다(聖)"라고 했는데, 앞의 다섯가지는 오사의 덕이며, 뒤의 다섯가지는 그 쓰임이다. 여기서는 앞의 다섯 가운데 넷만 들었다.

9　주희는 『대학장구』의 주에서 "치(致)는 추극(推極)이다. 지(知)는 식(識)과 같다. 나의 지식을 끝까지 밀어붙여 그 지식이 미진한 것이 없게 하려고 하는 것이다(推極吾之知識, 欲其所知無不盡也). 격(格)은 지(至)이다. 물(物)은 사(事)와 같다. 사물의 이(理)를 끝까지 파고들어가 이르지 못한 곳이 없게 하려고 하는 것이다(窮至事物之理, 欲其極處無不到也)"라고 했다. 왕양명은 『전습록』에서 "격(格)은 정(正)이다. 바르지 못한 것을 바르게 하여 바름으로 귀결시키는 것이다(正其不正以歸於正也). 격물(格物)은 동(動)과 정(靜)의 간격이 없으니,

왕양명의 이른바 물物이란 것은 내 마음에서 벗어난 것이 아니다.[10] 바로 내 마음이 나날이 쓰고 볼 수 있는 곳이어서, 나의 지知가 소재하는 것이다. 거기에 있는 조리條理는 모두 마음에서 나온 것이므로, 모두 나의 성性이다. 이 물物이며 이理라는 것은 마음이요 안(內)이 아닌 것이 없다. 이른바 지知라는 것은 즉 시비是非의 마음이니 사람마다 모두 지니고 있는 것이다. 어린아이도 어버이를 사랑하고 형을 공경할 줄 모르는 자가 없는 것이다. 착하지 못한 것이 있다면 일찍이 모르는 것이 없으므로, 비록 소인小人이 못하는 짓이 없다가도 그것(불선不善)을 가릴 줄을 안다.[11] 이것은 명덕明德이 하늘에서 얻은 것이어서 어둡지 않기 때문이다. 이것은 천리天理의 밝은 곳이 사물의 칙이 되는 것이다. 밖에서 물자처럼 구할 수 있는 것이 아니다. 그 공功(공부功夫)은, 오직 그가 아는 것에 '스스로 흡족하기를 구하고(求自慊)' 그 아는 것을 '스스로 속이지 말라(毋自欺)'는 것일 뿐이다.[12] 이것을 치지致知라고 한다. 이와 같이 한다면 치지致知의 뜻이 성실할 것이다. 시비是非에서 '스스로 흡족하기를 구한다'는 것, 시비를 '스스로

정(靜)도 물(物)이다. 내 마음의 양지(良知)가 지닌 천리를 사사물물(각각의 일과 물 모두)에 가져가는 것이니, 내 마음의 양지를 가져가는 것이 치지(致知)이다. 이것은 심(心)과 이(理)를 합하여 하나로 하는 것이다(無間動靜, 靜亦物也, 致吾心良知之天理於事事物物, 致吾心之良知者, 致知也, 是合心與理而爲一者也)"라고 하여, 주희의 격물설을 지리하다고 반박했다.

10　『전습록』 중(中)에 "무릇 물리는 나의 마음에서 바깥에 있지 않다(夫物理, 不外於吾心)"라고 했다.

11　『대학장구』 전(傳) 6장에 "소인이 한가로이 거할 때에 불선하게 행동하면서 못 하는 짓이 없다가, 군자를 본 뒤에는 겸연쩍게 그 불선함을 가리고 선함을 드러낸다. 남들이 자기 보기를 그 폐부(肺腑)를 보듯이 할 것이니, 그렇다면 무슨 유익함이 있겠는가. 이것을 '안에서 성실하면 외면에 나타난다'라고 이르는 것이다. 그러므로 군자는 반드시 홀로 있을 때를 삼간다(小人閒居, 爲不善, 無所不至, 見君子而后, 厭然揜其不善而著其善. 人之視己, 如見其肺肝然, 則何益矣? 此謂誠於中形於外, 故君子必愼其獨也)"라고 했다.

12　『대학장구』 전(傳) 6장에 "이른바 그 뜻을 성실히 한다는 것은 스스로 속이지 않음이니, 악을 미워하기를 악취(惡臭)를 미워하는 것과 같이 하며, 선을 좋아하기를 호색(好色)을 좋아하는 것과 같이 해야 하니, 이를 자겸(自慊)이라 이른다(所謂誠其意者, 毋自欺也, 如惡惡臭, 如好好色, 此之謂自慊)"라고 했다.

속이지 말라'는 것, 이것을 격물格物이라고 한다. 물物의 지知에 격格하여 물에서 그 지知를 이룬다면[致] 이것과 저것의 두가지 근본이란 없다. 이를테면 정명도(정호)는 '오직 하늘의 명命은 깊고 아득하여 그치지 않음'을 충忠이라 하고 '건도乾道가 변화하여 각기 성명性命을 바르게 함'을 충서忠恕라고 말했는데, 이는 [주자가] '내게서 발하여 스스로 다함[發己自盡]'을 충忠이라 하고 '물物에 따라서 어기지 않음'을 충신忠信이라 하기에 이른 것[13]과 같다.

지금 치지致知란 것은 '하늘의 명이 깊고 아득하여서 그치지 않는' 것이요, 격물格物이란 것은 '건도乾道가 변화하여 각기 성명性命을 바르게 하는' 것이다. 치지란 것은 곧 '나에게서 발하여 스스로 다함'과 같은 것이다. 격물이란 것은 곧 '물에 따라서 어기지 않음'과 같은 것이다. 나로부터 말하면, 충忠이라 이르는 것이요 치지致知라고 이르는 것이며【'깊고 아득함'과 '스스로 다함'】, 물物에서부터 말하면 이를 서恕라 하고 신信이라 하며 격물格物이라고 한다【'각기 바르게 함'과 '어김이 없음'】. 그 공(공부)은 하나이다. 충서忠恕도 하나이고, 충신忠信도 하나이어서, 두가지 공功이 없다. 치지致知와 격물格物도 역시 하나이지, 두가지의 도道가 아니다. 어째서인가? 지知가 밖이 아니요【시비의 마음是非之心】, 의義도 밖이 아니다【마음에 그 마땅함을 얻음心得其宜】. 이理도 밖이 아니고, 물物도 밖이 아니다. 지知는 시비是非의 물物이고, 심心은 마땅함을 얻음[得宜]의 이理이다. 만약에 이理를 밖이라고 한다면 이것은 의義가 밖[14]이라고 여기는 것이며, 물을 밖

13　『대학장구』전(傳) 10장 18절에 대한 주희의 주에 "자기 마음을 발하여 스스로 다하는 것이 충이고, 물(物)을 대할 때에 어김없이 하는 것이 신이다(發己自盡爲忠 循物無違謂信)"라고 했다. 또 『논어혹문(論語或問)』에 "자기의 마음을 다하여 숨김이 없는 것이 이른바 '충'이니, 이것은 안에서 나온 것으로 말한 것이다. 일의 실제대로 하여 어김이 없는 것이 이른바 '신'이니, 이것은 밖에서 증험하는 것으로 말한 것이다. 그러나 충한데 신하지 못하는 것이 없으며 신한데 충에서 나오지 않은 것이 없기 때문에 또 '자기 마음을 발하여 스스로 다하는 것을 충이라 이르고, 사물을 따라 어김이 없는 것을 신이라 이른다'라고 한 것이다. 이것은 표리(表裏)를 말한 것으로, 또한 이것을 말하여 치밀함을 더했을 뿐이다"라고 했다.

이라고 한다면 이것은 자기의 성性이 밖에 있다고 여기는 것이다. 이런 까닭에 뭇 물[衆物]에서 구하여 지知를 이룬다는 것은 시비是非의 이리를 물物에 두고서 구하여 아는 것이니, 그 안다는 것은 허虛하고 용공用功은 밖에 있다. 이에 비하여 물에서 지知를 이룬다는 것은 내가 능히 시비의 지知를 가지고 물物에서 이루어나갈 따름이니, 그 지知는 실實하고 그 용공用功은 나에게 있다. 그런 까닭에 『대학』 경經 1장 주에서 주자는 명덕明德에 대하여 "허虛하고 영령靈하여 어둡지 않아서 모든 이리를 갖추고 만가지의 일에 응한다"고 하여, 마음은 비록 한 몸을 주관하지만 실은 천하의 이리를 관리하며, 이리는 비록 사물事物에 흩어져 있으나 이 마음의 영령靈함에서는 벗어나지 않는다고 보았다. 『전습록』 상(上)에서 왕문성(왕양명)은 "허虛하고 영령靈하여 어둡지 않아서[不昧] 모든 이리가 갖추어지고 만가지의 일이 나온다" 했으며【만가지 일이 나온다는 말은 주돈이에게서 나왔다】 "마음 밖에는 일이 없고 마음 밖에는 이리가 없다"고 했다. 이것은 한두가지의 변론이지만 도道가 달라지는 이유이다.[15]

학변學辯, 셋

이미 심성心性을 의리 가운데의 일단이라고 한다면, 비록 마음에 있다고 하더라도 또 한가지의 사물의 의리이다. 『중용』 20장에 "선을 밝게 알고 몸을 성실하게 한다[明善誠身]"[16]고 했으니, 사물의 의리를 밝히는 것이다.

---

14 고자(告子)가 인(仁)은 안에 있고 의(義)는 밖에 있는 것이라 하여 의외(義外)를 주장했다. 이에 대해 맹자는 의(義)란 밖에 있는 것이 아니라 나 자신의 공경(恭敬)을 실천하는 것으로 역시 안에 있다는 의내(義內)를 주장했다.

15 주희의 설을 왕양명의 설과 마찬가지로 마음과 이(理)를 양분하지 않는 설이라고 평가하는 한편, 마음과 이를 양분하는 다른 설들을 배격한 것이다.

16 『중용장구』 제20장에 "몸을 참되게 하는 길이 있으니, 선을 분명히 알지 못하면 몸을 참되게

『맹자』「진심상盡心上」에 "그 마음을 다하는 자는 그 성을 알게 된다〔盡心知性〕"고 했으니, 사물의 의리를 아는 것이다. 무극無極이나 태극太極은 사물의 의리를 가리킨다. 주돈이의 『통서通書』에 "일이란 욕이 없음이다〔一者無欲〕"[17]라고 했으니, 사물의 의리에 어김이 없는 것이다. 정호程顥의 「정성서定性書」에 "성에는 내외가 없다〔性無內外〕"라 하고 "물이 오면 순응한다〔物來順應〕"라고 했으니 사물의 의리에 안과 밖이 없어서 사물의 의리에 순응하는 것이다.

성인의 경經과 현자의 전傳에는 오직 경敬이라는 한 글자를 심心에 붙이고 그 밖의 천마디 만마디의 말을 모두 이것(마음)으로 개괄하여 사물의 의리를 종주宗主로 삼지 않는 것이 없다. 『맹자』「공손추상公孫丑上」에서 말한 '사·지·구·속〔仕止久速〕'[18]의 때〔時〕와 『논어』「이인」에서 말한 '무적·무막無適無莫'[19]의 의義와 '식색食色'[20]·'친영親迎'의 예禮와 '경권經權'·'상변常變'의 도道 같은 것에 이르러서도 한결같이 이 사물의 의리로 하지 않은 것이 없으니, 그 도道는 역시 이미 갖추어졌다고 이를 수 있다.

그러나 저들이 말하는 것은 대부분 억지여서 편안하지 못하고, 떨어져

하지 못할 것이다〔誠身有道, 不明乎善, 不誠乎身矣〕"라고 했다. 명선은 지(知) 공부, 성신은 행(行) 공부에 해당한다고 풀이하기도 한다. 『맹자』「이루상(離婁上)」에도 "선을 밝게 알지 못하면 몸을 성실하게 하지 못한다〔不明乎善, 不誠其身〕"라고 했다.

17 주돈이(周敦頤)의 『통서(通書)』 권20 「성학편(聖學篇)」에 "성인은 배워서 될 수 있는 것인가? 그렇다. 요체가 있는가? 있다. 그 요체가 무엇인가? 일(一)이 요체이니, 일이라는 것은 무욕을 말한다(可學乎? 曰可. 有要乎? 曰有. 請問焉. 曰一爲要, 一者無欲也)"라고 했다.

18 『맹자』「공손추상(公孫丑上)」에 "벼슬할 만하면 벼슬하고 그만둘 만하면 그만두며 오래 머무를 만하면 오래 머물고 빨리 떠날 만하면 빨리 떠났다(可以仕則仕, 可以止則止, 可以久則久, 可以速則速)"라고 했다.

19 『논어』「이인(里仁)」에서 공자는 "군자는 천하에 대해서 가한 것도 없고 불가한 것도 없으며 의(義)만을 따른다(君子之於天下也, 無適也, 無莫也, 義之與比)"고 했다.

20 『맹자』「고자하(告子下)」에 "먹는 것의 중요한 것과 예의 가벼운 것을 취하여 비교하면 어찌 먹는 것이 중요할 뿐이며, 색의 중요한 것과 예의 가벼운 것을 취하여 비교하면 어찌 색이 중요할 뿐이겠는가?(取食之重者, 與禮之輕者而比之, 奚翅食重? 取色之重者, 與禮之輕者而比之, 奚翅色重?)"라고 했다.

서〔離〕 합하지 않은 것이 많다. 그런데 '양지·양능良知良能'과 '이理와 의義가 성인과 같음'[21]에 이르러서는, 그것이 마음에 있다는 사실을 분명하게 말했다. 『맹자』 「고자상告子上」의 '그 대체를 좇는다〔從其大體〕'[22]와 '그 본심을 잃는다〔失其本心〕'[23]는 것, 『중용』 수장의 '솔성率性과 중화를 이룬다〔致中和〕'는 것, 주돈이 『통서』의 '무욕無欲'[24], 또 『통서』의 '성인을 배울 수 있다〔聖可學〕'의 경우에는 분명히 마음을 벗어난 것이 아니다. 또한 『맹자』 「고자상告子上」의 '인·의·예·지는 내가 본래 가진 것이다〔我固有之也〕'라는 것, 또 「고자상」의 '그 방심을 구할 뿐이라〔求其放心而己矣〕'는 것, 「공손추상公孫丑上」의 '의를 밖이라 함은 잘못이다'라는 것, 정호의 「정성서」에 '정성定性에 내외가 없다'는 것 등, 이 몇 가지 큰 절목에 이르러서는 더욱 분명한 점이 있어, 끝내 떨어뜨려 바깥으로 여길 수 없는 바가 있거늘, 저 자들의 설명은 억지로 통하게 한다. 양지의 설과 같은 경우에는 이른바 도의道義·덕선德善·성명性命·심사心思·인의仁義·시물時物이라고 말한 것이 내 마음의 이理가, 안에서부터 통달하지 않은 것이 없어서, 밖에서 엄습해

---

21 『맹자』 「고자상(告子上)」에 "마음이 똑같이 옳게 여긴다는 것은 무엇인가? 이(理)와 의(義)를 말한다. 성인(聖人)은 우리 마음이 똑같이 옳게 여기는 바를 먼저 아셨다. 그러므로 이와 의가 우리 마음을 즐겁게 하는 것은 추환(가축·고기)이 우리 입을 즐겁게 하는 것과 같은 것이다(心之所同然者, 何也? 謂理也義也. 聖人先得我心之所同然耳. 故理義之悅我心, 猶芻豢之悅我口)"라고 했다.

22 『맹자』 「고자상」에 "대체를 따르면 대인이 되고, 소체를 따르면 소인이 된다(從其大體爲大人 從其小體爲小人)"라고 했다.

23 『맹자』 「고자상」에, "사는 것도 내가 원하는 바이며, 의리도 내가 원하는 바이지만, 두가지를 겸하여 얻지 못할 바엔 사는 것을 버리고 의리를 취할 것이다. (…) 만종 봉록에 이르러서는 전혀 예의를 분별하지 않고 받나니, 만종 봉록이 과연 나에게 무슨 보탬이 되는가? (…) 이것을 일러 '그 본심을 잃었다'라고 하는 것이다(生亦我所欲也, 義亦我所欲也, 二者不可得兼, 舍生而取義者也 (…) 萬鍾則不辨禮義而受之, 萬鍾於我何加焉 (…) 此之謂失其本心)"라고 했다.

24 주돈이(周敦頤)의 『통서(通書)』에, "욕심이 없으면 정(靜)할 때는 마음이 비고 동(動)할 때는 곧을 것이다. 정할 때 마음이 비면 밝아지고, 밝으면 통하며, 동할 때 곧으면 공정해지고 공정하면 넓어진다. 밝고 통달하고 공정하고 넓어지면 거의 성인이 될 것이다(無欲則靜虛動直, 靜虛則明, 明則通, 動直則公, 公則溥, 明通公溥, 庶矣乎!)"라고 했다.

온 것이 아니다. 그 이리는 전일하고 순순하며 그 의리는 밝고 통창하다. 성인의 설은 단연코 여기에서 상고하여 알 수가 있다.

유독 『대학』의 격치格致·성의誠意, 『서경』 「대우모」의 유정·유일惟精惟一, 『중용』의 명선·성신明善誠身, 택선·고집擇善固執 및 존덕성이도문학尊德性而道問學, 『논어』의 하학이상달下學而上達, 박학어문·약지이례博學於文約之以禮, 『맹자』의 지성知性·양성養性, 이락伊洛(주돈이·정호)의 거경居敬·궁리窮理 등 몇 가지의 조목은 선善을 집지執持하여 행하여 길[塗]로 나아가는 바의 증좌가 되는 것들이다.[25]

또한 『중용』 22장의 박학博學·심문審問, 신사愼思·명변明辨·독행篤行, 『주역』 「건괘 문언전」의 "배움으로써 이를 모으고[學以聚之] 물음으로써 이를 분별하며[問以辨之] 너그러움으로써 이에 거하고[寬以居之] 인仁 함으로써 이를 행하며[仁以行之] 이를 곳을 알아 거기에 이르고[知至至之] 그칠 곳을 알아 거기에 그친다[知終終之]"라는 것, 『논어』의 '배워서 이를 익히고[學而習之]' '널리 배우고 간절히 물으면[博學切問]' '인이 그 안에 있고[仁在其中]' '앎으로 미치고[知及之] 인으로 지킨다[仁守之]'라는 등의 주장은 '학學'과 '행行'의 공부가 구별된다는 것을 증명할 수 있다. 대개 이것은 진실로 성학聖學의 요지로, 그 실상은 하나의 길[塗]이어서, 본래 의심할 만한 것이 있지 않으나, 다만 그 해석하는 바에 같지 않음이 있어 의심하게 될 뿐이다.

『맹자』의 박학博學·상설詳說, 『주역』의 '전언前言과 왕행往行을 많이 안

25　왕양명은 제자 양일부(梁日夫)가 이것은 둘이냐고 물은 데 대하여, "천지의 사이에 오직 이 하나의 일이 있을 따름이니, 어찌 두개의 일이 있겠는가? 만약 만수(萬殊, 사물마다 일마다 만가지로 달라짐)를 논한다면, 예의(禮儀)가 3백가지요 위의(威儀)가 3천가지거늘, 어찌 두개의 일에 그치겠는가?(天地間只此一事, 安有兩事? 若論萬殊, 禮儀三百, 威儀三千, 又何止兩事?)"라 했고, "궁리(窮理)를 전적으로 해나가는 곳에 대해 말하자면 곧 그것을 거경(居敬)이라 말하고, 거경을 정밀하게 해나가는 곳에 대해 말하자면 곧 그것을 궁리라고 말한다(就窮理專處說, 便謂之居敬, 就居敬精密處說, 便謂之窮理)"라고 답했다.

다〔多識〕', 『중용』의 '순舜은 즐겨 묻고 즐겨 살핀다〔好問好察〕',[26] 『서경』의 '옛 가르침에서 배운다',[27] 『논어』의 '많이 듣고 많이 보며〔多聞多見〕' '많이 배워서 이를 알고〔多學而識之〕' '옛것을 좋아하여 민첩하게 구하며〔好古敏求〕' '나는 모르면서 하는 것이 없으며〔我無不知而作〕' '하나를 들으면 열을 안다〔聞一知十〕' 등의 여러 설에 이르러서는 문견聞見과 지식知識의 학문을 증명하지 않은 것이 없다. 그러나 이런 것들은 모두가 함〔爲〕이 있어 발發하여 지시하는 바가 있어 말한 것이니, 각기 그 나름의 취지를 지니지 않은 것이 없으므로 더욱더 그 말을 자세히 살펴보아야 한다.

학변學辯, 넷

격물치지란 성의誠意의 공功(공부)이다.[28] 지를 극진히 하여〔知致〕 뜻이 성실〔意誠〕해지니, 치지致知 밖에서 따로 성의誠意를 구하여서는 안 된다.

'오직 정함〔惟精〕'은 곧 유일惟一의 공功(공부)로, 정精한 것이 하나가 되는 소이所以이다.[29] 정精은 그 공부功夫이고 일一은 그 주체主體이니, 한가지

---

26 『중용장구』제6장에 "순임금은 큰 지혜이실 것이다. 순임금은 묻기를 좋아하고 천근한(생각이 얕은) 말을 살피기 좋아하시되, 악(惡)을 숨겨 주고 선(善)을 드날리시며, 두 끝을 잡아 그 중(中)을 백성에 쓰시니, 그 때문에 순임금이 되신 것이다(舜其大知也與, 舜好問而好察邇言, 隱惡而揚善, 執其兩端, 用其中於民, 其斯以爲舜乎!)"라고 했다.

27 『서경』「상서(商書) 열명(說命)」에 "문견(聞見)이 많은 사람을 구함은 이 일을 확립하기 위해서입니다. 옛 가르침을 배워야 얻음이 있을 것입니다(人求多聞, 時惟建事, 學于古訓, 乃有獲)"라고 했다.

28 『전습록(傳習錄)』상(上)에 "격물치지란 것은 성의(뜻을 정성스럽게 함)의 공부이다. 도문학은 존덕성(덕성을 높임)의 공부이다. 명선(선을 밝힘)은 성신(몸가짐을 성실하게 함)의 공부이니, 두가지 설이 아니다(格物致知者, 即誠意之功, 道問學即尊德性之功, 明善即誠身之功, 無二說也)"라고 했다.

29 『전습록』상(上)에 "정(精)은 하나로 되게 하는 공부이고, 박(博)은 간약하게 하는 공부이다(精是一之功, 博是約之功)"라고 했다.

일이면서 둘로 말하는 것이지 유정惟精 밖에 또 다른 유일惟一의 공(공부)가 있는 것이 아니다.【이미 위태롭고 은미한 데서 오직 정精했다면, 그러면 그 가운데서 유일惟一하다.】

'선을 밝힘〔明善〕'이란 것은 곧 '몸을 성실히 함〔誠身〕'의 방법으로, 선을 밝힘은 성誠이 되는 이유이다. 그 실은 한가지 공부를 두고 미루어서 말한 것으로, 선을 밝힌 뒤에 비로소 몸을 성실히 함이 있는 것은 아니다.【선善이란 것은 성性이 착한 것이니, 성의 착함을 선택하여 잃지 않는다면 이것을 고집固執이라 이를 것이니, 곧 정일精一이며 윤집允執이다. 선택한다는 것은 공부이고 집지한다는 것은 지키는 것으로, 오래도록 지켜서 잃지 말아야 하는 것이다. 선택한다는 것과 집지한다는 것은 두가지 일이 아니다.】

(중략)

『맹자』「진심상」의 진심盡心·지성知性은 『중용』에서 말하는 '성誠으로 말미암아 밝아짐〔自誠明〕'[30]이니, 이를 성性이라고 이른다.「진심상」의 존심存心·양성養性은 『중용』에서 말하는 '밝음으로 말미암아 성誠해짐〔自明誠〕'이니, 이를 가르침〔教〕라고 이른다. '성이란 것〔誠者〕'과 '이를 성하게 한다는 것〔誠之者〕'은 그것을 두가지 공(공부)라고 이르는 것이 아니요, 선후가 있다고 이르는 것도 아니다.【그 뜻은 다시 아래에 상세하다.】

아아! 『논어』에서 말한 '약례約禮'란 것은 천리를 보존하는 것이요, '박문博文'이란 것은 천리 보전하는 일을 배우는 것이다. 치지致知란 것은 천리를 다하는〔盡〕 것인데, 격물格物은 천리를 다하는 방법이다. 문文이란 것은 만갈래로 다르지만 예禮라는 것은 한가지 근본이니, 만갈래로 다름도 한가지 근본에 뿌리를 두므로, 두가지 물物이 아니다. 격格이란 것이 먹는 일과 같다면 성誠이란 것은 배부름과 같으니, 먹는 일은 배부르게 하기 위

---

30 『중용장구』 제21장에 "성으로 말미암아 밝아지는 것을 성이라 하고, 명으로 말미암아 성해지는 것을 교라 하니, 성하면 밝아지고 밝아지면 성해진다(自誠明, 謂之性, 自明誠, 謂之教, 誠則明矣, 明則誠矣)"라고 한 데서 유래했다.

한 것이지 두가지 일이 아니다.【박문이란 것은 악기樂器 줄을 고르는 것과 같고 약례란 것은 악기의 율려律呂(연주하여 이루는 곡조)와 같다.】봄이 되어 방아 찧고 체질 하는 것[春篩]은 '유정惟精'이고, 결백潔白하게 된 것은 '유일惟一'이며, 깎고 가는[刮磨] 것은 명선明善과 같고 광명光明은 성신誠身과 같다. 방아 찧고 체질 하는 것은 결백하게 하기 위한 것이며, 깎고 가는 것[刮磨]은 광명하게 하기 위한 것이니, 방아 찧고 가는 일의 바깥에 따로 광명하게 하고 결백하게 하는 일이 있는 것이 아니다.[31]

덕성德性은 뿌리나 씨앗과 같고 문학問學은 김매고 물대는 것과 같다. 김매고 물대는 것은 그 뿌리를 위하는 것이지 뿌리를 버리고서 김매고 물을 댄다는 것은 아니다. 심고 북돋는 것[栽培]이 곧 하학下學이며 자라고 무성한 것[長茂]이 곧 상달上達이다. 역행力行이란 것이 바로 거경居敬이고 그것이 극처에 이르는 것이 곧 궁리窮理이다. 심고 북돋는 일 바깥에 따로 자라고 무성하게 하는 것이 있는 것이 아니고, 역행과 거경 바깥에 따로 극처에 이르는 길이 있는 것은 아니다. 그렇다면 격물格物하여 치지致知하는 것이 곧 성의誠意의 공(공부)이요, 글에서 박학博學하는 것이 곧 약례約禮의 공이며, 명선明善은 성신誠身의 공이요, 유정惟精은 유일惟一의 공이며, 치용致用은 정의精義의 공이요, 이용利用은 숭덕崇德의 공이며,[32] 문학問學을 말미암

---

31 『전습록』 상(上)에 "유일(惟一)은 유정(惟精)의 핵심 주제이고, 유정은 유일의 공부이다. 유정의 바깥에 다시 유일이 있는 것이 아니다. 정(精)은 미(米)라는 글자를 따르고 있으니, 잠시 미(米)를 가지고 비유해보겠다. 요컨대 이 미(米, 쌀)의 순수하고 결백한 것을 얻어야만 곧 유일의 뜻일 수 있다. 하지만 절구로 찧고 키로 골라내는 유정의 공부를 더하지 않는다면 순수하고 결백할 수가 없다. 절구로 찧고 키로 골라내는 것이 유정의 공부이다. 하지만 역시 이 미(米)를 순수하고 결백하게 하려는 것에 불과할 따름이다(惟一是惟精主意, 惟精是惟一功夫, 非惟精之外, 復有惟一也. 精, 從字米, 姑以米譬之, 要得此米純然潔白, 便是惟一意, 然非加春簸篩揀, 惟精之工, 則不能純然潔白也, 春簸篩揀, 是惟精之功, 然亦不過要此米到純然潔白而已)"라고 했다.

32 『주역』 「계사전하(繫辭傳下)」 5장의 "사람이 의리를 정밀히 연구하여 신묘한 경지에 드는 것은 극진하게 쓰기 위함이요, 그 씀을 이롭게 하여 몸을 편안히 하는 것은 덕을 높이기 위함이다(精義入神 以致用也 利用安身 以崇德也)"에서 발췌한 것이다.

는 것은 곧 덕성德性을 높이는 공이다. 거경居敬은 궁리窮理를 하기 위한 것이고, 학문學問·사변思辨은 독행篤行을 하기 위한 것이다. 궁리窮理는 진성盡性을 하는 공이고, 진심盡心은 지성知性을 하는 공이다. 하학下學은 곧 상달上達하는 방도가 되는 공이다. 무릇 무엇을 의심할 것이 있겠는가?[33]

민언휘(민이승)에게 주어 「변언」 「정술」을 논한 글與閔彦暉論辨言正術書[34]

제3조 「변언」의 "성현이 성性을 말함"부터 "반드시 나를 지리支離하다(지리멸렬하다)고 비웃을 것이다"까지.

왕양명이 과연 "측달惻怛[35]도 양지로 인하여 있는 것이다"라고 했다면,

---

33 정제두는 "쇄소·응대(灑掃應對)부터 궁리·진성(窮理盡性)까지 다만 하나[一物]요, 격물(格物)부터 평천하(平天下)까지도 다만 한가지 일이다. 박학(博學)부터 독행(篤行)까지도 다만 한가지 공부이다"라고 매듭지었다.

34 『하곡전집(霞谷全集)』(上, 22) 권1에 들어 있다. 정제두는 39~40세 때 민이승과 서한을 왕래하고 고양(高陽)에서 서너날 토론을 벌였다. 민이승은 「변언(辨言)」과 「정술(正術)」에서 양명학을 비판하는데, 정제두는 이를 변박(辨駁)하고 왕양명의 설을 1권 11조로 초록하여 보냈다. 여기서는 제3조만 발췌했다. 고자(告子)가 '저 사람이 나이 많으므로 내가 어른 대접한다' 하여 대상 속에서 규범의 기준을 찾은 것과 달리 맹자는 "각각의 일을 쫓아 때에 따라 처리하는 것은 오직 나의 일심(一心)에 있는 것이니, 어찌 마음 밖에서 이(理)를 찾겠는가?"라고 했고, 왕양명은 "내 마음에 있는 만사(萬事)의 이(理)와 천지만물의 이(理)가 곧 하나이다(在吾心萬事之理, 於天地萬物之理, 卽一而已)"라고 했다. 정제두는 사물과 마음을 내외(內外)나 피차(彼此)로 구분해서는 안 된다고 보았다.

35 측달은 본래 상을 당한 사람의 애동한 마음을 가리킨다. 『예기』 「문상(問喪)」에 "가엾고 애달픈 마음과 아프고 절통한 생각에서 신이 상하고 간이 마르며 폐가 탄다(惻怛之心, 痛疾之意, 傷腎乾肝焦肺)"라고 했다. 그런데 주희는 인(仁)의 감정적 측면을 '측달'로 보았다. 즉, 『논어』 「미자(微子)」의 "미자는 떠났고 기자는 종이 되고 비간은 간언하다가 죽었다. 공자께서 '은나라에 세 명의 인자가 있었다'에 대해, 주희는 『집주(集註)』에서 "세 사람의 행동이 같지 않으나, 모두 지성측달한 뜻에서 나왔다(三人之行不同, 而同出於至誠惻怛之意)"라고 했다. 또한 『중용장구』 제20장 제5절 주희의 주에 "'인'은 사람의 몸을 가리켜 말한 것이니, 이 낳고 낳는 이치를 갖추고 있어 절로 측은히 여기고 사랑하는 뜻이 있다(人, 指人身而言, 其此生理, 自然便有惻怛慈愛之意)"라고 했다.

양지와 측은은 선후·피차의 구별이 있음을 면치 못하므로, 노형의 비난이 옳다 하겠습니다. 다만 왕양명의 설이 그렇지 않은 것을 어찌 하겠습니까? 왕양명은 "측은의 이치는 과연 어린애의 몸에 있는 것인가? 내 마음의 양지에서 나온 것인가?" 했고, 또 "부형을 보면 자연히 효제孝弟할 줄 알고 어린애가 우물에 빠지는 것을 보면 자연히 측은해할 줄 아니, 이것이 곧 양지이다" 했습니다. 이것은 그의 뜻이 과연 양지로 인하여 측은이 있는 것이 마치 저것으로부터 이것에 이르는 것과 같다는 말입니까? 그 뜻은 대개 '측은의 발發함이 곧 이 양지다' 한 것에 불과합니다. 이것은 '~을 인하여 있다'는 것과는 뜻이 아주 달라 호리毫釐의 차이만일 뿐이 아니니, 다시 살펴보시기 바랍니다. 그 사람의 말이 아닌 것을 가지고 그 사람을 꾸짖는다면 이는 그 사람의 죄가 아닙니다.

무릇 양지란 말은 문성文成(왕양명)의 종지宗旨인데 그 말의 옳고 그름을 전연 살피지 않고 어찌 문성을 논할 수 있겠습니까? 저 측은한 마음이란 사람이 본래 가지고 있는 양지입니다. 이 양지가 능히 측은해할 수 있는 것이니 실은 하나일 뿐입니다. 만약 양지를 먼저라 하고 측은을 뒤라 한다면 정말로 그것은 잘못입니다. 이제 또 측은을 먼저라 하고 양지를 뒤라 해도 또 어찌 옳겠습니까? 양명은 「육정원에게 답한 서찰答陸原靜書」에서 "양지는 마음의 본체이다" 하고, 또 「정헌 아들에게 부친 수묵 2권寄正憲男手墨二卷」 중의 한 서찰에서 "양지의 성애誠愛하고 측은해하는 곳이 바로 인仁이다"라고 말합니다. 그가 양지라고 말하는 것은 대개 심체心體에 능히 지知【사람의 생리生理】를 가질 수 있는 것의 전체를 두고 이름한 것일 따름이지, 사려思慮나 찰식察識 같은 일단一端을 두고 말하는 것이 아닙니다. 대개 사람의 생리生理는 능히 밝게 깨닫는 바가 있으면 저절로 능히 주류周流하고 통달通達하여 어둡지 않은 것이니, 그렇게 되면 능히 측은惻隱해하고 능히 수오羞惡하며 능히 사양辭讓하고 능히 시비是非를 가릴 줄 알아 못하는 것이 없이 되니, 이것이 그 고유한 덕德으로써 이른바 양지란 것이며 또 이른바 인仁이란 것입니다.

『이정유서二程遺書』 권3과 『근사록』 권1 「도체道體」에 수록된 정호의 말에 "강자腔子에 차 있는 것이 측은한 마음이다"라고 한 그것이 바로 그 체體입니다. 만약 이 양지가 없었다면 완연頑然히 목석木石같아서 지知가 없을 터이니 누가 능히 측은할 수 있겠습니까?【논변해야 할 것은 바로 이 대목에 있습니다.】이제 그 양지를 측은에 따라서 찾아 살펴 알아보아야 하는 것의 일단一端에 불과한 것인 줄로 알고 그 측은의 마음이 곧 양지이며 심체心體의 지知가 곧 생리生理인 줄을 살피지 않으면, 그 논술한 것이 연燕과 월越처럼 동떨어질 수밖에 없습니다. 대개 이 절節에서 오직 왕양명이 말한 양지란 것이 '인의 이치〔仁理〕'란 뜻과 같은가 다른가 하는 문제일 따름입니다. 만일 저것을 먼저로 하고 이것을 뒤로 한다는 변론 같은 것은 본래 왕양명의 설이 아니니, 자기가 말해놓고 자기가 변박하는 것은 마땅하지 않아서 결국 왕양명과는 아무 관계가 없습니다.【옛적에 주자와 육상산이 무극無極에 대하여 논쟁할 때 주자가 일찍이 '무극으로부터 태극이 있었다'고 되어 있는 어떤 잘못된 텍스트를 인용하고는 "염계(주돈이)의 설은 본디 이런 것이 아니다"라고 한 일이 있는데, 이제 노형이 거론한 글도 아마 이와 비슷하다 하겠습니다. 본의가 아닌 것을 변박해서 무슨 소용이 있습니까?[36]】

---

36 왕양명은 초년에는 '거인욕존천리(去人欲存天理)'를 설했지만 만년에는 양지(良知)가 심체(心體)와 천리(天理)의 전체를 통견(洞見)한다고 보았다. 맹자는 심체의 지각능력을 양지라고 보았으나 왕양명은 심체 전체를 양지라고 보았다. 왕양명은 심(心)의 인(仁)과 양지를 일체로 보되, 인은 '전체(全體)의 덕(德)'이고 양지는 '본체(本體)의 명(明)'이라고 구분을 짓고, 인(仁)과 지(知)가 체(體)·용(用)의 일체를 이룬다고 주장했다. 민이승은 양지를 미발(未發)이 없고 기발(已發)일 뿐이고 대본(大本)이 없고 달도(達道)일 뿐이라고 주장했지만, 정제두는 체용일원설(體用一源說)을 주장했다. 『전습록』 중(中) 「구양숭일에게 답하다(答歐陽崇一)」에서 왕양명이 양지를 '천리(天理)의 소명영각처(昭明靈覺處)'라 하고 양지가 곧 천리라고 주장한 설을 따라, 정제두도 양지를 심체와 천리의 전체 체단(體段)으로 간주했다.

옛적에 나정암羅整庵(나흠순)도 일찍이 왕양명의 "양지는 곧 이른바 천리이다"라는 설을 그르다 하여 논변했는데, 그 뜻은 대개 "천리란 것은 사람의 본성에 갖추어 있는 것이요, 양지란 것은 우리 마음의 지각知覺이다. 어찌 족히 양지로써 천리라 할 수 있는가?"라고 하여, 천리와 양지 사이에 실체實體와 묘용妙用의 구분이 있다고 여겼습니다. 이제 노형의 서찰에서 말한 양지는 바로 이와 대략 같은 것입니다. 기고봉(기대승)은 양지를 천리가 아니라고 보는 설을 그르다 하여, 「나정암의 곤지기를 논함〔論困知記〕」에서 "지각으로 말할 것 같으면 그것은 기氣이다. 그것이 이理가 될지 욕欲이 될지 참〔眞〕이 될지 거짓〔妄〕이 될지는 본디 정해진 것이 아니다. 만약 지知 자에다가 양良 자 하나를 더해놓는다면 그것은 바로 천리이다. 이제 그 어버이를 사랑하고 그 형을 공경하고 하는 것을 묘용妙用이라고만 하고 천리라고 하지 않으니, 무릇 어린애가 어버이 사랑할 줄 알고 형 공경할 줄 아는 것이 천리가 아니라면 그 밖에 또 무슨 천리가 있단 말인가?"라고 했습니다.[37] 무릇 어버이 사랑하고 형 공경하는 것이 인仁이 아닙니까? 측은한 마음이 아닙니까? 그것이 곧 양지 아닙니까?[38]

---

[37] 기대승(奇大升)의 『고봉집(高峯集)』 권2에 들어 있다. 나흠순은 "지(知)와 능(能)은 인심의 묘용이요, 어버이를 사랑하고 형을 공경함은 바로 인심의 천리이다"라고 했는데, 그렇다면 묘용은 천리와 상관이 없게 된다. 기대승은 천리는 사람의 마음속에 있어 미발(未發)의 상태에서는 성(性)이라 하고 이발(已發)의 상태에서는 정(情)이라 하니, 미발의 때에는 적(寂)이고 체(體)이며 이발의 때에는 감(感)이고 용(用)이라고 반박하고, "지와 능은 비록 다 마음의 묘용이나 진(眞)과 망(妄), 사(邪)와 정(正)의 분별이 있으니, 진실로 다 천리라고 할 수는 없다. 만일 한 양(良) 자를 붙여 양지·양능이라고 한다면 바로 본연의 선(善)이니, 어찌 천리의 발함이 아니겠는가?"라고 했다.

[38] 1697년에 민이승은 김창협(金昌協)에게 서찰을 보내 '분별〔別〕의 이치는 인(仁)의 사랑〔愛〕, 의(義)의 마땅함〔宜〕과 다르다'고 주장했다. 『대학장구』 서문의 '모든 사람에게 인의예지(仁義禮智)의 성(性)을 부여했다'라는 대목의 소주(小註)에서 운봉 호씨(雲峯胡氏), 원나라 호병문胡炳文)는 "주자의 뜻을 취하여 '지(智)는 심(心)의 신명(神明)으로, 온갖 이(理)를 묘합(妙合)하고 만물을 주관하는 것이다'라고 보충한다"라고 했고, 파양 심씨(番陽沈氏), 송나라 심귀보沈貴珤)는 "지(智)란 천리의 동정(動靜)의 기틀을 포함하고, 인사의 시비(是非)의 거울을 갖춘 것이다"라고 주장한 바 있다. 민이승은 호병문이 지(智)를 풀이한

민성재(민이승)에게 답하는 글答閔誠齋書[39]

대개 지知·능能 두 글자는 둘로 할 수 없습니다. 저절로 이것을 알 수 있는 것이 양지인데, 양지는 바로 곧 양능이어서, 전적으로 지식 일변一邊의 뜻에 속하는 것은 아닙니다. 그러므로 이른바 양지의 설은 지각知覺의 일단一端으로만 말할 수 없습니다. 천지가 유행流行(운행하여 그침이 없음)·발육發育(만물을 싹트게 하고 자라나게 함)하고, 만물이 화화생생化化生生하는 것들 중에서 양지·양능 아닌 것이 없습니다【마음의 영각靈覺만 지知라고 할 것이 아니라, 무릇 주재主宰함이 있고 무릇 저절로 이것을 알 수 있고 이것을 할 수 있어서 컴컴하게 막히지 않는 것이라면 모두 다 '지'라고 말할 수 있다. 『주역』「계사전상繫辭傳上」에서는 건곤乾坤의 지와 능을 말했다】[40] 자연한 이치는 이 체體가 아닌 것이 없습니다. 우리가 측은惻隱해하고 수오羞惡하며 백성을 사랑하고 만물을 사랑하며 중화中和를 이루어 천지를 자리

    것은 '심의 지각은 시비임을 깨닫는 것이지 시비를 아는 이(理)가 아니다'라고 하여, 심을 성으로 이해했다고 주장했다. 김창협은 "호병문이 지(智)를 풀이한 것은 심(心)과 성(性)의 구분이 분명치 않다"고 비판하고, "심귀보의 '천리의 동정(動靜)의 기틀을 포함한다'는 것은 심(心)의 영명(靈明)한 운용을 가리키는 것일 뿐이어서 호병문의 견해와 거의 같다"라고 비판했다. 훗날 홍직필(洪直弼)은 『매산집(梅山集)』에서 민이승과 김창협 및 김창흡(金昌翕)의 논쟁에 관해 언급했다.

39 정제두가 보기에 주자는 심(心)을 '일신(一身)의 주재(主宰)'요, 성(性)을 이(理)라 하고는 이(理)가 사사물물(事事物物)에 있다고 하여, 심(心)을 만물의 이(理)를 궁구하고 만사(萬事)의 법칙에 대응하는 것으로 보았다. 이에 비해 왕양명은 심(心)을 이(理)라 하여 곧 '양지(良知)'를 가리킨다고 했다. 마음의 양지(良知)는 체(體)요, 사물의 작용은 용(用)으로, 사물의 이(理)는 모두 心(양지良知)에 갖추어 있다는 것이다. 따라서 치양지(致良知)·복기성(復其性, 復性)·궁심지리(窮心之理, 窮理)·진심지성(盡心之性, 盡性)을 하면 만사(萬事) 만물(萬物)은 진리(天理) 아님이 없다. 여기에 체(體)·용(用)은 있지만 내(內)·외(外)와 정(精)·추(粗)의 분별은 없고, 명덕(明德)과 친민(親民)이 하나로 분별이 없으며, 지(知)·행(行)도 합일(合一)한다는 것이다.

40 『주역』「계사전상(繫辭傳上)」의 '건이이지 곤이간능(乾以易知 坤以簡能)'을 줄인 말이다. 이것을 번역하면, "건은 쉬움(易)으로써 알고, 곤은 간략함(簡)으로써 능히 한다"로 된다.

잡게 하고 만물을 길러내게 하는 것까지 모두 양지·양능이 아닌 것이 없습니다. 하늘이 나에게 주어 생각지도 않고 배우지도 않고 저절로 가지는 본연의 체도 바로 이 체가 아닌 것이 없습니다. 그러므로 마음과 이치를 하나로 하고 지와 행을 합치는 것이니, 갈라서 나누어서는 안 되는 면이 있습니다【사람만이 스스로 채우지〔充〕 못하고 스스로 하나로 하지 못할 뿐이다】. 『맹자』「진심상盡心上」의 '어린아이가 어버이 사랑할 줄 알지 못하는 것이 없다'는 그 한 단락이 바로 사람이 가장 알기 쉽고 가장 친절하고 또렷한 것에 나아가 말하여, 본체가 모두 이 물物임을 밝힌 것입니다. 비록 그 말이 지식에 치우친 듯하지만 그 뜻은 실로 전체를 들어서 말한 것이니, 어린아이로부터 성인·천지에 이르기까지 이 체가 아님이 없습니다. 『논어』에 말한 인仁의 체體, 『중용』과 『맹자』에서 말한 성명性命 같은 것이 곧 이 뜻이니, '지각' 하나만으로 개괄할 수 없습니다【그러므로 양명의 글에, "일에 따라 물을 격함〔格物〕은 다만 일절一節의 지知밖에 되지 않는가?"라는 물음에 대해 답하기를, "일절의 지知가 즉 전체의 지知요, 전체의 지가 즉 일절의 지知이다. 인심의 본체가 원래 하늘이다. 다만 사욕에 가리어져 그 체를 다하지 못한다. 지금 눈앞에 보이는 하늘은 밝디밝은 하늘이고 사방의 하늘도 또한 밝디밝은 하늘이 아닌 것이 없거늘 다만 허다한 장벽이 가로막혀 있으나, 기실은 하나의 하늘이다. 허다하게 가로막힌 것을 없애면 하늘이 전체임을 완전히 깨달을 것이다"라고 했다】. 오직 그 명덕이 옳고 그름을 분별할 수 있고 좋아하고 미워할 수 있어, 사람이 공부에 착수하여 쉽게 깨우치는 곳을 양지라고 합니다. 대개 본심의 체단體段을 형용해서 말하지만, 실은 역시 마음의 천리에 불과할 따름입니다. 그러므로 그 글에 "양지는 마음의 본체요, 마음의 체는 즉 천리이다"라고 일컬었으니, 어찌 지식의 일절에 해당하겠습니까? 또 어찌 진眞과 망妄을 분별하지 않고 자기의 사사로운 뜻에서 나온 것을 일컫겠습니까?

우물에 빠질 위험이 있는 어린아이를 보고 측은히 여기고, 박장薄葬으로 부모의 시신이 들짐승에게 먹히는 부끄러운 일을 보고 이마에 땀이 나는 것은 모두 이 '지'가 발동할 수 있는 곳이 아닌 것이 없습니다. 나무가 뻗어 자랄 수 있거나 뻗어 자랄 수 없는 것도 이 이理가 아닌 것이 없습니다. 또 측은해하는 마음을 양지가 아니라 한다면, 그것이 과연 지각함이 없이 발한 것이란 말입니까? 그런데 이런 식으로 풀이한다면 논설은 쉽게 궁진할 수가 없습니다. 마치 떠도는 기병騎兵이 범람하듯[41] 할 것이라는 비유는 정말로 나같이 얕은 견해를 지닌 자를 위해 말한 것입니다. 형은 필시 실제로 참으로 본 것이 있어서 발설했을 것입니다. 그러나 역시 왕양명의 이런 말들이 지시하는 뜻을 반드시 소상하게 안 다음에 논하는 것이 어떻겠습니까?

대개 왕양명은 처음에는 다만 인욕을 버리고 천리를 보존하며 성찰省察하고 극치克治할 것을 거듭거듭 사람들에게 말하다가 만년에 이르러 비로소 '양지' 두 글자를 제출하여, "심체心體와 천리天理는 사람에게 말하기 어려우나, 이제 '양지' 두 글자는 한마디 말로 전체를 환히 볼 수 있게 되었다. 이것은 본래 구경究竟(궁극)의 말(화두)인데, 남에게 말하려니 부득이 한 입에 죄다 말하게 되었으나, 애석하게도 학자들이 공부를 하지 않고 도리어 이것을 하나의 광경光景으로 간주하고 있다"[42]고 했습니다. 대개 '양지'는 그 전체의 체단體段을 가리켜 말하는 것입니다.

---

41 본래 정이(程頤)의 말인데 주희가 이를 인용했다. 『대학혹문』에 "치지의 요체는 마땅히 지선의 소재를 알아야 하니, 아버지는 인자한 데에 그치고, 아들은 효도에 그쳐야 하는 따위이다. 만일 이것을 힘쓰지 않고 한낱 범범하게 만물의 이치를 살피고자 한다면, 나는 대군의 유격대가 너무 멀리 나가서 돌아오지 못하는 것처럼 될까 두렵다(致知之要, 當知至善之所在, 如父止於慈, 子止於孝之類, 若不務此, 而徒欲汎然以觀萬物之理, 則吾恐其如人軍之遊騎出太遠而無所歸也)"라고 했다.

42 『전습록 습유(傳習錄拾遺)』에 있는 다음 조항에 기초하여 표현을 달리한 것이다. "又曰: 某於良知之說, 從百死千難中得來, 非是容易見得到此. 此本是學者究竟話頭, 可惜此理淪埋已久. 學者苦於聞見障蔽, 無入頭處, 不得已與人一口說盡. 但恐學者得之容易, 只把作一種光景玩弄, 孤負此知耳."

박대숙[43]에게 답하여 「천명도」를 논하는 글答朴大叔論天命圖[44]

병자丙子(숙종 22, 1696년, 48세)

천명이란 다름이 아니라 내 마음의 전체입니다. 마음의 전체라서 피차의 구별이 없다는 뜻은 보내주신 「천명도」그림에 의거하여도 증험할 수 있습니다. 그러나 그 귀착점을 생각해보면, 이와 같지 않은 것이 있습니다.

보내주신 「천명도」는 비록 하나의 권圈으로 만들어졌으나 보기에 반드시 두가지 일로 되어 있습니다. 천명으로써 '형이상의 것(形而上者)'이라 하여 홀로 '이理'라 이르고, 나의 마음은 다만 형기의 주인으로써 천명에 대해 관리의 도구에 불과하다고 하니, 내 마음이 전체이며 하나의 근원이라는 사실에 비춰볼 때 비단 둘로 갈라지는 것일 뿐만이 아닙니다. 천명 및 물리物理가 과연 나의 마음과 이같이 현격하게 대립하여 서로 통속統屬되지 않는 줄 저는 알지 못하겠습니다. 만약 그렇지 않다면, 그 그림은 비록 지극하다 하겠으나 그 실상은 전체를 들어 둘로 가르는 결과를 면치 못했으니, 어찌합니까? 무릇 태극太極의 최초의 권圈을 두고 음양 이전에 있는 것이라 하고, 도道와 기器가 판별되므로 인해서 이 그림에서 심心과 이理가 두 근본(二本)으로 되었습니다. 그러나 주염계周濂溪의 뜻은 태극이 음양陰

---

43 박심(朴鐔, 1652~1707)의 본관은 고령(高靈), 자는 대숙(大叔), 호는 지포(芝浦)이다. 구당(久堂) 박장원(朴長遠)의 셋째 아들이다. 학행(學行)으로 일컬어졌고 영천 군수(榮川郡守)를 지냈다. 동생 박진(朴鎭)과 함께 윤증(尹拯)에게 수학했다. 임영(林泳)을 비롯하여 민이승(閔以升), 이세귀(李世龜)와도 교유했다. 『서당사재(西堂私載)』권9 「지포박공묘지명(芝浦朴公墓誌銘)」(한국문집총간 186집);『명곡집(明谷集)』권8 「송박대숙지임영천서(送朴大叔之任榮川序)」, 권30 「이조판서구당박공시장(吏曹判書久堂朴公諡狀)」(한국문집총간 154집) 등 참고.

44 정제두는 박심의 「천명도」를 보고 3절을 논했다. 그리고 오경 사서의 수말(首末)과 선후(先後)와 그 책들이 입언(立言)한 뜻이 이렇지 않은 것이 없으며, 그 주된 내용은 박심이 『심경』과 『전습록』을 논한 뜻과 부합할 것이라고 하고, 자신의 설을 민언휘(민이승)와 고계(高契)에게 보여도 좋다고 덧붙였다.

陽·만화萬化의 근원이 된다는 이론에 근거하여 특히 그 본체가 이렇다 함을 말한 것이요, 따로 하나의 이치가 심체心體의 밖에 음양에 앞서서 공공空空히 홀로 묘하다고 말한 것은 아닙니다. 그러면 기실은 다만 하나의 실리實理일 뿐이니, 어찌 일식一息(잠시)인들 떠날 수 있겠습니까?【사람의 마음이 감응하지 않고 양의兩儀가 갈라지지 않은 때를 보면 본래 하나인 이치이니, 이것을 보아도 그 실체는 처음부터 일식 사이도 떠날 수 없다는 것이 어찌 뚜렷하지 않습니까? 그런데도 반드시 이외에도 이理가 따로 갖추어져 있다고 한다면 저로서는 정말로 알 수 없습니다.】

(중략)

『전습록』상(上)「어록」1의 왕양명 말에 "무릇 성은 하나일 뿐이다. 형체로부터 말하면 천天이라 하고, 주재主宰를 가리켜 말하면 제帝라 하며, 유행流行을 가리켜 말하면 명命이라 하고, 사람에게 주어진 것으로 말하면 성性이라 하며, 한 몸을 주관하는 것으로 말하면 심心이라 한다. 심이 발하여, 아비를 만나면 효도라 하고 임금을 만나면 충성이라 하니, 이와 같이 미루어 무궁한 데까지 이르러도 다만 하나의 성性일 따름이다. 아비에 대해서는 자식이라 이르고 자식에 대해서는 아비라 이르니, 이와 같이 미루어 무궁한 데까지 이르러도 다만 한 사람일 따름이다. 사람은 오직 '성'에 대하여 공부를 힘쓰고 '성' 한 글자를 분명히 인식한다면, 만가지 이치가 찬연燦然해진다"고 했습니다. 여기서 마음이 곧 이理요 곧 성性이요 곧 명命이라 했는데, 진실로 그 본체가 그러하지 않다면 어찌 공연히 이런 말을 하겠습니까?【성은 심체에서 벗어나지 않으므로 귀하가 말한 따로 갖춘 이치라는 것과는 절로 허실虛實의 차이가 있음을 여기서 알 수 있습니다.】

지금 학문하는 사람들은 반드시 성명의 이치를 구하여 알아내는 것을 학문이라고 여기는데, 무릇 이치를 따로 갖추어진 것으로 생각하고 마땅히 먼저 알아야 한다고 여긴다면 정말로 저로서는 알 바 아닙니다. 그렇지 않다면, 그 마음을 모르고 어떻게 성명을 안다는 것입니까? 무릇 사람의 성은 본래 천天에서 나온 것인데 그것을 혹 짐작해서 아는 수도 있습니다. 그러나 성명의 체를 참으로 알려면 그 마음을 극진히 하는〔盡其心〕자가 아니고서는 그럴 수 없습니다. 그러므로 공자께서는 "오십에 천명을 알았다"했고, 자사와 맹자에 이르러는 더욱 명백하게 말했습니다. 저들은 마음에 먼저 구하지 않고 명命에 구하려 하는데, 저들은 학문을 한다고 할 때 어떻게 한다는 것입니까?【마음이란 성명의 주인입니다.】더구나 명命에 무슨 공부가 있을 수 있습니까? 오직 마음을 다하고〔盡心〕성을 다함으로써〔盡性〕명에 이를 뿐입니다. 성인의 이른바 궁리窮理란 것은 실로 이와 같습니다. 그것은 정말로 절실하고 비근하고 평상적이요 명백한 공부입니다. 어찌 따로 어떤 별개로 달리, 힘들여 고생할 것이 있겠습니까? 부디 다시 살펴주시기 바랍니다.[45]

민성재(민이승)에게 답하는 글答閔誠齋書[46]

보내주신 서첩 가운데 있는 두 그림 가운데 양지도는 본뜻에 다 부합하

---

45 정제두는 박심에게 부친 다른 서한에서, 양지(良知)·양능(良能)의 체(體)를 알면 지(知)와 행(行)이 나누어질 수 없는 합일(合一)의 근거를 알 수 있으며, 양지(良知)는 정(情)·의(意)·행(行)·능(能)을 통섭하는 마음의 본체에 뿌리를 두므로 지(知)·행(行)이 하나로 파악될 수밖에 없다고 주장했다. 주자(朱子)와 정이천(程伊川)이 지(知)·행(行)을 둘로 보는 것은 용인(庸人, 용렬한 사람)의 경우를 가리킨 것이라 보았다. 또한 이황이 혈기(血氣)에서는 지(知)·행(行)이 일치할 수 있지만 의리(義理)에서는 아는 것을 바로 행할 수가 없음을 언급한 것도 용인(庸人)의 폐단을 가리켜 말한 것이라고 보았다. 정제두는 주자학의 지행론(知行論)이 이론적 근거가 있음을 인정했지만, 본체(本體)의 실상을 알지 못하고 본체를 회복하는 공부를 하지 않는다면 심하게 어긋날 것이라고 경고했다.

46 정제두는 민이승의 「양지도」를 보고 다시 「양지체용도(良知體用圖)」를 그려, '심지성(心之性)=심지본연(心之本然)=양지지체(良知之體)'와 '심지정(心之情)=심지발(心之發)=양지지용(良知之用)'으로 구분했다. 민이승의 「양지도」는 원형을 알 수 없다. 정제두의 「양지체용도」는 상하 2도로, 각각 삼중의 동심원이다.

는 것 같지 않아서 저의 의견으로 다시 그림을 만들어 올립니다. 반드시 그 뜻의 실제를 파악한 연후에야 변론을 할 수 있을 것이기 때문입니다.

저의 그림[47]에서 이른바 심즉리心卽理는 마음에 지닌 것이므로 심즉리라고 했고, 성性의 본연本然에서 나오므로 천리라고 했으니, 새·짐승·풀·나무에 있는 이理가 아닙니다. '포함하여 망라하고 삼연森然하게 나열했다'는 것은 듣지 못한 말입니다. '하늘이 무한히 높고 땅이 무한히 깊다'는 말은 마음이 감응하여 물物에 교접[交]된 것으로써 말하는 것이요, 천지를 마음에 포함하고 망라했다는 것은 일찍이 본 일이 없습니다. 이제 이것으로써 무엇을 증명하려는 것입니까?

양지란 그 영명한 체로써 말하면 제帝요, 알고 깨닫는 작용으로써 말하면 화공化工이니, 하나의 마음을 이르는 것입니다. 만약 성분性分에 있어서 말한다면 말할 수도 없고 공부를 붙일 곳도 없으므로 마음에 나아가 양지라고 말하여 성정 공부의 주재主宰로 삼은 것일 따름입니다. 또 그 가로·세로·엎어지고·거꾸러지고[縱橫顚倒] 하는 것을 다 마음이라 말하고 양지라 말하는 것은 사물에 감응하는 이치가 모두 마음에서 나오고 물物에 있지 않기 때문입니다. 또 그 명목名目을 많이 해놓으면 사람들이 각각 따로 있는 것인 줄 알고 여러 갈래로 구하려 하기 때문에 다만 대본大本·일심一心으로만 말한 것입니다. 만약 성정에 나아가 말하면, 그 한계의 구분도 분명하지 않은 것이 아닙니다. 양명은 통체統體가 모두 이 마음에서 벗어나지

---

47   정제두 '양지도'의 그림은 위와 아래의 둘로 나뉘어 있다. 윗그림은 '심-양지' 구조이고 아랫그림은 '화(火)-여명(麗明)'의 구조다. 심(心)의 체(體)·용(用) 전체가 양지(良知)의 체(體)·용(用)이며, 양지(良知)가 심(心)의 체(體)[性]에서 용(用)[情]을 관통한다고 보았다.

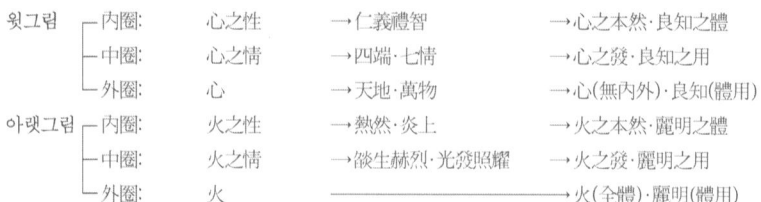

윗그림 ┌ 內圈: 心之性   → 仁義禮智   → 心之本然·良知之體
       ├ 中圈: 心之情   → 四端·七情   → 心之發·良知之用
       └ 外圈: 心   → 天地·萬物   → 心(無內外)·良知(體用)
아랫그림 ┌ 內圈: 火之性   → 熱然·炎上   → 火之本然·麗明之體
       ├ 中圈: 火之情   → 焱生赫烈·光發照耀 → 火之發·麗明之用
       └ 外圈: 火   ─────────────→ 火(全體)·麗明(體用)

정제두 양지도

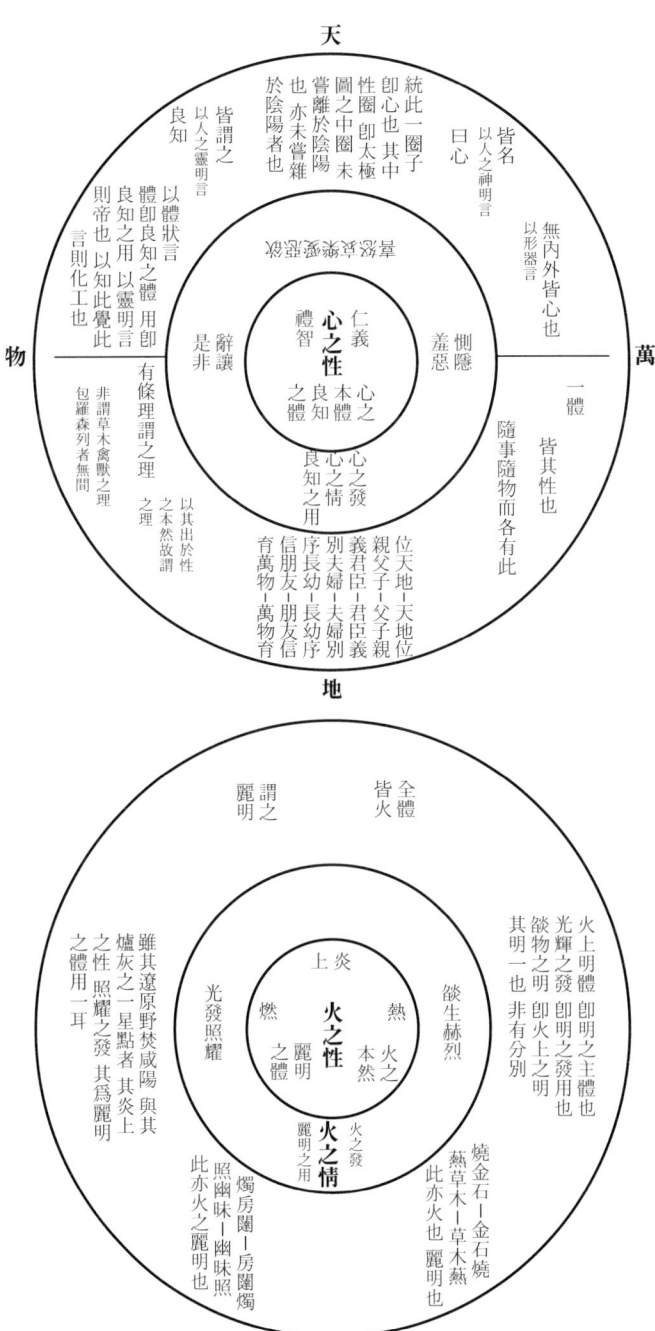

않는다고 해서 통틀어 마음으로 말했습니다. 이 까닭에 '성性을 심心에 끌어들이고 심을 정情에 끌어들인다'는 비방까지 있었습니다.

대개 실상 하나의 물건이므로 그것을 가지고 성이라 말하든지 정이라 말하든지 모두 불가할 것이 없으므로 전적專的으로 말함이 많은 것이 이 까닭입니다. 만약 한계를 나누어서 말하는 경우에도 분명하지 않은 것이 없으니, 이 그림 같은 것이 이것입니다. 만일 천분天分을 말한다면 주재主宰라든가 공용功用이라든가 하는 등의 명목들이 있지만 전적으로 말할 때는 곧 도道이되, 기실은 하나의 하늘에 불과한 것이 옳습니다. 양지라고 전적으로 말하는 것도 역시 이와 같습니다.【그러므로 심즉리心卽理라 하는 것은 천즉도天卽道라 하는 것과 같습니다.】

『예기』「악기樂記」에 "사람이 태어나서 정靜한 것은 하늘의 성性이요, 물物에 감感하여 움직임은 성의 욕欲이다. 사람이 태어나서 고요한 것은 하늘의 성이고 사물에 감응하여 동하는 것은 성의 욕구이니, 사물이 이르면 지각이 이를 안다. 그런 연후에 좋아하고 싫어함이 나타난다"고 했는데, '물지지지物至知知'에서 위의 지知 글자는 체體(마음의 본래 밝은 것)이고 아래 지知 글자는 용用입니다.【물物에서 발하여 알고 깨닫고 합니다.】그 체를 가리켜 양지라고 말하는 경우, 이것은 마음의 본체로, 미발의 중〔未發之中〕이 이것입니다. 그 용을 가리켜 양지라고 말하는 경우, '선을 알고 악을 안다〔知善知惡〕'는 것이 이것입니다. 대개 『맹자』의 본문은 아래 지知 자를 말한 것 같으나, 왕양명은 위의 '지' 자와 아래 '지' 자를 통틀어 겸해서 말한 것이어서, 이 까닭에 오늘날 크게 놀라는 것입니다. 하지만 기실은 하나의 '지'로, 분별할 것이 있지 않으니, 다만 '양지' 하나라고만 하면 족합니다. 마치 불에 있어서 본래 밝음은 그 체요, 그 광휘가 물物을 비춤은 그 용이지만, 그 밝음은 즉 하나뿐이어서, '불 자체에서'와 '비춤에서'를 구별하여 밝음을 분별할 필요가 없는 것과 같습니다【이것이 공부와 본체가 서로 분리하지 않는다는 설입니다】. 그래서 통틀어 하나의 양지로 말하는 것이 즉 이와 같을 따름입니다. 어찌 다만 명목의 분별에 구애되어 심체의 실상을 살피지 않을 수 있겠습니까?

성性은 체이고 정情은 용이어서, 왕양명이 「왕석담내한에게 답함(答汪石潭內翰)」(1511)에서 '동할 때 화和하지 아니함이 없는 것이 곧 정할 때 중中하지 아니함이 없는 것이다'라고 말한 것 등의 설은 곧 음양·태극의 설입니다. 음양을 떠나서 어디 가서 태극을 볼 수 있겠습니까? 이발已發·미발未發의 설은 형께서 크게 괴이하게 생각하시지만 주자도 처음에는 역시 이런 뜻으로 『중용』을 해석했습니다. 주자가 남헌南軒(장식張栻)과 왕복한 서찰에서 정이가 말하는 마음이란 모두 이미 발단發端한 것이라고 말한 것이 곧 이 설입니다. 그 설은 『주자대전』에 자세합니다. 뒤에 그것을 틀렸다 하여 고쳤습니다. 그러나 그것은 공부功夫가 동動에 치우쳐서 그 흠결이 병이라고 여긴 것일 따름이지, 그것을 심체라고 보는 것을 잘못된 견해라고 여긴 적이 없습니다.

3장
격물치지와 사단칠정 재론

대학고본大學古本[1]

격치장格治章의 빠짐缺亡

○ 고본의 글은 그 경經의 한장이 절마다 완비하여 한마디로 그릇되거나 혼잡한 것이 없고, 전傳의 여러 해석하는 말도 다 관통되어 한군데도 흠결이 없다. 그 대체가 이러하므로 그것을 착란錯亂한 글이라고 단정할 수

---

[1] 정제두는 왕양명의 『고본대학(古本大學)』을 수용했다. 「대학설」에서는 『대학』을 제1장 강령(綱領)·조목(條目)·지선(至善)·치지(致知), 제2장 치지(致知)·성의(誠意), 제3장 명덕(明德)·지선(至善), 제4장 정심(正心)·수신(修身), 제5장 수신(修身)·제가(齊家), 제6장 제가(齊家)·치국(治國), 제7장 치국(治國)·평천하(平天下)의 7장으로 나누고, 1~3장은 공부(工夫)의 소재(所在), 4~7장은 본원(本源)의 설(說)을 밝혔다고 파악했다. 명덕(明德)·친민(親民)을 용(用), 지선(至善)을 체(體)로 보기도 하고, 명덕(明德)〔본本)·친민(親民)〔말末)은 물(物)이자 경(經, 날), 지지(知止)〔시始)·능득(能得)〔종終)은 사(事)로서 위(緯, 씨)라고 보기도 하며, 명덕(明德)·친민(親民)은 명물(名物)로서 경(經), 지어지선(止於至善)은 이(理)로서 위(緯)라고 보기도 했다. 「대학경문이절도(大學經文二截圖)」에서는 격물(格物)·치지(致知)는 지어지선(止於至善), 성의(誠意)·정심(正心)·수신(修身)은 명명덕(明明德), 제가(齊家)·치국(治國)·평천하(平天下)는 친민(親民)에 배속하고, 명덕(明德)은 친민(親民)의

없다. 격치格致로 말하더라도 앞 첫 단에 시작한 증거가 없고 뒤 성의장誠意章에서 그것을 이어받은 말도 보이지 않으며, 착간錯簡인가 하여 찾아보아도 그 틀린 데를 발견할 수 없고, 공부에 있어서 고찰해보면 이미 스스로 성의誠意 속에 갖추어 들어 있어 조금도 결함이 없다. 이제 그 글이 이러한데 빠졌다고 말할 수 있을 것인가? 삼강三綱·팔조八條 속에는 빠짐이 없는데 오직 이 격치格致에 따른 궁지窮至[2] 한 단락이 홀로 빠졌다는 말인가? '이것을 앎의 지극함이라 이른다〔此謂知之至也〕'란 구절을 가지고 말하더라도 그 위에 곧 '이것을 근본을 아는 것이라고 한다〔此謂知本〕'라 했지, 물에 즉하여 이치를 궁구한다〔卽物窮理〕는 뜻은 없으니, 그러면 그 글을 다 고쳐 놓아야 그 말이 통할 수 있다.

○ 격물치지에 있어 주자의 "아는 것이 먼저이다〔知先〕"라는 해석이 학문의 최초이자 최대의 공부라 한다면 옛적 성현의 말이 마땅히 간절하고 여러 번 되풀이하면서 그 뜻을 밝히되 정일精一[3]·극복克復[4]의 교훈과 같

본근(本根), 친민(親民)은 명덕(明德)의 조관(條貫), 지선(至善)은 본체(本體)의 생리(生理)로 파악했으며, 명덕(明德)·친민(親民)·지선(至善)을 『중용』의 대본(大本)·달도(達道)·지성(至誠)에 대응시켰다. 『중용』의 '도불가리(道不可離)'는 『대학』의 지선(至善)과 지지(知止)의 뜻이고 『중용』의 '계신(戒愼)·공구(恐懼)·신독(愼獨)'은 명선(明善)·성신(誠身)의 주재(主宰)이며, 『중용』의 '택선(擇善)·고집(固執)'은 『대학』의 격물(格物)·치지(致知)의 방법이고 『중용』의 '명선(明善)·성신(誠身)'은 『대학』의 치지(致知)·성의(誠意)의 명목(名目)이며, 『중용』의 '미발지중(未發之中)'은 『대학』에서 심정(心正)의 체(體)이고 『중용』의 '중절지화(中節之和)'는 『대학』의 '신수(身修)의 용(用)'이며, 『중용』의 중화(中和)·위육(位育)은 『대학』의 제(齊)·치(治)·평(平)과 '명명덕(明明德)이 친민(親民)에 있음'이라 풀이했다.

2 주자가 격물치지를 해석하면서 천하의 물(物)에 나아가 "이미 안 이치를 따라 더욱 궁구하여 그 극에 이르도록〔因其己知之理而益窮之 以求至乎其極〕" 한다고 말한 바 있다. 정제두는 '익궁지(益窮之)'의 궁(窮)과 '지호기극(至乎其極)'의 지(至)를 합쳐 '궁지(窮至)'를 주자의 보망장(補亡章, 『대학』에서 격물치지의 원문이 빠졌다고 보아 주자가 보충한 장)을 가리키는 말로 사용했다.

3 『서경』 「요전(堯典) 고요모(皐陶謨)」에서 "인심은 위태하고 도심은 은미하니 정(精)하고 일(一)하여 그 중(中)을 잡으라"라고 했다.

4 『논어』에 안연(顔淵)이 인(仁)을 물었을 때 공자는 "자기를 이겨(克己) 예에 돌아가라(復禮)" 했다. 이 극기(克己)의 극(克)과 복례(復禮)의 복(復)을 합쳐서 극복(克復)이라고 한 것이다.

이 드러나게 했어야 할 것이요, 문文·학學[5]처럼 한두 구의 글자에 그치지 않았을 것이다. 또 그 뜻만 밝힐 뿐 아니라 반드시 그 절차와 공부도 상세히 말하여 마치 주자가 격물을 풀이하여 말했듯이 '오늘에 한가지 사물을 연구하고 내일에 또 한가지 사물을 연구하는 것'과 같이 자주 언급했어야 할 것이요, 이처럼 매몰되다시피 되어 있지만 않았을 것이다.【지금 주자의 글로 보아도 알 수 있다】 그러나 그 '사물의 이치에 궁구하여 이른다[窮至事物之理]' 하는 지식의 공부를 극치에까지 미루는 설은 여러 경서 중에서 한군데도 볼 수 없는데 어찌 『대학』에 이르러 유독 이런 어렵고 애매한 말을 하여 뒷사람의 해설을 기다리는 뜻을 포함시켰겠는가? 이제 '그 전한 것이 마침 잃어졌다' 하니, 이것은 천고千古에 의심되는 바이다.

전傳의 여러 장章의 착간錯簡[6]

○ 성의장誠意章이 마땅히 정심正心 위에 있어야 한다는 말은 의심이 없다. 이것은 진실로 그러하다. 고본古本에서도 성의장이 경문經文 아래 정심正心 위에 있지 않았는가? 명덕明德·친민親民·지선至善의 단락이 서로 연하여 구슬을 꿴 것 같고, 성의·정심·수신·가·국·천하의 순서가 정연하여 섞이거나 어지러워진 것이 없는데 어째서 경문에 맞지 않는다고 하는가? 다

---

5   『논어』에서는 문(文)에 대해 "공자는 네가지로 가르쳤으니 문(文)과 행(行)과 충(忠)과 신(信)이다" "행하고 남은 힘이 있거든 문(文)을 배우라"라고 하고, 학(學)에 대해 "배우고 때때로 익힌다(學而時習之)" "배우고 생각지 않으면 어두워지고 생각만 하고 배우지 않으면 위태하다(學而不思則罔, 思而不學則殆)" "배움은 미치지 못하는 것같이 하고 잃을까 두려워해야 한다(學如不及, 猶恐失之)" "널리 글을 배우고 예로써 단속한다(博學於文, 約之以禮)" 등이라고 한다.

6   전(傳)은 증자가 공자의 말을 전해 기술한 것이라 하여 첫장인 경문(經文)과 구별된다. 착간이란 말은 책장이 뒤바뀌었다는 말인데 주자는 고본대학의 글은 전(傳) 부분에 있어서 글의 순서가 잘못된 것이 있다 하여 이것을 착간이라고 보고 그 순서를 바꿔놓은 곳이 두세곳이 있다.

만 명덕·지선 세 말(三語)[7]이 성의장 안에 들어 있어서 이것을 틀렸다고 하는 것이지만, 그러나 옛사람의 글 짓는 것이 때로는 말을 섞어가며 서로 밝힘으로써 더욱 힘있고 맛이 있게 하는 수도 있는 것이요, 다만 한 단락 한 단락씩 판에 박은 듯이 차례를 따라 제목을 메워 넣기만 하는 것은 아니다. 이제 삼강령의 뜻을 모두 경전經傳의 설을 인용해서 성의장 속에 총괄해놓고 보니 글이 힘있고 뜻이 막힘이 없는데, 경經에 무엇이 위배된 바 있어서 경문을 따르지 않았다고 고쳐놓는 것인가?

박대숙(박심)의 대학 양명설 의의문목에 답하는 글答朴大叔大學陽明說疑義問目[8]

○ 대인지학大人之學 운운에 대하여

'대학'이란 이름은 비록 장성한 사람으로 인해서 취해진 이름이지만, 그 공부가 평천하·지지선止至善에까지 이르고 보면, 그 도는 바로 『주역』에서 말한 '천지와 더불어 그 덕을 합한다'는 것입니다. 어찌 어린 사람의 일과 대가 될 뿐이겠습니까? 그러므로 왕양명의 이 뜻은 『대학』 본경本經의 '제가齊家·치국治國·평천하平天下·명명덕어천하明明德於天下'에 근거하여 얻은 것이지, 제멋대로 지어낸 것은 아닙니다.[9]

7 　명덕(明德)·지선(至善)은 두 말(二語)이요 세 말이 아니다. 세 말이 되려면 명덕·친민·지선으로 되어야 할 것이다. 만약 명덕·지선만을 말하는 것이라 하면 두 말이라고 해야 옳을 것이다.

8 　『하곡전집(霞谷全集)』(上, 57~58) 권2에 수록되어 있다.

9 　『대학』을 '대인지학'으로 규정한 것은 본래 『대학』의 경문인데 주자는 남송의 영종(寧宗)에게 그 점을 더욱 강조한 바 있다. 왕양명은 「대학문(大學問)」에서 "대인이란 천지와 더불어 그 덕을 합한 존재이다"라고 규정했다. 정제두는 왕양명의 설을 옹호했다. 한편 정제두에 앞서 윤휴는 주자학설을 수정한 나흠순(羅欽順)의 인심(人心)·도심(道心)의 체용설을 받아들이면서 양명의 설도 절충했다. 정자는 인심과 도심을 천리와 인욕의 관계로 보았고 주자는

○ 친민親民 운운에 대하여

왕양명은 "집이 바로잡히고 나라가 다스려지며 천하가 평해져야 비로소 마음을 다한 것이요, 비로소 성을 다한 것이요, 비로소 그 명덕을 밝히는 실제가 된다"고 생각했습니다. 그러므로 그가 말한 친민의 뜻도 본경에서 말한 '명덕을 천하에 밝힌다'는 설과 절로 체體와 용用이 됩니다. 무릇 '명덕'과 '친민'은 체와 용으로 하나이니, 무어 이상하겠습니까?

○ 지선至善 운운에 대하여

'명덕의 본체'라는 것과 말씀하신 '사리事理의 당연當然'이란 것은 삼구三句(『대학』의 명명덕明明德·친민親民·지어지선止於至善)의 입언立言 체제로 보아 본래 이상해할 것이 없습니다. 하물며 이른바 선善이란 것이 사물에 속하겠습니까? 덕성에 속하겠습니까?

○ 격물의 설은 그 뜻이 착잡하여 명확하지 못하다 운운에 대하여

이 뜻은 양명이 고동교顧東橋(고린顧璘, 1476~1545)에게 답한 서찰(『전습록傳習錄』 중中 「어록」 수록)에서 이미 자세히 말했습니다. 그 서찰에서 말하길 "부모에게 따스하게[溫]·서늘하게[淸] 하려는 의사라든가, 봉양奉養하려는 의사는 이른바 의意요 성의誠意라 할 수는 없다. 반드시 그 온溫·청淸·봉양奉養의 뜻을 실행하여 스스로 마음에 흡족하고 스스로 속임이 없어야

인심은 형기(形氣)에서 나오고 도심은 성명(性命)에서 발한다고 했으나, 나흠순은 이발과 미발의 관계로 생각했다. 한편 윤휴는 「인심도심도(중)」에서 이 세가지 설을 모두 폐할 수 없으니, 후학에게 체득하여 묵지(黙識)하라고 했다. 그리고 「대학도(大學圖)」에서 고본『대학』의 경문을 채택하여 "대학지도(大學之道), 재명명덕(在明明德), 재친민(在親民), 재지어지선(在止於至善)"이라 했고, 명덕은 효제(孝弟)이고 명명덕은 전체이자 근본이며 친민은 대용(大用), 지지선(止至善)은 체용의 표준이라고 정의하고, 학문을 외천(畏天), 친민(親民), 상지(尚志), 취선(取善)의 네가지로 나누고, 친민을 실천학문으로서 강조했다. 이것은 정제두가 고본 대학을 따라 친민(親民)을 강조했던 설로 이어졌다.

성의誠意라고 한다. 어떻게 온·청해야 하는가, 절차를 알고 어떻게 해야 봉양하는 데 알맞은지를 아는 것은 이른바 '지知'요 '치지致知'라 할 수는 없다. 그 온·청·봉양의 절차와 방법에 대한 '지'를 다하여〔致〕 실지로 따스하게 해드리고 서늘하게 해드리고 봉양해드린 다음에야 '치지致知'라고 할 수 있다. 온·청하는 일, 봉양하는 일은 이른바 물物이요, '격물格物'이라 할 수는 없다. 반드시 온·청하는 일, 봉양하는 일을 양지가 아는 그대로 어찌 하면 온·청이고 어찌하면 봉양인가를 알아서 행하여 터럭 하나도 다하지 않음이 없어야 '격물'이라 할 수 있다. 온·청의 물物이 격格해진 연후에야 온·청할 줄 아는 양지가 비로소 다해지며〔致〕, 봉양의 물物이 격格해진 연후에야 봉양할 줄 아는 양지가 비로소 다해진다. 그래서 '물격이후지지物格而後知至'라고 말한 것이다. 온·청할 줄 아는 양지를 다한〔致〕 연후에야 온·청의 의사가 비로소 진실하게 되며, 봉양할 줄 아는 양지를 다한 연후에야 봉양의 의사가 비로소 진실해진다. 그래서 '지지이후의성知至而後意誠'이라고 한다"라 했습니다. 이것이 그의 이른바 성의·치지·격물의 설입니다. 이것을 보고도 그 절목節目이 여전히 분별 없다 할 것이며 그 공부가 여전히 결함 있다 할 것이며 그 이론이 여전히 명백지 못하다 할 것입니까?[10]

○ 득의得意의 물物을 구하여 바르게 한다 운운에 대하여

의意가 어찌 허공에 매달려 물物 없는 때가 있겠습니까? 어찌 구하길 기다려 얻겠습니까? 무릇 격물의 뜻으로 말하면, 어느 곳이든 물 아닌 것

---

[10] 왕양명은 「고동교에게 답한 서찰(答顧東橋書)」에서 '격물(格物)'이나 '치지(致知)'의 의미는 '물(物)'이나 '지(知)'의 단계를 넘어서 그 앎이 행위로 실현되는 단계라고 주장했다. 정제두는 이 설을 따랐다. 하지만 음심을 먹고자 함은 정(情)이고 마음은 지(知)와 행(行)을 통관(統管)하되 지(知)와 행(行)을 구분해야 한다고 주장했다. 정제두는 양지라고 하면 정(情)·의(意)·행(行)·능(能) 어느 것이나 양지가 아님이 없고 양지에 통속되지 아니함이 없다고 다시 강조했다.

이 없고, 어느 때이든 물이 아닌 것이 없어, 그 공부는 원래 간단間斷이 있을 수 없습니다. 어떤 사람이 왕양명에게 "격물은 동動하는 곳에서 공부하는 것인가?" 묻자, 왕양명은 "격물은 동과 정에 구별이 없다. 정靜도 물物이다. 맹자는 '필유사언必有事焉'이라 했으니, 동과 정에 모두 있음을 알 수 있다"라고 대답했습니다. 대개 '천체의 운행과 같아서 일식一息도 쉼이 없다'고 말한 것이 바로 이것입니다. '그 물에 구하길 기다리지 않고 절로 힘쓰지 않을 곳이 없다'고 한 것은 그 뜻이 매우 명백합니다.

○ 치지·성의·정심의 세 조목이 서로 이어져 '치지와 성의가 구별이 없다'는 데 의문이 든다고 운운한 데 대하여

체는 비록 하나이지만 그 공부는 자세하고 조밀하다는 사실은 왕양명의 글도 일찍이 밝혀 말했습니다. 『전습록』 중 「섭문울에게 답하다(答聶文蔚)」에서 "치양지를 말하면, 당장에 곧 공부할 수 있는 실제 지보地步가 있으니, 일에 따라 일에 나아가 양지를 다하면 곧 물物이 격格해지는 것이요, 착실히 양지를 치致하면 이것이 곧 성의誠意요, 착실히 양지를 치하여 터럭 하나의 의意(사의私意)·필必(기필期必)·고固(집체執滯)·아我(사기私己)도 없으면 이것이 곧 정심正心이다. 맹자의 말의 경우는 대단大段를 말한 것이어서, 『대학』의 격格·치致·성誠·정正의 공부가 극히 정일精一하고 간이簡易하며 철상철하徹上徹下로 만세에 이르도록 폐단이 없는 것만 못하다"라고 했습니다. 『대학문大學問』에서는 "신身·심心·의意·지知·물物은 공부에 소용되는 조리條理이니, 비록 각기 방소方所가 있지만 실은 하나의 물物이며, 격格·치致·성誠·정正·수修는 각 조리에 소용되는 공부이니, 비록 역시 그 명목들이 다르지만 실은 하나의 사事이다"라고 하고, 또 "공부의 조리는 선후의 차서를 말할 수 있지만 그 체는 오직 하나로써 실은 분별이 없다. 그 조리의 공부는 비록 나눌 수는 없지만 그 용은 오직 정精할 뿐이어서 정말로 털끝만큼도 결락이 있어서는 안 된다"라고 했습니다【왕양명의 설은 여

기까지이다】. 이것을 보면, 분별이 없다고 할 수 있겠습니까? 어찌 분별이
없다 할 수 있겠습니까?

○ 부정不正을 바르게 하면 뜻은 이미 진실되어졌으니 다시 치지致知와
성의誠意의 공부를 할 필요가 없어진다 운운에 대하여

'용用은 비록 정精할 뿐이지만 실은 한가지 일이다' 하는 것을 또 왕양명
의 글로 밝혀보겠습니다. 왕양명은 왕천우王天宇(왕응붕王應鵬)에게 답하여
"격물치지란 것은 성의의 공부이다. 마치 주린 사람이 배부르길 구함을 일
로 삼을 때 음식이란 것이 배부르길 구하는 일인 것과 같다"라 했고, 나정
암羅整庵(나흠순羅欽順)에게 답하여 "그 요점을 말한다면 수신修身 두 글자면
족하거늘, 하필 또 정심正心을 말하고 성의誠意를 말하랴? 성의 두 글자면
족하거늘, 하필 또 치지致知를 말하고 격물格物을 말하랴? 오직 그 공부가
자세하고 정밀하여 요컨대 다만 한가지 일이다. 이것이 정일精一의 학문인
까닭이다"라고 했습니다【왕양명의 설은 여기까지이다】. 그 실상을 따지고
보면, 하나의 일일 따름이요, 두가지 공부가 아니라는 것을 알 수 있습니
다. 수신·정심·성의로부터 이미 모두 그렇지 않은 것이 없는데, 어째서 여
전히 치지·성의에 대해 의심합니까?

○ 격물格物의 훈의 운운에 대하여

논설의 중점이 오직 본원에 있는 것이기에, 문자의 고증과 설명을 일삼
을 필요가 없거늘 보내주신 서찰에서는 그 계좌契左(증거)를 찾고자 하셨
습니다. 무릇 '격格' 글자의 훈訓은 여러 경전 및 자서字書에 본래 갖추어져
있습니다. 『시경』에 "하늘이 뭇 백성을 낳을 제 물이 있으면 법칙이 있었
다〔天生烝民 有物有則〕" 하고, 반드시 "백성이 잡은 떳떳함〔民之秉彝〕"이라 말
했으니, 어찌 사람 마음에 가지고 있는 떳떳한 것이 아니겠습니까? 『맹자』
「이루하離婁下」에 "순임금은 서물庶物에 밝고 인륜에서 살폈다"고 하면서,

마침내 "인의仁義에 따라서 행했다" 했습니다. 이것은 정히 군자가 보존하는 것이니, 역시 어찌 인사人事의 윤륜과 인사의 물物이 아니겠습니까? 『중용』에서 자사子思는 "성誠이란 물物의 종시終始이다. 성誠하지 않으면 물物이 없다" 하고, 또 미진한 바를 보충하여 말하기를, "성誠이란 스스로 자기만을 이루는(成) 것일 뿐 아니라, 물物을 이루게 하는 것이니, 그것은 성性의 덕德이요, 안과 밖을 합하는 도道이다"라고 했습니다. 이 여러 설들을 상고해보면, 물物이라는 말의 뜻은 이미 분명히 깨달을 수 있을 듯합니다. 명도 선생(정호程顥)에 이르러는 "자기를 바르게 하고 물을 바르게 하라(正己而格物)"고 했으니, 더욱 크게 명백한 것이 아닙니까? 그렇다면 이렇게 풀이하는 것이 지극히 평상적이고 지극히 온당하며 지극히 간이하고 지극히 명백하거늘 무엇이 미안합니까?【명도의 말은 대개 맹자가 말한 "대인大人이란 자기를 바르게 하고 물物이 발라지게 하는 사람이다"에 뿌리를 두고 있습니다. 이것은 비록 인人과 물物에 대하여 말했지만 그 어세語勢는 알 수 있습니다.】

○ 치지致知의 해석 운운에 대하여

'지知가 본체이고 치致가 공부이다' 하는 것도 해설하여 밝힐 수가 있습니다. 『맹자』에 '양지'가 있고 『중용』에 '치致' 자가 있을 뿐 아니라, 『예기』「악기樂記」에 "사람이 나서 정靜하다"라는 일절一節은 아주 정미하여 『중용』『대학』과 더불어 서로 발명發明할 수 있습니다. 특히 그중에서도 '물物이 이르니 지知가 안다. 지가 안 다음에 좋아하고 미워함이 나타난다' 하고, 또 '지知가 밖에서 꼬드기고(知誘於外) 사람이 물에 화한다(人化於物)', '사람이 물에 화하면 천리가 없어지고 인욕이 극성해진다'고 한 말들에 있어서, 이른바 물物이라든가 지知라든가 하는 것이 과연 물리物理를 미루어 안다(推識)는 뜻과 가깝습니까? 사물事物·심체心體란 설에 상당합니까? 『주역』 문언전文言傳에는 "이를 데를 알아 이르고 끝마칠 데를 알아 끝마친다〔知至至之 知終終之〕"고 했는데, 여기 말한 '이른바' '마친다'도 '미루어 극진히 한다〔推極〕'는 뜻에 통합니까? '이른다〔至焉〕'라는 훈訓에 합치합니까?

○ 만년정론晚年定論 운운에 대하여

주자가 유자징劉子澄(유청지劉淸之, 1138~95)에게 답한 서찰은 장남헌張南軒(장식張栻)과 여동래呂東萊(여조겸呂祖謙)가 이미 죽은 뒤의 것이니 어찌 초년의 설이겠습니까? 주자가 "저술한 문자가 역시 이 병에 걸려, 돌이켜보면 망연茫然해서, 한 해나 한 달 공부로 구제할 수 있는 것이 아니다"라고 말한 것은 혹 앞서 『대학』에 보망장補亡章을 끼워 넣고 새로 편집한 것에 대해 스스로 억누르는 뜻이 너무 지나쳐서 사람들로 하여금 주자가 후회했다는 의심을 갖게 한 것이 아닐까요? 그렇지 않다면 어찌하여 그 말이 이렇게 중重합니까?

이일설理一說[11] 존언상存言上

혹자는 이르기를, "이理가 이와 같이 한개의 생리生理라면 생生의 이理는

---

[11] 정제두는 생질(生質)인 혈기(血氣)와 생체(生體)인 이성(理性)을 구분했다. 생기(生氣) 속에 생리(生理)가 존재하지만 고자가 생질(生質)을 성(性)이라고 한 것에 대해 맹자가 비판한 것에 동의하고, 인(人)과 물(物)이 생(生)함은 같지만 그 이(理)는 다르고 혈기는 같지만 성정(性情)은 다르고 물(物)과 물(物)도 서로 다르다고 보았다. 사람과 만물 사이에 '이(理)가 같다〔理同〕'는 명제는 본연지체(本然之體)는 하나이지만 성정(性情)에 편(偏)과 정(正), 통(通)과 질(窒, 막히다)의 차이가 있어 귀(貴)와 천(賤)이 다르다는 사실을 포함하고, '기(氣)가 같다〔氣同〕'는 명제는 생리(生理)의 순수함은 하나이지만 타고남에 편(偏)과 전(全), 수(粹, 순수하다)와 박(駁, 섞이다)의 차이가 있어서 미(美)와 악(惡)이 다르다는 사실을 포함하며, '생(生)이 같다〔生同〕'는 명제는 생(生)의 근본은 하나이지만 생(生)의 품부는 다르다는 사실을 포함한다고 밝혔다.

사람이나 만물이 다를 것이 없을 것인데 고자告子가 이를 생生하는 것이 성性이라고 한 것과는 어떻게 구별할 것인가?"라고 했다. 이르기를, "생生의 질질은 곧 혈기血氣이므로 성性이라고 이를 수 없는 것이요, 생의 체體가 곧 이理이므로 진실로 이른바 성性이라고 하는 것이다" 했다. 생기生氣 가운데에 이체理體가 있는 것이니 고자告子가 만약 생리를 성性이라고 생각하는 것이라면 곧 이것은 생生의 기氣에 성性의 이理가 있다고 말한 것이며 맹자孟子로서는 처음부터 논란하지 않았어야 했을 것이다. 그러므로 맹자는 그 말의 뜻이 있는 곳을 물어서 그 생의 질(生質)을 가지고 말하는 것임을 알고서 그 뒤에야 이를 변론했던 것이다. 오직 그 생의 질을 성性이라고 하므로, 마치 흰 것은 희다고 이른다면 성性을 말하는 것이 아니다.

대체로 보아 사람과 만물이 비록 본래는 생명을 같이한다고 하지만 실질에 있어서는 이理를 달리한다. 혈기血氣는 비록 같다고 하더라도 성性과 정情은 완전히 다르다. 이것은 다만 사람과 만물이 이理인 것에서만 그런 것이 아니다. 개(犬)와 소(牛)에 있어서도 또한 같지 않다. 어찌 한낱 혈기血氣가 감당할 수 있겠는가? 인성人性의 인의仁義가 순수하고 착함과는 더불어 논할 수가 없다.

생리生理의 체體가 비록 본래에는 한가지 근원이라 하더라도 각각 그 형기形氣에 따라서 받은 바(所稟)가 같지 않은 것이 있다. 이것은 사람과 만물이 달라서 본래 받은 천성天性의 이理에 같지 않은 것이 있기 때문이다. 만약 그 생질生質의 혈기血氣를 가지고 말한다면 사람과 만물을 막론하고 어찌 성性이 있다고 이르겠는가? 대체로 사람과 만물은 이理가 같고【그 본연本然의 체는 하나이지만 그 성정性情에는 치우치고 바르며 통하고 막히는 데가 있어서 귀하고 천한 것이 같지 않은 까닭에 인·의·예·지仁義禮智의 순수한 것은 물物이 가지지 못한다】기氣가 같으며【생리가 순수한 것은 한 기운이지만 그 생명이 받은 것은 치우치거나 완전하거나 순수하거나 뒤섞여서 아름답고 악한 것이 같지 않은 까닭에 그 성스럽게 알고 통달하여 밝게 뛰어남〔秀〕은 물物이 가질 수 없다】태어난 것이 같은 것이다【혈기의 질은 같으나 형기形氣는 다르다. ○ 그 생生의 근본은 한가지이지만 생의 받는 것은 다른 것이니 태어나는 것은 같지만 태어난 체體는 같지 않다】. 그러므로 이체理體의 근원을 논한다면 반드시 그 생의 근본을 가지고 말하며, 그 생이 받는 것이 다른 것을 가지고 말하지 않는다. 인성人性이 다르다는 것을 논한다면 그 생의 체가 같지 않다고 하는 것은 옳다고 할지라도 그 생이 같다고 하는 것은 옳지 않다.

주자(주희)가 만물은 한가지 근원을 논하여서 이理는 같아도 기氣는 다르고【순수함과 뒤섞임이 같지 않다】만물의 체가 다른 것을 보았을 적에는 기氣는 오히려 서로 근사한 것 같으나 이理는 절대로 같지 않다고 했다【치우침과 온전함이 혹 다르다】. 대개 주자가 하늘에서 받은 것〔稟賦〕을 가지고 말해서는, "이理는 같아도 기氣는 다르다"【형기形氣가 다르기 때문이다】고 했고, 그 생의 질〔生質〕을 말해서는 『중용장구』 1장 주에서 "기氣는 가까워도 이理는 같지 않다"고 했다【생의 질에 가깝기 때문이다】. 그렇다 하더라도 그 실상은 하늘에서 받은 것〔稟賦〕으로 볼 때에는 이理 역시 하나이고 기 역시 본래 하나인데, 생의 질에서 볼 때에는 성性 역시 다르고 자姿(자태)도 역시 다르다는 것이다. 대체로 이理를 같이하나 성性을 달리하고 기氣를 같이하나 자姿를 달리하는 까닭에 본연충막本然沖漠(아무런 인위가 없는 본래의 성품 그 자체)의 체로 말하면 만물이 원래 사람과 더불어 일체一體이며, 생리生理의 순수한 기氣로 말하면 만물이 역시 사람과 한가지 근원이다. 이것은 곧 사람이 태어나서 형체를 이루지 않았을 때에 음양陰陽의 이理가 이러한 것이다. 기氣를 받은 것이 다르다는 데 이르러서는 생의 받은 것〔生稟〕이 같지 않고 그런 뒤에 비로소 성명性命이 각각 다르고 형기形氣가 같지 않음이 있게 되는 것이다. 여기에서 사람과 만물이 각각 달라서, 천지의 온전한 성性은 사람이 받아서 성性으로 삼고 만물은 이理를 가지지는 못하는 것이다. 여기에서 비로소 성性이란 이름이 있게 되었다. 이것은 다만 사람과 만물이 각각 다를 뿐만이 아니다. 개와 소도 또한 같지 않다. 그러므로 형形이 있은 후에야 성性이란 이름이 있는 것이다. 무릇 사람이 성性을 말할 적에는 모두 형체를 가진 뒤를 근거로 말하는 것이니, 태어나면서 품부받는 완전히 순수한 체體와 인·의·수·선仁義粹善의 정情을 근거로 말한다면 그 본래의 본연本然과 충막沖漠의 체體와 생리生理의 순수한 기〔純氣〕의 처음 상태에는 미칠 수가 없다.

명도明道(정호)도 역시 이르기를, "무릇 사람이 성性을 말할 적에 계속 이를 이어가는 것이 선善이라는 화두이다"[12]라고 했다. 이것은 또한 측은惻隱 등 사단四端의 정情이 동동動한 곳을 지적하기 때문이다. 그러므로 사람의 성에 있어서 또한 형체가 생긴 후에 기질의 성이 있다. 그렇기에 인생人生의 기질이 각각 다르고, 인성人性의 근본은 한가지가 아니다. 그러므로 이르기를, "기질의 성은 성이 아닌 것이 있다"라고 하는 것은 그것이 인성人性의 본원이 아니기 때문이다. 대개 사람이 태어나서 강하고 유하며 맑고 탁하며 크고 작으며 밝고 어두운 것이 있는 것은 그 기품이 같지 않기 때문이다. 그렇지만, 또한 만물과 유類를 달리하는 것에는 차이가 없다. 다만 그 형기形氣의 온전한 것이 뛰어난 것을 얻은 것은 한가지이고 그 성을 받은 것도 한가지인 것이다. 그러므로 그것이 치우치거나 온전하며 순수하거나 뒤섞이며 미美하거나 악惡한 것은 반드시 〔사람에 대해서가 아니라 사람 이외의〕 물物에 대하여 말했고, 강건하거나 유순하며 맑거나 탁한 재주의 차이를 〔사람 이외의 물物에 대해서 말하고〕 사람에게서 분별하지 않은 것은, 물物은 형기形氣가 치우치고 막혀 그 생生이 다르기 때문이며, 사람은 형기가 뛰어나고 온전한 것이 같으며 그 이理도 같지 않음이 없기 때문인 것이다.

---

12   『이정유서(二程遺書)』권1에 나온다.

예조명예설睿照明睿說[13] 존언상

이里란 것은 기氣의 영통靈通한 곳이니, 신神이 이것이다. 기氣란 것은 기가 채워진 곳이니, 질質이 이것이다. 하나의 기氣이면서 영통할 수 있는 것은 이理이고【이것은 기氣의 정精한 곳이요 밝은 곳이다】, 무릇 그 채워진 곳은 기氣이다【이것은 기氣의 거친〔粗〕 것이며 바탕〔質〕인 것이다】.

또한 무릇 기氣에 조리 있게 통함〔條通〕이 있는 것도 역시 이 이理이니, 역시 이 이가 영통한 것은 실로 이가 조리 있게 통함이 있기 때문이다.[14] 그러나 기도氣道가 조리 있게 통하는 것만을 가지고 말하면, 비록 영통하는 데가 없어서 지극히 거칠고 완악한 것일지라도 또한 모두 이理를 지녔으니, 대개 물物이면 모두가 이를 지녔다. 다만 이것은 물物마다 조리 있게 관통할 뿐이지, 통체統體와 본령本領의 종주宗主가 되는 소이所以는 아니다.

주자(『주자대전』 권45 「답요자회答廖子晦」)는 조리 있게 통하는 것을 이理라고 했는데, 비록 사물事物에 두루 통했다고 이를 수 있다고 말할 수 있다 하더라도 이것은 곧 물物의 빈 조목〔虛條〕이요 빈 도〔空道〕에 불과할 따름이니, 망망茫茫(드넓음)하고 상상蕩蕩(넘실거림)하여 본령과 종주가 될 수 없는 것

---

13 『존언상(存言上)』에 들어 있다. 주자는 이(理)를 기(氣)의 조통(條通)으로 보았지만, 정제두는 조통(條通)의 이(理)는 허조(虛條)라고 보았다. 왕양명은 『전습록』에서 "의(意)가 있는 곳이 곧 물(物)이다"고 하되, "내 마음 바깥에서 물리(物理)를 찾으면 물리가 없고, 물리를 버려두고 내 마음을 찾으면 내 마음이 또한 어떤 물건이겠는가?"라고 하여, 심과 물리를 일체(一體)로 파악했다. 정제두는 이 설에 동의하면서도, 이(理)를 '기(氣)가 영통(靈通)한 자리'이자 '신(神)'이라 하고, 기(氣)를 '이(理)의 충실(充實)한 자리'이자 '질(質)'이라 하여 이(理)를 기(氣) 속에 흡수하지 않았으며, 이(理)와 심(心)은 체·용 관계이고 심(心)〔用〕·이(理)〔體〕가 물(物)과 일체를 이룬다고 주장했다. 그리고 왕양명이 "이(理)는 기(氣)의 조리(條理)요, 기(氣)는 이(理)의 운용(運用)이니, 조리가 없으면 운용할 수도 없고, 운용이 없이는 조리가 드러날 수도 없다"고 하여, 이(理)·기(氣)를 조리·운용의 일체(一體)로 파악한 것과 달리, 정제두는 이(理)를 조통(條通)의 단계와 영통(靈通)의 단계로 구분했다.

14 『전습록』 중(中)에서 왕양명은 "이(理)라는 것은 기(氣)의 조리이고, 기(氣)라는 것은 이(理)의 운용이다. 조리가 없으면 운용할 수 없다(理者, 氣之條理. 氣者, 理之運用. 無條理則不能運用)"라고 했다.

이다.

무릇 성인은 기氣의 주장하는 명체明體를 이理라고 했는데, 인·의·예·지仁義禮智를 능히 할 수 있는 것이 이것이다. 주자는 기도氣道의 조로條路(조리를 이루는 길)를 이理라고 했으니, 기도의 조로란 것은 생리生理도 없고 실체實體도 없어서, 죽은 물건과 그 체體를 같이한다. 진실로 그 이理란 것은 사람 마음의 신명神明에 있지 않고, 다만 빈 조목이니, 저 마른 나무나 꺼진 재(灰)와 같은 품물일지라도 또한 사람 마음의 신명과 더불어 그 성性과 도道를 같이하는 것이니, 이를 대본大本의 성체性體라고 일컬을 수 있겠는가? 사람의 성性이 나무의 성性과 같고 나무의 이理가 마음의 이理와 같다고 할 수 있겠는가?

대개 인·의·예·지를 능히 하는 것이 성性일 따름이고 이理일 따름이다. 기氣의 조로條路를 이理라고 하는 것은 대개 물리物理 이것일 따름이다. 저 사물事物이란 것도 비록 각각 그 기도氣道를 가지고 있어서 다 같이 나의 이理 속의 조로條路가 되지만, 그 조로란 것은 이 물리의 형세가 명의名義를 이루는 데 불과할 따름이고, 본령의 성체性體의 지극함은 아니다. 그 체를 통괄하여 조로의 주主가 되는 것은 곧 그 진리眞理가 있는 곳이니, 곧 내 마음의 명덕明德일 따름이다. 그렇다면 슬기롭게 비쳐 오는 밝음과 하나의 막膜이 트임은 다만 이 성性이 성스럽게 앎(聖知)에서 닦여지고 다스려져서 활짝 열리고 통할 수 있는 바가 있을 따름이다. 저 품물의 조로에서 구하여야 열리고 통하게 되는 것이 아니다.

이목구비설耳目口鼻說 존언상

마음의 지(心之知)는 형의 용(形之用)과 물의 체(物之體)에 있고 물의 체와 형形의 능(形之能)은 모두 마음의 지에서 나온다. 마음의 지는 이理이다. 이·

목·비·구耳目鼻口의 형질形質의 용用이 없고, 성·색·취·미聲色臭味의 물상物相의 체가 없다면 지知도 있을 수 없고 이理도 있을 수 없다【마음에 용用이 없어서 귀·눈·코·입이 보고 듣고 냄새를 맡고 맛을 보는 것을 용으로 삼고, 체體가 없으므로 천지만물의 소리와 빛과 냄새와 맛을 체體로 삼는다면, 이 것은 곧 마음에 지知도 없고 이理도 없는 것이다. 귀·눈·코·입의 용 때문에 지知가 있고 천지만물의 감感 때문에 이理가 있다】. 소리와 빛과 냄새와 맛은 물상物相의 체體이고, 귀·눈·코·입은 형질形質의 능能이다. 이 마음의 지知가 아니라면 체體도 있을 수 없고 능能도 있을 수 없다【성·색·취·미聲色臭味의 물物에도, 이·목·구·비의 형形에도, 지知가 있지 않다. 마음의 지知 때문에 지知할 수 있으니, 곧 이렇기에 천지만물에는 체가 없다. 귀·눈·코·입에 능能이 있지 않고 마음의 지知를 체體로 삼고 능能으로 삼는다】.

그러나 이것은 모두가 다만 구각軀殼(외형, 껍질)의 용이 물상物相의 체에 있는 것을 가지고 말할 따름이다. 마음이 감응하여 각각 연치妍媸(아름다움과 속함)·미악美惡과 시비是非·득실得失 등의 조건·절목과 형상形象·성정性情의 분수나 법도가 그 체에서 만가지나 되어 저절로 있지 않은 것이 없다는 것을 아는 데 이르러서는 이것이 곧 이른바 이理이다. 그렇다면 이·목·구·비는 몸의 형形이요, 성·색·취·미聲色臭味는 물의 질質이다. 시·청·후·상視聽齅嘗은 마음의 용用이요【형에서 생긴다】, 미·악·시·비美惡是非는 이의 체〔理之體〕이다【물건에 따른다】.

이理의 체體는 마음의 용用에서 나오니 마음의 용은 곧 이의 체이다. 마음에 용이 없다면 이에 체가 없을 것이고 이에 체가 없다면 마음에 용이 없을 것이니, 이가 곧 마음〔理卽心〕이요 마음은 곧 이〔心卽理〕이다. 이의 체는 반드시 물에 따라서 있게 되고 마음의 용은 반드시 물에 따라서 일어나므로 성·색·취·미의 물이 없다면 이의 체는 없어지고 마음의 용도 없어질 것이다. 마음의 용은 반드시 형체로 말미암아 일어나고 이의 체는 반드시 형체로 말미암아 발하니, 이·목·구·비의 형체가 없다면 마음의 용도 잃어버릴 것이며 이의 체도 없어질 것이다. 형의 용과 물의 이理는 또한 반드시 마음으로 말미암아 능하고 마음으로 말미암아 나오는 것이니, 이 마음이 없다면 또한 형에는 용이 없고 물에는 이가 없을 것이다.

그렇다면 이·목·구·비는 곧 마음의 형形이요, 성·색·취·미는 곧 마음의 물物이요, 미·악·시·비는 곧 마음의 이理이다. 그리고 이·목·비·구는 또한 이의 형이요, 성·색·취·미는 또한 이의 물이며, 시·청·후·상視聽齅嘗도 또한 이理의 마음이다. 그러나 그 미·악·시·비는 곧 또한 형의 이〔形之理〕요 물의 이〔物之理〕이며, 시·청·후·상도 또한 형의 심心이요 물物의 심心이다.

사단칠정설四端七情說[15] 존언상

대체로 각기 그 중重한 것에 대하여 말한다면 칠정七情은 인심이요 사단四端은 도심道心이며, 형기形氣는 인심이요 도의道義는 도심이며, 운용運用은 인심이요 주재主宰는 도심이다. 나누어서 자세하게 말한다면, 칠정七情이라든가 형기形氣라든가 하는 것은 진실로 인심이라 할 수 있는데, 형기와 칠정이 발하는 것이 절로 도道에서 나온 것도 있으므로 형기와 칠정을

---

15 이황은 정지운(鄭之雲)의 「천명도(天命圖)」를 수정하면서 기대승과 사칠(四七)에 관해 논
    쟁하고, 이것은 성혼·이이의 논쟁으로 확대되었으며, 1559년경부터 심성론의 과제로 되었
    다. 정제두는 마음의 작용을 '정(情)에서 발동한 것' '심(心)에서 각성된 것' '사(思)에서 운
    행하는 것'의 셋으로 분석했다. 중점에 나가 말하면 칠정(七情)·형기(形氣)·운용(運用)은
    인심에 해당하고 사단(四端)·도의(道義)·주재(主宰)는 도심에 해당한다. 그러나 형기·칠정
    의 발동에 스스로 도(道)에서 나오는 것이 있고, 사단·예의에도 인심이 섞여 있으므로, 도심
    (道心)·인심(人心)은 천리(天理)와 인위(人爲)에 따라 구별해야 한다. 칠정(七情)의 체(體)
    가 욕(欲)에 얽히지 않고 기(氣)에 동요되지 않은 것을 '중(中)'(미발未發)이라 하고, 칠정
    (七情)의 용(用)이 절도에 합하고 이(理)에 맞으며 그 마땅함을 얻은 것을 '화(和)'(중절中
    節)라 했다. 정제두는 미발(未發)의 중(中)과 중절(中節)의 화(和)가 성정(性情)의 본체(本
    體)로서 도심(道心)과 천리(天理)의 조목(條目)을 이루고, 성의(誠意)와 정심(正心)이 성정
    (性情)의 공부로서 중화(中和)와 용공(用功)의 차례를 밝힌 것이라고 파악했다.

112

오로지 인심이라고만 지적할 수 없으며, 사단四端과 예의禮義는 진실로 도심道心일 수 있는데, 예의와 사단 중에도 또한 인심에 섞인 것이 있으니 예의와 사단에 또한 오로지 인심이 없다고 할 수는 없다. 운용運用과 주재主宰도 역시 이와 같아서 정치하게 살피고 세밀하게 구한다면 그렇게 되지 않는 것이 없을 것이다. 그러므로 옛날에 인심과 도심을 논한 것은 그 설이 비록 많았으나, 대체의 요점은 마땅히 그 천리天理와 인위人僞를 말하는 것이 옳다.

희·노·애·락이 기氣를 따르는 것은 포악하기가 쉬우니, 이것은 곧 사욕私欲의 객기客氣이다. 측은·수오惻隱羞惡가 이理인 것은 은미하기 쉬우니, 이것은 본심의 천리이다. 그러나 희·노·애·락이 이理인 것은 그 천리가 또한 측은과 다름이 없고, 측은·수오가 기를 동動하는 것은 그 객기客氣가 또한 희·노喜怒와 다를 것이 없다. 식색食色과 이해利害가 대부분 절실하게 욕欲을 따르는 것은 곧 사욕私欲의 객기客氣 때문이고, 인효仁孝와 충신忠信 대부분 은미하게 이理를 따르는 것은 곧 본심의 천리 때문이다. 그러나 식색과 이해라 해도 이理를 따르는 것은 올바른 이理로, 인효仁孝와 다를 바 없으며, 인효仁孝와 충신忠信이라 해도 편벽되어 기울어진 것은 사사로운 누累로, 식색食色과 다를 바 없다. 사려思慮와 의념意念이 사사로운 데 가리어지는 것은 완고해지기 쉬우니, 이것은 곧 사욕의 객기요, 지수志帥(지가 통솔함)와 사탁思度(생각하고 헤아림)이 이理를 순응하는 것은 은미하기 쉬우니, 이것은 본심의 천리이다. 그러나 사려와 의념이 올바른 이理를 얻은 것은 또한 지수志帥의 올바른 것이요 지수志帥와 사탁思度이 가리어지는 데가 있는 것은 역시 의려意慮의 치우침과 다르지 않다.

『중용』의 미발未發의 중中과 중절中節의 화和는 성정性情의 본체本體를 가지고 말한 것이니, 이것은 도심과 천리의 조목이다. 『대학』의 성의誠意와 정심正心은 심성心性의 공부를 가지고 말한 것이니, 곧 중화中和와 용공用功의 차례이다. 무릇 희·노·애·락의 정은 그 체가 욕欲에도 얽히지 않고 기氣

에도 동하지 않으며 순수하고 지극히 올바른 것을 가지고 말한다면, 이른
바 '발하지 않은 것을 중中이라고 이르는' 것이지, 발함이 없음을 말하는
것이 아니다.【고요하여 동하지 않음이지, 발함이 없는 것이 아니다.】희·
노·애·락의 정情은 그 용用을 절차에 합당하게 하고 이理에 알맞게 하여
어느 것인들 각각 마땅함을 얻지 않음이 없는 것을 가지고 말한다면, 이른
바 '발하여 절도에 맞는 것을 화和라고 하는' 것이고, 동함이 있음을 말하
는 것이 아니다.【감응하여 마침내 통함이지, 동함을 이르는 것이 아니다.】
본체가 순수하여 치우치고 얽힌 것이 없는 까닭에 중中이라 이르고, 품절
品節이 이理에 타당하여 알맞지 않음이 없는 까닭에 화和라고 이른다. 그러
므로 이理에 알맞고 옳음에 부합하는 것은 치우치고 얽매이지 않은 용用이
고, 치우치고 얽힌 바가 없는 것은 이理에 알맞고 옳음에 부합하는 체體이
다. 체體 가운데에 용이 있고 용用 가운데에도 체가 있으므로, 체와 용은 두
가지일 수 없다. 치우치고 얽히는 바가 없는 체體가 있은 뒤라야 옳음에 부
합하지 않음이 없는 용用이 있는 것이요, 옳음에 부합하지 않음이 없는 용
이 있은 뒤에야, 치우치고 얽히지 않는 체가 비로소 행하는 것이다. 용은
체가 아니면 능할 수 없고 체는 용이 아니면 행할 수 없으므로 체와 용은
서로 없을 수가 없다.[16]

무릇 성의誠意란 것은 사사私邪와 죄악罪惡을 이기고 다스리는 공功으로,
중화中和에서 초절初節(처음)의 공부가 된다. 정심正心이란 것은 얽매이고

---

16 정제두는 '성(性)'은 심(心)의 본체(本體)로서 '도덕(道德)'을 가리키고 '심(心)'은 성(性)
   의 주재(主宰)로서 '신명(神明)'을 가리킨다고 구별했다. 또 '성(性)'은 인(仁)·의(義)의 선
   (善)이요 기(氣)는 강(剛)·유(柔)·청(淸)·탁(濁)의 질(質)이라 구별하면서도, 질(質)은 '성
   (性)의 기(氣)'요, 하나의 성(性)이라고 주장했다. 그리고 성(性)을 체(體)·용(用)으로 말할
   때 미발(未發)과 이발(已發)로 분별하고, 본(本)·말(末)로 말할 때 천부지초(天賦之初)와
   물수지후(物受之後)로 분별하며, 이(理)·기(氣)로 말할 때 성선(性善)과 기질(氣質)로 분별
   했다. 맹자의 성선설을 계승하되, '심체(心體)에 선악이 없다'는 전제에서 심체(心體), 성(性)
   는 지선(至善)이요, 심(心)·성(性)의 작용에서 본연(本然)의 이(理)를 따르는가, 기(氣)에
   동요되어 작용하는가에 따라 선악이 갈린다고 보았다.

얽히거나 치우치고 편벽됨을 소융昭融(밝히고 융통함)하는 일로, 중화中和에서 정진精盡의 공부가 된다.【『대학』의 정심장正心章에서 말하는 미발의 중〔未發之中〕의 일은 중화中和의 체가 성립하는 근거요, 수신장修身章에서 말하는 중절의 화〔中節之和〕의 일은 중화의 용이 행해지는 근거이다.】

그 심의心意 가운데서 모름지기 사심私心과 악념惡念을 끊어버려야만 비로소 성誠을 말할 수 있다. 비록 대단한 사심과 악념이 없다고 하더라도 또한 성정性情 가운데에 만약 묶이고 얽힘이 기를 동하여 쏠리거나 기울어지고 고집하거나 편협스러운 병통이 있다면 올바르다고 할 수 없다. 모름지기 선의善意의 가운데에서 또한 묶이고 얽히거나 편협하고 치우치는 병통을 변화시켜야만 비로소 올바름을 말할 수 있다. 성정性情 가운데에 만약 묶이고 얽히거나 편협하고 치우치는 병통이 있다면 또한 체體의 중이라고 이를 수 없다. 모름지기 성정의 체에는 하나의 털끝만큼도 묶이고 얽히거나 편협하고 치우치는 병통이 없는 연후에야 미발의 중이어서 체體가 비로소 서게 된다. 비록 체가 묶이고 얽히거나 편협하고 치우치는 병통이 없다 하더라도, 만약에 그 용用이 절도에 맞고 옳음에 부합하는 실實이 없다면 선善이 될 수 없고 용用의 화和라고 이를 수 없다. 모름지기 얽힘이 없는 체體에 대하여 또한 이理에 알맞고 옳음에 부합되어 지나치거나 미치지 않음이 없고 어긋나거나 삐뚤어진 바가 없는 연후에야 절도에 맞는 화〔中節之和〕가 될 것이며 그 용用이 온전하여 지선至善에서 그칠 수 있을 것이다.

이런 까닭에 대단한 사사邪私와 악욕惡欲이 비록 이미 처결되어 제거되었다고 하더라도, 또한 그 선善 가운데에서 묶이고 얽혀 기를 동하거나〔係累動氣〕 좋은 것을 짓고 미워하는 것을 짓거나〔作好作惡〕 뜻하거나 기필期必하거나 고집하거나 사사로이 하거나〔意必固我〕 치우쳐서 올바르지 못하거나〔偏倚不正〕 어둡고 게으르며 방탕하고 안일하며〔昏惰放逸〕 보내고 맞이하고 일어나고 눕는 것〔將迎起伏〕 등 일체의 은미한 병통이 한결같이 모두 빛에 비춰져 부서지고 소멸하고 녹아서 얽힌 바가 없어진다면, 이것은 심체

心體의 올바름正이 되어 거울이 맑고 저울이 기울지 않아서 편협하고 치우친 바가 없는 것이다. 이른바 미발의 중[未發之中]의 대본大本이요 이른바 명덕明德이며 이른바 도심道心이다. 또한 그 용用의 경중·완급과 대소·장단大小長短과 후박·정추厚薄精粗의 차등의 분수와 시기에 따른 적의함, 넘치거나 미치지 못함의 중中에 있어서 어긋나거나 삐뚤어짐과 사사롭거나 천착함[鑿]이 있지 않아서 한결같이 모두 그 충衷(내면)을 따라서 각각 그 적의함에 알맞게 한다면, 이것은 그 용用의 선善이 되어 거울이 맑고 저울이 기울지 않아서 품절品節이 어긋나지 않을 것이다. 이른바 절도에 맞는 화和의 달도達道이며, 명덕의 이른바 지선至善이며, 도심의 이른바 윤중允中이다. 이윽고 '오직 정미롭고 오직 전일함'에 이르러 바야흐로 힘을 다하여 착수하는[致力下手] 일이 될 것이요, 계신戒愼·공구恐懼와 치지致知·격물格物이란 것이 또한 그 용공用功의 방법과 절요切要의 법도가 될 것이다. 학문하는 자가 좇아 할 수 있는 것은 오직 여기에 있도다!

심지천리心之天理 존언하存言下

심心의 천리天理는 이것이 천칙天則이요 본체本體이다. 이른바 이理란 것은 이것을 가리킨다.【이른바 이理라는 것은 곧 기氣 위에 있는 것이다.】이것은 이理가 기氣에 있음을 주장해서 말하는 것이지, 기氣를 바깥으로 삼는 것이 아니다. 비록 그렇더라도 이것은 곧 천칙天則이며 본연本然의 하늘에서 나온 것으로, 이른바 하늘의 명命일 뿐이다. 이 때문에 이를 도심道心이라고 하고 지성至誠이라고 하며 천명天命의 성性이라고 하고 명덕明德·지선至善이라고 하며 친민親民이라고 하고 예禮로 돌아옴이 인仁이라고 한다. 마치 좋은 색色을 좋아하고 나쁜 냄새를 싫어하는 것과 같아서 진실하고 자연스럽지 않은 것이 없다. 맹자는 "인의仁義와 사단四端과 시비是非의

심心은 사람마다 있다" "인仁은 사람의 마음이요 의義는 사람의 길이다"라고 말했다. 대개 각각 사물에 해당할 때에는 이것을 의義라고 이르고 조리와 절목이 나뉘어지면 이것을 이理라고 이르는데, 실은 역시 모두가 이 체體일 뿐이다. 육상산陸象山(육구연陸九淵)은 이를 본심이라 말한 까닭에 이것을 가지고 처음에는 천리라고 말했는데【인욕을 버리고 천리를 보존한다】, 그 체體를 형용하기가 어려웠다【발發하지 않는 중의 도심이다 운운했다】. 뒤에 이름하여 양지라고 한 것은 명덕明德의 본체라는 것이 시비是非를 참되게 아는 곳이기에 이를 지적하여 말한 것이다. 아주 어린 아이라도 역시 시비의 칙則을 지녀 이를 알아서, 어렴풋하게나마 시비와 호오의 곳을 볼 수 있어서 그 취사取舍와 거취去就를 알아서 따르거나 따르지 않을 줄을 알 수 있다. 그러므로 이 체體를 일러 병이秉彝(떳떳한 윤리)나 성선性善(본성이 착함)이라 말하는 것이니, 사람마다 요·순이 될 수 있다는 것은 이 때문일 따름이다. 이른바 하늘이란 것은 다만 이것뿐인 것이다.

또한 『시경』 「주송周頌 유천지명維天之命」에서 '하늘의 명이 아아 심원하여 그치지 않는다〔維天之命, 於穆不已〕'라고 한 것도 별도로 천명이 있는 것이 아니다. 곧 이것이 '아아! 심원하다'라고 하는 것일 따름이요, 곧 이것이 천명이란 것이다. 상지上知라고 이르는 것도 곧 이것이다. 비록 상지라는 것도 이렇다고 하지만, 애써 힘쓰는〔勉強〕 자도 역시 이 체를 필요로 할 뿐이다. 오직 이 하나의 체體만 있고 달리 두가지가 없다. 이를 배우는 것도 역시 오직 충忠과 서恕의 두가지가 같은 것일 뿐이요 다른 법이 있지 않다. 인仁이란 것, 서恕라는 것, 성誠이라는 것, 이를 성실하게 하는 것, 성실하다는 것, 밝다는 것 등도 오직 절로 그러하여 더불어 애써 노력함뿐이다. 애써 노력함도 역시 이 체體를 얻게 함에 지나지 않을 뿐이다.【본심이 인심에 섞여 인의人意와 뒤섞여 잡다하게 되어서 구분할 수 없고 수시로 가리어지고 수시로 흐려져서 잠깐 보이다가 잠깐 없어져서, 비록 말미암으려고 해도 잘 살필 수 없는 것이니, 오직 성스럽고 지혜로워야〔聖知〕 이를

볼 수 있다.】

(중략)

　도심道心의 체體는 요·순과 공자가 이를 전했으며『중용』이 곧 이 체體를 발명했다. 이것이 그 체體이며 곧 도심의 은밀한 것이고 성誠은 하는 것이 없다는 것이며 고요〔寂然〕하여 움직이지 않는다〔無動〕는 것이고 발하지 않는 중中이라는 것이며 지극히 은미한 체體라는 것이고 나타나지 않으니 오직 덕德이라는 것이다. 그 공부에 있어서도『중용』은 "이런 까닭에 군자는 덕성德性을 높이고 문학問學을 말미암으며 고명高明을 지극히 하고 광대한 것에 이른다"라고 했다. 다만 이『중용』의 중中에는 고명高明과 문학問學하는 물물物이 있으나 이것은 덕성에 두가지가 있는 것이 아니다. 오직 그것을 이렇게 말하여야만 바야흐로 그 체體에서 이를 합하여 묶고 두루 다하는 것을 볼 수 있기 때문이다. 그러나 다만 이것은 한가지 일이지, 두가지 일이 아니다. "몸을 성실하게 하는 것이 선善을 밝히는 데 있다〔誠身之有明善〕"라는 것 등도 역시 모두가 이 의義일 뿐인 것이다. 지금 비록 이 이理의 체體를 해득하는 이가 있다고 하더라도 밖을 강론하는 학문은 견습見習이 이미 이루어지고 표준標準이 이미 선〔立〕 것이어서, 이 이理의 체體는 이미 덮히고 가리어져 마침내 쪼개고 부수어 여기로 되돌리기가 어려울 것이다. 비록 그렇다 하더라도『대학』이나『중용』이나 공·맹의 말씀과 같은 것은 그 뜻〔義〕을 상고해서 찾아본다면 모두가 이 체이니, 일찍이 물리를 궁구하여 이를 미루어 준칙으로 삼은 것은 있지 않았다. (그렇게 하는 것은) 덕성德性과 사리事理를 두가지의 일로 삼는다는 것이며, 이理를 궁구하는 일과 마음을 다스리는 일을 두가지 용공用功하는 공부로 삼는 것이다. 이것은 바로 저절로 분명히 알 수 있다. 물물物에 즉卽하여 그 이理를 궁구하면 덕성德性 위의 이체理體를 보지 못하고 이 이理가 심체心體에 뿌리박은 것을 상고하지 않는다면 이는 곧 "사람이 학學을 하는 것은 마음과 이理일 뿐이다"라고 하여 마음과 이理를 나누어서 둘로 하고 지知와 행行을 나누어서 둘로 만드는 것이다.

대체로 사리事理를 들떠서 배운다면 이理란 것은 결국 텅텅 비어서 아득히 흘러 다녀 착실하게 정착함이 없게 된다. 그러므로 극기克己를 말할 때에 복리復理라고는 이르지 않고서 복례復禮라고 말했으며, 치지致知를 말할 때에는 궁리窮理라고는 이르지 않고 치지致知라고 말했다. 이理에 그치고 이理에 밝다고 이르지 않고 지선至善에 그친다거나 명선明善이라고 말했다. 예禮라고 하거나 인仁이라고 하거나 지知라고 하거나 선善이라고 하는 천가지 말과 만가지 말이 모두가 인심과 덕성 위에 나아가서 그 인·의·예·지의 실實을 가리켜서 말하는 것이다. 그 학學을 하는 공부를 말하는 것과 그 실체를 따라 공부에 착수할 때에도 어찌 일찍이 한마디 말이라도 반드시 사리事理에 나아가서 학學을 하라고 한 것이 있었던가? 어찌 유독 『대학』 가운데 다만 하나의 '물物'이라는 글자가 있다고 해서, 그것을 붙잡아서 천가지 경서經書와 만가지 교훈을 덮겠는가? 치지致知란 것은 곧 신·심·의신心意의 주본主本이고, 신·심·의는 곧 지知가 붙어 있는 것이다. 격물이란 것은 곧 가·국·천하의 강요綱要(가장 중요한 부분)이고, 가·국·천하란 것은 곧 물物이 있는 곳이다. 지知와 물物의 두가지는 떨어지지 않는 것이고, 팔목八目의 주된 공부이자 그 요령要領이다. 성인이 이른바 학문을 한다는 것은 다만 이것일 뿐이다. 대개 치지致知는 이미 학學하는 것이니 유독 격물만을 학學하는 것에 속屬하게 할 수는 없다.

성지체용性之體用 존언하

심心이란 것은 성性의 기器요【기氣는 드러난다】. 성性이란 것은 심의 도道이다【이理는 은미하다】. 그 전체全體를 가지고 말한다면, 심心이라고 이르고, 그 본연本然을 가지고 말한다면 성性이라고 이른다. 심心을 가지고 말한다면 성性이 여기에 있고, 성性을 가지고 말한다면 심心이 여기에 근본根本한다.

성性이란 것은 하늘이 내린 충[降衷][17]이니 밝은 덕[明德]이요, 본래부터 가지고 있는 양심[良]이다. 생生의 덕德이 있어 물物의 법칙이 되는 것이다. 그러므로 밝은 덕德이라 이르고, 그러므로 내린 충[降衷]이라고 이르며, 그러므로 양지良知와 양능良能이라고 이르고, 그러므로 타고난 천성[秉彝]에 저절로 있는 중[自有之中]이라고 이르며, 그러므로 천지의 중中이라고 이르는 것이다. 생생生生한 하나의 이理가 깊고 멀면서 유행流行하는 것은 성性의 근원根源이요, 나에게 부여된 것으로 온전하게 갖춰져서 다 같이 흐르며 간단間斷이 없는 것은 성性의 명命인 것이다.

사람과 만물의 생[人物之生]이 일용日用 사이에서 양양洋洋하게 가득 차 있는 것으로서는 천명天命의 유행流行이 아닌 것이 없지만 오직 사람만이 이를 잘 미루어 나아갈 수 있다. 이윤伊尹이 "이 하늘의 밝은 명命을 돌아본다[顧是天之明命]"고 한 것은 이 명命을 돌아보는 것이고, 맹자孟子가 "일찍 죽고 오래 사는 것은 개의하지 아니하고[不貳] 몸을 닦고서 기다리는 것이 명命을 세우는 것이라"[18]고 한 것은 이 명命을 세우는 것이며,『주역周易』에서 "이理를 궁구하고 성을 다함으로써 명에 이른다[窮理盡性以至於命也]"고 한 것도 이 명命에 이른 것이다. 이렇게 한 뒤에야 바야흐로 사람이 그 받은 바를 버리지[廢] 않을 것이다.

어둡거나 밝거나 강剛하거나 약한 것은 성性의 질質이요【기질氣質의 성性이다】, 인·의·예·지는 성性의 근본이다【본연本然의 성性이다】.

17　『서경』「탕고(湯誥)」에 "유황상제 강충우민(惟皇上帝 降衷于民)"이라 했다. 고주(古註)는 충(衷)은 선(善)이라 했으나, 채침(蔡沈)의 주석에서는 중(中)이라 했다. 여기서는 양지·양능이며 중이라고 한 것이다.

18　『맹자』「진심상(盡心上)」의 주자 주에 이(貳)는 의(疑)라 하고, "요절과 장수는 서로 다르지 않다(夭壽不貳), 삶이나 죽음을 이유로 내 마음에 즐거워하거나 슬퍼하거나 하지 않는다(不以死生爲吾心之欣戚也)"라고 했다.

정情은 혹 절도되지 않는 것〔不節〕이 있는 까닭에 그것을 절도에 맞게〔中節〕하고자 하는 것이고, 의意는 혹 성실치 못한 것이 있는 까닭에 그것을 반드시 성실히 하고자 하는 것이다.

하나의 이理가 허명虛明한 것은 성性의 체體이고, 관통貫通하여 간단間斷(끊어짐)이 없는 것은 성性의 용用이다.[19]【성性의 근본은 허虛하고 성性의 체體는 정靜하다. 지선至善은 그 덕인 것이니, 있고 없는 것을 가지고 말할 수 없다. 관통貫通은 그 용用인 것이니, 동하고 발하는 것〔動發〕을 가지고 말할 수는 없다.】덕德이라 하고 성誠이라 함은 성性의 실實이요, 오직 도道라 하고 오직 이理라 함은 성性의 조목이다. 정신精神과 혈기血氣는 성性의 기氣이고, 이목耳目과 여러 육체〔百體〕는 성性의 형체形體이다. 시視 · 청聽 · 언言 · 동動은 성의 동動이요, 사思 · 지志 · 의意 · 여慮는 성의 운용〔運〕이다. 인 · 의와 예 · 지는 성의 덕德이요, 총 · 명聰明과 예 · 지睿智는 성의 질質이다. 희 · 노와 애 · 락은 성의 정情이요, 식 · 색食色과 기 · 호嗜好는 성性의 욕欲이다. 사심私心과 객기客氣는 성의 가리운 것〔蔽〕이고, 위망僞妄과 사악私惡은 성의 병病이다.【악惡한 것도 또한 성性이라고 하지 않을 수 없는 것[20]이나, 대개 이것은 성의 가리워지는 병이다. 사私도 또한 그 이理가 없다고 이를 수 없는 것이나, 다만 이理의 근본이 아닌 것이다.】

부자父子와 군신君臣은 성의 질서〔秩〕이고, 천지天地와 인물人物은 성의 물物이다. 천하 · 국가는 성의 부침〔寓〕이요, 고금古今 · 시세時世는 성의 때〔時〕이다【봄 · 여름 · 가을 · 겨울, 낮과 밤이다】. 쇄소灑掃(청소)와 응대應對는 성의 일〔事〕이요【일용日用, 음식飮食과 접응接應이다】, 효제孝悌와 충신忠信은 성의 행동〔行〕이다. 정형政刑과 법도法度는 성의 법〔典〕이요, 덕업德業과

---

19   『전습록』 중(中)에 "성은 하나일 뿐이다(性一而已)"라 하고, 인 · 의 · 예 · 지는 성의 성(性之性), 총명 · 예지는 성의 질(性之質), 희 · 노 · 애 · 락은 성의 정(情), 사욕 · 객기(私欲客氣)는 성의 폐(蔽)라고 했다.

20   정자(程子)의 "선은 본디 성(性)이다. 악도 성(性)이라 말하지 않을 수 없다. 선과 악은 모두 천리이다(善固性也. 惡不可不謂之性. 善惡皆天理)"라는 말과 같은 견해다.

사공事功은 성의 업業이다. 육경六經(『시경』『서경』『역경』『예기』『악경』『춘추』)과 사자四子(『논어』『대학』『중용』『맹자』)는 성의 문文이요, 예악禮樂과 교화敎化는 성의 교敎이다. 박문博文과 약례約禮는 성의 학學이며【명덕明德·친민親民과 명선明善·성신誠身과 치지致知·격물格物 등이다】, 궁리와 진성盡性은 성의 이룸〔成〕이다. 학문學問과 사변思辨은 성의 공부工夫이고, 성찰省察과 극치克致는 성을 다스리는 법法이다. 계신戒愼과 공구恐懼는 성을 실행하는 도道이고, 소장小壯과 쇠로衰老는 성의 절도〔節〕이다. 수요壽夭와 부귀富貴는 성의 분수〔分〕이고, 길흉吉凶과 회린悔吝(후회하고 한탄함)은 성의 징험〔徵〕이다. 불이不貳와 지명知命의 차서次叙는 성의 얻는 것〔得〕이고, 시비是非와 선악善惡의 인사人事는 성의 감응하는 자취〔應跡〕이다.

4장
신 학문의 기획과 조선학의 창시

학문이란 것은 마음을 기르는 방도이다學問者養心之方 존언하

생生하는 것을 성性이라고 이르는 것에는 두가지가 있다. 인품人稟이 어둡고 밝거나 강하고 약한 것은 기氣인 것이니, 기氣를 성性이라고 하는 것이다. 정자는 논하기를, "개나 소가 기질을 달리하는 것은 형체 때문이다"라고 했으니, 형체를 성性이라고 이르는 것이다. 고자告子가 이를 주장했다. 기氣는 변하여서 그 성체性體를 통할 수 있는 까닭에 한결같이 그 성性만을 주장하고, 그 생품生稟에 구애받지 않았다. 형체는 변하여 그 성性을 같게 할 수 없는 까닭에 그 태어난 성性이 각각 다르고 같이 할 수 없는 것이다.

측은·수오·사양·시비와 희·로·애·구·애·오·욕喜怒哀懼愛惡欲과 우·사·여·경憂思慮警은 사람의 마음에 이를 가진 것이니, 모두 배우지 않아도 저절로 지니는 것이다. 비록 지극히 어리석고 지극히 어둡고 지극히 완고하여 사리에 어두운(頑冥) 사람일지라도 때로 발發하여 나아가게 하면 힘쓰지 않아도 유연油然(왕성하게 일어남)해진다. 무릇 이 마음을 지닌 자는 한결같이 그렇게 되는 것이다. 대개 어리석고 완악한 것이 극도에 달하고 극히 완악한 행동을 하게 되는 자는 다만 혹 기질에 구애되거나 또한 못된 습성에 젖은 데다가 이에 더해 자기 이해利害의 사사로움을 주장하기 때문이다. 그러므로 그 본래 지닌 원체元體가 드러나 용납되는 바가 없어 혹은 완전히 없어짐과 같은 면이 있으나, 이해利害가 그다지 크게 관련되지 않는 곳에서는 미처 모르는 순간에 퉁겨 나올 때도 있는 것이다. 옛날의 양설羊舌(좌전에 나오는 악한 인물)이나 석생石生(좌전에 나오는 악한 인물)같이 악惡한 자들은 그 품부한 기기氣가 악했을 따름인데, 이는 그 기기氣가 비록 극히 악하다고 하더라도 진실로 사람이라면 오직 그것이 유연油然하게 발하는 일단一段만은 또한 성인과 더불어 같았을 것이다.

진실로 사람의 마음이라면 비록 지극히 악한 품기稟氣와 지극히 흉측한 습행習行일지라도 오직 이 일단一段만은 어찌 없을 수 있겠는가? 옛날 사람에게 이를 구한다 하더라도 나와 다를 것이 없으며 뒷사람에게 이를 구한다 하더라도 나와 다를 것이 없을 것이다. 비록 오랑캐(夷狄)일지라도 다르지 않고 비록 금수禽獸일지라도 오히려 마음을 지닌 것이라면 또한 모두가 한 길(一路)의 밝은 곳이 있을 것이며 혹은 발하는 곳도 있을 것이다. 다만 오랑캐는 품기稟氣가 주로 악하고 금수는 전혀 막혀서 통할 만한 길이 없는 것이다. 그리고 이 이理는 더욱이 어린아이에게서 증험할 수 있다. 한 살배기나 두살배기의 반쯤은 알고 반쯤은 모르는 아이도 꾸짖으면 울고 사랑하면 따르며 일을 저지르면 부끄러워하고 꾀는 데가 있으면 혹은 배척하여 따르지 않으며 우는 것을 보면 서러워하게 되니, 그 정념情念이 배우지 않아도 저절로 발하는 것은 가릴 수 없는 바가 있다. 그들은 사물의 이해利害와 득실得失에는 비록 아는 것이 없다 하더라도 그 심려心慮가 전일專一하고 간이簡易하기 때문에 감응되기가 쉬우며 유연油然하게 발하는 참됨은 많고 완연頑然하게 되는 악함은 적다. 비록 그 사이에 혹 기품이 같지 않은 것이 있다 하더라도 그 본연本然의 참된 것은 속일 수 없는 것이 있다. 이것은 성性이 착하고 마음이 갖추어지지 않음이 없기 때문이다.

성인聖人의 학學은 『대학』에 있고 성인의 전범(典)은 『춘추』에 있으며, 성인의 뜻을 조술祖述하고 두 경서(二經)의 도道를 밝힌 것은 『맹자』 7편만한 것이 없다. 맹자가 심성설心性說을 논하여 「고자告子」 편과 「진심盡心」 편에 이르러서 극도로 분명하게 말했는데, 「양혜왕梁惠王」 편 같은 데서는 "인의仁義를 행하여 백성과 더불어 같이 좋아하고 미워한다"는 것을 말했고, 「공손추公孫丑篇」 편에서는 "왕도王道는 차마 못하는 마음으로 어진 정치政治를 해야 한다"고 말했다. 매편每篇 모두 이와 같으니, 모두가 이 한가지 뜻인 것이다.

주자의 학문은 그 학설이 또한 어찌 일찍이 선善하지 않았겠는가? 다만 치지致知의 학學과 비교하면 공부가 우직迂直(굽고 곧음) 및 완급緩急의 구별이 있고 그 체體에 분합分合의 간격이 있었을 따름이다. 실은 다 같이 성인의 학이니, 어찌 착하지 않았겠는가? 후대에 그것을 배우는 이들은 대부분 근본을 잃어버렸다. 오늘날 학설의 경우에는 주자를 배우는 것이 아니라 바로 주자를 빌리는 것이요, 주자를 빌릴 뿐만 아니라 바로 주자를 부회傅會함으로써 그 뜻을 성취하고, 주자를 끼고 위세를 떨어 사사로운 욕망을 이루는 것이다.[1]

---

1   정제두는 윤증(尹拯)과 송시열(宋時烈)의 상호 공박에 관하여는 언급하지 않았다. 하지만 주자에 가탁하는 사상 조류를 '회암(晦菴)의 가충당(假忠黨)'이라고 규정하고 그것을 신랄하게 비판했다. 이것은 윤증이 송시열에 대하여, "문장언론은 회옹(주희)에 근본하지 않는 것이 없고 회옹의 말에 없으면 그 설을 믿지 않았으나 사실은 명목만 얻었지 참뜻은 꼭 같다고는 할 수 없으며, 혹은 먼저 자기 생각을 앞세워 회옹의 말을 증거하여 거듭한 것이 많다"고 비판한 것과 통한다.

호연장중 해浩然章中解²

【"감히 여쭙니다. 선생님의 부동심은 고자告子의 부동심과 어떻게 다른지 들려주실 수 있습니까?" 물으니, 맹자는 "고자는 말에서 얻지 못하면 마음에 구하지 말고, 마음에서 얻지 못하면 기氣에 구하지 말라 했다"라고 했다.】

이것은 공손추가 묻자 맹자가 고자의 말이 이렇다고 외운 뒤에 그것을 판단하려 한 것이다. '얻지 못한다〔不得〕' 함은 달達할 수 없는 것, 할 수 없는 것을 말한다. 고자는 생각하기를, 언言에 의義롭지 않은 것이 있으면 다만 사辭에서 이해를 구할 뿐이요 그 마음속에서 구해볼 것이 아니라 하며, 마음에 확실치 못한 것이 있으면 다만 그 뜻을 지킬 뿐이요 다시 기氣의 해됨에 구할 필요가 없다고 했다. 이것은 대개 의義를 밖이라 하여 안에 근거〔本〕한 것이 아니라 보고, 마음을 안이라 하여 기氣에 관할받지 않는다고 본 것이다. 그러므로 '언어의 잘못은 곧바로 언言에서 원인을 구해야 할 것이요, 나의 마음에 관여시킬 필요가 없다' 하니, 이것은 밖을 주로 하고 안을 돌보지 않는 것이며, '의념의 잘못은 곧바로 마음에서 원인을 구해야 할 것이요, 기氣를 돌아볼 필요가 없다' 했으니, 이것은 안을 주로 하고 밖을 돌보지 않는 것이다. 모두 의義를 밖으로 하여 안과 하나로 하지 못하는

---

2   『하곡집』(A본, 국립중앙도서관 소장 22책본) 가운데 내집(內集) 권12~19은 경학에 관한 저술이다. 권12~15 사서설(四書說), 권12 중용설(中庸說), 권13 대학설(大學說), 권14 논어설(論語說)과 맹자설상(孟子說上), 권15 맹자설하(孟子說下)이다. 권16은 차록습유(箚錄拾遺)이다. 「호연장도(浩然章圖)」・「호연장해(浩然章解)」에서 정제두는 「공손추상(公孫丑上)」 '호연장(浩然章)'의 본지는 '기(氣)'를 기르는 데에 있어서는 다만 뜻을 지키고 덕에 나아가 성도(性道)를 다하라'는 것이라고 했다. '지(志)를 지키고 기(氣)를 난폭하게 하지 말라(持其志, 無暴其氣)'를 '심학(心學)'의 주의라 하고, '직(直)으로 길러서 해치지 말라(以直養而無害)'를 양기설(養氣說)의 강령이라고 보았다. 「사단장해(四端章解)」에서 정제두는 '사단(四端)'의 '단(端)'을 주자학에서 '단서(端緒)'로 해석하는 것과는 달리 '단초(端初)'의 의미로 해석하고, 사덕(四德, 성지덕性之德)과 사단(四端, 성지발性之發・정정情)을 심(心) 속에 일체로 제시했다.

뜻이다. 언言에 있어서는 마음에 구하지 않고 마음에 있어서는 기에 구하지 않아, 갈라서 두 길로 만들어놓고 각각 그 하나를 주로 하여, 그것으로 굳게 지키고 억지로 제약하는 방도로 삼았으니, 이른바 '인仁은 안이요 밖이 아니며, 의義는 밖이요 안이 아니다' 한 것이 그 뜻이다【「고자편」에 자세하다】.

맹자는 먼저 고자의 말을 인용해놓고 그것이 자기와 같지 않은 까닭을 반복하여 비교해서 논했다. 아래에 '뜻을 지키어 곧음으로써 기르고 기氣를 난폭하게 함이 없이 온전히 하라' '말로써 마음에 가리움이 있는 줄을 알고 마음이 일에 해害될 것을 단정한다'고 말한 것이 모두 이 두 말에 대한 변박이 아님이 없다.

○ 앞에 말한 북궁유北宮黝·맹시사孟施舍 두 사람의 일³은 비록 기氣를 힘쓰는 것과 안을 주로 하는 것의 차이는 있으나, 안과 밖으로 각각 구하여 둘로 갈라놓는 데까지는 이르지 않았다. 그런데 이제 고자는 안과 밖을 '두 근원〔二本〕'으로 보고 각기 그 하나를 주로 하여 그 효과를 구하려 하니, 이반이 매우 심하여 도道에 해됨이 크다.

【"마음에서 얻지 못하면 기氣에 구하지 말라 한 것은 가하나, 말에서 얻지 못하면 마음에 구하지 말라 한 것은 불가하다. 대저 뜻〔志〕은 기의 장수〔帥〕요, 기는 몸에 차 있는 것이다. 무릇 뜻이 이르면 기가 거기에 있다. 그러므로 뜻을 지키고 기를 난폭하게 하지 말라고 하는 것이다."】

이것은 맹자가 고자의 말을 이렇게 논단한 것이다. 고자가 '마음에서 얻지 못하면 기에 구하지 말라' 한 것은 근본을 잃지 않은 것이어서 그래도

---

3   『맹자』「공손추상(公孫丑上)」에 "맹시사는 증자와 흡사하고, 북궁유는 자하와 흡사하다. 이 두 사람의 용기는 그 누가 나은지는 알지 못하겠지만, 맹시사는 자신을 지킴에 그 요령을 터득하고 있다(孟施舍似曾子, 北宮黝似子夏. 夫二子之勇, 未知其孰賢, 然而孟施舍守約也)"라고 했고, 또 "맹시사가 지킨 것은 기이므로, 증자가 지킨 것이 요령을 터득한 것만 못하다(孟施舍之守氣, 又不如曾子之守約也)"라고 했다.

가하다 하겠으나 '말에 얻지 못하면 마음에 이치를 구하지 말라' 한 것은 근본을 아주 잃어버린 것이어서 불가함이 틀림없다. 그러나 가可하다(그래도 좋다, 그럴 수 있다) 하는 말은 아직 미진한 점이 있다는 말이요, 전적으로 옳다는 말은 아니다. 불가한 것은 애당초 논할 것이 못 되므로 뒤에 지언知言을 말할 때 평하기로 한다. 가하다는 것에 대하여 말하면 그것도 역시 그렇지 않은 것이 있으니, 살펴 가리지 않으면 안 된다. 그러므로 이에 오로지 이 한 구절【'마음에서 얻지 못하면 기에 구하지 말라'】의 잘못을 변박하니, 마음이라는 그 체體를 지志와 기氣의 둘로 나눌 수 없다는 사실이 또한 이미 아울러 드러날 것이다.

　뜻[志]이란 마음의 주되는 바요, 기氣란 몸의 운용運用이다. 차次는 와서 머문다[來舍]는 말로, '즉에 차하다[次于卽]'의 '차'와 같다. 기를 난폭하게 한다는 것은 작위하여 해롭게 하는 것을 말함이다. 고자가 뜻을 붙여 억지로 바로잡으려고 하여 억지로 탐색하고 힘들여 제압해 기氣를 꺾으려고 함과 같은 것이 바로 이것이다. 그 말의 뜻은, 만약 이치를 논한다면 '뜻'은 기를 주재하니 장수이고 기는 몸에 채워져 있으니 종從이어서, 뜻이 이르는 곳에 기가 곧 따라서, 본과 말이 항상 서로 기다려 떠나지 못한다는 것이다. 나[맹자]는 그러므로 그 뜻을 삼가 지키는 자의 공부는 반드시 작위作爲로 기를 해함이 없어야 비로소 지극하다고 본다. 기를 난폭하게 하지 말라는 것도 뜻을 지키기 위해서이다. 그렇기 때문에 이 두가지가 하나의 일인 줄을 모르고 반드시 '마음에서 얻지 못하면 기에 구하지 말라'고 하여 억지로 힘써 제재하여 기를 해쳐도 돌보지 않는다면 어찌 잘못이 아니겠는가? 그러므로 여기서 먼저 이치를 말하여 분석하고 후단에 이르러 또 용공用功(공부를 해나감)의 설을 자세히 말했으니, '의에 짝한다[配義]'를 운위한 것은 뜻을 지키는 일을 말한 것이고, '조장助長(억지로 키움)'을 해서는 안 된다고 운운한 것은 기를 난폭하게 해서는 안 된다는 설을 말한 것이다.

　○ 나는 생각건대, '마음에서 얻지 못하면 기에 구하지 말라'라는 논리

를 맹자가 처음에 가하다고 말한 것도 이유가 있다. 만약 고자가 뜻과 기를 합하여 '기는 마음에 있고 마음은 기에 통하여 하나요 둘이 아니다. 다만 그 공부는 마음에 구할 것이요 기에 구할 것이 아니다'라고 여겨서 이와 같이 의義를 세워 마음에서 구한다고 말했다면 이것은 근본을 힘쓰는데 오로지 하고 말단을 일삼지 않는 것이니, 이와 같이 근본을 논하는 말은 애당초 불가할 것이 없다. 그런데 고자는 이것이 그런 것이 아니라고 여겨, '말에 있어서는 마음에 구하지 말고 마음에 있어서는 기에 구하지 말라'고 했으므로, 이것은 양쪽이 서로 구求할 수 없다는 뜻이어서, 도리어 뜻과 기를 갈라서 각기 사용하며 그 하나만 일삼고 다른 하나를 폐하라는 것이다. 분단하고 격리하여 서로 관통하지 못하게 한 것은 그 병통이 위 구절의 말과 다름이 없어서 그 지취旨趣를 같이하고 있다. 반드시 그 본원을 논하고자 한다면 뜻은 장수요 기는 채운 것이어서, '뜻'이 이르면 '기'가 거기에 이르므로, '뜻'은 장수가 되고 이르는 것으로서 본디 근본이 되고, '기'는 채우고 거기에 이르기에, 역시 난폭하게 해서는 안 되는 것이다. 그 체가 서로 짝이 되어서 서로 떠나지 못함이 이와 같다. 위 구절로 보면, 말이란 싹이요 마음은 그 뿌리로, 하나이어서 둘로 할 수 없는 체라는 것이 그 뜻〔義〕으로, 역시 하나여서 다름이 없을 따름이다. 그러므로 맹자가 이 기회에 특히 이 뜻〔義〕을 드러내어 그것이 하나의 체로서 어느 한쪽도 없을 수 없다는 의미를 밝혀서 고자告子의 잘못을 바로잡으려 한 것일 따름이다. 뜻을 지키는 공부가 있고 또 난폭하지 않게 하는 일이 따로 있어서 두가지 공부로 간주할 수 있는 것이 고자의 소견처럼 볼 수 있다는 것이 아니다. 여기에 이르러서는 기에 통솔되는 바로써 말했기 때문에 '심心'을 고쳐서 '지志'라고 말했다.

(중략)

【"그 기 됨이 의義와 도道를 짝했으므로, 이것이 없으면 쭈그러든다. 이 것은 의를 모아서 생겨나는 것이요, 의가 엄습해서 생겨나는 것이 아니다.

행실이 마음에 쾌족하지 못한 것이 있으면 쭈그러든다. 그러므로 나는 고자가 의를 모른다고 한다. 그는 그것을 밖으로 하기 때문이다."】

이것은 기르는 일로 말한 것이니, 앞에 말한 '뜻을 지키는 일[持志]'을 이른다.【대개 반드시 뜻을 지키고 기를 길러야 하는데, 고자는 의를 마음에서 구하지 않는다고 하여서 드디어 의를 잃어버리고 그 기름을 그르쳤다는 뜻을 말했다.】 '배배[配]'란 것은 합해서 짝이 된다는 것이니, 도의를 주로 하고 그 짝이 되어 마치 배필이 합친 것과 같다는 말이다. 대개 '뜻이 이르면 기가 거기 있다' '뜻이 전일하면 기도 전일하게 된다'고 한 말들에서 이런 뜻을 찾아볼 수 있다. 의義란 인심의 마땅한 바요, 도道란 천리의 행하는 바이니, 바로 마음의 덕德이요 뜻[志]의 말미암는 바이다. '뇌餒'는 굶주리어 기가 몸에 차지 못하는 것이다.【『맹자집주孟子集註』에서 '배배[配]'를 풀이하여 '기氣가 그 도의를 도와주는 것'이라 했으니, 그 짝이 되는 것이 '뜻이 거느리고 기가 거기에 이른다'로 되어, 거느리고 따르는 체제가 거꾸로 되어서 '주린다'를 모두 '도의道義'를 두고 한 말이라고 여기지만, 도의는 다만 풀어지고 없어지는 일을 겪게 되지, '주린다'고 말할 수가 없다.】

그 말의 뜻은, 기라는 것은 본래 도의와 더불어 합하여 종從이 되고 그것의 명命을 듣는다는 말이다. 그 도의를 잃으면 짝이 될 곳이 없어 주리어서 그 체를 홀로 채울 수가 없다. 이 까닭에 곧음으로 기르는[直養] 법이 반드시 이로써 말미암게 되는 것이며, 이것이 없으면 '주린다'고 말하는 것이어서 '기른다'고 말할 수 없다. '집集'은 '모은다[聚]', '보존한다[存]'이니, '집의集義'란 말은 그 의를 취집하여 안에 보존한다는 말로, 마치 '안으로 충신을 쌓는다[內積忠信]'는 말과 같다. '습습襲'은 '엄습해서 가진다[掩取]'는 뜻이니, '의습義襲'이란 사위事爲(일과 행위)에서 구하여 밖으로부터 엄습하기를 마치 '밖으로부터 나에게 녹아듦[由外鑠我]'[4]과 같이 하는 것이다. 겸

---

4   『맹자』 「고자상(告子上)」에서 맹자는 "인의예지는 외부로부터 나에게 녹아 들어온 것이 아니라, 내가 본래부터 가지고 있던 것인데 생각하지 않고 있었을 뿐이다(仁義禮智, 非由外鑠

130

慊은 쾌快이고 족足이다. 이를 근거로 진술한다면, 생생生하게 하는 근원은 의義가 항상 보존되어 이 이理가 속에서 충족함으로 자연히 발생하는 데서 유래하는 것이지, 의가 사위事爲 속에서 엄습하여 밖으로부터 얻어지는 것이 아니다. 그 행하는 일이 한번이라도 마땅치 못하여 마음에 흡족하지 못한 것이 있으면 그 강대한 체가 곧 쭈그러들어 충만하지 못하는 것으로 보건대, 이것이 이 의義에서 생겨나는 것이지, 밖으로부터 말미암는 것이 아님을 알 수 있다. 이렇다면 이른바 의義란 것은 다만 나의 마음의 마땅함일 따름이요, 밖에서 만들어진 것이 아님을 또한 이에 따라서 알 수가 있다. 고자는 이러하다는 것을 모르고, 의란 이치를 물物에서 따르는 것이라고 여겨서, 그가 말했듯이 '그 흰 것을 밖에서 따르는〔從其白於外〕' 것과 같다고 여겨서, 바깥에서 그것을 구하고 사事에 엄습하여 굽히고 비틀고 억지로 제작하여 만들려고 했다. 이것이 어찌 의를 아는 것이겠는가? 위 글에서 '말에서 얻지 못하면 마음에 구하지 말고, 마음에서 얻지 못하면 기에 구하지 말라'라고 한 것이 모두 의를 바깥으로 한 것이다. 의를 밖에서 엄습하는 것으로 여겨 마음을 버리고 기를 만들려 하자, 기가 짝을 잃어버리고 발생의 근원을 잃어버리게 되었다.

『**시경차록**詩經箚錄』[5]

『시경』「소남召南 야유사균野有死麕」은 시인이 여자가 정결貞潔의 지조를

我也, 我固有之也, 弗思耳矣)"라고 했다.

5 『하곡집』 권17 경학집록(經學集錄) 「삼경차록(三經箚錄)」의 일부다. 11책본 『하곡집』(B본, 규장각본)에서는 '경설(經說)'이란 이름으로 되어 있다. 『시차록』은 향음주례(鄕飮酒禮)에 일시(逸詩, 사라져 『시경』에 싣지 못한 시)들이 연주되는 사실을 확인하고, 향음주례의 합악(合樂)에 주남(周南)의 「관저(關雎)」·「갈담(葛覃)」·「권이(卷耳)」, 소남(召南)의 「작소(鵲巢)」·「채번(采蘩)」·「채빈(采蘋)」이 연주되는 이유를 밝히고자 했다. 정현의 주에 의하면, 향

지녀 강포强暴한 자도 그를 범할 수 없는 것을 찬미했다.[6] 혹자가 물었다. "「소남 행로行露」와 「야유사균」의 주인공 여자는 이미 정결함이 이와 같았거늘, 저 강포한 자만 홀로 화化하지 못했던 것은 무엇 때문인가?" 답한다. "남방의 나라는 비단 한가지의 나라뿐이 아니었고 민족의 귀천이나 상하도 한가지 유類가 아니었던 것이니, 그 덕화德化가 미치는 데도 진실로 원근과 선후가 있었을 것이매, 사민土民의 풍속과 교화의 아름다움에도 역시 선후와 심천深淺이 있었을 것이다. 「행로」 「야유사균」 같은 것에도 순수하지 못한 면이 있었으니, 이런 까닭에 다른 여러 시가 또한 모두가 주남周南과 비견되지 못한 데가 많이 있다는 것도 이 때문이라 하겠다."

「소남 하피농의何彼穠矣」라는 것은 시인이 왕희王姬(공주)가 제후齊侯에게 시집가는 것을 아름답게 여긴 것인데, 이는 성왕 이후의 시이고, 주공이 엮고 바로잡은 것은 아니다.[7] 대개 성왕과 강왕康王 이후 동천東遷 이전, 왕국

음주례는 향을 지배하는 대부가 3년에 한번 현자·능자를 군주에게 추거(推擧)하면서 그들을 빈(賓)으로서 초청하여 행하는 향연이다. 정제두는 주희의 『의례경전통해(儀禮經傳通解)』 「향례(鄕禮) 향음주례(鄕飮酒禮)」의 '일시(佚詩) 연주'와 '합악(合樂)'에 관한 주해를 검토하고 「향음주례」의 공동체 의식에 주목했다. 나아가 「채빈」의 '계녀(季女)'를 두고 아직 시집가지 않은 여자가 종실 제사를 준비하는 것을 말한 것이라고 논증했다. 여기서는 후자의 논증을 생략한다.

6   윤남한 역주(1973)에서는 다음과 같이 풀이했다. "사균(四麕)으로 흥(興)을 일으켜서, '들에 있는 죽은 노루도 사람이 그 고기를 취할 때에는 오히려 흰 띠풀로 싸거늘, 아무리 저 처녀가 봄을 생각한다 하여도 길사(吉士, 좋은 남자)는 예(禮)를 갖추어서 맞이할 생각은 아니하고, 자진하여 그녀를 유인하려 할 것인가?'라고 했다. 말하자면 예의가 아닌 것을 가지고는 그녀를 범할 수 없음이 이와 같다는 것이다. 복속모록(樸樕茅鹿, 떡갈나무 숲에 죽어 있는 사슴을 흰 띠풀로 쌈)을 가지고 옥과 같은 여자를 흥기시켜서 아름답게 여긴 것은 그 예(禮)가 없고서는 범할 수 없다는 뜻을 말한 것이다. 그 용모가 이와 같이 태연하고 느릿느릿한 것은 참으로 구슬과 같은 여자 때문이며, '그대는 손수건을 건드리지 말고 삽살개를 짖게 하지 말라'고 한 것은 길사(吉士)를 뿌리쳐서 멀리한 것이니, 쌀쌀하여서 도무지 범할 수 없다는 뜻을 말한 것이다."

7   「하피농의(何彼穠矣)」에는 '평왕(平王)의 손(孫), 제후(齊侯)의 자(子)'라는 말이 있고, 소서(小序)에 의하면 주나라 문왕의 손녀(즉 무왕의 딸)가 제나라 군후의 아들에게 시집가서 부인의 덕을 잘 지킨 것을 찬미한 시라고 했다. 주희의 『시집전』은 문왕의 손녀라고 보지는 않았으나, 시의 취지는 소서와 같다고 보았다. 그리고 평왕은 주 왕실 동천 이후의 평왕의 구

王國(동도東都 낙읍洛邑)의 풍風으로서 또한 그 덕의 아름다움의 순수함이 선왕의 교화에서 떨어지지 않음이 있고 남국의 음音과도 부합됨이 있으니, 비록 위로 「주남周南」에는 견줄 수 없지만, 아래로 「서리黍離」에는 편입시킬 수도 없다. 이에 그런 유類를 취하여 여기에 편입한 것이니, 형세가 정말로 그러했다. 다만 편찬이 어느 시대에 있었는지는 알 수 없다. 주공의 「동산東山」 등 여러 시를 『시경』「빈풍豳風」에다 붙인 것도 곧 이런 따위였으리라!

일시逸詩(유실되어 『시경』에 싣지 못한 시) 「신궁新宮」은 『의례儀禮』「연례燕禮」 주註에서 정현鄭玄이 "소아에서 빠진 시편이다"라고 했다. 어떤 이는 「사간斯干」이 「신궁」일 것이라고 의심했다. 그러니 대개 주공의 시는 아닌 것이다. 「이수貍首」는 『의례』「대사례大射禮」, 『주례周禮』「악사樂師」, 『예기』「사의射儀」·「투호投壺」에 모두 있다. 「신궁」과 「이수」는 예경禮經의 '정악正樂'의 시인데, 모두 그 시편이 빠졌다. '증손曾孫' 운운은 「이수」의 첫머리 말이다. 주송周頌 「대무大武」·「환桓」·「뇌賚」는 무악武樂의 처음과 끝의 송頌인데, 서로 떨어져서 섞여 있으며 그 반은 없어졌다. 일시 「개하(肆夏/陔夏)」·「채제采薺」는 『주례』에 나오는 천자의 악의樂儀인데, 「채제」는 시가 없어졌다【『의례』「대사大謝」·「연례燕禮」에는 모두 「개하」를 연주한다고 말하고, 『춘추전春秋傳』에는 목숙穆叔이 진晉나라에 갔을 때에 「개하」 3장을 연주했다고 했다】.

「소완小宛」·「소변小弁」은 소아에는 들어 있으면서 대아에는 그 편이 없다. 일시 「당체唐棣」·「교소巧笑」는 성인의 문하에서 강론되었고 일시 「여구驪駒」 '객무용귀客無庸歸'는 빈·주賓主 간의 예禮였지만, 모두 시편이 없어졌다. 『좌씨전左氏傳』에 진백秦伯이 일시 「하수河水」를 부賦하고 『예기』「단궁檀弓」에서는 원양原壤이 「이수貍首」를 노래했다. 일시가 경·전經傳에 섞여서 보이는 것을 이루 다 기록할 수 없을 정도이다. 또 『대대례大戴禮』

(平王宜臼)와 제나라 양공(襄公)의 아들이라는 설이 있다고 했다. 정제두는 이를 논하지 않았다.

와 아시雅詩에는 「상제商齊」·「육사六史」 등 폐지되어 노래하지 않는 편명이 있고, 『주례』 「악사樂師」의 '구하九夏'에는 대부분이 상고할 수 없는 이름들이 있다. 정현鄭玄은 그 송頌을 구비할 수가 없다고 일컬었다.[8]

향음주鄕飮酒 합악合樂의 주註에 이러하다. "향악鄕樂이란 것은 풍風이다. 소아는 제후의 악樂이고 대아·송은 천자의 악이다. 향음주에서 소아를 당 위에서 노래하는 것은 성대한 의례의 경우 등급을 올려서 쓸 수 있기 때문이고, 연燕에서 향악을 당 아래에서 합주하는 것은 가벼운 의례의 경우 아랫사람이 있는 아랫자리에까지 미치게 할 수 있기 때문이다. 『춘추전春秋傳』에 「개하」·「번繁」·「알遏」·「거渠」는 천자가 원후元侯를 향응하고, 「문왕文王」·「대명大明」·「면綿」은 두 나라 임금이 만나볼 때의 악樂이다'라고 했다. 그렇다면 제후가 서로 더불어 잔치할 때에 대아는 당상에서 노래하고 소아는 합악合樂했다. 천자가 다음가는 나라나 작은 나라의 임금과 더불어 잔치할 때에도 역시 이와 같이 했다. 그리고 천자와 큰 나라 임금과 더불어 잔치할 때에는 송頌은 당상에서 노래하고 대아는 합악했다. 일시 「생간笙間」편은 들은 적이 없다."[9]

옛날 태왕太王과 왕계王季가 기산岐山 남쪽에 살면서 소남의 교화(敎)를 몸소 행함으로써 왕업을 일으켰고, 문왕에 이르러서 주남의 교화를 행함

---

8 정제두는 『시경』의 일시를 두 종류도 나누었다. 제1류는 향음주(鄕飮酒)의 합악(合樂)에 이용된 일시들이고, 제2류는 정현(鄭玄)이 말하는 '송불능구(頌不能具)'의 시편들이다.

9 『의례』 「향음주례」에 보면 치(觶)를 진설하고 술을 차려 내면 악공들이 나와 음악을 연주하는데, 정제두가 『시경』 주남과 소남, 일시 등이 사용되었다고 본 합악(合樂)이란 가악(歌樂)과 중성(衆聲)이 함께 일어나는 것으로, 당상에 노래와 슬(歌瑟) 합주가 있고 당하에 생황과 편경(笙磬)이 있어 합주하는 것이다. 『예기보주』 제29권 향음주의(鄕飮酒義) 제45에는 합악의 구체적 사실을 서술했다. 향음주례에서 일시의 연주와 주남 3편, 소남 3편의 합악에 대해서는 송나라 양복(楊復)이 『의례』를 배우면서 황간(黃幹)과 함께 지은 『의례도(儀禮圖)』 17권의 권4에도 인용되어 있다. 이 『의례도』는 조선 목판본이 있다. 송나라 정초(鄭樵, 1104~62)는 『육경오론(六經奧論)』에 「악장도(樂章圖)」를 두어, 가시(歌詩), 합악시(合樂詩), 사악(射樂), 생시(笙詩), 관주(管奏), 금주(金奏), 사주(絲奏), 방중지악(房中之樂) 등을 구별했다.

으로써 천명을 받았으며, 문왕이 풍豐에 도읍을 세운 다음에는 옛 땅을 나누어서 태왕과 왕계가 받을 채지采地로 삼았던 것이니, 이때에 덕화는 남녘 땅까지 뒤덮었다. 그렇기 때문에 그 시에 인현仁賢의 풍이 있는 것은 소남에 붙였고, 성인의 기풍이 있는 것은 주남에 붙였다. 곧 주남으로 왕자王者의 풍과 성인의 교화(化)로 삼았고, 소남으로 제후의 풍과 현인의 교화로 삼았던 것이다. 대개 또한 이렇게 구분했을 것이다. 주자(주희)는 "주남과 소남의 구분에 대해 정자程子가 '주공이 내치內治를 주관했기 때문에 기내畿內의 시를 가지고 문왕과 태사太姒의 덕화를 말한 것이라 하여 주남에 붙였고, 소공召公이 제후의 일을 관장했기 때문에 기외畿外의 시를 열국과 제후와 대부의 실가室家를 말한 것이라 하여 소남에 붙였'라고 한 말이 옳다"라고 했다. 남南이라고 한 것은 그 덕화가 기岐·옹雍 간에서부터 강한江漢 땅까지 뒤덮었음을 말한 것이니, 북쪽의 관점에서 남쪽이라고 한 것이다. 시에 "아雅다 남南이다"라고 한 것은 바로 이것을 말한다.[10]

시송詩誦[11]

『시경』「대아 문왕文王」에 "문왕이 상천上天에 계시어 아! 하늘에 밝게

---

10 정제두는 주희가 『의례경전집해(儀禮經傳通解)』 권7에서 정이(程頤)의 설을 인용하여 주남과 소남을 구분했던 설을 재인용하여, 문왕의 교화의 효과가 가장 덜 나타난 「야유사균」과 「행로」, 성왕 이후 시가 분명한 「하피농의」를 소남에 편성한 이유를 설명했다. 주희는 "주남과 소남은 정풍(正風)이니, 방중(房中)에서 사용하는 음악이요 향악(鄕樂)이다. 소아와 대아 가운데 정아(正雅)는 조정의 음악이다. 상송(商頌)과 주송(周頌)은 종묘의 음악이다. 변아가 쇠미해짐에 이르러 주나라 경사(卿士)의 시편이 정치의 득실을 말하게 되었다. 패풍(邶風)과 용풍(鄘風) 이하는 태사가 채록하여 진설함으로써 민풍을 보인 것에 불과하니, 종묘나 연향에서 사용한 것이 아니다"라고 했다. 다만, 정대창(程大昌)의 『시론(詩論)』에 의거하면 '이남'은 독립해서 '남'이라고 했으니, 별도로 '정풍'이라는 표목을 세운 것은 옳지 않다고 보았으나, 정제두는 이 설은 취하지 않았다.
11 『하곡집』 권16「시송(詩誦)」의 일부다. 주자와 왕왕명이 '신독(愼獨)'과 관련하여 중시한

비추도다” 했다. 또 “깊고 먼 문왕의 덕이여, 아! 끊임없이 밝히어 경敬에 그치도다” 했다.【『대학』에 “인군이 되어서는 인仁에 그치고 인신人臣이 되어서는 경敬에 그치고 인자人子가 되어서는 효孝에 그치고 인부人父가 되어서는 자慈에 그치고 국인國人과 더불어 사귐에는 신信에 그친다”고 했다.】「대아 사제思齊」에 “궁중에서는 화和가 극진하고 종묘에서는 경敬이 극진하여, 보이지 않는 곳에서도 신神이 와서 있는 듯이 하고 싫어함이 없어도 항상 지킴이 있도다. 들어본 일 없어도 법도에 맞고 간諫하는 이 없어도 선善에 들어가도다” 했다. 「주송周頌 유천지명維天之命」에서는 “저 하늘의 명命이여, 아! 깊고 멀어 다함이 없도다. 아! 드러나지 아니하랴! 문왕의 덕德의 순수함이여!” 했다【순수하고도 다함이 없다】. 「대아 대명大明」에 “상제가 네 곁에 있으니 네 마음을 두가지로 먹지 말라”라고 했다【노송魯頌에는 “주저 말고 걱정 말라. 상제가 네 곁에 있다”라고 했다】. 「주송 청묘淸廟」에 “문왕의 덕을 잡고 하느님에 대하여 모신다”[12]라고 했다. 「대아 억抑」에 “어두운 데라고 나를 보지 못하리라 하지 말라. 신神이 이르러 옴은 헤아릴 수 없나니 하물며 싫어하여 될손가?”[13]라고 했다.

정명도(정호)가 “충신忠信은 덕을 나아가게 하는 것이다”라 하고, “종일

‘대월’의 전거와 함의를 탐구했다. 『시경』의 아(雅)와 송(頌), 「문왕(文王)」과 「청묘(淸廟)」 등 다섯편의 ‘즙희(緝熙)’라든가 ‘대월(對越)’이라든가 하는 말들을 모아 기록하고 그 아래에 『논어』 『맹자』 『중용』 『대학』 『주역』 『서경』 및 주돈이·정호·장재의 설을 인용했다. 신(神)은 ‘불괴(不愧)’의 마음을 보증하기 위해 요청되었다. 정제두는 『중용』에서 공자가 이르기를 ‘귀신의 덕(德)됨은 그 성(盛)하도다. 보아도 보이지 않고 들어도 들리지 아니하면서 물(物)을 체(體)하여 남김이 없도다’ 하고, 시(『시경』)에서 이르기를 ‘신이 이르러 옴은 헤아릴 수 없으니 하물며 싫어해서 될손가?’라고 했으니, 대저 미(微)의 드러남과 성(誠)의 가릴 수 없음이 이러하다”라고 했다.

12 「청묘(淸廟)」에서는 “많고 많은 선비들이 문왕의 덕을 가져, 하늘에 계신 분을 대하고 사당에 모신 신주를 분주히 받드네(濟濟多士, 秉文之德, 對越在天, 駿奔走在廟)”라고 했다.

13 「억(抑)」에서는 “네가 집에 있는 것을 보니, 어두운 구석방에서도 오히려 부끄럽지 않구나. 드러나지 않는다고 해서 나를 보는 이가 없다고 말하지 마라. 신이 이르심을 헤아릴 수가 없는데, 하물며 신을 거역할 수가 있겠는가?(相在爾室, 尚不愧于屋漏. 無曰不顯, 莫予云覯. 神之格思, 不可度思, 矧可射思?)”라고 했다.

건건乾乾하라"라고 했으니, 군자는 종일토록 하느님을 대하여 모셔야 할 것이다. 대개 상천上天의 일은 소리도 없고 냄새도 없다. 그 체體는 역易이라 이르고 그 이理는 도道라 이르며 그 용用은 신神이라 이르고 사람에게 명한 것은 성性이라 이르고 성을 따른 것은 도라 이르며 도를 닦는 것은 교敎라 이른다. 맹자는 또 호연지기浩然之氣를 발휘해내었으니 극진하다 하겠도다. 그러므로 "신이 그 위에 있는 듯하고 그 좌우에 있는 듯하다"라고 하고, "큰일에나 작은 일에나 다만 성誠의 가릴 수 없는 것이 이러하다"라고 했으니, 꼭대기로부터 밑바닥에 이르기까지 이러한 것에 불과하다. 형이상形而上은 도道이고 형이하形而下는 기器라는 것도 모름지기 이렇게 말해야 할 것이다. 기器도 도이고 도도 기器이다. 도만 얻어 가지고 있으면 지금과 나중이, 나와 남이 관계가 없게 된다.

최여화(최석정)에게 준 훈민정음 관련 문목與崔汝和問目[14]

초성初聲 청탁淸濁의 36모母는 그 예가 『광운廣韻』[15]에 언급된 서역 승려

---

14 『하곡집』권2에 들어 있다. 1678년(숙종 4) 최석정은 『경세정운(經世正韻)』(『經世訓民正音圖說』)을 저술하여 소옹(邵雍) 『황극경세서(皇極經世書)』의 역학을 이용해서 한글 초성의 아음, 설음, 순음, 치음, 후음을 오행과 연결시키고 '17성 분배 초성도'를 작성했으며, 종성(끝소리)과 관련하여 단종성(單終聲) 12와 이합종성 4를 합하여 16종성을 주장했다. 또 『황극경세서』「경세연역도(經世衍易圖)」의 원리를 적용해서, 한글모음 '兒'를 음양 교차의 최초 모음으로 간주하고, 동(動)의 'ㅡ'에서 'ㅏ ㅑ ㅓ ㅕ'로 확대하고 정(靜)의 'ㅣ'에서 'ㅗㅛ ㅜ ㅠ'로 확대하여 중성(모음) 11개가 이루어졌다고 파악했다. 그리고 정성(正聲)과 정음(正音)으로 구분하여, 정성에는 일월성신(日·月·星·辰)의 범주에 맞추어 평상거입(平·上·去·入)을 배치하고 8괘(卦)와 10간(干)에 맞추어 1성(一聲)에서 8성(八聲)까지 배열했다. 정음(正音)에는 水·火·土·石의 범주에 맞추어 개(開), 발(發), 수(收), 폐(閉)의 4음을 차례로 배치했다. 성(聲)은 '일청(一淸, 陽) 일청(一淸, 陽)은 이탁(二濁, 陰)'이 되는데, 이것을 한글 조어원리에 적용했다. 최석정의 『경세훈민정음도설』은 일본 경도대학 하합(河合, 가와이)문고에 소장되어 있다. 최석정 『경세훈민정음도설』, 명문당 2011.

15 1008년 북송의 진팽년(陳彭年)과 구옹(邱雍) 등이 군주의 칙명으로 편찬한 『대송중수광운

에게서 시작되었습니다. 중성中聲의 벽합개수闢翕開收(벽은 개구음開口音, 합은 합구음合口音, 개는 벽의 특징, 수는 합의 특징) 32음은 그 법이 소옹邵雍『황극경세서皇極經世書』의 8궁에 근거하지만,『고금운회古今韻會』[16] 등의 서적은 모두 『광운』의 청탁을 여러 글자에 분속시켜 의례義例가 혹 다르니, 어째서입니까? 그리고 소옹 서적의 벽합은 또 어느 서적에서 상세하게 그 글자를 서술하여 참고할 만한 것입니까?[17]

중성中聲의 법은 실상 지금의 음과는 많이 다릅니다. 섭攝(운미韻尾의 유형과 모음의 자질에 따른 분류법)으로 분류된 운韻으로 반절자를 배정한 것은 과연 어느 방안을 따른 것입니까? 설마 다만『예부운략禮部韻略』[18]의 반절법[19]에만 근거한 것입니까? 스스로 전부 이해하고 계십니까? '동東'이 삼벽三闢(세번째 개구음)에 속하고 '동冬'이 사합四翕(네번째 합구음)에 속하는 것과 같은 부류는 애당초 어느 것을 따라서 판단하신 것인지 모르겠습니다.

(大宋重修廣韻)』을 말한다.

16　원나라 때 황공소(黃公紹)가 『고금운회(古今韻會)』를 편찬했는데, 이후 원나라 웅충(熊忠) 이『고금운회거요(古今韻會擧要)』를 엮었다. 조선에서는 『고금운회거요』를 널리 활용했다.

17　최석정은『경세훈민정음도설』에서 소옹(邵雍)의『황극경세』「성음창화도」를 크게 참고로 하되, 운도의 체제와 운자의 배열에서는 유감(劉鑑)의『경사정음절운지남(經史正音切韻指南)』을 참고로 했다. 또한 36자모설,『절운지남』,『황극경세해기수결(皇極經世解起數訣)』, 『예부운략』, 범어(梵語) 자모 등의 자료를 분석해서 자신만의 언어관을 구축했다. 그런데 『오음집운』은 160운 체계이고,『경세훈민정음도설』은 180운 체계이다.『오음집운』은 전통 운서의 배열처럼 양성운(陽聲韻)만이 입성운(入聲韻)과 결합할 뿐이고 음성운(陰聲韻)은 입성운과 함께 배열하지 않으나,『경세훈민정음도설』은 입성운의 경우 양성운과 음성운 을 합쳐져 운부를 구성했다. 배규리『『경세훈민정음도설(經世訓民正音圖說)』과『오음집운 (五音集韻)』의 운모체계 비교」,『동양학』83, 단국대학교 동양학연구원 2021, 1~24면.

18　본래 1037년에 송나라 정도(丁度) 등이 5권으로 편찬했는데, 이후 여러 개정본이 나왔다. 소 흥(紹興) 32년(1162) 모황(毛晃)은『증수호주예부운략(增修互注禮部韻略)』을 편찬했다. 금 나라 때 강북(江北) 평수(平水) 관원 유연(劉淵)이 이를 증수(增修)하자 이것을 평수운(平 水韻)으로 통칭하게 되었다. 원나라 때 황공소(黃公紹)가 찬한『고금운희(古今韻會)』는 이 를 따랐다.

19　반절법은 한자의 음을 읽는 방법이다. 첫 글자의 앞의 음과 뒷 글자의 뒤의 음을 조합하여 음을 표시한다. 첫글자인 윗글자를 반절상자(反切上字)라 하고 아랫글자를 반절하자(反切 下字)라고 한다.

벽흡도闢翕圖는 통용하는『예부운략』에 부록으로 있는 벽흡도를 가지고 살필 수 있겠습니다. 하지만 'ㅗ鳥' 'ㅛ要' 'ㅜ于' 'ㅠ由' 등을 서로 다른 벽闢과 흡翕에 분류하여 배열하셨는데, 어째서입니까? 더구나『예부운략』부록에는 'ㅣ伊'가 있고 'ㆍ兒'가 없는데,『도설』에는 'ㆍ兒'가 있고 'ㅣ伊'가 없는 것은 어째서입니까?

종설終聲의 설에서는 "문자에 나타나는 것으로 모두 12음을 언었다"고 하셨습니다만, 치음齒音의 '사思'성과 후음喉音의 '익益'성, 순경음脣輕音의 '비非'성이 종성이 된 것은 도섭圖攝(섭攝을 분류 기준으로 삼아 배열 정리한 도식) 중에 사용된 곳이 있음을 보지 못했는데, 무엇을 근거로 사용하는 바를 정하셨습니까?

섭攝의 의미가 어느 서적에서 나왔는지도 자세하지 않습니다.

'타橢'와 '여輿' 등의 운목 글자는 취해 오신 근거가 무엇인가요?

본『도설』의 자음 가운데 섭명攝名(각 섭攝의 이름으로 대표 한자를 설정한 것)의 본 글자를 강목으로 삼을 필요가 없거늘, 특별히 취하여 섭의 목으로 삼은 것은 어째서입니까?

그 아래에 혹 괘명卦名을 사용했는데,[20] 원나라 유감劉鑑의『경사정음절운지남經史正音切韻指南』(1336년 편찬)[21] 등에 이르면 섭명攝名의 분분함이 더욱 증가하니, 이 또한 무슨 뜻입니까?

간궁艮宮의 '호섭顥攝'과 '추섭酋攝', 곤궁坤宮의 '임섭任攝'에는 글자가 없는 도圖가 있습니다. 그렇지만 '임섭任攝'에는 권圈도 있고 운韻도 있어서 그래도 음성音聲이 있습니다. '호顥'와 '추酋'는 원래 음성音聲이 없거늘 여전히 '호顥'와 '추酋' 등의 섭명으로 일컫는 것은 아무래도 근거가 없지

---

20 최석정은 「성음율려창화전수도(聲音律呂唱和全數圖)」에서 한자음의 섭攝을 외팔섭(外八攝)과 내팔섭(內八攝)으로 나누고 각각 8괘(八卦)를 배당하고 이 16괘에 중성인 모음을 배치시켰다.

21 한효언(韓孝彦)·한도소(韓道昭) 부자의『오음편운(五音篇韻)』(1208)을 근거로 작성된 것이다. 최석정은『편해집운(篇海集韻)』에 부록되어 있는 판본을 사용했다.

않겠습니까?

팔궁 이외에 태궁兌宮 강운江韻 이하 6도는 앞의 팔궁을 재차 서술한 것인 듯합니다. 그러니 다만 전섭前攝에 들어가지 않는 절반의 16성을 따라서 배열하여 기재하는 것이 적절한 듯합니다. 그러나 태궁兌宮의 강운江韻은 이미 운韻을 달리하여 거듭 발음을 사용하고, 간궁艮宮의 교운交韻은 포개서 하나의 운韻이면서 변하여 개음開音으로 들어갔습니다. 이러한 것들은 알 수가 없습니다. 별도로 다른 뜻이 있는지 모르겠습니다. 그리고 도섭圖攝 중에서 『예부운략』에서는 없었던 글자를 더 많이 증가시켜둔 것은 어느 서적을 근거로 하는지요, 그 반절음은 어디서 취해왔는지요?

반절의 방법은 한나라 때 주해에서 이미 있었는데, 지금 범천梵天(서천축)에서 나왔다고 곧바로 말씀하시는 것은 어째서입니까? 이것은 비록 36자모를 위주로 말하는 것이라고 하지만 변설할 길이 없지 않겠습니까?

채원정蔡元定(1135~98)[22]은 『황극경세』에 대해 가히 그 학문에 깊다고할 수 있습니다만, 이제 '폐질廢疾'과 아울러 '고황膏肓'이라 일컫는 것[23]이 어떠하겠습니까? 『경세훈민정음도설』 곤책坤冊의 『군서절충羣書折衷』에서 『광운』을 심약沈約(441~513)의 『사성운보四聲韻譜』보다 앞에 둔 것은 음모音母(36자모字母)가 앞서기 때문에 그런 것이겠습니까?

---

22 남송의 채원정(蔡元定)은 자가 계통(季通), 호는 서산(西山)으로, 복건성(福建省) 건양(建陽) 사람이다. 『황극경세지요(皇極經世指要)』를 저술했다.

23 한나라 하휴(何休)가 『춘추』를 전공하여 『공양묵수(公羊墨守)』, 『좌씨고황(左氏膏肓)』, 『곡량폐질(穀梁廢疾)』을 저술했는데, 정현(鄭玄)이 그것을 반박하여 『발묵수(發墨守)』, 『침고황(鍼膏肓)』을 저술하니, 하휴가 "내 창을 가지고 내 집에 들어와서 나를 공격하는가?"라고 했다는 고사가 있다. 『후한서』 「정현열전(鄭玄列傳)」에 나온다. 여기서는 채원정의 『황극경세지요』를 충분히 비판한 내용이라고 추켜 세운 것이다

1728년 4월 3일의 연주筵奏²⁴

참찬관 조현명趙顯命이 「경자응소봉사庚子應詔封事」의 '부소위강자夫所謂綱者'부터 '복망예명갱사재행伏望睿明更賜財幸'까지 읽었다. 상이 말했다. "대신이 먼저 글 뜻을 아뢰고 우참찬이 이어서 부연한 뒤 유신儒臣(정제두를 가리킴)이 상세히 진술하라."(중략)

정제두가 아뢰었다. "대신〔영의정 이광좌〕이 신에게 겸양했지만, 신臣은 고질병이 들고 너무 늙기까지 하여 예전의 학문이 녹아 없어졌으니 다시 무엇을 아뢰겠습니까? 이 차자로 말하면 송나라가 정강靖康의 변 이후 남쪽으로 천도한 뒤로 효종이 잘 다스리고자 도모하는 때를 주자가 만나서 상소로 정치의 도를 논하고 충성의 마음을 전부 쏟아낸 것입니다. 윗단에서는 백성을 구휼하고 군사를 위무하는 방도를 말했는데, 대개 중흥의 초기에 군무軍務가 급했기 때문입니다. 아래의 단에서는 기강과 근본의 설을 논했는데, 대개 천하만사가 이에 근원을 두기 때문입니다. 그러나 그 근본은 정심正心에 달려 있으며, 정심의 근본은 또 신독慎獨 두 글자에 달려 있습니다. 천리天理와 사의私意를 팔자타개八字打開(좌우의 획이 분명한 팔八 자 모양처럼 논리를 명확하게 해명함)하는 것은 신독 공부에 달려 있고, 천덕天德과

---

24 『하곡집』 권4에 「예궐하사소명소(詣闕下辭召命疏)」와 어비(御批)가 실려 있고, "궐하에 나아가 소명에 사직한 소를 올렸다. 무신년 4월 초사흘이다. 이날 소대(召對)가 있어서 입시하라고 명하셨으므로 대궐에 나아가 사직소를 올렸으나 불허했으므로 입시했다(戊申四月初三日, 是日召對, 命入侍, 詣闕上疏辭不許, 入侍)"라는 해설이 있다. 이 연주는 『하곡집』 10책과 11책 본에만 있고 22책 본에는 없다. 『승정원일기』에 전문이 실려 있으므로 여기에 발췌한다. 이해 이인좌(李麟佐)의 난이 일어나자 정제두는 입궐하여 「문적변소(聞賊變疏)」를 올렸는데, 7일 뒤 4월 3일에 입시의 명을 받았다. 정제두는 사직소가 받아들여지지 않아 희정당(熙政堂)의 경연에 들어갔다. 경연에서는 주자의 「경자봉사(庚子封事)」를 진독(進讀)했다. 송나라 효종 순희 7년(1180) 가뭄〔旱災〕이 있자 주희는 봉사를 올려, 국가의 큰 사명이 휼민(恤民)과 생부(省賦)에 있으며 군주가 심술(心術)을 바로 하고 기강(紀綱)을 세워야 한다고 주장했다. 정제두는 주희의 경세론이 정심(正心)과 신독(慎獨)의 심학(心學)에 근본한다고 밝혔다.

왕도王道의 공효功效를 드넓게 넓히는 것은 신독 공부에서 말미암습니다. 『대학』의 성의정심誠意正心과 『중용』의 계신공구戒愼恐懼는 신독의 뜻이 아닌 것이 없는데, 가장 아래에서 손쓸 부분도 여기에 있고, 철두철미해야 할 부분도 역시 여기에 있습니다. 만약 심력을 굳게 하고 노맥路脈을 찾는다면 도통道統이 있는 곳에 대본大本²⁵이 저절로 설 것입니다."

상이 말했다. "진달한 바가 참으로 좋으니 마땅히 깊이 헤아리겠다. 이 차자에서 위에서는 백성 다스리는 것에 대해 말하고 아래에서는 기강에 대해 말한 것은 어째서인가?"

이광좌가 아뢰었다. "조정에서 한창 백성 다스리는 방도를 구하고 있었기 때문에 위의 단락에서 그것을 말한 것입니다."

정제두가 아뢰었다. "군郡을 다스리고 백성을 구휼하는 것이 주자의 직책이었기 때문에 먼저 말한 것입니다." (중략)

상이 말했다. "좋아하면서도 실마리를 찾지 않으면 나는 어찌할 수가 없다.²⁶ 송나라 임금이 만약 진정으로 정심의 설을 좋아했다면 어찌 이와 같이 했겠는가?"

이광좌가 아뢰었다. "좋아하면서도 실마리를 찾지 않는다는 말은 참으로 성상의 하교와 같습니다. 대개 학문에 대해 범범하게 논하면 심기를 거스르지 않지만 직접 사건을 아뢰면 반드시 듣기 싫어합니다. 만약 듣기 싫어하는 마음이 있으면 이른바 심기를 거스르지 않는다는 것은 모피(거죽, 허례)를 빌리는 것에 불과할 따름입니다. 그러므로 유현儒賢(정제두를 가리킴)

---

25 『중용』에 "희·노·애·락의 미발을 중(中)이라 하고, 발하여 다 절(節)에 맞는 것을 화(和)라 한다. 중이란 천하의 대본(大本)이요, 화란 천하의 달도(達道)이다"라고 했다. 주자의 주에 "대본이란 천(天)이 명(命)한 성(性)이다. 천하의 이치가 다 여기서부터 나가니 도의 체(體)요, 달도란 성(性)을 따름을 이름이다. 천하 고금의 사람이 다 같이 말미암는 길이니, 도의 용(用)이다" 했다.

26 『논어』「자한(子罕)」에 "기뻐하기만 하고 실마리를 찾지 않으며 따르기만 하고 잘못을 고치지 않는다면, 나는 그러한 사람을 어찌할 수 없다(說而不繹, 從而不改, 吾末如之何也已矣)"라고 했다.

이 아까 근독謹獨 두 글자를 아뢴 것입니다. 신臣도 이 두 글자를 모르지는 않지만 유현이 아뢴 바가 긴절합니다. 소식蘇軾이 '이 어른은 이전에 스스로 시대해본 것을 가지고 남에게 알려주기 때문에 (이분의 말씀은 음미할) 맛이 있다'[27]라고 했는데, 바로 이를 두고 한 말입니다. 부디 전하께서는 먼저 근독 두 글자를 학문하는 커다란 근본으로 삼고서 대내의 으슥한 곳에 화려하게 꾸민 전각 속에 한가하게 계실 때 심지心地가 밝고 환한 것이 마치 조정에 임어한 듯이 하여 사면팔방에 밝고 휘황하게 통달하신다면, 밖으로 표출하는 것이 표리가 상응하고 아주 자그만치도 틈이 벌어지지 않게 되어, 일을 맞닥뜨려도 탄탄坦坦하여 늘 여유가 있게 되실 것입니다."

상이 말했다. "그렇다."

정제두가 아뢰었다. "깊은 근심이 성명聖明을 개발하고 많은 어려움이 나라를 흥기시킵니다. 그러므로 신은 저번에 문왕文王과 주공周公의 일을 가지고 대략 진달한 바 있습니다. 문왕은 밖으로 밀密나라 밀수密須씨와 숭후崇侯 호虎[28]가 있어 시사時事가 매우 어려웠는데, 시인(『시경』 시편의 작자)

---

27 본래 『동파전집(東坡全集)』 권101 「학문(學問)」에 나오는 말이다. "어느 때인가 손신로(孫莘老)가 구양수에게 문장 쓰는 법에 대해 가르침을 청하자 구양수는 이렇게 말했다. '별다른 방법이 없습니다. 그저 부지런히 책을 읽고 글을 많이 쓰다 보면 저절로 잘 쓰게 됩니다. 세상 사람들이 글 쓰는 것이 적다고 걱정만 하고, 책 읽기는 게을리합니다. 매번 한편을 낼 때마다 남보다 뛰어나기만 구하니, 이렇게 하여 경지에 이른 글이 적게 됩니다. 자기의 병폐는 다른 사람이 지적해주길 기다릴 필요가 없습니다. 많이 쓰다 보면 스스로 볼 수 있습니다'(頃歲孫莘老識歐陽文忠公, 嘗乘間以文字問之. 云: 無他術. 惟勤讀書而多爲之自工. 世人患作文字少, 又懶讀書, 每一篇出, 即求過人如此少有至者, 疵病, 不必待人指摘, 多作, 自能見之. 此公以其嘗試者告人, 故尤有味)" 이렇게 인용하고 소식은 "이 어른은 이전에 스스로 시도해본 것을 가지고 남에게 알려주기 때문에, 그래서 더욱 맛이 있다"라고 했다.

28 원문의 밀인(密人)은 밀수(密須)로, 주 문왕 때 완(阮)나라를 침략하자 문왕이 군사를 일으켜 멸망시켰다. 『시경』 「대아(大雅)」 황의(皇矣)」에 "밀나라 사람들이 불공하여 감히 대방에 항거하여 완나라를 침공하러 공 땅에 이르자 왕께서 혁연히 노하셨다(密人不恭, 敢拒大邦, 侵阮徂共, 王赫斯怒)"라고 했다. 한편 주(紂)의 신하 숭후(崇侯) 호(虎)는 서백 창(昌, 훗날의 문왕)을 참소하여 유리(羑里)에 유폐되게 만들었다. 『사기』 권4 「주본기(周本紀)」에 "서백(문왕)이 주나라로 돌아온 지 3년 만에 숭후 호를 정벌하고 그곳에 풍읍(豊邑)을 만들었다"라고 했다.

은 '또한 그 명성을 실추하지 않았다〔不隕厥問〕'[29]라고 찬탄했습니다. 문왕이 난리를 평정한 근본을 논하면 '계속 밝혀서 공경함에서 그친 것〔於緝熙敬止〕'[30]에 불과하다고 하겠습니다. 주공은 안으로 사방에 유언비어가 퍼지자 '이미 내 도끼 부서졌고, 또 다른 도끼도 이 빠졌네〔旣破我斧 又缺我斨〕'라고 「빈풍」에서 노래할 정도로 직접 난을 평정했는데,[31] 시인은 '덕 있는 소문에는 흠이 없더라〔德音不瑕〕'[32]라고 찬미했습니다. 주공이 변란에 대처한 방도를 말하자면, 역시 '붉은 신이 안정되고 진중하셨다〔赤舃几几〕'[33]에 불과하다고 하겠습니다. 옛사람이 환란에 대처한 방도가 이와 같았기 때문에 그 성스러운 덕을 잃지 않고 마침내 아름다운 태평시대를 가져올 수 있었습니다. 현재 변변찮은 놈〔이인좌를 가리킴〕이 반란을 일으켜 우려가 아직 끝나지 않았습니다만, 만약 먼저 근본을 확립한다면 저절로 평정되기에 이를 것입니다. 바라건대 전하께서는 이전의 선인의 뜻을 따라 원대한 계책에 더욱 힘쓰시어 종사宗社의 무궁한 복을 이루소서. 그러면 더없이 다행이겠습니다."

상이 말했다. "요전에 했던 말을 나도 생각하고 있다. 지금 또다시 부연해서 설명했는데, 진달한 내용이 더욱 좋으니, 마땅히 깊이 새겨두겠다."

---

29 『시경』「대아(大雅) 면(綿)」에 "이러므로 오랑캐들의 성냄을 끊지는 못했어도, 또한 그 명성을 실추시키지 않았다(肆不殄厥慍, 亦不隕厥問)"라고 했다. 본래는 태왕(太王)이 곤이(昆夷)를 섬길 때 그들의 성냄을 없애지는 못했으나 스스로 명성을 실추하지 않았음을 말한 것인데, 『맹자』「진심하(盡心下)」에서 맹자는 문왕의 일이 여기에 해당된다고 했다.

30 『시경』「대아 문왕(文王)」에 나온다.

31 어린 성왕이 즉위하여 주공이 섭정을 할 때 관숙(管叔)·채숙(蔡叔)·곽숙(霍叔)이 유언비어를 퍼뜨리고 반란을 도모하자, 주공은 이들을 토벌했다. 『서경』「금등(金縢)」에 나온다. 주공의 동벌(東伐)에 대해 『시경』「빈풍(豳風) 파부(破斧)」에 "기파아부(旣破我斧) 우결아장(又缺我斨)"이라고 했다. '도끼가 부러지고 또 날이 빠졌다'라는 뜻이다.

32 『시경』「빈풍 낭발(狼跋)」에서 주공을 노래하기를, "공이 큰 아름다움을 사양하시니, 덕스러운 음성에 하자가 없도다(公孫碩膚, 德音不瑕)"라고 했다.

33 『시경』「빈풍 낭발」에서 또 주공을 노래하기를, "공이 큰 아름다움을 사양하시니, 붉은 신발이 편안하도다(公孫碩膚, 赤舃几几)"라고 했다.

1731년 동호에서의 깨달음, 존언하[34]

내가 『양명집』을 보니 그 도道에는 간요簡要하면서도 몹시 정미로운 것이 있으므로 마음속 깊이 기뻐하여 이를 좋아했으나, 신해년(영조 7년, 1731년, 83세) 6월에 마침 동호東湖에 가서 하룻밤을 유숙하다가 꿈에서 갑자기 왕양명의 치양지학이 몹시 정밀하지만 대개 그 폐단은 정情을 임의로 하고 욕欲을 멋대로 할[임정종욕任情縱欲] 병폐가 있다고 생각하게 되었다.[35]

---

34 이광신(李匡臣, 1700~44)은 「논정하곡학문설(論鄭霞谷學問說)」에서 정제두가 중년 이후로 양명의 서적을 읽고 치양지·지행합일의 설을 따랐다고 밝혔다. 다만 정제두는 회암(주자)과 양명이 독실용공(篤實用工)의 면에서 동귀일치(同歸一致)한다고 보았기 때문에, 변함없이 회암을 존신하여, 원하는 제자에게는 주희의 장구집주(章句集註)를 가르쳐주었지 양명의 설로 유인하지 않았다.

35 양명의 학이 재전(再傳)의 안균(顏鈞), 삼전(三傳)의 이탁오(李卓吾)에 이르러 인륜을 무시하는 데로 나아간 것보다는 주자학자들이 긍식(矜飾)을 중시한 점이 차라리 낫다고 본 것이다. 정제두는 중년 이후 삶의 역동적이고 주체적인 면모를 보장하는 생리(生理)에 주된 관심을 두었지만, 동시에 외부의 물질적 환경에 대해서도 주목하지 않을 수 없었다. 이때 생리가 물리도 통어하거나 통합할 수 있다고 단정한다면 그러한 사유는 선종의 유심주의와 구별할 수 없게 될 것이다. 실제로 양명학의 좌파는 선불교와 구별할 수 없게 되기도 했다. 정제두는 그 사실을 잘 알고 있었을 것이다.

핵심저작

이충익

이충익이 발문을 썼던 망월사판 『진언집』 목판. 경기문화재연구원 소장.

1장
가짜 학문, 가짜 군자가 혐오스럽다

군자의 과오에 대한 설君子之過說[1]

혹자는 말한다. "맹자는 '군자의 과실은 일식이나 월식과 같다'고 했지만, 군자이면서 과실이 있다면 어떻게 군자인가?"

답한다. "군자는 과실이 없을 수 없다. 과실이 있은 뒤에 군자임을 볼 수 있다. 무릇 사람은 아홉 등급이 있는데, 중상中上 이상은 모두 군자의 무리이다. 성인은 말할 것이 없다. 안자(안연)은 과실이 있으면 스스로 알지 않은 적이 없었으니,[2] 이를 보면 안자도 일찍이 과실이 있었지만 과실이 있

1　『논어』「자장(子張)」에 "군자의 허물은 일식과 월식과 같아서 허물이 있을 때 사람들이 모두 보고, 허물을 고쳤을 때 사람들이 모두 우러러본다(君子之過也, 如日月之食焉, 過也人皆見之, 更也人皆仰之)"라고 했고, 『맹자』「공손추하(公孫丑下)」에서는 "옛날의 군자들은 그 허물이 일식과 월식과 같아서 백성들이 다 그것을 보았고 허물을 고치면 백성들이 다 우러러보았다(古之君子, 其過也如日月之食, 民皆見之, 及其更也, 民皆仰之)"라고 했다. 이충익은 군자도 허물이 없을 수 없으며 오히려 허물이 있는 군자라야 그 군자됨을 볼 수 있다고 하고, 군자로서 성현(聖賢)에 가탁하여 그 허물을 꾸미는 자는 간악한 소인(小人)이라고 했다.

2　『주역』「계사전하(繫辭傳下)」에서 복괘(復卦) 초구(初九)를 해설하여, "안씨의 아들은 도의 경지에 거의 도달했다. 선하지 못한 일이 있으면 일찍이 모른 적이 없었고, 그것을 알고 나

음에 즉각 알았으니, 알면 결코 다시 그 과실을 저지르지 않아서 안자일 수가 있었다. 이로부터 아래 등급으로는, 대개 거듭 과실이 있어, 거듭 이 과실이 있으면 거듭 고쳐서 마침내 이 과실이 없게 된 자이다. 이는 비록 안자에게는 미치지 못하지만, 거듭 과실이 있어 거듭 고친 것이 바로 군자의 무리가 된 까닭이다."

"군자가 어찌 과실이 있는가?"

답한다. "과실도 여러 가지이다. 지知가 성인에 미치지 못하여 행行이 과하거나 불급한 자가 있다. 형세가 어렵고 사정이 막여서[3] 자신의 마음에 편안히 여기는 바[仁]를 삼가 행하지만 사람들이 알아주지 않을 따름이면, 마침내 스스로를 인책하여 과실로 여기는 경우가 있다. 우연히 착오에 맞닥뜨려 종신토록 수치스럽게 여기고 한스럽게 여기는 경우가 있다. 이것은 정말로 중상中上 이상의 사람들도 때때로 있는 경우이다. 사람들은 정말로 이것을 이유로 그가 군자의 무리임을 허여許與하지 않지는 않는다. 이러한 사람들의 경우, 스스로 과실을 저질렀다고 여기지 않아 변명한다면 그것이 과실이 되니, 그러면 정말로 소인이다. 옛 사람들은 남의 과실을 보고 용서하고 그 사정의 근원을 살폈다. 이를테면 광장匡章은 온 나라가 불효자라고 일컬었지만 맹자는 아비와 아들이 책선責善(좋은 일을 하도록 권함)하다가 갈라섰다고 보았다.[4] 오늘날의 사람들은 남의 과실을 편협한 시각으로 보고 그의 잘못을 덧보태어 기정 사실로 만드니, 비단 광장이 불효하다고 하여 죽일 듯이 끊어버릴 정도에 그치지 않고 맹자가 광장을 벗 삼

서는 반복해서 행하는 일이 없었다(顔氏之子, 其殆庶幾乎! 有不善未嘗不知, 知之未嘗復行也)"라고 했다.

3 　고전번역원 정리본에 '세굴정원(勢絀情院)'으로 되어 있으나 '세굴정액(勢絀情阨)'의 잘못이다.

4 　광장은 전국시대 제(齊)나라 사람으로 부모에게 잘못을 간언하다가 불효하다는 누명을 썼는데, 맹자는 부자(父子) 사이에 책선(責善)을 하다가 쫓겨난 사람이라고 해명해주고서 그와 절교하지 않고 그를 예우했다. 광장은 아버지에게 버림을 받아 봉양할 수 없게 되자 처자를 물리치고 종신토록 처자의 봉양을 받지 않았다. 『맹자』「이루하(離婁下)」에 나온다.

은 사실까지도 비난한다. 옛 사람은 두루 화합하므로〔周〕5 어진이를 보면 함께 그를 어질다고 여겼다.

오늘날 사람들은 당파를 지으므로〔黨〕 어진이를 보아도 당파가 같지 않으면 배척하여 소인으로 간주하며, 어질다고 하면 더욱 배척한다. 비렴飛廉과 악래惡來6의 경우는 과실이 없거늘 과실이 있다고 간주했으니, 어느 누가 과실이 있는데도 용서하고 현명하게 여겨 그를 위해 변론을 해주겠는가? 만약에 '비록 어질다고 하더라도 성인에 미치지 못했으므로 과실이 있었고, 형세가 어렵고 사정이 막혀서 그러했고, 우연히 착오에 맞닥뜨려 그러했다'라고 말하면, 그 공격하는 자는 기뻐하여 그 편의를 얻어서는 '저자가 이미 자기 과오를 승복했으니, 저자가 어찌 군자일 수가 있는가?'라고 한다면, 그자는 소인 가운데서 특히 무상無狀한 소인(무어라 말할 수도 없이 못난 소인)이다. 저 비렴이나 악래의 경우, 그를 위하여 변론하는 사람이 부끄러워하고 웅크러들어서 처음에 사정에 따라 변론하여 가차假借(도의나 정론을 꾸어와서 자기 것으로 삼고 본래부터 지녔던 것처럼 위세를 떪)하지 않은 것을 후회하여서는, 마침내 눈을 부릅뜨고 팔짓을 하면서 말하길, '옛날 성현은 이런 일이 있었다. 이 경우를 두고 과실이라고 한다면 이것은 성인을 모욕하는 것이요 현인을 훼손하는 것이다'라고 하니, 설득하는 것이 절실하지 못하고, 비교하는 것이 제 부류가 아니며 견주는 것이 윤상倫常(인류의 도리)이 아니다.

그렇거늘 중언重言하여 남의 비판을 방어한다면 남의 마음을 설복시킬

---

5   『논어』「위정(爲政)」에 "군자는 두루 화합할 뿐 편당을 짓지 않으며, 소인은 편당을 지을 뿐 두루 화합하지 않는다(君子周而不比, 小人比而不周)"라고 했다.

6   비렴(飛廉)과 악래(惡來)는 은나라 주왕(紂王)의 신하이다. 비렴은 달리기를 잘하고 그 아들 악래는 힘이 세었는데, 주나라 무왕(武王)이 주왕을 정벌할 때 이들도 주벌했다. 『맹자』「등문공하(滕文公下)」에 "주공께서 무왕을 도와 주(紂)를 죽이시고, 엄(奄)나라를 정벌하신 지 3년 만에 그 임금을 죽이시고, 주왕의 신하 비렴을 바다 모퉁이로 몰아내어 죽이시니 나라를 멸망시킨 것이 50개국이었고, 범과 표범, 코뿔소와 코끼리를 몰아내어 멀리 쫓으시니 천하가 크게 기뻐했다"라고 했다.

수가 없어서, 공격하는 사람이나 변론하는 사람이나 비유하자면 시장의 아이가 서로 붙잡고 싸우는 것과 같아서, 좌우에서 보는 사람이 각자 채찍과 몽둥이와 기와와 돌로 도와주어 분분하고 주절거리면서 고무격발鼓舞激發(기뻐 날뜀)하고 미쳐 야단하는 것과 같기에, 비록 순임금 때 사법관 고요皐陶가 소송을 판결한다고 하여도 장차 시야가 흐려서 놀라고 헷갈려서는 어느 쪽이 옳고 어느 쪽이 그른지를 알 수가 없으니, 그러면 비단 공격하는 사람만이 편파적이고 당파적일 뿐만 아니라 변론하는 자도 잘못이어서 '군자의 과실'을 밀고나가 고착시키게 되는 것이다. 어찌 군자이면서 성현을 빌려서 그 과실을 문식文飾(사실을 덮어둠)하는 일이 있단 말인가? 성현의 막중한 지위를 빌려서 남을 막는다면, 즉 당나라 때 무씨武氏와 위씨韋氏[7]의 당이 공자가 남자南子를 만나보았던 일[8]을 가차하고, 주전충朱全忠과 이무정李茂貞[9]의 무리가 공자가 반란자 필힐佛肹의 부름에 응하고 불뉴不狃의 부름에도 응했던 일[10]을 가차하며, 적적賊을 위해 임금이 되도록 돕는

---

7   당나라 고종의 황후 무조(武曌)는 중종이 즉위하자 그 동생 예종(睿宗)을 세웠다가 스스로 황제가 되어 측천무후라 칭하고 나라 이름을 주(周)라고 했다. 중종이 그를 폐위하고 복위했다. 중종의 황후 위씨는 중종을 시해하고 상제(殤帝)를 세웠다. 융기(隆基), 즉 당 현종이 위씨를 죽이고 왕위를 예종(睿宗)에게 양위했다.

8   남자(南子)는 춘추시대 위(衛)나라 영공(靈公)의 부인으로, 음행(淫行)이 있었는데, 공자가 남자를 만나자 자로(子路)가 좋아하지 않았다. 『논어』「옹야(雍也)」에 보면 공자가 맹세하여 말하기를, "내가 잘못된 짓을 했다면 하늘이 버리실 것이다, 하늘이 버리실 것이다(予所否者, 天厭之, 天厭之!)"라고 했다. 주희는 "성인은 도(道)가 크고 덕(德)이 완전하여 가한 것도 없고 불가한 것도 없으니, 악한 사람을 만나볼 적에 '나에게 만나볼 만한 예(禮)가 있다면 저 사람의 불선함이 나와 무슨 상관이 있겠는가'라고 여긴다"라고 했다. 하지만 공자가 남자를 만나본 사실 자체는 사실 여부, 공자의 의도, 남자의 비정 등과 관련하여 논란이 계속되었다.

9   주전충(朱全忠)은 당나라 애제(哀帝) 때 권신(權臣)으로, 배추(裴樞) 등이 청류를 자처하며 대립하자 그들 30여 명을 백마역(白馬驛)에 모아 죽이고 시신을 황하에 던졌다. 이무정(李茂貞)은 당나라 소종(昭宗) 때 권신으로 소종을 협박하여 진왕(秦王)에 봉해지고, 군사를 이끌고 장안을 공격하여 소종을 화주(華州)로 피난가게 만들었다.

10   『논어』「양화」에 보면 노나라 계씨(季氏)의 가신 공산불요(公山弗擾)가 비읍(費邑)을 근거지로 삼아 반란을 일으키고는 공자를 부르자, 공자가 그리로 가려고 했을 때 자로(子路)가 따졌다. 공자는 노나라에서 서주(西周)의 도를 일으켜 노나라를 동주(東周)로 만들겠노라

자가 맹자가 제나라 선왕과 위나라 혜왕(양혜왕 즉 혜성왕惠成王·문혜군文惠君)에게 왕도를 권면한 것을 가차했으니, 성현을 빌려서 군자의 과실을 문식하는 것은 역시 소인의 악을 밀고 나가 고착시키는 것이 된다. 아아, 두렵도다!

가설假說, 상[11]

『맹자』「진심상盡心上」에서 맹자가 말하길 "오랫동안 거짓으로 가지고 있다가 돌려주지 않으면 어찌 그것이 본래 자기 것이 아닌 줄을 알겠는가?"라고 했다.[12] 이것은 오패五霸가 인의仁義를 거짓으로 가지고 있은 지 오래되어 덤덤하게 인의를 이미 지니고 있던 것으로 여기므로, 너의 인의는 네가 본래 지니고 있었던 것이 아니라고 말하여 그를 믿지 않는 것이다. 처음에 거짓으로 가지게 되었을 때는 어찌 스스로 그것이 거짓으로 가지는 것임을 몰랐겠는가?. 다만 거짓으로 가진 것이 오래되어, 처음에 거짓으로 가졌던 것임을 잊어버리고, 종신토록 그것을 사용하면서도 의심을 하지 않는 것일 따름이다.

천하의 재보財寶에서 집기 같은 따위에 이르기까지 각각 주인이 있다.

는 뜻을 밝혔다. 또 진(晉)나라 대부(大夫) 조간자(趙簡子)의 가신 필힐(佛肹)이 중모(中牟)를 근거로 삼아 반란을 일으키고 공자를 부르자 공자가 가려고 했을 때 자로가 불쾌해하자 공자는 덕을 온전히 갖춘 군자는 불선인(不善人) 속에 던져지더라도 그들에게 동화되는 것이 아니라 오히려 그들을 선도(善導)할 수 있다고 말했다.

11 이충익은 「가설(假說)」상·하에서 인의(仁義)에 가탁하는 것이 불인불의(不仁不義)보다도 인의에 화(禍)를 입히는 것이 훨씬 더 심하다는 공자와 맹자의 논설을 들어 가사(假事)와 가도학(假道學)을 비판했다. 「군자지과설(君子之過說)」에서도 이 점을 강조했다.

12 『맹자』「진심상(盡心上)」에 "요순은 인의의 성품을 타고났고, 탕왕과 무왕은 몸소 체득했으며, 춘추 오패는 차용했다. 오래도록 차용하고서 반환하지 않으니, 자기의 소유가 아니라는 것을 그들이 어떻게 알았겠는가?(堯舜性之也, 湯武身之也, 五霸假之也, 久假而不歸, 烏知其非有也)"라고 했다.

만일 한 사람이 일체를 남에게서 빌려 가져서 스스로 일용품과 애완물로 삼아 일생 그렇게 하여도 주인이 돌려달라고 요구하지 않는다면 그것을 두고 이미 평소에 지니고 있던 것이라고 말하여도 옳다. 사람들이 그것을 보고는, 어찌 처음에는 거짓으로 가지고 있었음을 이유로 들어 그것이 그 사람의 지니고 있던 것이 아니라고 말할 수 있으며 부러워하고 찬탄하지 않을 수 있겠는가? 하물며 거짓으로 가지고 있은 지 오래되면, 그 사람도 역시 처음에 빌렸음을 잊어버려, 마침내 자기의 소유로 여기게 되니, 그것을 보는 사람이 어찌 그것이 거짓으로 지닌 것임을 알겠는가?

오직 천하의 재보와 집기의 경우에는 오랫동안 남에게 빌려주어 반환을 요구하지 않는 법이 없으므로, 역시 빌려 가진 물건을 종신토록 일용하여 자기의 소유로 삼는 일이 없다. 만일 주인이 요구하지 않는다고 하여 오랫동안 돌려주지 않고서 일용하기를 마치 본디 소유하고 있었던 것 같이 한다면, 사람들이 알고 그를 천하게 여기게 된다.

중니(공자)는 말하길, "오직 명名과 기器는 남에게 빌려줄 수 없다"고 했다.[13] 이 말은 그 온당치 못한 사람에게 그것들을 빌려주면 반환을 요구하기 어렵기 때문이다. 하지만 일단 죄를 저지르면 덜어내고 끊어버리거나 삭감하고 강등하면 된다. 그나마 명名과 기器는 사람이 주관하여 주고 뺏음의 주체가 있기 때문이다.

오로지 인의仁義는 천하의 공물公物로서 영화로운 칭호가 여기에 있다. 위로는 요·순·탕·무에서부터 아래로는 이윤·부열·주공·여망에 이르기까지 살아서는 군주요 제왕으로 삼고 죽어서는 시축尸祝을 두는 제사를 받

13　『춘추좌씨전』 성공(成公) 2년에 중숙우해(仲叔于奚)라는 사람에게 상으로 읍(邑)을 주는 대신에 곡현(曲縣, 천자의 의례 때 제후가 수레의 삼면에 설치하는 악기)과 번영(繁纓, 제후가 말갈기 앞에 매다는 장식)을 갖추고 조정에 나오게 했다는 말을 공자가 듣고는, "아깝다! 그에게는 차라리 읍을 많이 준 것만 못하다. 기물과 명호는 사람에게 빌려줄 수 없다. 이것은 임금이 주관하는 것이다(惜也! 不如多與之邑. 唯器與名, 不可以假人. 君之所司也)"라고 비평했다.

았다. 그러다가 주나라가 쇠미하고 천하가 크게 어지러워지자, 인의의 도리가 끊어지고 제나라 환공과 진晉나라 문공이 권세와 조사득실操舍得失의 수에 밝아서, 인의를 가지고 시대를 구원하고 스스로 강성해질 수 있음을 확연하게 알아서, 스스로 자신의 사력詐力(속임수와 무력)을 한껏 발휘해서 천하에 웅자가 되었다. 이에 천하가 쏠리듯이 그쪽을 좇아가서, 마침내 천하의 영광스런 칭호를 그들에게 붙여주었다.

대개 그 처음에는 의의擬議(중대 사안에 대해 대신들이 가부를 의논함)하고 췌마揣摩(상대의 마음을 읽어내어 이에 따라 상대를 설득해서 목적을 달성함)하기를 인의로써 하여 사사로운 사력詐力을 가리고 꾸미려 들어, 스스로 그것을 기이한 착상과 비밀스런 술책이라고 여겼던 것이어서, 그 마음에 있어서는 스스로를 숨길 수가 없었다. 그러다가 행세하기를 오랫동안 하고 쓰기를 익숙하게 하자, 의의擬議에 습관이 되어 의의를 번거롭게 여기지 않게 되고 췌마揣靡에 공교로워 췌마를 힘들게 여기지 않게 되었다. 이래서 인의와 사력詐力이 마침내 꼭 부합하여 하나로 되기를, 마치 아교가 칠에 배합한 것 같고 물이 진흙에 들어간 것같이 되었다. 그 마음에는 스스로, 일마다 모두 인의를 행한다고 여기지만 어느 하나의 일도 사력詐力을 좇아가지 않는 것이 없다. 중니의 문하에서 제 환공과 진 문공의 일을 말하지 않은 이유가 이것이요,[14] 맹자가 '오랫동안 빌려 되돌려주지 않아서 마침내 스스로 본디 자기의 소유라고 여기는 것'을 천하게 여긴 것이다. 이를테면 지금 인의가 천하의 공공의 것이 아니라 사사로운 주인이 있어서, 제환공

---

14 제(齊)나라 환공(桓公)과 진(晉)나라 문공(文公)은 주나라 왕실을 높이고 이민족의 침입을 막은 공로가 있지만 맹자는 그들이 왕도와 왕법을 무너뜨리고 패도와 패술이 횡행하게 만든 것을 비판했다. 『맹자』「진심상(盡心上)」에 보면 맹자가 제 선왕(齊宣王)에게 "중니의 문도들은 제 환공과 진 문공의 일을 말한 자가 없습니다. 이 때문에 후세에 전해진 것이 없어, 신이 아직 듣지 못했습니다"라고 했는데, 주희의 주(註)에 "중니의 문하에는 오척의 동자들도 오패(五覇)의 일에 대해 언급하는 것을 부끄러워했으니, 이는 그 속임수와 무력을 앞세우고 인의를 뒤로 했기 때문이다"라는 동중서(董仲舒)의 말을 인용했다.

과 진문공에게 반환을 요구한다고 치자. 저 제환공과 진문공이란 자가 어찌 그것이 본디 자기의 소유가 아니어서 성현이 이토록 천하게 여긴다는 것을 모르겠는가? 이로부터 이후로는 사력詐力이 자기를 이롭게 할 수 있기에 목숨을 내걸고 그것을 따를 것이다.

인의는 본디 사사로운 주인이 없기에, 맨손으로 움켜쥐어 훔칠 수가 있다. 진秦나라 정政(곧 진시황)은 스스로 덕이 삼황三皇을 겸했다고 여겼고. 신新의 왕망王莽은 이윤과 주공 같은 명재상으로 자임했다. 조비曹丕는 한나라의 선양을 받으면서 그 신하들을 돌아보며 말하길, "순임금이 우임금에게 선양한 일을 나는 잘 알고 있다"라고 했다. 조비는 비단 위로는 순임금·우임금에게 부끄러운 정도가 아니거늘, 그런데도 순임금·우임금의 일이 조비에게 부절符節(신표)처럼 선례를 드리웠다고 했다.[15] 이 말에 대해 천고의 사람마다 비웃고 욕하고 있다. 하지만 인의를 거짓으로 빌려와서 돌려주지 않는 자들이 많다. 잘 빌려온 자는 제환공·진문공이다. 잘 빌려오지 못한 자는 조비이다.

『주역』에 "서리를 밟게 되면 이어서 곧 두터운 얼음이 닥쳐온다"[16]라고 했는데, 바로 이것을 두고 한 말이다.

가설假說, 하[17]

어떤 사람은 이렇게 말한다.

---

15   『주자어류』 권123에 보면 주자가 이 사실을 다루었다.

16   『주역』 곤괘(坤卦) 초육(初六)에 "서리를 밟으면 단단한 얼음이 이른다(履霜堅冰至)"라고 했고, 곤괘 초육 상(象)에 "서리를 밟으면 단단한 얼음이 이른다는 것은 음이 처음 응결한 것이니, 도를 점차 이루어 단단한 얼음이 이른 것이다(履霜堅冰, 陰始凝也, 馴致其道, 至堅冰也)"라고 했다.

17   이충익이 이 글에서 말하는 가도학(假道學)이란 당시 전횡을 부리는 노론 당파의 정주(程

"주나라가 동쪽으로 옮겨 가자 쇠미함이 심해졌고 천명도 떠났거늘, 제 환공과 진 문공이 그래도 주나라 왕실을 부식扶植하고 존장尊獎하여 천하에 호령하게 하여 천하가 감히 따르지 않을 수 없었으니, 그들의 공이 역시 크다. 인의를 성性이요 몸으로 삼아 천하에 무언가를 한다는 것은 역시 이와 같을 따름이다. 어찌 가짜로 빌렸다고 비난하는가? 거짓을 빌린다는 것은 남을 본받아 배우는 것과 같다. 거짓으로 빌러 오래되면 장차 습관이 되니, 이미 평소 지니고 있었던 것과 무슨 차이가 있는가? 이렇거늘 비천하게 여기는 것은 어째서인가?"

답한다.

공자와 맹자는 인의를 거짓으로 빌림으로써 인의에 재앙을 주는 일이 어질지 못하고 의롭지 못함보다 더 심하다는 것을 알았으며, 거짓으로 빌려서 소유로 삼는 것을 비천하고 추악스러움이 드러내놓고 배반하여 제 몸이 훼멸되고 찢김보다 심하다는 것을 알았다. 그러므로 온 세상이 그들의 의리를 축송하는 때를 맞아 능히 동자로 하여금 제 환공과 진 문공을 칭송함을 부끄럽게 여기게 만들어 그들이 삼왕三王의 죄인이라고 분명하게 말한 것[18]이다. 『맹자』「양혜왕상梁惠王上」에서는 양혜왕이 '어떻게 하면 우리나라를 이롭게 하겠습니까?'하고 묻자, 맹자는 '역시 인의가 있을 따름입니다'라고 했다. 양화陽貨는 "인을 행한다고 부유한 것은 아니며 부자라고 불인한 것은 아니다"라고 했다.[19] 『논어』「이인里仁」에서 군자는 의

朱) 말학(末學)을 기롱한 말이다. 이충익은 노론 일당이 가성현(假聖賢)의 모습으로 자신들의 허물을 꾸미기 때문에 사람들이 진(眞)·가(假)를 구분하지 못하고 그들에게 속아 넘어간다고 우려했다.

18　『맹자』「고자하(告子下)」에 보면 제 환공(齊桓公)·진 문공(晉文公)·진 목공(秦穆公)·송 양왕(宋襄王)·초 장왕(楚莊王) 등 춘추시대 제후(諸侯)의 맹주(盟主)로서 패업(伯業)을 이룩한 다섯 사람을 두고 맹자는 "오패는 삼왕의 죄인이다(五覇者, 三王之罪人也)"라고 했다.

19　양화(陽貨)는 노나라 계씨(季氏)의 가신(家臣)으로 양호(陽虎)라고도 하는데, 국권을 농락하며 횡포를 부렸다. 『맹자』「등문공상(騰文公上)」에 보면 맹자가 등 문공에게 나라 다스리는 법을 설명하면서 "부자는 어질지 못하고, 어진 자는 부자가 되지 못한다(爲富 不仁矣 爲

를 분명히 알고 소인은 이익을 분명히 안다고 하여 그 둘 사이에 차이가 있다고 했지만, 군자나 소인이나 모두 인의가 공리功利와 병행할 수 없다는 것을 알았다. 후세의 사람들은 이익을 추구하는 데 있어서 곧 '인仁을 행하는 것은 장차 이익을 얻기 위한 것이다'라고 말한다. 정말로 인을 행하지 않으면 그 이익됨도 전일하지 않다. 그러므로 이익을 위하려면 먼저 인을 행하여야 한다.

제 환공은 강력한 초나라에 보복을 하려고 하면서, 반드시 먼저 소왕昭王이 순수를 하다가 돌아오지 않은 일[20]과 포모包茅를 바치지 않은 일[21]을 두고 깊이 초나라를 꾸짖은 뒤에 병졸이 많고 굳세다는 것을 자랑하고 과시하여, 가만히 그 마음을 억누르고 자신의 뛰어난 국면을 드러내었다. 초나라 소왕은 이미 한나라가 초나라 경역이 아니라고 하여 죄에 불복했으니[22] 초나라는 이미 한나라가 초나라의 땅이 아님을 이유로 죄를 인정하지 않았는데, 당시의 제후들이 왕실에 협력을 하지 않은 것이 어찌 비단 포포包茅만 바치지 않는 데 그쳤던가? 반드시 이렇게 한 뒤에 비록 초나라같이 강력하고 참월된 제후국도 나와 경쟁할 수가 없으며 내가 천하에 아무

仁不富矣)"라는 양호의 말을 인용한 대목이 나온다.

20 『춘추좌씨전』 희공(僖公) 4년에 제 환공(齊桓公)이 초나라를 토벌할 때 초나라가 사자(使者)를 보내 제나라와 초나라는 아주 먼 거리에 있는데 왜 침입했느냐고 묻자, 관중이 "소왕(昭王)이 남방을 순수(巡狩, 시찰)하다가 돌아오지 못한 죄를 묻기 위해서이다"라고 답했다. 초나라 사신은 소왕 때는 한수(漢水)가 초나라의 경내가 아니었으므로 죄를 받아들이지 않아, "소왕이 돌아가지 못한 것은 물가에 가서 물어보라!(昭王之不復, 君其問諸水濱!)"라고 했다.

21 『춘추좌씨전』 희공(僖公) 4년에 제 환공이 초나라를 토벌할 때 초나라에서 사자(使者)를 보내 전쟁을 일으킨 까닭을 묻자 "그대들 초나라가 포모를 바치지 않은 탓에 축주(縮酒)할 수가 없어서 왕의 제사를 지내지 못하게 되었기 때문이다(爾貢包茅不入, 王祭不供, 無以縮酒)"라고 했는데, 두예(杜預)는 '포(包)'는 싸고 묶음이고 '모(茅)'는 청모(菁茅)로 보아, 모를 묶은 다발에 강신주를 부어 축수하는 것이라고 풀이했다.

22 『춘추좌씨전』 희공(僖公) 4년에 제 환공이 초나라를 토벌할 때 관중의 물음에 답하여 초나라 대신이 소왕 때 일을 환기시킨 것이다.

적이 있을 수 없다는 사실을 보여주었다. 양화陽貨와 오려吳慮[23]는 제환공에게 미치지 못했을 따름이다. 그렇지 않았더라면 양화가 어찌 '인을 행함은 정말로 부를 위함이고 부를 쌓으려면 반드시 인을 행한다는 구실을 빌려와야 한다'라고 말하지 않았겠는가?

예禮란 혐의스러운 일을 분별하고 예로써 은미한 일을 밝히는 수단이다.[24] 군주의 은총과 부친의 정을 재단해 자기만 독점하고 남에 대해서는 절삭하여 군주와 어버이에게 야박한 자가 예(禮)를 빌려 간다. 『춘추』란 삼가지 않는 자를 징계하고 정치를 어지럽히는 적을 두렵게 만드는 책이다. 그렇거늘 호오好惡와 애증愛憎을 사사롭게 하여 남에게 극악한 독을 뿌리며〔『춘추』의 의리를〕 가짜로 빌려 가서는 '그 못된 마음에 따라 죽인다'[25]라고 말한다. 『춘추』는 대개 그 자취를 집어내어 그 마음을 논했을 따름이니, 어찌 일찍이 일이 있기 이전에 그 못된 마음에 따라 죽인다는 법률의 예가 있었던가? 그렇거늘 지금 '자취는 달라도 마음은 다르다'라고 하거나 '자취는 같아도 마음은 다르다'라고 말한다. 자취를 버려두고 마음에 따

---

23 『묵자(墨子)』「노문(魯問)」에 나오는 고사이다. 노나라의 남쪽에 사는 오려(吳慮)가 겨울이면 도자기를 굽고 여름에는 농사를 지어 획득한 소득을 가난한 사람들에게 나누어 주면서 스스로를 요순(堯舜)에 비유했다. 어느 날 묵자가 찾아오자 오려는 "인의는 실질적으로 행하고 몸소 모범을 보이면 되거늘 어찌하여 동분서주하며 선양을 하는 겁니까?"라고 힐문했다. 이때 묵자는 "당신은 몸소 도자기를 굽고 농사를 지어 그 소득을 다른 사람들에게 나누어 주지만 사람들이 받는 이익은 아주 적소. 우리의 많은 묵가 제자들이 사처에서 인의를 선양하면 천하를 구할 수 있어 사람들이 얻는 이익이 막대하오. 그러니 우리가 어찌 선양하러 다니지 않겠소?"라고 답했다.

24 『예기(禮記)』「예운(禮運)」에 "예라는 것은 군주의 큰 자루이니, 혐의를 구별하고 은미함을 밝히며 귀신을 대접하며 제도를 상고하며 인의를 구별하는 것이다(禮者, 君之大柄也, 所以別嫌明微, 儐鬼神, 考制度, 別仁義)"라고 한 데서 원용한 것이다.

25 춘추시대 노나라 선공(宣公) 2년에 조천(趙穿)이 진(晉)나라 영공(靈公)을 도원(桃園)에서 죽였는데 당시 정사를 맡았던 조돈이 그들을 토벌하지 않은 것과, 소공(昭公) 19년에 허(許)나라 도공(悼公)이 병중에 있을 때 세자(世子)인 도지(悼止)가 약을 맛보지 않아 도공이 죽게 된 두가지 사건을 들어, 『춘추』에서 '시해했다'라고 쓴 데서 나온 말이다. 『춘추좌씨전』 선공(宣公) 2년과 소공(昭公) 19년에 나온다.

라 죽인다면 사람은 손과 발을 놓을 곳조차 없게 될 것이다. 심지어 제 환공과 진 문공의 권세를 빌려오는 한가지 일의 경우는 삼귀三歸[26]와 병駢[27]과 소곡小穀[28]으로 자신을 받드는 일을 영위하면서 옥구슬을 바치고 떠나겠다고 고하던[29] 술법을 습용하여 그 군주를 한사코 요구했으니, 그것은 곧 인의를 버린 것이다. 어찌 그림자가 망량罔兩·魍魎에 대한 관계 정도에 불과할 따름이겠는가?

저들은 몰래 추도錐刀[30]를 다투고 드러내놓고 전향膻薌[31]으로 내달린다. 벼슬길에 나가서는 자주 자기를 뻗치면서 '공자·맹자가 현실을 구원하는 데 급하여 그러했다'고 하고, 산림에 처하여 휘감겨 있으면서는[32] '빈사賓

---

26 『논어』「팔일(八佾)」에서 공자는 "관중의 그릇이 작구나!" 비평하고, "관중이 삼귀(三歸)를 소유하고 관사(官事)를 겸임케 하지 않았으니, 어찌 검소했다 하겠느냐?" 하고, 또 "나라의 임금이라야 색문(塞門)을 세우는데 관중도 색문을 세웠고 나라의 임금이 두 나라와 우호를 다질 때 반점(反坫)을 설치하는데 관중도 반점을 설치했으니, 관중이 예를 안다면 어느 누가 예를 모르겠느냐?" 했다.

27 제(齊)나라 환공(桓公)이 대부 백씨(伯氏)의 병읍을 빼앗아 관중에게 준 일을 말한다. 『논어』「헌문(憲問)」에 공자가 "관중이 백씨의 병읍 300호를 빼앗았는데, 백씨는 거친 밥을 먹으면서도 평생토록 원망하는 말이 없었다"라고 말한 내용이 보인다.

28 『춘추좌씨전』 장공(莊公) 32년 봄에 소곡(小穀)에 성을 쌓았는데, 관중을 위한 것이었다. 『관자』「대광(大匡)」에 오나라가 곡을 치자, 제 환공이 곡에 성을 쌓아 마침내 관중의 채읍(포상으로 받는 영지)으로 삼았다고 했다.

29 『예기』「단궁하(檀弓下)」에 '급하이수벽(及河而授璧)' 구절이 있다. 『예기집설(禮記集說)』에 보면 문자는 춘추시대 진(晉)나라 중신(重臣)에 대해 "자범(子犯)이 문공을 따라 19년 동안 외국에 있다가 본국에 돌아와 위태롭고 불안할 때를 당해서 마땅히 군주를 보필하여 들어와서 국사를 안정시켜야 하는데, 도리어 황하에 이르러 구슬을 주고 떠나가겠다고 하직했으니, 이는 다른 날에 높은 벼슬과 중한 녹봉을 얻기 위한 계책이었다. 그러므로 이 말로써 군주에게 요구하여 이익을 바란 것이니, 어찌 그 군주의 안위를 돌아보았겠는가? 인(仁)하지 못한 일이다"라고 했다

30 추도지말(錐刀之末)의 준말로, 작은 일이나 작은 이익을 이른다. 『춘추좌씨전』 소공(昭公) 6년(기원전 536) 조에 "터럭 같은 작은 이익도 모두 다투려 할 것이다(錐刀之末, 將盡爭之)"라는 내용이 보인다.

31 전향은 오곡의 향기이다. 소나 양의 기름을 태우는 냄새라고도 한다. 『예기』「제의」에 "전향을 태워 쑥 향기를 드러내어 그로써 기에 보답한다(燔燎膻薌, 見以蕭光, 以報氣也)" 했다. 여기서는 국가 제사를 드리는 종묘를 가리킨다.

32 언건(偃蹇)은 은둔하여 거처하는 모습이다. 한(漢)나라 유안(劉安)의 「초은사(招隱士)」에

師의 도란 그런 법이다'라고 한다. 한마디 한 동작이 지난날의 서적에서 명호名號를 빌려오지 않은 것이 없으며 지난 현철賢哲에게 자취를 견주지 않은 것이 없으면서 한 시대의 온 사람들을 겸제箝制(억누름)한다. 사람들은 비단 그 겸제를 받으면서도 감히 대항하지 못할 뿐만 아니라, 그 하는 짓을 가슴속 깊이 염모艶慕하여 본받으려고 하여 오로지 비슷해지지 못할까 두려워하여 뻔뻔스럽게 즐겨 그 무리가 되어 부끄러워하지를 않는다. 아아, 이것을 부끄럽게 여기지 않는다면 그것이 바로 부끄러워할 줄 모르는 것이로다.

강태옹의 일을 기록하다記康泰雍事

돌아가신 부친(양부 이광명李匡明)께서 지난날 이산夷山(갑산甲山)으로 유배 가셨던 다음 해에 노비를 시켜 봉양할 물건들을 가지고 가게 했는데, 어느 날 저녁에 북청北靑의 부성府城에 이르렀으나 여관이 있는 곳을 알지 못하여 길에서 방황하다가 우연히 종모騣帽[33]를 쓰고 나선의 은끈을 맨 자가 어쩐 일인지 묻고는 슬퍼하는 마음을 일으켜, 이끌고 함께 그 집에 가서 밥을 먹여주고 말에 먹이를 주었는데, 그 마음 씀씀이가 주도하고 지극했다. 노비가 이산에 이르러, 다시 소금과 물고기와 해조(미역)를 사서 북청에 이르러서는 마침내 이 사람을 주인으로 삼아 그 집에 묵었다. 노비는 아주 허랑하여 말을 이 사람 마굿간에 묶어두고는 밤낮으로 포구와 항구의 시장으로 달려가서 혹은 열흘을 채우도록 오지 않았지만, 이 사람은 그의 아내와

"계수나무가 산속 깊은 곳에 떨기로 나왔나니, 무성하게 가지들이 아름답게 휘감겼네(桂樹叢生兮山之幽, 偃蹇連蜷兮枝相繚)"라는 표현이 있다.

33 종모(騣帽)는 종립(鬃笠)이라고도 하는데 기병(騎兵)이 쓰던 모자로 갓보다 조금 높고 위의 통형(筒形) 옆에 우모(羽毛)를 붙였다.

함께 그 말을 먹이기를 아주 근실하게 했고, 노비가 이르러 왔을 때 아무 책망의 말이 없었다. 혹은 밥을 다 먹은 뒤였을 때는 별도로 먹을 것을 만들어주고 가진 돈이 있는지는 묻지 않았으며, 돈을 주고는 (갚지 않아도) 역시 꾸짖지를 않았다. 뒤에 다른 노비가 심부름으로 왕래하게 되었을 때 이끌고는 그 집에 들렀다. 나도 본디 이 사실을 들어서 알고 있었다.

을유년(1765)에 내가 처음으로 이산으로 근성觀省하러 가다가 길에서 이 사람을 보았는데, 전부터 익히 알고 있었던 사람처럼 간곡했다. 그의 성을 물으니 강康이라고 하고, 스스로 말하길 신덕왕후神德王后 부친 상산부원군象山府院君[34]의 후손으로 이름은 태옹泰雍이라 했다. 사람됨은 키가 작고 체격이 단단하며, 언사가 간결하고 직설적이며, 사람의 정에 맞춰 겉 꾸미고 남에게 기쁨을 사려고 도모하지 않아, 언행이 모두 속마음에서 우러나오는 자였다. 당시 나는 학질을 심하게 앓았는데, 강태옹과 그 아들이 지성으로 보호하여 봉양해주었다. 장차 서너날 쉬고서 다시 출발하려고 했는데, 이를 위해 일을 처리해주는 것이 아주 자상했다.

정유년(1777) 6월 그믐에 내가 심도沁都(강화도)에서부터 도보로 수천리를 가서 해를 넘겨 강태옹의 거처에 이르니, 강태옹은 내가 늙고 수척한 것을 보고는 이 때문에 눈물을 쏟으면서 한사코 열흘 동안 머물렀다가 다리의 근육이 차도가 있기를 기다렸다가 비로소 앞으로 나아가게 하고는 도례徒隷와 약속하여 함께 가도록 하고 나를 대신하여 짐을 지고 서너리 바깥까지 가서 전송하면서 눈물을 흘리며 말하길, "가셔서 노인분을 잘 봉양하시고, 혹시라도 창졸간의 일[노인의 사망]이라도 있어도 이 일은 여기 제가 있으니, 부디 도련님께서는 심하게 걱정하지 마십시오"라고 했다. 한해도 채 되기 전에 끝내 대고大故(양부 이광명의 죽음)이 있게 되니, 강태옹은 소식을 듣고는 즉시 서찰을 보내 나를 위로하고, 또한 말하길 "상을 당하신

---

34 태조의 계비 신덕왕후(神德王后) 강씨(康氏)의 부친으로 황해도 곡산부 상산부원군(象山府院君) 강윤성(康允成)이다.

도련님 댁이 아주 군색하신데, 제가 이미 말씀드렸듯이, 힘이 미치는 바를 볼 따름입니다. 집에 밭에 씨뿌리려고 둔 볍씨가 20두斗인데, 남에게 꾸어 주면 1만 5천이나 5천 전은 얻을 수 있고, 말 하나가 아주 양호하므로 마땅히 이것으로 시행하시면 아마도 구거柩車를 받들어 고향으로 돌아가실 수 있을 것이니, 주인 형제분께서는 도보로 따라 오시면 됩니다. 제 힘은 여기 까지는 미칠 수 없으므로, 목수가 만들어 판매하도록 자세히 보여주시면 좋을 것입니다. 우리 부자는 마땅히 행장을 꾸려서 함께 가겠습니다. 저는 이미 늙었으나 막내아이가 바야흐로 건장하니, 막내를 시켜서 들것을 지고 귀향하시는 것을 전송하게 하겠습니다"라고 했다.

이윽고 진津에서 향서鄕書를 보내었다. 또한 말하길, "처음에 재산을 기울여 도와드리려고 했는데, 도련님의 종형께서 행장을 마련하여 가까이까지 와계시다고 듣고는, 저는 다시 재물로 법을 차릴 수가 없게 되었습니다. 널을 실어 갈 때 편하게 하시려고 목재를 준비하시기를 아주 얇은 것으로 하셨다고 들었습니다. 저의 고을에 이르시면 장차 바꾸려 하시겠습니다 만, 고을에 이르러도 어찌 좋은 목재가 있겠습니까? 저는 이미 세번이나 적설을 무릅쓰고 산에 들어가 나무를 사느라 이미 지성으로 했습니다. 말이 두필이 있는데, 실어 갈 수 있습니다"라고 했다. 마침내 널을 받들어 북청에 이르니, 강태옹 부자가 앞길에서 맞이하고는 말하길, "저의 곳에 빈소를 차리십시오"[35]라고 하는데 소제掃除하고 공판供辦하는 것이 아주 갖추어져 있었다. 말은 9필이고, 사람은 상하 신분이 18인이었다. 이미 이르자, 손님을 위해 숙소와 식물食物을 제공해주는 곳으로 돌아가듯 했다. 닷새 동안 자제들은 분주하게 일 처리를 위해 달리고, 여종과 남종은 새벽 일찍 일어나고 밤늦게야 쉬었지만 모두 싫어하는 기색이 없었다. 뜰에 나무를 깔아두었는데, 기름과 수액이 넘쳐나고, 나뭇결이 동글동글했다.

---

35 원문의 '어아호빈(於我乎殯)'은『논어』「향당」의 "붕우가 죽어서 돌아갈 곳이 없으면, 우리 집에 빈소를 차리라(朋友死, 無所歸, 曰於我殯)"에서 가져왔다.

아아! 강태옹은 서울에서 멀리 떨어진 고을의 사람이다. 식은 재는 다시 뜨겁게 타오를 수 없다는 것은 오래전에 알았을 것이니, 나에게 보답을 기대하는 것이 아니고 마을의 이웃들에게 칭예를 요구하는 것이 아니다. 서로 천리나 멀리 떨어져 있으므로, 내가 감동하고 사랑하며 흠모하고 기뻐하길 기대하기를 바라는 것이 아니었다. 집이 또한 가난해서 아비도 아들도 노동을 하여 먹고사니, 남은 것이 있어서 짐짓 좋은 일을 한 것이 아니었다. 젊어서 활과 말에 익숙하고 머리를 묶은 성인이 되어서는 절도사 병영에 이름이 예속되어, 거듭 시험에서 합격하지 못했으나, 사악한 길을 따라 모책을 그릇되게 하려고 하지 않아, 불합격한 것을 중도로 삼았다.

강태옹이 나이 예순다섯에 이르러 기사騎射[36] 능력을 시험하여 다섯발을 쏘아 다섯발을 적중하여 처음으로 전시殿試에 나아갔으니, 전중殿中의 사람들[37]이 그가 늙은 것을 보고 모두 놀랐다. 영중營中의 제차諸差[38]로 파견되었으나 결코 한마디도 명리를 구걸한 적이 없었다. 젊은 날에 마음을 세우길[立心], 남들과 쟁송爭訟하기를 원하지 않았다. 언젠가 수만전을 남에게 빌려주었는데, 그 사람이 갚지 않았지만[不報] 끝내 자기 쪽에서 말하지 않았다. 아아! 이 사람이 어찌 보답을 바라서 남에게 베푸는 자이겠는가? 의를 좋아하고 선을 즐겨서 감발하여 스스로 처음부터 끝까지 일치한 자가 아니겠는가? 무언가 할 의도가 있어서 일을 행하는 자는 그 말을 들어보면 반드시 아유阿諛(아첨)하고, 그 안색을 보면 반드시 참괴慙愧하여, 오래

---

36 원문에는 '치사(馳射)'라고 했는데, 말 타고 과녁을 활로 쏘는 기예인 기사(騎射)를 바꾸어 표현한 것이다. 무과 초시 11기(技)의 하나다. 11기는 목전(木箭)·철전(鐵箭)·편전(片箭)· 기사(騎射)·관혁(貫革)·기창(騎槍)·격구(擊毬)·유엽전(柳葉箭)·조총(鳥銃)·편추(鞭芻)· 강서(講書)를 말한다.

37 전중의 사람들은 중국의 전중시어사(殿中侍御史)를 의식한 표현인데, 고려시대의 경우 어사대(御史臺)의 정6품이나 종5품 또는 감찰사의 정6품 관직을 가리켰다. 여기서는 대관(臺官) 등을 가리키는 듯하다.

38 제차(諸差)는 제차비(諸差備)를 말한다. 본래 '차비(差備)'란 특별한 일을 맡기 위하여 일시적으로 기용할 때 쓰는 용어로 '자비'라고도 읽는다.

지나고 보면 변하고 의義와 선善을 아예 잊어버린다. 어찌 강태옹처럼 처음부터 끝까지 일치〔始終一致〕하고 안과 속이 탄솔하고 결백하기를, 옛날 충의忠義의 사대부에 견줄 자가 달리 있겠는가? 남이 이와 같이 나에게 베푼다면 그저 그 물품에 감동하는 것만이 아니라 그 마음에 감동한다. 하물며 그 물품을 나의 어버이에게 베푼 경우에야 더 말해 무엇하겠는가? 내가 어찌 이 사람이 보답을 바라지 않는다는 이유로 그에게 보답하려고 생각하지 않을 수 있겠는가? 나의 자손 되는 자들은 마땅히 대대로 보답하고자 도모해야 할 것이다.

2장
세간법世間法과 출세법出世法은 두 길이 아니다

망경곡에다 작은 암자를 영건했다가, 관금으로 저지되는 바가 있어 재
목을 묻고 후일을 기다린다.[1] 유공幼公 종형[2]이 시를 써서 조롱하기에[3] 내
키는 대로 붓을 놀려 스스로 해명한다營小庵于望京谷, 有以官禁沮, 埋材以俟後.
幼公從兄以詩嘲, 信筆自解

제1

---

1   1768년(영조 44) 무렵 이충익은 강화도 마니산 망경대(望京臺) 폭포 아래에 승려 혜운(慧
     雲)과 함께 7간 암자를 짓고 스스로를 폭포암주인(瀑布庵主人)이라 호했다가, 관금(官禁)이
     두려워 철거했다.

2   이충익의 재종형 이영익(李令翊, 1738~1780)이다. 자가 유공(幼公)이다. 이광사(李匡師)의
     아들이자 이긍익(李肯翊)의 아우로, 정제두의 손자사위이다. 부친이 부령(富寧)과 신지도
     (薪智島)에서 유배생활을 하는 동안, 강화도와 서울을 오가며 유배지의 부친을 곁에서 모셨
     다. 이긍익은 나주(羅州) 모산(茅山)의 외가에 의탁하고, 『연려실기술(燃藜室記述)』을 완성
     했다. 정인보는 『양명학연론(陽明學演論)』에서 이영익을 '양명학에 있어 심조자득(深造自
     得)한 이'라고 평결했다. 문집으로 필사본 『신재집(信齋集)』 2책이 있다. 『경설(經說)』이 별
     도로 있었다고 한다.

166

폭포암 가운데 병든 한 사내
푸른 하늘이 내 두개골을 덮어준다
문 앞에 드러내놓고 앉았어도 아는 사람 없지만
이미 삼거三車⁴를 얻었기에 절로 즐겁다

瀑布庵中一病夫 靑天與我盖頭顱
門前露坐無人識 已得三車自在娛

제2

훼멸하거나 완성하거나 홀홀하게 찰나일 뿐
흐린 눈동자에 헛되이 분분하게 현화가 나누나
즉시 초가 삼간의 터에서
현성賢聖의 광대무변한 경지를 현출하리라

毀成忽忽刹那頃 空有紛紛花瞥眚
卽從茅屋三間基 現出無邊賢聖境

---

3 이충익은 신지도에서 부친 이광사를 모시고 있던 종형 이영익에게 시를 보냈다. 그러자 이
영익은 연작절구시 14수를 보내어 기롱했다. 「이우신이 최근에 불교 이치에 빠졌다. 듣자니
마니산 망경대의 폭포 아래에다 승려와 함께 작은 암자를 짓고, 스스로를 폭포암주인이라
호했는데, 암자가 채 낙성된 뒤 관금이 두려워 곧바로 철거하고 불상을 묻었다 한다. 부지불
식간에 절도할 지경이라 주필(走筆)로 14절구를 지어 부친다(虞臣近長佛理. 聞與釋子, 構小
庵於摩尼山望京臺瀑布下, 自號瀑布庵主人, 甫落, 畏官禁, 旋撤材藏埋. 不覺絶倒, 走筆寫十四
絶句, 以寄)」라는 긴 제목이다. 이영익은 제14수에서 "불교의 말을 계산(稽山)의 학에 붙이
지 말라, 계산학의 실리(實理)는 공관(空觀)과는 천리나 멀기에. 불교가 모든 것을 아우른다
말하지만, 묘리 터득해서 관문에 이른 사람 누가 있는가?(莫將夷語附稽山, 實理空觀千理間.
能說佛家都着相, 何人妙解到斯關?)"라고 했다.

4 삼거(三車)는 불교에서 성문(聲聞)·연각(緣覺)·보살(菩薩)의 삼승(三乘)을 비유하는 우차
(牛車), 양차(羊車), 녹차(鹿車)의 세 수레다.

제3

가령 사찰을 세워 허공에 닿게 한다면
다만 사람과 하늘의 재물 보시를 얻어야 하리
관아의 금지 때문에 들보 서까래를 묻은 것이 아냐
깊은 정성이 땅속까지 이른 것을 어찌 드러내랴

假饒建刹彌虛空 只得人天財施功
不因官禁埋梁桷 那表深誠到地中

제4

수달須達[5]은 황금 깔아 대웅(석가)에게 보시하니
선인仙人(석가)도 바깥의 자금과 공력을 빌렸지만
지금은 앉을 좌상이 어느 곳에도 없으니
긴 모래밭을 말아서 포대布袋 속에 넣는다

須達布金施大雄 仙人猶借外資功
如今無處安牀座 捲入長汀布袋中

제5

재앙과 경복이 어찌 인연 쌓인 결과이랴

---

5 '수닷타'의 음역이다. 석가모니가 살아 있을 때 생존했던 인도 사위성(舍衛城)의 장자(長
   者)로, 가난한 사람에게 많은 혜택을 주었으며 기원정사(祇園精舍)를 세웠다.

일리一理가 망망하여 지금도 의심하다가
삼생의 일을 깨달은 뒤로는
세상에 부평같이 떠돌아도 슬퍼하지 않는다네

殃慶豈曾緣所積 茫茫一理至今疑
自從悟得三生事 人世萍逢更不悲

제6

십년 동안 눈물 흘려보내 바다에 물결을 더하니
정 두고 식견 있어 찾아보지 않고 어찌하랴
산 거처를 결의하여 옅은 곳 아닐까 두려워하니
아름드리 나무들 속에서 『능가경』을 읽는다

十年流淚海添波 情識相尋不奈何
決意山棲猶恐淺 千章樹裏讀楞伽

제7

이위산(마니산) 속, 바다는 넘실거리고
만리풍에 날리는 모래가 얼굴을 차갑게 쓸어가네
무상하게 갈 길 재촉하여 끝에 이르니
바야흐로 내게 하늘의 관점에서 보라고 하네

二圍山裏海漫漫 萬里風沙刮面寒
過盡無常催去路 時方要我自天看

제8

계산[6]에서 뗏목을 버려[7] 사람을 이미 제도했고
삼승의 시교時教(임시방편의 교)는 결코 참이 아니네.
인연 따라 인도하여 설할 일이지, 어찌 자취를 따지랴
문을 닫고 문을 여는 것도 다만 이 한 몸의 일

捨筏稽山已度人 三乘時教摠非眞
隨緣導說何論跡 閉戶開門只一身

종형 신재선생 가전從兄信齋先生家傳[8]

신재 이 선생의 이름은 영익이고 자는 유공이다.[9] 부친의 이름은 광사로, 문학으로 당시에 이름이 났으며, 호는 원교 선생이었으니, 나의 중조仲祖이신 각리角里 판서공(이진검李眞儉, 1671~1727)의 막내 아드님이시다.

신재 선생은 어려서부터 총명함이 남을 뛰어넘어, 10여세에 저술한 것이

---

6 왕양명은 절강성(浙江省) 여요(餘姚) 사람이다. 여요는 소흥(紹興)의 동쪽에 있어 회계도(會稽道)에 속하고 거기에 회계산(會稽山)이 있기 때문에 계산이란 말로 왕양명을 가리켰다.

7 원문의 사벌(捨筏)은 『금강경』「정신희유분(正信希有分)」에서 나왔다.

8 1780년(정조 4, 경자) 이영익이 타계하자 이충익은 5월에 제문을 지어 고인을 애도하고, 유고(遺稿) 편집의 임무를 자임하고, 10년 후 1805년(순조 5, 을축) 동량(幢梁, 경기도 삭녕朔寧)에 거처하며 「신재 종형이 가고 없음을 서글피 여겨짓다(感懷信從兄存沒有作)」 2수로 고인을 추모했다. 그후 이 전을 지었다.

9 이영익은 충신불기(忠信不欺)를 덕목으로 삼아, 당호를 신재(信齋)라고 지었다. 그리고 「신재설(信齋說)」에서는 오상(五常) 가운데 신(信)이 다른 네 덕목의 기본이 되는 실(實)을 뜻한다고 주장했다.

170

이미 남을 놀라게 했다. 나이 열여덟에 원교 선생이 형률로 부령부富寧府에 유배되고(1755) 그 9년 뒤에 호남의 신지도薪智島로 이배되었으니(1762), 남쪽과 북쪽의 극변지이다. 선생이 항상 따라가서 모시고 봉양하는 여가에 오로지 경전의 풀이에 몰두하여 앞 학자들의 논설을 대상으로 내용의 같고 다름과 이치를 얻고 잃음을 탐구하여 한 글자 한 글자 연마해서 그때그때 변난辨難(옳고 그름을 따져 변론함)했는데, 그 이치가 치밀하고 언사가 매서워 취향을 달리하는 자들로 하여금 감히 다시 설을 펴지 못하게 했다.

어버이를 섬김에는 사랑과 공경을 갖추고 지극히 하여 잠시라도 곁을 떠나지 않았으며, 한번도 감히 조금이라도 게으른 태도를 짓지 않았다. 때로는 어린 누이동생과 함께 장난을 하여 부친의 뜻을 즐겁게 해드렸다. 쉬는 곳을 부친 바로 곁방에 정하여 밤마다 조심하기를 마치 부친이 와보시기라도 하듯 하여 감히 깊게 잠들지를 않았다. 부친이 불러서 말씀을 물으시기라도 하면 아무리 밤이 깊었어도 반드시 관복冠服을 갖추어 입고 무릎 꿇고 답했다. 젊어서는 솔직하여 기쁨과 노여움을 속마음 그대로 표현하여, 남의 잘못을 보면 참지를 못했고, 기쁜 일이 있으면 감정을 절제하지 못해 숨기지를 않았다. 스스로에게 과실이 있음을 깨달으면 즉시로 남에게 말하여 통렬하게 자책을 했다. 오로지 진실됨을 보였지, 털끝만치도 가식으로 남의 뜻에 아부하지 않았다. 한참 뒤에는 깊이 스스로 절제하여, 지난날 자기를 반성하고 남을 용서하지 못한 것을 후회했다. 그래서 남에게 과실이 있음을 보면, 곧 "이 사람이 이 일 때문에 이렇게 한 것이 아닐까?"라고 했다.[10]

항상 말하길, "근래에는 스스로 나아간 바가 하나도 없고 윤리와 의리

---

10 이영익은 1774년(영조 50, 갑오)에 신지도를 떠나 잠시 귀경하는 길에 꿈을 꾸어 어떤 사람이 입 없는 호박(無口匏)의 취지를 알려주자, 스스로 호를 포객(匏客)이라 하고 「무구포설」을 지어 무구지용(無口之用)의 의미를 되새겼다. 이를 알고 이충익은 「무구포시(無口匏詩)」를 지어 그 뜻에 동조했다. 이때 이충익은 『장자』의 논리를 끌어다가 박실자연(樸實自然)의 삶을 강조했다.

에 독실치 못한 것이 많다"고 했다. 아아, 이 점으로 볼 때 선생이 스스로를 연마함이 더욱 절실하다는 사실과 거백옥蘧伯玉[11]이 공부자로부터 칭찬을 받을 수밖에 없었던 사실을 알 수가 있다. 선생의 학문은 충신忠信을 지켜 속이지 않음을 근본으로 삼았으며, 부친의 가르침에 밤낮으로 젖은 데다가 능히 스스로 완급을 조절하여 덕업에 나아갔다. 만약 하늘이 그에게 연치를 더 주어 재주를 노성老成하게 했다면, 그 성취를 어찌 헤아릴 수 있으랴?

원교 선생이 해도海島(신지도)에 계시다가 15년 만에 돌아가시자(1777), 신재 선생이 운구하여 북으로 돌아왔다. 그 4년 뒤인 나이 마흔 셋에 급거 평양의 여관에서 돌아가셨으니, 그때는 정조 경자년(1780) 5월이다. 선생은 키가 작고 주근깨가 있어 외모는 남보다 뛰어나지 못했다. 그러나 두 눈동자는 불타듯 하여 돌아보고 곁눈 보는 때에는 광채가 있었으며, 정신과 언사가 빼어나고 산뜻하고 시원하여 무리 가운데에서도 식별될 만큼 우뚝했다. 문장을 지을 때는 품은 정과 뜻을 있는 그대로 쏟아 묘사하되 긴절하도록 힘써 번잡하지 않았고, 필봉의 화려함이 흘러넘치되 간엄하여 법도가 있었다. 시어는 정묘하고도 침착하고 굳세었다. 장편에 이르러는 종횡으로 뻗어나서 붙잡을 수가 없었다.

원교 선생은 서법書法이 당대에 빼어났는데, 배우는 이들이 비슷하게 할 수가 없었으나, 오직 선생만은 임서臨書할 수가 있어 남들이 구별할 수 없을 정도였다. 전서篆書와 예서隷書는 아주 핍진하여 지금 섞이어 세상에 행하고 있는 것이 많다. 원교 선생이 일찌기 『서결書訣』을 저술하자, 신재 선생이 남은 말씀을 부연하여 후편 만여 글자를 지었다. 원교 선생이 기뻐하

---

11 춘추시대 위(衛) 나라 대부 거장자(蘧莊子)의 아들로, 이름은 원(瑗), 시호는 성자(成子)다. 공자가 위나라에 있을 때 그 집에 묵었다. 거백옥은 나이 오십에 49년간의 잘못을 알아 어진 대부라는 칭송이 있었다. 『논어』 「위 영공」에 "군자로다 거백옥은! 나라에 도가 있으면 벼슬살고 나라에 도가 없으면 자리를 말아 덕을 가슴에 품고 있었다"라면서, 거백옥의 출처진퇴가 성인의 도리에 부합함을 칭송했다.

며 "내가 말하고자 한 것을 바로 말했으니, 내가 스스로 지은 것과 무엇이 다른가?"라고 하셨다.

남긴 문집이 서너권 있고, 경설經說도 서너권 있는데, 번번이 새 글을 지어 얻을 때마다 젊은 시절 가벼이 옛사람을 매도하여 마지않았던 것을 병으로 여겨, 없애고 고치고 하여 채 탈고하지를 않았다. 모두 집안에 소장되어 있다.

나 충익은 선생보다 여섯살 아래로, 어려서 서로 헤어졌다가 십수년만에 다시 상견했는데, 그때 충익은 어리석고 방자하기가 이루 말할 수 없을 정도였으나, 선생이 형제처럼 어여삐 여기고 사랑하여 엄하게 질책하여주셨다. 잠시 헤어졌다가 다시 모이면 밤새워 친절하게 가르쳐주셔서 아침에 이르고는 했는데, 그 뜻이 높아서 곁에 있는 자조차 무슨 말인지를 몰랐다. 논변할 때마다 처음에는 논봉을 매섭게 자기 견해를 고집했으나 오래 있다가는 서로 상대방이 옳다고 여겨 뜻을 같이하지 않음이 없었다.

나 충익은 일찌기 왕양명의 치양지설致良知說을 좋아했는데, 선생이 말하길, "왕씨의 학은 가볍고 과장되며 선禪에 물들어 있으니, 마땅히 주회암朱晦菴을 배우는 일로 정도를 삼아야 한다"고 했다. 충익이 오래 뒤에 그 말이 옳음을 믿게 되었다.[12]

선생은 『상서尙書』의 고문이 가짜라고 의심했으나, 충익은 그렇지 않다고 했다. 선생이 서한을 왕복하여 변증하고 힐문하기를 아주 심하게 하여

---

12 이영익은 체리집의(體理集義)의 실사(實事)에 충실하라고 주장했다. 체리(體理)는 왕양명이 '나의 마음에서 이(理)를 구한다'고 했던 설과 통하고 집의(集義)는 왕양명이 치양지의 실천행위로 본 바로 그것이다. 단, 이영익은 '체리집의'의 학(學)이 '선구사물(先求事物)'의 학과는 달리 방랑(放浪)을 허용하기 쉽다고 우려했다. 즉, 양명학이 재전(再傳)의 안균(顔鈞), 삼전(三傳)의 이탁오(李卓吾)에 이르러 인륜을 무시한 것보다는 주자학자들이 긍식(矜飾)을 중시한 점이 낫다고 보았다. 이영익은 수신에서 평천하에 이르는 사공(事功)에서 양지의 진성측달(眞誠惻怛)을 지녀야 한다고 보아 '격기본말이성차의(格其本末而誠此意)'를 주장함으로써, 왕학과 주학을 절충하고자 했다.

충익이 마침내 굴복했다.[13]

선생은 "『대학』의 격물格物은 물유본말物有本末을 가리키고 치지致知는 지소선후知所先後의 지知를 가리킨다"고 했다. 충익은 "격물치지格物致知는 성의誠意의 방도이니 만약 물유본말物有本末의 물物과 지소선후知所先後의 지知를 격물치지格物致知의 물物과 지知로 본다면 문맥의 의리와 조화하지 않으며 의미상 합하지 않는다"고 했다. 두 사람이 모두 고본古本에는 착탈錯脫이 없다고 여겼고, 두 사람 모두 『대학』전체는 본말선후本末先後를 전문적으로 말하고 지소선후知所先後를 요체로 삼았다고 보았으니, 견해가 서로 다르지 않았다.[14]

선생이 지은 경설은 충익이 일찌기 그 단서의 논설을 들은 바 있어 보수

---

13 이충익은 이영익과 서찰을 주고받으면서 매색(梅賾) 헌정의 '공안국고문상서(孔安國古文尚書)'에 대해 논했다. 이영익의 『신재집(信齋集)』에 관련 서찰들이 들어 있다. 이영익은 부친 이광사가 문체 면에서 위고문(僞古文,『상서尚書』에서 참 고문이 아닌 것을 위조하여 고문이라 하는 것을 말함)을 감증(勘證)한 방법과 원나라 오징(吳澄)의 문체변위설(文體辨僞說)에서 영향을 받았다. 명나라 염약거(閻若璩)는 『고문상서소증(古文尚書疏證)』에서 매색본을 위고문으로 단정했으나, 이영익이나 이충익은 이 책에 접하지 못했다. 처음에 이충익은 주희가 공안국의 『상서』를 위서(僞書)라 한 것은 전(傳)이 아니라 경문을 두고 한 말이 아니라고 여겼다. 그러나 이영익은 전(傳)이 위작(僞作)인 줄 알면 경문도 의심할 수밖에 없다고 했다. 또 이충익은 (위)고문은 대문장가의 손에서 나온 듯한데, 만일 매색이 위작자라면 그의 다른 글들이 전하지 않는 이유를 물었다. 이영익은 위고문이 결코 대문장이 아니라고 반박했다.

14 이영익과 이충익은 왕양명의 설을 따라 고본(古本)『대학』을 중시했다. 다만 격물에 대하여 이충익은 양지를 사사물물(事事物物)에서 이룬다는 뜻으로 해석한 반면에, 이영익은 의(意)·심(心)·신(身)·가(家)·국(國)·천하(天下)를 물(物)로 보았다. 이충익은 왕양명의 「대학고본서(大學古本序)」에 나오는 치양지설을 추종했으나, 이영익은 왕양명이 초기에 「대학설」을 지어 성의(誠意)에 역점을 두었던 것을 따랐다. 즉 이충익은 왕양명이 「답고동교서(答顧東橋書)」에서 "내가 말하는 치지격물이라는 것은 내 마음의 양지를 사사물물에서 이룬다는 것이다. 내 마음의 양지는 소위 천리이니, 내 마음의 양지의 천리를 사사물물에서 이루면 사사물물은 모두 그 이(理)를 얻게 된다. 내 마음의 양지를 이루는 것이 치지(致知)이며, 사사물물 모두 그 이(理)를 획득하는 것이 격물이다. 이것은 심(心)과 이(理)가 합하여 하나가 되는 것이다"라고 한 주장을 이었다. 그러나 이영익은 「답우신(答虞臣)」제4서에서, 왕양명에게서 '구속을 꺼리고 얄팍하고 허황된 취향이 있음(憚拘檢, 趣浮高)'을 베어내고 그 좋은 점을 취하여야 한다고 주장했다.

하고 정리하여 책으로 만들 수 있으나, 쇠약하고 나태하여 그러지를 못했으니 이 후생에게 책임이 있다.

선생이 곤궁에 처하여 남들과 사귐을 끊었는데, 오직 재종형인 범옹凡翁 성원性源(이천익李天翊),[15] 과산자窠山子 순사純士(이문익李文翊), 그리고 이 어리석은 충익과는 나이도 비슷하여 서로 사모하고 사랑했다. 과산자가 가장 먼저 졸했다. 이어서 선생이 몰했을 때 충익과 범옹 형이 연구聯句로 애도시를 지어 수십운韻이었다. 그 글귀에 "옛사람을 눈앞에 대면하듯 하고, 길을 감에 동포를 맞네"라고 했으니, 자못 사실을 기록했다.

이제 그 시의 원고도 없어지고 범옹도 이미 저 세상 사람이 되었으며 충익도 늙고 병들어 죽음을 앞에 두고 있다. 선생의 재주와 학문으로도 곤궁에 처하여 신분이 낮았던 데다가 장차 후세에 인몰湮沒(사라짐)될 것이 너무도 슬프니, 하늘이 이 사람을 살게 하여 과연 어쩌자는 것인가?

평소 언행을 간단히 기록하여 선생의 사자嗣子(여기서는 양자로 대를 이은 사람을 말함)인 면우勉愚에게 주어, 책상자에 갈무리해두었다가 후손이 보게 하여 선생이 어떤 분인지를 알게 하고자 한다. 하지만 글이 조잡하고 엉성하니 과연 이 글로 과연 선생을 알 수 있을지 어떨지 모르겠다. 아아!

찬贊은 이러하다.

공자 말씀하시길, '사람이 세상에 살고 있는 것은 곧음에 의하여서이다. 곧음이 없이도 사는 것은 어쩌다 난을 면한 것일 뿐이다'라고 하셨다.[16] 군

---

15 이천익(李天翊)의 자(字)는 자익(子益) 혹은 성원(性源)이고 호는 범곡(凡谷)·범옹(凡翁)이다. 1734년(영조 10) 출생인 듯하다. 이광민(李匡敏)의 맏아들로, 이영익보다 네살 많은 재종형인데 이영익을 사우(師友)로 삼아 수사학(洙泗學)의 본령인 양명의 실학(實學)을 배웠다. 1766년(영조 42) 늦여름에 이문익이 일이 있어 영남 사천(泗川)으로 가게 되자, 이영익은 「범곡 종형을 전송하는 말(送凡谷從兄言)」을 지었다.

16 『논어』 「옹야(雍也)」의 글귀다. '망지(罔之)'는 『정의(正義)』나 『집주(集註)』에 모두 '이것

자와 소인의 차이는 곧음과 그렇지 않음에 달려 있을 따름이다.

하지만 곧은 사람이라도 때때로 그렇지 못한 일이 있어, 미생고微生高[17]의 무리는 그 마음에 곧지 않은 것이 거의 있지를 않았으나, 어쩌다 혹 곧지 않음에서 나왔다고 하더라도 속마음에 곧다고 여김이 있었기에 곧음을 해친 자이다.

선생으로 말할 것 같으면 살갗을 벗겨내도 모두 참되어[18] 전체가 다 곧다. 그러므로 평생 털끝만치도 거짓으로 교묘히 굽혀서 자기를 꾸며 남을 따른 일이 없으며, 곧음이 곧음인지를 홀연히 잊고서도 곧지 않음이 없었다.

곧은 이를 이제는 다시 볼 수 없게 되었구나. 어찌 곧은 이가 있는데도 보지 못하는 것이겠는가? 아아.

한생에게 답한 서신答韓生書[19]

보내준 글 가운데 문장에 대해 언급한 부분은 그 뜻이 몹시 크다. 그러

이 없으면서'의 뜻으로 풀이했다.

17　춘추시대 노나라 사람이다. 『장자』「도척(盜跖)」에 보면 미생고가 여자와의 약속을 지키려다 다리 밑에서 물에 빠져 죽은 이야기가 나온다. 상황을 따지지 않고 고지식하게 약속을 지키려 했다고 비난한 것이다. 『논어』「공야장(公冶長)」에서는 "누가 미생고를 곧다고 하는가? 남이 와서 식초를 구하자 옆집에서 구걸해다가 주었다(孰謂微生高直? 或乞醯焉. 乞諸其隣而與之)"라는 말이 있다. 자기에게 없어서 옆집 것을 빌려다가 주면서 그 사실을 밝히지 않아 자신의 미덕을 약취했다(掠美)고 비난한 것이다.

18　원문의 '철피개진(撤皮皆眞)'은 『세설신어(世說新語)』「상예(賞譽)」에 보인다. 동해 태수(東海太守) 왕승(王承)의 아들 왕술(王述)은 어려서 아버지를 여의고 어머니를 봉양했으며, 성품이 참되고 사리에 밝았으며 마음속 진의는 드러내지 않았다. 동진(東晉)의 사안(謝安)이 그를 두고 '살갗을 벗겨내도 모두 참되다(撤皮皆眞)'라고 칭찬했다.

19　이충익은 창작에서 혜식(慧識)을 중시하면서 동시에 학(學)을 병행해야 한다고 주장했다. 혜식은 양지(良知)의 문학적 발로를 뜻한다고 볼 수 있다. 이충익은 이광려가 창작활동에서 기존의 체재를 답습하거나 시속의 언어에 구속되지 않았다고 했는데, 이충익 역시 이러한 창작 행위를 추구해서 전범(典範)을 부정했다.

나 내가 들으니, '목수가 목공의 법도를 가르쳐줄 수는 있어도 솜씨 있게 만들어주지는 못한다'[20]고 했다. 당나라 송나라에서 글 짓는 거공鉅公을 평하는 여러 논의들의 경우, 어찌 정법안장正法眼藏[21]의 한마디 말로 서로 부합하지 못하고 반드시 '육경六經에 근본을 두고 제자백가를 참조했다'고 하고 반드시 '많이 읽고 많이 짓는다'고 하는가? 결점은 남의 지적을 기다리지 않는다. 그러므로 굼뜨고 용렬하고 괴롭고 고통스러운 것이다.

대개 문장은 반드시 혜식慧識을 위주로 한다. 그렇지만 틀린 것을 바로잡아 고치는 행위를 근본으로 삼지 않고 지금 눈앞에서 번쩍번쩍 빛나는 것을 선가禪家에서는 광혜狂慧[22]라고 한다. 비록 자귀질을 멈추고[23] 손을 소매 속에 넣어 드러내지 않을 기예가 있지는 않았더라도, 즐겁고 괴롭고 빠르고 느린 사이에서 묵묵히 관망하고 고요하게 깨닫는 것이다. 이 때문에 배움을 귀하게 여긴다.

교화가 순수하지 못하고 학술이 무너지고 찢어지자, 문장이 뒤집히고 참소를 입음이 이지李贄에서 지극해지고, 음탕하고 늘어짐이 전겸익錢謙

---

20 『맹자』「진심하(盡心下)」에 "목수가 남에게 목공의 법도를 가르쳐줄 수는 있어도 솜씨 있게 만들어주지는 못한다(梓匠輪輿, 能與人規矩, 不能使人巧)"라고 했다. 조기(趙岐, 108?~201)는 주에서 "서투른 사람도 법도는 알지만 기물을 만들지는 못한다"고 했고, 주희는 집주(集註)에서 윤씨(尹氏)의 설을 인용하여 "아래로 인사(人事)를 배우는 것은 말로 전수해줄 수 있지만, 위로 천리(天理)를 통달하는 것은 반드시 스스로 마음속으로 깨달아야 한다(蓋下學可以言傳, 上達必由心悟)"라고 풀이했다. 이충익은 방법을 알려줄 수는 있어도 재능을 갖추게 할 수는 없다는 뜻으로 인용했다.

21 석가가 성각(成覺)한 극의(極意)의 묘리를 가리킨다. 일체 사물을 밝게 비추는 것을 안(眼)이라 하고 만유를 포함하는 것을 장(藏)이라 하니, 지혜의 눈으로 깨달은 비밀의 법이라는 뜻이다. 한편 송나라 고승 대혜종고(大慧宗杲, 1089-1163)가 『정법안장』이란 책을 저술하여 이 용어가 더욱 널리 알려졌다.

22 산란하고 안정되지 못한 옅은 지혜를 말한다. 『관음경현의기(觀音經玄義記)』에 나온다.

23 원문의 철근(輟斤)은 한나라 양웅(揚雄)의 「해난(解難)」에서, "그러므로 종자기가 죽자 백아는 거문고 줄을 끊고 거문고를 깨뜨리고는 더 이상 남들을 위해 연주해서 들려주려고 하지 않았다. 도개 잘하는 요인이 죽자, 장석은 도끼를 거두어두고 함부로 쪼려 하지 않았다(是故鐘期死, 伯牙絶絃破琴, 而不肯與衆鼓. 獿人亡, 則匠石輟斤, 而不敢妄斲)"라고 했다.

益(1582~1664)²⁴에게서 지극해졌으며, 추악하고 어그러짐이 김인서金人瑞(1608~61, 김성탄金聖嘆)²⁵에서 지극해졌으니, 허물어지고 쇠미하여 다시 진작시킬 수가 없게 되었다. 하지만 저 서너 사람은 모두 만권의 책을 읽을 수 있었고 천편의 글을 지을 수 있었으며, 정밀히 생각하고 홀로 살펴서 수십년 뒤에야 비로소 뒤집히고 참소를 입으며 음탕하고 늘어지며 추악하고 어그러지는 극치를 다할 수 있어서, 혼란한 세상에서 스스로 이름을 날렸다. 요즈음 배우는 것은 이지, 전겸익, 김인서이지만, 힘을 쓰는 것이 미치지 못할 뿐만이 아니거늘, 그 글 짓는 것이 어떠하겠는가?

그대는 식견이 밝고 기예가 정밀하며 나이가 젊고 힘이 넘치니, 배우는 바와 알아가는 바를 따라 더욱 독실히 하여, 차라리 졸렬하여 기교가 없고 차라리 노둔하여 지혜가 없으며 차라리 돌아가고 민첩함이 없을지언정, 실형實形을 도외시하고 망량罔兩·魍魎(허깨비)과 희롱을 하지 말며, 가깝고 절실한 것을 소홀히 하고 멀고 효험 있는 것을 기대하지 말아서, 이와 같이 삼십년을 한 뒤에 드러낸다고 해도 늦지 않을 것이다.

무릇 말은 성인의 말보다 존귀한 것이 없고 공은 패자의 공보다 드러난 것이 없으니, 지금 그 서적이 여전히 남아 있다. 우선 그 바른 것을 알아 근본으로 삼고, 돌이켜 그 변화를 구하여 그 취향을 다하라. 그런 뒤에야 길거리 부부의 이야기와 사방팔방에서부터 역자를 거듭 써서 번역해낸 노래까지, 모두 망라하고 한데 모아서 그 쓰임에 도움이 되게 할 수 있다. 예컨대 비위가 튼튼한 사람이 이것을 먹으면 능히 사람을 살찌우고 윤기 흐르

---

24 명나라 말기와 청나라 초기의 문인으로 자는 수지(受之), 호는 목재(牧齋)다. 명나라가 망하자 청나라에 벼슬하여 예부 상서(禮部尚書)에 이르렀다. 저서로『초학집(初學集)』『유학집(有學集)』『목재집(牧齋集)』이 있다. 건륭제는 그를 훼절자로 보아 그의 저작을 없애고 금지했다.

25 명말 청초의 문학가 김인서(金人瑞)는 자가 성탄이라서 김성탄으로 더 알려져 있다.『수호전(水滸傳)』과『서상기(西廂記)』등의 소설을『장자(莊子)』『사기(史記)』『두율(杜律)』등과 함께 천하의 재자서(才子書)로 꼽았다.

게 하지만, 노귤과 배, 소라와 대합조개만 많이 먹고 기장과 고기를 적게 먹으면 병이 나지 않을 사람이 대단히 적거늘, 어찌 삼가지 않겠는가?

원통사圓通寺[26]의 모임을 나는 진실로 참가하길 바라지만, 가을까지는 아직 시기가 멀므로, 때가 되면 마땅히 꾀해보겠네. 더위 더해지니 자중자애 하기를 바라네.

이참봉집 서문李參奉集敍[27]

족부 참봉군 가집家集 약간 권은 나 충익이 외람되게 산정하여 시 2권, 문 2권으로 엮었다. 참봉군은 약관의 때에 이미 문학과 행실로 저명했고, 만년에는 덕으로 이름이 나서 한 시대의 종앙宗仰하는 바가 되었다. 낙양

---

26 도봉산의 절이다. 863년(신라 경문왕 3) 도선(道詵)이 창건했고 고려와 조선에 걸쳐 여러 차례 중건되었다. 도봉산에서 서쪽으로 갈려져 나온 만장봉(萬丈峰) 아래에 사모봉(紗帽峰)이 있는데, 사모봉 아래에 작은 가람(伽藍)이 있었다. 조선 후기에 원통사(圓通寺)를 중수(重修)한 뒤 승려 유인(有初)이 홍양호(洪良浩)에게 부탁하자 홍양호가 절의 이름을 보은사(報恩寺)로 바꾸고 「보은사를 중수한 일에 대한 기문(報恩寺重修記)」을 지어주었다.

27 이광려(李匡呂, 1720~83)의 문집에 쓴 서문이다. 이광려의 자는 성재(聖載), 호는 월암(月巖) 혹은 칠탄(七灘)이다. 이경직(李景稷)의 후손으로, 이광사(李匡師, 1705~77)의 삼종제이다. 1741년(영조 17) 진사시에서 1등을 했으나 벼슬에 나아가지 않았다. 선릉(宣陵) 참봉과 명릉(明陵) 참봉에 제수된 적이 있다. 이진수(李眞洙)와 광산김씨(光山金氏, 金鎭泰의 女) 사이에서 태어난 2남 3녀 가운데 차남이되, 형 이광윤(李匡尹)은 양자로 나갔다. 이광려의 세 누이는 각각 조복빈(趙福彬), 조영희(趙榮喜), 정상순(鄭尙淳)에게 시집갔다. 이광려는 족형 이광사에게서 수학하고 정경순(鄭景淳)에게 배운 후, 정경순의 조카 정동유(鄭東愈)에게 학문을 전했다. 이광려의 중부 이진순(李眞淳)은 서종태의 손자 서무수(徐懋修)를 사위 삼았고, 서무수의 종손이 서영보(徐榮輔)로, 정상순은 이로써 서무수와 사촌동서간이 되었다. 이광려의 시문집은 이충익의 산정(刪定)을 거쳐, 이만수(李晩秀, 1752~1820), 서영보(徐榮輔, 1759~1816), 신대우(申大羽, 1735~1809)의 후원으로 1805년(순조 5) 『이참봉집』 4권 2책으로 판각되었다. 간찰은 불과 4통이 들어 있다. 한편 문중이 소장해오던 필사본 『이참봉집(李參奉集)』에는 15명에게 보낸 428통이 등사되어 있고, 국사편찬위원회 소장 이광려 간찰집 『이참봉집』에는 27명에게 보낸 122통이 등사되어 있다.

서생이 읊던 시가[28]와 비에 꺾인 두건[29]까지 모두 후생이 모방했다. 작은 시편이 나오자마자 즉일로 널리 전하여, 왕왕 편록되어 장엄莊嚴한 서책이 되기도 했다.

일생 만나자마자 지기가 될 만한 친분[30]이 없는 자도 담화하게 되면 반드시 '어진 이, 어진 자'라고 말하지만, 군의 어짊을 참으로 알려고 구하는 자는 역시 쉬이 많이 얻을 수가 없다. 군은 일찍이, "자장이 옷띠에 적은 것[31]은 안자와 염구(중궁)가 '이 말씀을 받들어 행하겠습니다'라고 하여[32] 이 말을 듣고는 행하여서 다시 옷띠에 적을 것도 없는 것만 못하게 되었다. 사람들이 '나는 이것을 능히 할 수 있다'라고 말하는 경우는 이것을 능히 할 수 있는 것이 아니다. '이것을 하지 않는다'라고 말하는 경우에도 때로는 이것을 하기도 한다. 그러므로 군은 학문을 하는 데 있어 묵묵默默하게 안으로 수행하여, 말이 많음과 공손을 지나치게 함을 부끄럽게 여겨, 순순하게 순신順信하고, 구차하게 외관을 꾸미지 않아도 높고 명랑함이 발하여 기운이 미간에 드러나, 보는 이가 승지勝地로 스스로 이끌려 가서 때와 면

---

28 원문의 낙영은 낙양에서 강을 건너온 동진(東晉) 때의 명사들이 읊던 시가라는 뜻이다. 성조(聲調)가 중후하고 탁했다. 『세설신어(世說新語)』 「아량(雅量)」에서 유래한다.

29 원문의 '점건(墊巾)'은 점각건(墊角巾)의 준말이다. 후한의 곽태(郭泰)가 비를 만나 두건의 한쪽 뿔이 젖어 축 늘어지자, 당시 사람들이 이를 모방하여 한쪽 뿔을 꺾어 썼다고 한다. 곽태의 자(字)가 임종(林宗)이어서 '임종건'이라고도 한다. 『후한서』 권86 「곽태열전(郭泰列傳)」 참조.

30 경개(傾蓋)는 처음 만나보자마자 지기(知己)로 받아들임을 뜻한다. 『사기(史記)』 권83 「추양열전(鄒陽列傳)」에 "속담에 '백발이 되도록 오래 사귀어도 처음 사귄 듯이 생소하고, 일산을 기울여 잠깐 이야기를 나누어도 오래 사귄 듯이 친숙하다'라고 했으니 그 까닭은 무엇인가. 서로를 잘 아느냐, 모르냐에 달려 있다(諺曰: 有白頭如新, 傾蓋如故. 何則? 知與不知也)"라는 말이 나온다.

31 『논어』 「위령공(衛靈公)」에 "자장(子張)이 공자의 가르침을 듣고는 그 말을 잊지 않기 위해 큰 띠에 써서 기록했다(書諸紳)"라는 말이 나온다.

32 『논어』 「안연」에 보면 안연(顏淵)이 인(仁)을 묻자 공자가 극기복례로 대답하니 안연은 "제가 비록 불민하지만 청컨대 이 말씀에 종사하겠습니다"라고 했고, 중궁(仲弓)이 인(仁)에 대하여 물어 공자가 대답하자 중궁이 "제가 비록 불민하오나 청컨대 이 말씀에 종사하겠습니다"라고 했다.

지의 세상을 떠난 것이 아주 먼 듯하게 느꼈다. 옛것을 좋아하고 한가하고 고요함을 사랑하여, 뜻을 부치길 대부분 속세 품물의 바깥에 부쳤다. 그러므로 혹은 임하인林下人(은둔자)으로 군을 견주기도 했지만, 윤리와 의리로 돈독하게 인솔하여 자잘한 행실도 반드시 엄숙하게 했으니, 사람들로서는 전부 다 알지는 못하는 바가 있었다.

나 충익이 언젠가 군을 보니 기뻐하지 않는 안색이 있기에 까닭을 물으니 슬픈 표정으로 대답하길, "오늘 집사람이 내 뜻과 같지 않아서 노했는데, 목소리와 안색이 지나쳤네. 나는 이제부터 죽음이 가까워가거늘 기쁨과 노여움이 지나치고 어그러짐이 지난날과 같으니, 그렇기에 스스로 우려하고 책망하는 걸세"라고 했다. 아아! 군은 늙어서도 학문을 좋아하는 자라고 할 수 있지 않으랴! 군은 서적 읽기를 정밀하고 세심하게 하여, 반드시 고인의 입언의 본지를 추구하여, 숙생塾生이 응당 읽어야 하는 글들을 급급하게 두루 다 보려고 하지 않아서, 비록 한번 눈을 거친 것이라 하여도 잊거나 잃는 바가 적었다.

글을 지을 때는 앞 사람들의 체재를 답습하지 않았고 시속의 성조에 구애되지 않았으며 다만 뜻을 엮은 것이 심원하고 그 말씨를 아름답게 했으니 글이 곧 아름다워졌을 뿐이다. 근세 속된 문자에 익숙한 사람들이 이 글을 보면 한 소리로 다 같이 기이하다고 하며 사의思議(인간의 분별지식)나 공력으로 이를 수 있는 것이 아니다 하니 어찌 군이 한 글자를 사용하는 데도 반드시 조심스럽게 하며 걸음걸음마다 원칙을 되돌아보아 감히 스스로 멋대로 하지 않는다는 것을 알겠는가. 오직 글을 많이 읽은 사람만이 한 순간도 방심하지 않았음을 알 것이니 그제야 이 글에 대해 정평할 수 있을 것이다.

군은 저술이 매우 드문 데다가 또 스스로 거두어 저장해두지 않았다. 지금 산정한 바는 대부분이 사람들이 전하고 기록한 것들이다. 군은 나 충익에게는 아버지 항렬에 속하여 사도師道이다. 외람되게 이 글을 서술하여,

망령되이 인품을 품평하는 바가 감히 있을 수 없어서, 평소 묵묵히 기억하고 있는 바를 이와 같이 대략 보인다. 지난날 양자운(양웅)의 용모는 사람들을 움직일 수 없어, 『태현太玄』을 엮자 다른 사람이 '장독이나 덮을 만하다'[33]라고 했다. 군의 시대에 세상 사람들은 안면을 모르는 것을 부끄럽게 여기고 시문의 장십章什이 경역 안에 두루 편재하지만, 진정으로 군을 아는 이는 드물다. 비단 아는 것이 어려울 뿐만이 아니라, 역시 군이 덕을 가라앉히고 용用을 숨겼기에, 계함季咸이 관상으로 알아보는 바[34]가 아닐 따름이기도 했다.

군의 휘諱는 광려匡呂이고, 자字는 성재聖載로, 관찰사 서간공西澗公(이진수李眞洙)의 아들(차남)이다. 일찌감치 진사가 되어, 영묘(영조) 때 대신이 주달하여 추천해서, 뒷날 관직으로 의릉참봉을 받았고 다시 명릉참봉을 받았으나, 모두 배명拜命(숙배)하고는 사직했다. 수명은 예순셋으로 집에서 타계했다. 군은 평소 스스로 호를 한 바가 없었으므로 '이참봉집'이라고 칭한다.

임하록서林下錄序[35]

사람들은 스님이 지은 시에는 나물이나 죽순의 거친 기운[36]이 서려 있다고 하면서 싫어하는데, 이것이야말로 정말 시인들의 습기習氣에서 나온

---

33   부부(覆瓿)는 장독의 뚜껑이다. 유흠(劉歆)이 양웅의 『법언』을 보고 "나는 후대의 사람들이 장독을 덮는 데 쓰거나 않을까 염려된다(吾恐後人用覆醬瓿也)"라고 했다고 전한다. 『한서』 권87 하(下) 「양웅전(揚雄傳)」 참고.

34   『장자』 「응제왕(應帝王)」에 보면 정(鄭)나라의 신통한 무당 계함(季咸)이 이호자(壺子)를 보고 죽을 상(相)이라고 했는데, 이에 대해 호자가 "그가 아마 생동하는 기운을 막아버린 나의 모습을 보고 그랬을 것이다"라고 한 고사가 있다.

35   연담대사(蓮潭大師, 1729~99)의 『연담대사임하록(蓮潭大師林下錄)』 4권을 『연담집(蓮潭集)』 혹은 『임하록』이라고 한다. 연담이 1764년(영조 40) 보림암(寶林庵)에서 자서(自序)를

말일 뿐이다. 스님들은 교묘하게 꾸미는 말[기어綺語]을 스스로 경계하여, 시에 공교로운 것은 오히려 스님의 본분도 아니다. 하물며 나물밥을 먹으면서도 나물 기운이라곤 없음을 현명하다고 함에랴 더 말해 무엇하겠는가? 그렇다면 승려는 시를 어떻게 짓겠는가? 내가 말하길, "그렇다. 이취理趣를 가지고 논하면, '벽운碧雲'이란 한마디는 탕湯 상인[37]이 '여러 생에 걸쳐 무고한 사람을 끌어들여 번거롭게 만들고[多生帶累], 한산寒山[38]과 습득拾得[39]의 구게句偈(짧은 게송)는 유희遊戲 가운데 하나라' 하여도 무방할 것이다. 이런 시라면 있어도 그만이요 없어도 그만이며, 교묘하여도 그만이요 졸렬하여도 그만이거늘, 지금 이미 있게 되었다. 사람을 끌어들여 번거롭게 만들지 않고 발현하여 유희삼매遊戲三昧하기를 연담일공蓮潭一公(연담유일)[40]과 같이 하시는 승려는 어찌 대단히 기이하지 않다고 하겠는가?"라고

작성했다. 1796년(정조 29) 춘추관 기사관 안책(安策)이 쓴 서문, 이듬해 1797년 수관거사 이충익이 쓴 서문, 1798년 해좌노인 정범정(丁法正) 즉 정범조(丁範祖, 1723~1801)가 쓴 서문이 있다. 연담이 입적한 후 1799년에 제자 계신(誠身) 등이 전라도 해남 미황사(美黃寺)에서 간행했다. 판목이 해남 대흥사에 전한다.

36 원문의 '소순기(蔬筍氣)'는 채소와 죽순의 기미라는 뜻으로, 채식하는 방외인(方外人)의 기미를 가리킨다. 『시인옥설』 권2에 『서청시화(西淸詩話)』로부터, 동파 소식이 "승려의 시에는 소순기가 없어야 시인의 귀감이 된다. 지금은 오해하여 세망(世網) 중의 말을 짓고 본분의 가풍을 모른다. 수변(水邊)과 임하(林下)의 기상은 대개 없을 수가 없다. 청불(淸拔)의 운치를 전부 씻어 없애서 세속과 동과(同科)가 되게 한다면 또한 어찌 높이 치겠는가!"라고 하는 말을 인용했다.

37 탕(湯) 스님은 남조 송나라 승려 혜휴(惠休)를 말한다. 속성이 탕이다. 혜휴의 시에 "해 저물어 푸른 구름도 만나는데, 가인은 왜 이리도 아니 오시나(日暮碧雲合, 佳人殊未來?)"라고 한 시구에서 유래하여 '벽운'이라고 하면 시승을 비유하는 말로 쓰였다.

38 한산(寒山)은 당나라 시승으로, 절강성(浙江省) 천태산(天台山) 한암(寒巖)에 거처했으므로 한산자(寒山子) 또는 한산이라고 불렀다. 국청사(國淸寺) 승려 습득(拾得)과 교류했다. 시창게(詩唱偈)를 잘하여 300여수를 남겼는데, 후인들이 『한산자시집(寒山子詩集)』 3권으로 엮었다.

39 습득(拾得)은 당나라 정관(貞觀) 연간의 승려다. 한산의 스승 풍간(豐干)이 거두어 양육했으므로 습득이라 불렸다. 그의 게사(偈詞)가 『한산집(寒山集)』에 들어 있다.

40 연담유일의 자는 무이(無二), 법호는 연담(蓮潭)이며, 속성은 천씨(千氏)로 화순 출신이다. 조실부모한 후 18세 되던 1737년(영조 13) 승달산 법천사(法泉寺)에서 성철(性哲)에게서 출가하고 이듬해 안빈(安貧)에게서 구족계를 받았다. 1741년부터 해인사 체정(體淨)의 문

하였다.

일공一公 스님이 평소에 여기저기 주류하면서 불법을 가르치기를 마치 고래가 큰 물결을 밟으며 동쪽에서 솟았다가 서쪽 바닷속으로 사라지는 것과 같이 하다가, 노년이 되어 선관禪觀에 들어가기를 마치 매가 하늘을 지날 때에 다른 참새 무리들이 물결치듯 도망하는 것과 같이 했다. 그러므로 스님은 시 짓는 것이 천기天機가 통투通透하여 막히거나 걸리거나 하는 것이 없어, 공교롭기를 기대하지 않아도 저절로 공교로우며, 드넓고도 끝이 없다.

시를 써달라고 청하는 사람들이 하루에도 수십, 수백명이나 되었지만, 왼쪽 사람에게 시구를 뽑아주고 오른쪽 사람에게 불러주고 했는데, 마치 예전에 미리 지어둔 시를 외워주는 듯이 하되, 중견中見을 떠나지 않았고 상도常道를 벗어나지 않으면서, 넓고 넓어 칼날이 빈 틈에 노닐 만큼 넉넉하게 여유가 있었다.[41] 비유하자면 비로누각毘盧樓閣에 있는 그 많은 대문

하에서 『염송(拈頌)』을 배우고, 설파상언(雪坡尙彦, 1707~91)에게서 『화엄경』을 배웠다. 1748년 강원도 장구산(長丘山)에 53불을 조성하고, 체정을 증명사(證明師)로 모셨다. 31세 되던 1750년 이후 보림사(寶林寺)에서 『반야경』·『원각경』을 강의하는 등 여러 사찰에서 강의를 했다. 연담대사는 자성정토설(自性淨土說)로 참선과 염불의 일치를 주장했다. 58세 되던 1777년(정조 원년) 해인사에 있으면서 서산대사 비석을 대둔사(大芚寺)에 세웠고, 이듬해 밀양 표충사의 원장이 되었다. 1779년 창평 서봉사 주지가 되었으나, 장흥 보림사 삼성암에서 입적했다. 1778년 11월, 중형 정약전과 함께 화순 동림사에서 과거 공부를 하던 정약용은 연담유일을 만나 시를 드렸다. 당시 연담유일은 밀양 표충사의 원장이었지만, 지리산에 초암을 두고 정진하고 있었다. 연담유일은 정약용이 강진에 유배되었을 때 교유한 아암 혜장(兒庵 惠藏)의 법사이기도 하다. 연담대사는 해남 대흥사의 13대 종사(宗師)의 으뜸으로서 대련(大蓮)으로 불린다. 이후 강맥은 소련(小蓮)으로 불린 초의의순(草衣意恂)에게 이어지고, 다시 범해각안(梵海覺岸) 등 대흥사 승려들에게 이어졌다. 연담의 제자 양악계선(羊嶽啓旋)이 연담의 법맥과 백양사 강맥을 연결시켰다. 20세기 초 강화학파의 난곡거사(蘭谷居士) 이건방(李建芳)이 글을 지은 「화엄종주 연담당대사 비명 병서(華嚴宗主蓮潭堂大師碑銘幷序)」비가 건립되었다.

41 『장자』「양생주(養生主)」에 보면, 포정(庖丁)이 문혜군(文惠君)을 위해 소를 잡는데, 소 잡는 솜씨가 매우 뛰어나 문혜군을 감탄하게 했다. 포정이 소 잡는 도(道)를 말하면서 "두께가 없는 칼을 두께가 있는 틈새에 넣으니, 널찍하여 칼날을 움직이는 데 있어 반드시 여유가 있습니다(以無厚入有間, 恢恢乎其於遊刃, 必有餘地矣)"라고 했다.

과 창문이 미륵불이 한번 손가락을 튕기는 사이[42]에 내는 소리에 휙 하고 일제히 열리는데, 그 안을 들여다보면 갖추어지지 않은 것이라고는 없는 것과도 같으니, 이 어찌 성대한 일이 아니겠는가?

만일 성률聲律과 대구對句를 가지고 일공의 시를 논한다면, 이는 이백시 李伯時(송나라 용면산인龍眠山人 이공린李公麟)가 말 그림을 그릴 때에 오랫동안 쌓인 깊은 생각을 요구하고, 황노직黃魯直(송나라 황정견黃庭堅)이 사패詞牌에 맞춰 사詞의 어휘를 채워넣을 때 반드시 곱고 아름답기를 기대하는 것과 도 같은 일이리니, 어떻게 일공의 도를 그렇게 논하는 방도이겠는가?

지난날 경산종고徑山宗杲[43] 선사는 『대혜보각선사어록大慧普覺禪師語錄』 에서 일찍이 이런 말을 했다. "선善을 좋아하고 사邪를 싫어하는 마음은 누 구나 태어나면서부터 다 갖추고 태어나니, 임금을 사랑하고 나라를 근심 하는 마음은 충성과 의리로 가득 찬 사대부와 마찬가지이다."

지금 일공의 문장을 보니, 세상의 교화를 부지扶持하여 존숭하고 요임금 과 공자를 존경하여 권장하고 있으며, 임금과 나라를 찬송하고 기도하여 사랑하고 흠모하는 말들이 지극한 정성에서 발현했으니, 범음梵音(산스크리 트)의 다른 여러 불교 서적들에서 예시를 갖추고 판에 박은 듯 정해진 말들 과는 사뭇 다르므로, 참으로 존경할 만하다.

이제 그의 문도가 이 책을 간행하여 유포하려고 하므로, 내가 짐짓 이를 위하여 수희隨喜[44]하며 찬탄하여 마지않는다.

---

42   불교 용어 '일탄지(一彈指)'에서 온 말로, 손가락 한번 튕기는 사이의 극히 짧은 시간을 말 한다. 소식(蘇軾)의 「귀산변재사(龜山辯才師)」에 "부러워라, 부구 사이에서 자유롭게 유희 하는 스님이여, 우스워라, 손가락 튕길 사이에 영고성쇠 겪는 이 몸이여(羨師游戲浮漚間, 笑 我榮枯彈指內)"라는 말이 있다.

43   경산종고(徑山宗杲, 1089~1163)는 송나라 때 항주(杭州) 경산(徑山)에 살던 불일(佛日) 선 사로, 이름은 종고(宗杲)이며, 자는 대혜(大慧)다. 시호는 보각(普覺), 탑명은 보광(寶光)이 다. 흔히 대혜종고라고 부른다. 저서로 『대혜어록(大慧語錄)』 12권과 『대혜법어(大慧法語)』 3권 등이 전한다.

44   남의 좋은 일을 보고 따라 좋아하기를 마치 자기의 좋은 일과 같이 여기는 마음을 이른다.

정사년(1797) 여름 수관거사水觀居士[45] 이충익이 서문을 쓰다.

스스로 베껴 쓴 『유마경』 뒤에 쓰다書自書維摩經後[46]

숙종 7년 신유년(1681)에 사람도 없고 어디서 왔는지도 알 수 없는 배 한 척이 호남 임자도荏子島에 정박했다. 불서를 가득 실었으나, 배가 바람과 바위에 부딪혀 파손되면서 책들이 침몰하고 약간만 남아 있어, 수레로 서울로 이송했다. 당시 판서 염헌恬軒 임상원任相元[47]이 승지로 있었고, 불전에 밝다는 소문이 나 있어, 임금이『유마힐경』을 취하여 해설하도록 명했다. 판서는 사양하며 말하기를, "신이 경연의 참찬 직책을 띠고 있거늘 어전에서 불서를 강론하는 것은 옳지 않은 일로 생각됩니다"라고 하자, 주상이 그렇다고 여기고, 책들을 모두 남한산성 개원사開元寺에 보내고,『유마힐경』3권은 마침내 임상원 판서에게 하사하여 집에 보관하게 되었다. 뒤에 용행龍行이 그 책을 얻어 권첩卷疊을 열어서 펴놓고 법식에 맞게 베껴 썼는데, 판서의 증손 직장直長 임희성任希聖(1712~83)이 희망하여 다시 가

『대방광불화엄경(大方廣佛華嚴經)』권40에 나온다.

45 수관(水觀)은 능엄경에 나오는 월광동자(月光童子)와 부처의 대화 내용에서 차용했다. 부처가 전생에 수천(水天)이란 이름으로 출현하여 보살들에게 수관(水觀)을 닦게 했다. 보살들은 몸 안의 수성(水性)뿐 아니라 세계 밖의 온갖 물과 평등하여 차별이 없는 삼매경지에 이르게 된다. 월광동자도 삼매에 들었는데, 그의 제자가 창밖에서 스승을 찾았으나 맑은 물만 방 안에 가득하고 다른 것이 보이지 않아 자갈돌을 물에 던지고 가버렸다. 그 뒤 월광동자가 삼매에서 나오니 가슴이 무척 아팠다. 제자가 지난 일을 말하자 월광동자는 제자에게 자갈을 제거하라고 시켰다. 월광동자가 다시 삼매에 들고 그의 제자가 문을 열고 자갈을 제거하니 몸의 병이 나았다.『대불정여래밀인수증료의제보살만행수능엄경』권5에 나온다.

46 『초원유고(椒園遺藁)』책2 수록의 글이다.

47 임상원(任相元, 1638~97)의 본관은 풍천(豊川), 자는 공보(公輔), 호는 염헌(恬軒)이다. 1665년 별시문과에 장원급제하여 여러 벼슬을 거쳐 사은부사(謝恩副使)가 되어 청나라에 다녀온 뒤 공조판서와 우참찬, 한성부판윤 등을 지냈다. 숙종이 임상원에게 불경을 하사한 기록은『숙종실록』등에는 나오지 않는다.

져가 보관했다. 내가 다른 사람을 통해 그 책을 얻어 보았더니 동오東吳(삼국시대 오나라) 지겸支謙 스님이 대제大帝(손권孫權)의 때에 두번째로 번역한 책이었다. 문구가 어렵고 뜻이 깊어 곰곰이 생각하고 찾아보기를 여러 번 되풀이했지만 끝내 환히 이해하지는 못했다. 다른 책에서 이 경전을 인용한 것은 대부분 글에 차이가 많거나 혹은 빠져서 실려 있지 않지만, 다만 부족한 것을 보충해 편집한 것이 완정하고 좋았다. 책을 돌려보내어 지금은 그의 집에 있다.

상주 이학원李學源[48]이 선산善山 현감으로 있을 때 그의 아들 이전수李田秀[49]가 부친을 따라가서 합천 해인사에 보관한 『유마힐경』 3권을 인행하여 서울로 돌아왔는데 바로 이 책이었다. 내가 그 책을 이렇게 베껴 쓴 뒤 원본은 이전수에게 돌려보냈다. 이 책은 동오東吳 지겸支謙의 번역과 비교해서 조금 쉽게 읽힌다.[50] 다른 책에 인용된 내용들이 모두 갖추어져 있어, 비로소 역대의 존숙들이 모두 홍진본弘秦本[51]을 널리 읽었음을 알 수 있었다. 곧 왕원미王元美(왕세정王世貞)가 『예원치언藝苑巵言』 권3에서 "『유마경』과 『능엄경』은 글에 있어서 귀신이다"라고 말한 것은 이 홍진본을 말하는 것이다.

그러나 『유마경』과 『능엄경』에서 소전所詮한 의리는 깊고 얕음이 다르다. 시작 부분은 물론이거니와 문자상文字相도 또한 쉽게 병칭할 수가 없

---

48 이학원(1732~?)은 이철보(李喆輔)의 아들, 판중추부사 이복원(李福源)의 아우다. 영조 30년(1754, 갑술) 증광 생원시에 3등 46위(76/100)로 합격하고, 1790년(정조 14) 음관(蔭官)으로 발탁되어 강계 부사가 되었다.

49 이전수는 이만수(李晩秀, 1752~1820)의 종제다. 서형수(徐瀅修)·서유구(徐有榘)·이덕무(李德懋)·이의준(李義駿) 등이 『소화총서(小華叢書)』를 편찬할 때 성대중(成大中)·박지원(朴趾源)과 함께 이전수도 동참했다.

50 『유마경』은 비말라(유마)의 가르침(Vimalakīrti-nirdeśa-sūtra)이란 뜻을 지니는데, 한문 번역은 지겸이 번역한 『유마힐경(維摩詰經)』과 구자국의 역경사 구마라습(鳩摩羅什)이 번역한 『유마힐소설경(維摩詰所說經)』, 현장(玄奘)이 번역한 『무구칭경(無垢稱經)』 6권이 있다. 지겸의 번역은 직역에 가깝고 구마라습의 번역은 유창하다.

51 후진(後秦) 홍시(弘始) 연간(399~416) 구마라습의 번역본을 말한다.

다.『능엄경』은 자못 문구를 정성껏 수식하여 읽으면 맛과 재미가 있지만,
『유마경』은 아득히 깊고 넓어 엿보고 가늠할 수 없다.[52] 마치 유마거사가
방장에 높이 누워 있는 것을 목격하고는 여러 대제자와 대보살이 뒷걸음
치고는 나아가 문안하지 못한 것과 같으니, 아! 기이하도다.

　갑진년 늦봄에 호진螻津의 우사寓舍에서 베끼기를 마치고, 인하여 책 끝
에 적는다.

청한자 소상 시묵첩 뒤에 적다題淸寒子小像詩墨帖後

　지난해 신사년(1761, 영조 37) 이른 봄, 내가 동경(경주) 천룡사天龍寺에 들
렀을 때 말이 병이 나서 이틀간 머물렀는데, 숙생塾生 하河 아무개로 아직
관례를 올리지 않은 자가 절에서 글을 읽고 있었다. 그가 나를 인도하여 매
월당梅月堂을 방문하니, 절의 서쪽 계곡에서 가장 높고 으슥한 곳에 있었
다. 만 그루 나무들이 빼곡한 속에서 청한자(김시습)의 진상眞像에 절했는
데, 진상과 찬문贊文은 모두 청한자가 스스로 베껴낸 것이었다.[53] 차례로
관람하면서 감개가 있어, 하루 묵고는 돌아왔다. 지금 40년 가까운 지난날
의 일이다. 다시 오구자於謳子[54]가 베낀 것을 보니, 곧 명나라 만력의 태평

52　『유마경』에는 수많은 거대한 보좌를 작은 방장에 들여놓는다거나 수미산을 겨자씨 속에 넣
　　기도 하고, 큰 바닷물을 털구멍 속에 넣는 등 유마거사의 불가사의한 해탈 경계가 묘사되어
　　있다.

53　오늘날 김시습의 초상은 충청남도 부여군 무량사의 매월각에 봉안되어 있는 것과 1610년
　　대 경주부에서 목판 간행한『매월당시사유록(梅月堂詩四遊錄)』의 권수(卷首)에 판각된 자
　　사진(自寫眞)이 널리 알려져 있다. 전자는 원래 김시습이 자신을 승려의 형상으로 그린 원
　　본이 아니라 후대 사람이 유학자의 모습으로 변모시킨 개조본이다. 후자의 경우는 승려의
　　모습과 유학자의 모습을 절충한 형상이다. 그 자사진의 왼쪽에 자찬(自贊)이 함께 판각되어
　　있다. 오구자(於謳子)가 베낀 원본의 김시습 진상에도 자찬이 있었음을 알 수 있다. 이것이
　　『매월당시사유록』권수의 초상과 자찬의 저본이었을 듯하다.

54　오구(於謳)는『장자』「대종사(大宗師)」에 나오는 가상의 신인에 가탁한 사람의 호인데, 누

성대에 있었던 일이었다. 지난날 내가 유람했던 일을 추억하고, 또 청한자의 현신現身(실제 몸)과 유조遺照(남긴 초상)가 동해의 물이 세번 옅어지는 일을 겪은 데 그친 것이 아니라는 사실을 슬퍼했다.

청한자가 시를 붓으로 쓴 것은 처음에는 정암靜菴 선상인禪上人에게 주었다가, 중간에 오구자가 얻었고, 오구자가 다시 그것을 희안希安 스님에게 주었다. 동회옹東淮翁[55]의 큰 글씨로 도장에 새긴 것을 찍었다. 지금 민노행閔魯行[56] 집에 보관되어 있으니, 이미 여러 세대를 거쳤다.

청한자는 신동으로 영릉英陵(세종)의 지우를 입고 포상을 받았다가, 중간에 떠나서 승려가 되었으며, 뒤에 아내를 취하여 환속했다가 아내가 죽자 머리를 자르고 두타승이 되어 죽었다. 죽음에 임하여 또 화장을 하지 말라고 유언했다.

세간법과 출세법은 본디 별도의 두 길이 아니다. 하지만 이것은 청한자의 본분에서는 군더더기 말이다. 이 권卷을 보는 사람이라면 의당 이렇게 보아야 한다.[57]

오구자는 어떤 사람인지 알 수 없으나, 문묵文墨이 또한 절로 노창老蒼하므로, 의당 이것도 고찰하고 찾아보아야 한다.

권의 끝에 기록하여, 선배를 인몰시키지 않고 옛날의 풍모를 바라보는 것이 옳겠다.

기미년(1799, 정조 23) 추계秋季(음력 9월)에 우신이 쓴다.

구의 호인지는 알 수 없다.

55 신익성(申翊聖, 1588~1644)이다. 본관은 평산(平山), 자는 군석(君奭), 호는 낙전당(樂全堂)·동회거사(東淮居士), 시호는 문충(文忠)이다. 영의정 신흠(申欽)의 아들로, 12세 때 선조의 딸인 정숙옹주(貞淑翁主)와 혼인해서 동양위(東陽尉)에 봉(封)해졌다.

56 민노행(1777~?)은 민경속(閔景涑)의 양자다.

57 1583년 선조의 명으로 간행한 경진자 활자본 『매월당집』의 권수(卷首)에 실은 율곡 이이(李珥)의 「김시습전」에서는 김시습의 사상과 행적을 "본심은 유학자이면서 자취는 불승이었다(心儒迹佛)"라고 규정했다. 이충익은 유학과 불교를 판연히 갈라 보아서는 안 된다고 주장했다.

천봉사탑비 天峯師塔碑[58]

나는 이른바 대선사라고 하는 이들을 많이 보아왔다. 어깨를 세우고 눈동자를 드리우고 방석을 펴고 앉아 있으면, 사람들은 그를 보고 묻지도 않고 대선사라고 여긴다. 어깨를 세우고 눈동자를 드리우고 방석을 펴고 앉아 있을 때는 그들 또한 스스로 자신을 대선사라고 여긴다. 저 눈이 인천人天과 더불어 보는 것을 함께하고, 마음이 범성凡聖과 더불어 세계를 같이하며, 사대四大가 축생이나 아귀와 생사를 같이하고, 염려함이 담장이나 기왓돌과 더불어 생성, 소멸됨을 함께하여, 수많은 사람들이 모두 다 예경禮敬하더라도, 그에게는 단 한가지 덕德도 이름 붙일 수가 없다. 그렇거늘 수많은 사람들로부터 예경을 받고서도 나라고 하는 생각이 없는 이가 바로 대선사이니, 이것이 바로 천봉대선사가 대선사인 까닭이다.

교학教學에는 소승小乘과 대승大乘이 있고 문구와 의취가 있으나 나에게는 오직 하나의 이치[理]만이 있고, 참선參禪 때에는 방망이로 치고 불자를 떨치며 주먹으로 치고 발길로 차는 것이나, 죽이고 살리며 주거나 빼앗는 법이 있으나 내게는 오직 하나의 성품[性]만이 있으며, 사람에게는 의심하고 왜곡하거나 어리석고 둔한 이들과 성실하고 지혜로운 이가 있지만 내게는 오직 하나의 자비[慈]만이 있어, 수승殊勝(매우 뛰어남)하고 기특한 상相도 내지 않고 해탈하여 남을 깨우치려는 상도 내지 않으리니, 만약 그러한 자라면 비록 불법 가운데 얻은 것이 없다고 해도 옳은 것이다. 어째서인가? 불법 가운데는 본래 이러한 상相이 없기 때문이다. 말은 곧 마음이

---

58 도봉산 망월사에 천봉당 태흘탑과 천봉선사탑비가 있다. 태흘탑은 천봉 태흘이 입적한 이듬해인 1794년에 건립된 것으로, 탑에는 '서산오세손 천봉당 태흘지탑(西山五世孫天峯堂泰屹之塔)'이라 새겨져 있다. 탑비는 1797년(정조 21) 세워졌으며, 이충익이 지은 글을 비에 새겼다. 천봉의 비명을 이충익에게 부탁한 영월규공은 천봉의 제자로 『진언집(眞言集)』을 편집했다.

고 마음은 곧 성품이어서 가고 머물고 앉고 눕고 옷 입고 밥 먹는 일이 바로 이 마음이며 이 성품이어서 전체가 발현함에 있어 중간에 한 터럭도 더할 것도 없고 버릴 것도 없는 것이다. 모든 유위법 가운데 만약 그러한 것은 비록 둔하더라도 부처의 심성이라 해야 옳으니 어째서인가? 불심과 불성은 본래 이와 같기 때문이다.[59]

스님의 이름은 공흘共屹이고 자는 무등無等이며 천봉天峯은 그의 호이다. 황해도 서흥瑞興 사람으로, 김두필金斗弼의 아들이다. 어머니는 조씨이다. 16세에 유덕사有德寺의 명탁明琢 장로께 출가하고 도원道圓 스님에게서 구족계를 받았으며, 20세에는 은월우점隱月雨霑 스님에게 수학했다. 국내를 두루 유력遊歷하면서 선지식을 참방했으며 만년에는 황해도 배천白川 호국사護國寺로 돌아가 대중을 사절하고 참선에 들었다. 풍계해숙楓溪海淑 스님의 법맥을 이었다. 곧 백월옥혜白月玉慧가 스님의 수제자이며 청허淸虛의 5세손이다. 세속 나이 84세 때 건륭健陵 계축년(정조 17) 병석에 눕자, 중들이 스님에게 물었다. "스님이 항상 설하신 고苦와 공空과 무상無常 역시 생사의 부림을 받은 것인데 앉아서 죽지 않으십니까?"라고 하자, 스님이 말씀하시기를, "앉는 것도 반드시 앉는 것이 아니고 누워도 반드시 누워 있는 것이 아니다"라고 했다. 또 묻기를 "스님이 지금 적멸하고 적멸하지 않는 것이 어디에 있는지 보여주십시오"라고 하자, 스님은 한참 동안 고개를 끄덕이다가 돌아가셨는데, 얼굴빛이 평소 입정했을 때와 같았다. 다비

---

59   참선에는 임제(臨濟)의 할(喝, 고함소리), 덕산(德山)의 방(棒, 몽둥이), 살인도(殺人刀), 활인검(活人劍) 등 다양한 선법(禪法)이 있으나 천봉선사는 개개의 말단은 무시한 채 불성(佛性)에 집중했다. 중생들은 근기의 차등이 있으나 자비심이 핵심이며, 중생을 대할 때에도 그들보다 뛰어나다는 아상(我相)이나, 남을 깨우치려는 인상(人相), 중생상(衆生相)마저 없어야 『금강경』에서 강조하는 여래이다. 이충익은 일상의 모든 행위들이 이 마음(一心)에서 나오고 성품(佛性)에서 시발되어 간격이 없다고 하여, 심즉리(心卽理)의 양명학과 즉심즉불(卽心卽佛)의 불교논리를 절충했다. 유식학에서 감각기관(六根)을 거친 6식이 7식을 거쳐 8식(아뢰야식)에 함장되고 다시 무량겁 동안 확장된 8식에 의해 6식으로 수연(隨緣)되는 작용이 찰나에 이루어지며 중간단계가 없다는 교설과 상통한다.

를 마치자 목뼈 가운데 부서지지 않는 것이 2개 있었고 사리는 67매가 나
와 호국사 및 문화文化의 월정사, 양주의 망월사에 탑을 세우고 나누어 보
관했다. 법랍은 68세이며 제자로 종지를 얻은 이가 아무개 등 20여명이며,
계율을 받은 자는 수백명이었다.

　내가 처음으로 스님을 뵈었을 때는 이미 80여세였다. 코가 높고 볼이 넓
었으며 입은 모지고 귀가 컸다. 눈은 마치 새벽별과 같아 돌아보는 눈빛에
광채가 있었다. 더불어 말을 나누어보면, 진실하고 정성스러우며 미화시
킴이 없으니 진실로 복과 지혜를 모두 갖춘 이였다. 지금 문도인 환열幻悅
등이 와서 비명을 간청하기에 나는 내가 스님에게서 본 바만 열거했더니,
환열이 "당신은 선입견 없이 우리 스승을 보았기 때문에 우리 스승을 더
잘 알 수 있다"고 했다.

　명銘은 이러하다.

　스님이 불전〔有德窟〕에 들어가 지성으로 서원을 발하니 홀연히 먹는 우
물에서 세줄기 물이 높이 솟아올랐다. 물은 얼어 옥같이 빛나는 얼음이 되
었는데, 씹어보니 입안이 달고 차다. 때는 마침 초여름이어서 뭇 사람이 일
찍이 없던 일이라고 탄식했다. 스님은 묵묵히 못 본 듯하면서, '얼음과 물
의 성질이 공이라 녹고 얼고 뭉치고 흐름을 내가 보기엔 서로 다른 것이
없다'고 했다. 스님에게 양생하는 도구가 지금 모두 있느냐고 물었는데 오
직 한개의 나무발우〔木鉢〕만 있었고, 밥을 담아 받들어 부처께 예를 올렸
다. 바리때가 밥 담는 것으로만 알았지, 쌀로 밥 짓는 것은 몰랐으며, 다만
쌀로 밥 짓는 것만 알았지 그것을 돈하고 바꾸는 것은 몰랐다. 하루 한끼의
식사를 하여 밥이 익은 뒤 받아먹고 배가 차면, 남은 것은 배고픈 이들에게
주니 좋다고 아니 하는 사람이 없었다. 이 법이 불가사의하여 범부에 관한
일도 지나치지 않으니, 만약 범부의 일을 소홀히 한다면 이 법은 불가사의

한 것이 아닐 것이다. 때 묻고 더러운 것을 멀리하려 한다면, 곧바로 범부임이 드러날 것이다. 천봉스님의 뜻을 알고자 했는데, 이러한 지의旨義, 스스로 수승하도다.

연담화상비기|蓮潭和尙碑記[60]

대사의 휘諱는 유일有一, 자字는 무이無二이고, 연담蓮潭은 그 호이다. 호남 화순현和順縣 천씨千氏의 아들이다. 나이 열여덟에 무안 승달산 법천사 성철性哲 선사를 따라 출가하고 안빈담安貧諶 선사에게서 수계受戒했다. 이어서 해인사에서 호암체정虎巖體靜 선사에게 투배投拜하고 서너해 동안 따라다니며 모셔서, 그 밀지密旨를 전부 전해 받았다. 호암은 환성옹喚惺翁(환성지안喚惺志安, 1664~1729)[61]의 고족高足으로 청허淸虛 조사祖師(서산대사 청허 휴정淸虛休靜)의 6세 사법嗣法이다. 존숙尊宿들에게 두루 참예했다. 또 동문同門의 설파언진雪坡彦振과 함께 화엄의 종지를 선양해서, 강석講席을 홀로 맡길 30여년 동안이나 했다. 모두 15주周로, 늘 수행하는 자들이 항상 백명에 가까웠다.

60　연담유일(蓮潭有一)은 앞에 「임하록서」에 나왔다. 호남의 화엄종주(華嚴宗主)이다. 서산대사 청허휴정(淸虛休靜)의 문하에 사명(四溟), 소요(逍遙), 정관(靜觀), 편양(鞭羊)의 4대 문중이 있었다. 편양은 서산의 법을 풍담(楓潭)에게 전수했으며, 풍담은 월담(月潭)에게, 월담은 환성(喚惺)에게, 환성은 호암(虎巖)에게, 호암은 연담(蓮潭)에게 전했다. 1779년 창평 서봉사(瑞鳳寺) 주지로 있을 때 음해를 당해 옥에 갇혔다가 며칠 만에 풀려났다. 저서로는『서장사기(書狀私記)』와『도서사기(都序私記)』『선요사기(禪要私記)』『절요사기(節要私記)』『기신사족(起信蛇足)』『금강하목(金剛蝦目)』『원각경사기(圓覺經私記)』『현담사기(玄談私記)』『대교유망기(大敎遺忘記)』『제경회요(諸經會要)』『염송착병(拈頌着柄)』그리고 문집 등이 있다. 그의 법맥은 대흥사 초의의순(草衣意恂, 1786~1866)으로 이어졌다.

61　환성지안(喚惺志安, 1664~1729)은 편양파(鞭羊派) 월담 설제(月潭雪齊, 1632~1704)의 제자로, 화엄과 선(禪)의 일치를 주장한 환성파(喚惺派)의 시조로서 대흥사 13대 종사(宗師) 가운데 6대 선지식이다. 성은 정(鄭)씨, 호는 환성(喚惺), 자는 삼낙(三諾)이다.

정종正宗(정조) 기미년 2월 3일에 장흥長興 보림사寶林寺 삼성암三聖庵에서 시적示寂했다. 숙종 경자년에 태어난 때로부터 80 춘추이다. 저술로 경론의經論義 7부 10권, 문집 및 법어法語 4권이 나란히 세상에 행行한다. 문인이 대둔사大芚寺, 미황사美黃寺, 법천사法泉寺에 솔도窣堵(탑)[62]를 건립했으니, 모두 스님이 일찍이 석장錫杖을 머물렀던(주지住持가 됨) 곳이다.

스님은 사람됨이 질직質直하고 통간通簡하여 비록 일세에 숭앙받은 분이면서도 스스로를 긍지하거나 존중하지 않았다. 어려서부터 총명함이 남달라 여러 책들을 널리 읽되 서적을 한번 보면 모두 기억하여 교해敎海에 유통시켰고, 심오하게 묶여 있는 대목은 송곳같이 뚫어내어 의심되거나 어려움이 없이 뭉게뭉게 피어오르듯 했다. 지은 시문들은 모두 붓이 가는 대로 쓰셨고, 문장을 수식하려 하지 않고 천기天機가 난만하여 넘쳐흘렀다. 상대방의 근기에 맞춰 설법하고 널리 응하고 곡진하게 마땅했으니[63] 옳고 그름을 대답했으니, 덕 있는 분의 말씀임을 알 수 있다.

나는 스님의 면모를 직접 뵙지 못했으나, 방외에 노니는 자들로부터 자주 소문으로 들어 알고 있었다. 늦게야 스님의 문집을 얻어 그가 자술한 것을 읽어보니 착한 일은 양보하지 않았고 허물을 편안히 여기지 않아서[64] 확 트이게 그의 속내를 본 듯했다. 덕이 그의 재주를 이기고[65] 준수함은

---

62   솔도파(窣堵婆)는 산스크리트어의 스투파(stūpa) 또는 팔리(Pali)어의 스투파(thūpa)를 한 자로 표기한 것으로, 탑파(塔婆)라고도 한다. 또 수투파로 읽기도 한다.

63   원문의 '범응곡당(汎應曲當)'은 '범응곡당(泛應曲當)'과 같다. 『논어』 「이인(里仁)」에 "우리 도는 한가지 이치가 만가지 일을 꿰뚫고 있다(吾道一以貫之)"라고 했다. 주희의 『집주』에 "성인의 마음은 혼연히 하나의 이(理)여서 널리 응하고 곡진히 마땅하여 용이 각기 같지 않다(聖人之心, 渾然一理而泛應曲當, 用各不同)"라고 했다.

64   『예기』 「방기(坊記)」에서 공자는 "선은 남을 칭하고 잘못은 자기를 칭하면 백성들이 선을 사양한다. 『시경』에 '점괘를 살펴본 이는 무왕이시니, 이 호경(鎬京)에 거주할 것을 헤아리셨도다. 거북점이 올바르다고 결정해주자 무왕이 도읍을 이루셨도다'라고 했다(善則稱人, 過則稱己, 則民讓善, 『詩』云: '考卜惟王, 度是鎬京, 惟龜正之, 武王成之')"라고 나온다.

65   사마광의 『자치통감』에 "재주와 덕이 온전히 극진한 사람을 성인이라 하고 재주와 덕이 둘 다 망한 사람을 바보라고 하며, 덕이 재주를 이기는 사람을 군자라 하고, 재주가 덕을 이기는

도를 상하지 않았으며, 주공과 공자를 존중하고 윤리와 의리를 돈독하게 여겨 불법에 메이지 않은 채 크게 통달한 자였다.

이제 그의 문도가 장차 빗돌을 세워 스님의 평생을 기록하려고 한다기에 내가 대략 스님을 위해 서술하기를 사양하지 않았다. 만일 스님의 도를 구하는 자가 있어 그의 책을 읽어본다면, 전하지 못했던 지의旨義를 우탁하여 전하는 것이 있으리라.

『삼조요전』[66]의 뒤에 쓰다書三朝要典後

이 『삼조요전三朝要典』 22권은 본래 직장 임자시任子時[67]의 가장家藏이었는데, 나의 벗 민가숙閔可肅(민경속閔景涑, 1751~94)[68]이 빌려다가 기록했다. 당씨 임씨가 돌려달라고 요구하기를 아주 급하게 했는데, 민가숙이 글

사람을 소인이라고 한다(才德全盡謂之聖人, 才德兼亡謂之愚人, 德勝才謂之君子, 才勝德謂之小人)"라고 했다.

66　『삼조요전』은 본래 24권이다. 처음 이름은 『종신홍편(從信鴻編)』이고 『삼대정기(三人政紀)』라고도 한다. 명나라 내각대학사 고병겸(顧秉謙)·황입극(黃立極)·풍전(馮銓) 등이 편찬했다. 1626년(천계天啓 6) 4월에 급사중 곽유화(霍維華)가 수천 글자의 상소문에서 유일경(劉一璟), 한광(韓爌), 손신생(孫愼行), 장문달(張問達), 주가모(周嘉謨), 왕지채(王之采), 양련(楊漣), 좌광두(左光斗), 주조서(周朝瑞), 완화중(袁化中), 위대중(魏大中), 고대장(顧大章) 등 동림당(東林黨) 사람들을 공격했다. 대체로 '정격안(挺擊案)' '홍환안(紅丸案)' '이궁안(移宮案)'의 결론을 뒤집은 것이다. 위충현(魏忠賢)은 이 책의 조의(條議)가 한 글자도 틀림없다고 격찬했고, 당시 사람들은 이 상소는 '삼조의 요전'이라고 논했다. 하지만 위충현은 이 때문에 동림당 사람들을 더욱 박해하고, 관아를 열어 곽유화의 편집을 기초로 만력, 태창, 천계의 삼대 당안(檔案) 자료를 편집하고 안어(案語)를 더했다.

67　임천상(任天常, 1754~?)의 집안 인물인 듯하다.

68　민성징(閔聖徵, 1582~1648)의 7대손이다. 민경속은 강화학파와 연관이 있다. 즉 전주이씨 덕천군파와 연일정씨 정하언(鄭夏彦) 후손가와 가까웠고, 연일정씨는 또 자하 신위와 연결된다. 양자 민노행(閔魯行)은 추사 김정희와 교류한다. 민경속은 1785년부터 1787년까지 3년간 『흠영(欽英)』의 저자 유만주(兪晩柱)와 서책을 교환했다. 『지선록(知先錄)』 『우수만록(迂叟謾錄)』 『수교고인록(輸膠故人錄)』을 저술했다.

씨에 서툴러서 마침내 남의 손을 빌렸다. 나도 그를 위해 수권首卷부터 3권까지 썼다. 임신년(1752, 영조 28) 상(영조)께서 형부刑部에 유시했고, 그 나머지는 모두 민가숙의 중표숙重表叔 유백온柳伯溫의 글씨이다.

이 책은 보는 사람들이 지금까지 침 뱉고 욕하지만, 이 책이 우주간에 없을 수 없는 책이라는 것을 알지 못한다. 각학閣學 주국정朱國楨(1557~1632)[69]은 일찍이 쟁안爭案[70]하는 자를 편들어 상소를 하였는데, 이 책에 의뢰하여 목숨을 보존할 수가 있었다. 비단 이뿐만이 아니다. 즉 시시비비도 이 책에 의거하여 결판지을 수 있다. 이 책을 지은 자는 당시 필시 스스로는 교묘하고 잘 완성했다고 여겼다. 하지만 지금의 관점에서 이것을 보면, 쟁안을 저주하는 자가 드러내놓고 일을 꾸며 거짓을 진실로 날조하고 자기들의 일을 찬양하여 스스로 변명을 한 말이 더욱 그 흉악하고 누추함을 드러내었다. 간악한 당파는 역시 재화才華(문학적 재능)가 많아서 계책을 꾸미는 것이 이와 같지만, 하늘은 정말로 속일 수가 없다.

또한 저자들이 어찌 원우당비元祐黨碑[71]를 보지 못했던가? 공공연하게 이 전철前轍을 밟아서 스스로를 충량忠良하다고 자부하지만, 후세 사람들이 지금 사람들을 볼 때 지금 우리가 옛사람들을 보는 것과 역시 같을 것이다.[72] 아아!

무오년(1798) 납월(12월), 구사龜槎 시골집[73]에서 쓰다.

---

69 천계(天啓) 연간에 무영전대학사(武英殿人學士)로서 재상의 직에 계속 있었다가 위충현의 당에게 탄핵을 받아 사직하고 고향으로 돌아가 1632년 타계했다.

70 앞의 주 66에 나와 있듯이 명나라 말 궁중에서 발생한 세개의 사건과 관련해서 판정을 뒤집으려고 문제 삼은 일을 말한다.

71 북송 휘종(徽宗) 연간에 채경(蔡京) 등이 권력을 잡고 사마광(司馬光) 등 원우(元祐) 때의 제현(諸賢)을 당인(黨人)으로 몰아 이들 309명의 이름을 새겨 태학 단례문(太學端禮門) 앞에 세운 비를 말한다. 뒤에 벼락이 내려 깨졌다.

72 왕희지(王羲之)의 「난정기(蘭亭記)」의 표현을 빌려 왔다.

73 경기도 장단(長湍) 도납산(都納山) 아래 거처를 말한다. 이충익은 「구사설」을 지어 도납산 아래 시골집을 '구사서옥(龜槎書屋)'이라 이름한 이유를 밝혔다. 즉 『장자』 「추수(秋水)」에서 "이 거북이 죽어서 뼈를 남겨서 귀한 취급을 받는 것이 좋겠는가, 살아서 진창 속에 꼬리

신수망월사기 新修望月寺記[74]

한경漢京(서울)에서 곧바로 북쪽으로 산이라 이름하는 것이 십여개인데, 도봉산道峯山이 정수리와 이마에 해당하고, 봉우리를 빙 둘러서 가람(절)을 만들어둔 것이 서너 구역인데, 망월사가 미간과 눈에 해당한다. 비단 바위가 빼어나고 봉우리가 준험할 뿐만이 아니라, 가장 안정되고 높고도 드러나 있다. 절은 당나라 정관貞觀 연간에 해호대사海浩大師에 의해 창건되고, 송나라 영종英宗 때 혜구조사慧炬祖師가 중건했으며, 숭정후崇禎後 63년(1707)에 동계사문東溪沙門 설명상견卨明尙堅이 다시 영건했다. 대개 지금까지 수백 수천년이어서 오래고도 아득하여, 홍기하고 폐철된 자취를 자세히 알 수가 없다. 오래되었으므로 뭇 가람들이 종주로 삼는 것이고 홍기하고 폐철된 것이 일정하지 않아서 집과 건물, 제단과 마당이 아주 비좁고 비스듬히 기울어져 그 이름을 일컬을 것이 없다. 또 그 2백년 쯤 뒤에 비로소 영월낭규映月朗奎 선사가 서너 기紀(12년) 동안 경영하는 것을 만나 온 몸의 관규管竅[75]를 아울러 보존하지 않은 것이 없으며, 숭상하고 장식하는 것과 관련하여 할 수 있는 일들이 다 끝이 났다.

영월낭규 선사는 본래 관동關東 금성현金城縣(금화金化) 사람이다. 나이

를 끌고 다니는 것이 좋겠는가?"라고 자문했던 취지를 따라 '거북 구(龜)' 자를 택했다. 그리고 장님 거북이 망망대해를 떠도는 것처럼 하겠다는 뜻에서 '뗏목 사(槎)' 자를 택했다.

74 망월사는 대한불교조계종 제25교구 본사 봉선사의 말사로 경기도 의정부시 망월로의 도봉산 중턱에 위치한다. 639년(선덕왕 8) 해호(海浩)가 창건했다고 하며 경주 월성(月城)을 바라보며 왕실의 융성을 축원했다고 해서 망월사라 불렀다고 한다. 이충익의 이 「신수망월사기」와 1913년 석본엽(釋本葉)의 「망월사사적」에 의하면 1066년(고려 문종 20) 혜거국사(慧炬國師)가 중창했으며, 1691년(숙종 17) 동계(東溪)가 중건했다. 영월낭규(映月朗奎)가 1779년(정조 3)부터 1800년(정조 24, 순조 즉위년)까지 선월당(先月堂)과 응진전을 짓고, 대웅전과 법당을 수리하며 범종을 주조했다.

75 관(管)은 몸의 굴이나 관을 의미하며, 특히 오관(눈, 코, 귀, 입, 혀)을 가리킨다. 규(竅)는 틈이나 구멍, 관통하는 길을 의미하며, 오관의 기능과 관련된 중요한 부분을 나타낸다.

열넷에 정릉貞陵 원사願寺에서 머리를 깎고 옷을 검게 물들였으며, 참방參訪하고 겸추鉗鎚[76]하며 유방遊方하는 외에, 의지依止(일시적으로 머물며 수도하고 법석을 엶)는 항시 기전圻甸(경기도)의 여러 사찰에서 했다. 건릉健陵 무술년에 이르러 비로소 망월사에 주석駐錫하고는 법계法界(사찰 경내)가 조락하고 황폐하여, 진국鎭國(서울의 진산)의 명산에 기도의 불사를 행할 곳이 없는 것을 개연히 여겨, 마침내 크게 서원誓願을 하여 장대한 개척을 행하기를 도모했다. 명년에 먼저 선월당先月堂을 절 오른쪽[77]에 지어 청중淸衆(승려들)을 거처하게 하고, 또 명년에 대웅전大雄殿을 중건하고 금성金聖(부처)의 몸과 회화繪畫 3탱幀을 새로 만들었다. 또 명년에는 『잡화경雜華經』 『화엄경華嚴經』 등 여러 불경을 저장하여 후학을 기다렸다. 또 명년에는 기울고 자빠진 법당을 수리하고 장식했다. 병오년에는 법종을 주조하고, 기유년에는 절 남쪽에 전각을 세워 응진應眞[78]을 안치했다. 신해년에 돌을 첩첩 쌓아 전대前臺를 만들었는데, 높이와 너비가 각각 서너장이며, 부엌, 곳간, 통시(화장실)에 이르기까지 갖추어지지 않은 것이 없었다. 그래도 법계에 이르는 길이 아주 편리하지만은 않은 것이 마음에 탐탁지 않아서 경신년 여름에 이르러 선월당을 다시 그 왼편으로 옮기고 영산전靈山殿을 선월당 터로 옮기며 그 앞에 서너 기둥(서너칸) 횡각橫閣을 뽑았다. 무릇 집채가 모두 여러 기둥(여러 칸)이고 재물을 3, 4만냥 사용했는데, 선사의 깊고 성실한 크나큰 발원이 드러나 사람들에게 신뢰를 받지 않았더라면 어떻게 이러한 경지에 이르렀겠는가?

이에 황금빛과 푸른빛이 찬란하고 용마루와 서까래가 뾰족하게 솟아

---

76 겸추(鉗鎚)는 쇠를 단련시키는 데에 쓰는 쇠 집게와 쇠망치다. 선가(禪家)의 용어로, 스승이 제자를 엄격히 단련시킨다는 의미다.

77 원문에 '寺在'로 되어 있으나 '寺右'의 오기인 듯하다.

78 아라한을 의역해서 응진(應眞)이라고 한다. 아라한은 범어(梵語)의 음역으로, 세간의 대공양(大供養)을 받을 만한 성자라는 뜻이다. 대승(大乘)과 소승(小乘)을 막론하고 불교 최고의 과위(果位)를 얻은 자를 말하는데, 줄여서 나한(羅漢)이라고 한다.

났으며, 당번幢幡과 개물蓋帳이 드날리고 펄렁이며, 등잔불과 촛불은 휘황하게 빛나고, 동판銅版과 목어木魚는 쟁그랑 소리치고 분투하여 외치듯 한다. 사리闍梨(승려)와 필추苾芻(비구니)는 전의田衣(가사)[79]를 걸치고 방모方帽를 쓰고, 엉거주춤 허리를 굽혀 모배례膜拜禮를 올린다. 들늙은이나 촌노파는 머리를 낮게 숙이고 합장을 하면서 눈은 잠깐 사이도 꿈벅이지 않고 입으로는 소리를 그치지 않는 것은 성상을 위해 천보구여天保九如[80]의 축수를 하지 않는 것이 없고 나라의 명운을 만년토록 보존하도록 기도하며, 해마다 곡식이 거듭 풍년이 들고 왜구과 도적이 영원히 그치며 경역 안에 생명을 가진 모든 것이 하늘이 보우하는 품 안에 모두 포용되기를 바라지 않는 것이 없다. 또한 치도緇徒(승려)의 크나큰 보호와 금신金神(부처)의 묵묵한 보위가 도움을 주기를 바라며, 지난날 선왕께서 온갖 신을 찾아 흠향하기를[81] 사람들에게 비보가 된다면 아무리 미미한 신이라도 반드시 〔그 흠향이〕 미치도록 했다. 농주農酒가 당堂의 제사상에 올려지고, 수명이 무한하기를 축수하니, 군자가 함께했다.

지금 영월낭규 선사의 증측과 수리가 장대하고 화려한 것은 외관을 아름답게 하려는 것이 아니었다. 축수하고 기도하는 곳이 구차할 정도여서

---

79 수전의(水田衣)의 준말로, 가사(袈裟)의 별칭이다. 승복(僧服)을 누벼 지은 모양이 논밭의 두둑과 비슷하다고 해서 붙여진 이름이다. 전상의(田相衣)·도전의(稻田衣)·도전납(稻田衲)이라고도 한다.

80 천보구여(天保九如)의 칭송은 임금의 덕을 칭송하면서 늘 변함없는 아홉가지 사물에 비유하여 임금의 복록과 장수를 송축하는 일을 말한다. 『시경』 「소아(小雅) 천보(天保)」에 "하늘이 그대를 보우하여 흥성하지 않은 것이 없으니, 산 같고 언덕 같으며, 산마루 같고 큰 고개 같으며, 한창 이르는 냇물과 같아 불어나지 않음이 없도다. 초승달 같고 떠오르는 해 같으며 장수하는 남산과 같아 이지러지거나 무너지지 않으며, 무성한 송백과 같아 끝없이 흥성하지 않음이 없도다"라고 했다.

81 색향(索饗)은 백신을 찾아 흠향을 올린다는 말이다. 『예기』에 "천자의 큰 사제(蜡祭)가 여덟 가지이다. 이기씨가 처음 사제를 만들었다. 사제라는 것은 찾는다는 말이니, 매년 12월에 만물을 취합하여 신을 찾아 제향하는 것이다(天子大蜡八 伊耆氏始爲蜡. 蜡者, 索也. 歲十二月, 合聚萬物而索饗之)"라고 했다

는 안 되기 때문이었다. 이것은 정말로 세교世教로 보아 마땅히 추장推獎해야 할 바이고 법法에 마땅히 기록해야 할 바이다. 지금 스님은 늙었다. 공적을 이루고도 자부하지 않고, 장차 주발 하나 병 하나를 가지고 바깥의 먼 봉우리 인적 끊긴 골짜기로 멀리 떠나서, 이른바 '일대사 인연一大事因緣'을 완료하려는 것이니, 뒷날의 승사僧史는 반드시 기록할 것이다.

때는 성상(순조)의 즉위한 원년(순조 즉위년, 1800) 수하首夏(초여름, 음력 4월)로, 수관거사水觀居士가 서술한다.

진언집 권미眞言集卷尾[82]

위의 『진언집』 한 부는 옛날 용암숙공龍巖肅公(용암증숙龍巖增肅)이 자신의 고족高足(제자) 백암숙공白巖俶公과 함께 편찬하여 목판으로 간행한 것으로,[83] 판목은 화순현和順縣 만연사萬淵寺에 보관되어 있다가 재앙을 만나

82　도봉산 망월사에 『진언집』 상하 2권 60판의 목판이 보존되어 있다. 모두 290종의 진언을 수록했다. 본래 전라남도 화순 만연사(萬淵寺)에서 개판했는데, 양주(楊州) 망월사(望月寺)에서 영월 낭규(暎月朗奎)가 수정하여 1800년 간행했다. 책의 서두에 「중간진언집서(重刊眞言集序)」가 있고, 다음에 진언집총론(眞言集總論), 선문(禪門) 1700칙 공안(公案)이 '아(阿)'자를 벗어나지 않는다고 설명한 「아자론(阿字論)」, 옴(唵)·아(啊)·오(吽) 자를 하나하나 풀이한 「옴아오자론(唵啊吽字論)」, 범자(梵字)의 모음과 자음을 모은 「실담장(悉曇章)」에 대해 해설한 「실담장해의총론(悉曇章解義總論)」, '해동사문(海東沙門) 용암증숙(龍巖增肅) 교대(校對)'의 「진언집범례(眞言集凡例)」, 『홍무정운(洪武正韻)』 31자모를 표기한 「홍무운자모지도(洪武韻字母之圖)」, 한글 자모 용법을 설명한 「언본십육자모(諺本十六字母)」, 범어 50자의 발음을 한글로 표기한 「범본오십자모실담장(梵本五十字母悉曇章)」 및 「진언집목록(眞言集目錄)」이 있다.

83　1777년(정조 2) 만연사(萬淵寺)에서 간행했다. 종래의 『진언집』과 같이 권두에 '언본십육자모(諺本十六字母)'가 실려 있다. 『삼운성휘(三韻聲彙)』에서 주장된 'ㅘㅝ合中聲'을 '합중성독용이자(合中聲獨用二字)'라 하여 종래의 10개 중성에 추가했다. 그리고 범례 제5조에서는 'ㅿ, ㆁ'을 'ㆁ'으로 통합하여 '초성독용육자(初聲獨用六字)'로 삼아, 초·중성 16자모만을 인정했다. 망월사 판본 『중간진언집』도 동일하다.

다 타버렸다. 지금 영월규공暎月奎公[84]이 거기에 수정修正을 더하고, 재차 목판으로 새긴 후, 판목板木을 양주楊州 망월사望月寺에 보관하여, 영원히 유통하기를 기원했다.

모든 나라마다 각기 문자가 있어서 음성을 기록하는데, 중국만은 유독 상류음相類音으로 적기 때문에 뒤섞이고 잘못된 것이 많았다. 뒤늦게야 신공神珙[85] 선사와 온국문정溫國文正(사마광司馬光)[86]이 「반절지장도反切指掌圖」를 만들었으되, 여전히 의심스럽고 정도에서 벗어난다는 혐의가 있다. 근세에 또 외국어가 섞여서 학사대부들이 무어라 말하기 어렵다. 오로지 우리 동국의 언서諺書는 서토西土의 범문梵文과 마찬가지로 가장 정교하여, 초성과 종성, 청음과 탁음이 찬란하게 볼만하다.

이『진언집』은 범문을 강綱으로 삼고 언서諺書와 한자漢字로 반복하여 상뉴相紐(서로 체계적으로 맺어 이음)하여 각각 그 지취志趣를 다했다. 만일 이 책이 중국에 유행한다면, 자얼雌霓[87]의 음독音讀이 은후隱侯(심약沈約의 시호)에 의해 변색變色되게 하지 않을 것이다. 하지만 풍요風謠(실제로 소리내어 음영하는 것)는 같지 않으며, 관습적으로 익혀온 음은 배워서 할 수 있는 바가 아니다. 오로지 언서諺書와 한자漢字를 근거로 따지고 범문梵文은 그리 유념하지 않았으므로, 베끼고 다시 베끼고 하는 사이에 글자도 틀리게 되고 발음도 변하여, 풍영諷詠(시를 읊조림)하는 때에 신력神力이 홍광弘廣하게

---

84 영암징공(暎庵澄公)이라고도 한다. 이충익은 1802년 중추에 「영암집소인(暎菴集小引)」을 적어, 자신이 동량(幢梁, 경기도 삭녕)에 거처할 때 임단(臨湍) 월징산(月澄山)의 심복사(心腹寺) 보광암(普光菴)으로 당시 여든을 넘긴 승려 영암징공을 방문했다고 밝혔다.

85 당나라 때 서역(西域) 중으로, 「사성오음구롱반뉴도(四聲五音九弄反紐圖)」를 저술했다.

86 사마광(司馬光)의 시호는 문정(文正)이다. 산서성(山西省) 하현(夏縣) 사람이다. 온국공(溫國公)에 봉해진 뒤로 사마 온공이라 불렸다. 자는 군실(君實), 호는 우수(迂叟)다.

87 양(梁)나라 심약(沈約)과 왕윤(王筠)이 '자얼(紫霓)'의 '얼'을 어떻게 읽느냐로 논쟁한 고사에서 나온 말이다. 여기서 '얼'은 무지개인데, 중국 한자음에서 보통 '예'라는 평성으로 읽지만, '얼'이라는 입성으로도 읽을 수 있다. 심약이 「교거부(郊居賦)」를 지어 그 글자를 평성으로 읽었으나 왕윤은 해당 글자가 사용된 맥락을 따져 입성으로 바르게 읽어 심약이 탄복했다고 한다. 『양서(梁書)』「왕윤전(王筠傳)」에 나온다.

되지 않는 형편이다. 이제 영월규공이 스스로 미세한 점획點畫과 별적撇趯 (붓글씨의 삐침과 적필)에서부터 오묘한 개합開合(개구음과 합구음의 발음)과 억양 抑揚(높고 낮은 발음)의 문제에 이르기까지 시정하지 않은 것이 없어서, 홍호 弘護의 능사能事를 끝마쳤다.

아아, 지금 천하가 문자를 같이 쓰거늘, 육서六書[88]와 오음五音[89]의 괴 란壞亂은 극에 달한 형편이니, 누가 이것을 바로잡을 것인가?

때는 경신년(1800) 수하首夏(초하, 음력 4월) 수관거사水觀居士 기록하다.

---

88 소학의 명칭은 『주례(周禮)』 「지관(地官) 보씨(保氏)」에 나온다. 『한서(漢書)』 권30 「예문지 (藝文志)」 '소학'에는 "옛날에는 8세에 소학에 입학했다. 『주관(周官)』에 보씨(保氏)가 국자 (國子)의 양성을 담당하여 육서(六書)를 가르쳤으니, 상형·상사·상의·상성·전주·가차라는 것은 글자를 만든 근본이다(古者八歲入小學, 故周官保氏掌養國子, 教之六書, 謂象形·象事· 象意·象聲·轉注·假借, 造字之本也)"라고 했다.

89 오음(五音)은 5음계인 궁(宮)·상(商)·각(角)·치(徵)·우(羽)를 가리키는데, 여기서는 한자 음의 성음 체계를 말한다. 한글의 창제에서는 어금닛소리[牙音], 혓소리[舌音], 입술소리[兩 脣音], 잇소리[齒音], 목구멍소리[喉音]를 말한다. 이외에도 반혓소리[半舌音], 반잇소리[半 齒音]가 더 있다.

3장
기초학문에서 다시 시작하자

설문신의서說文新義序[1]

소학가[2]는 모두 허신許愼의 『설문』을 따라, 감히 이설을 두지 못한다.

---

[1]   남정화(南正和, 1758~?)의 『설문신의(說文新義)』에 대한 서문이다. 『설문신의』는 현전하지
      않는다. 『설문해자』는 1만여 한자를 모양을 중심으로 음과 훈에 대해 해설한 중국 최초의 자
      전(字典)이다. 1136년(고려 인종 14) 과거 잡과(雜科)에 문자(文字)와 서법(書法)을 구명하
      는 명서업(明書業)을 두었다. 조선의 이익(李瀷, 1681~1763)의 「설문(說文)」, 심유진(沈有
      鎭, 1723~?)의 『제오유(第五游)』, 홍양호(洪良浩, 1724~1802)의 『육서경위(六書經緯)』를
      이어 이충익의 「설문신의서(說文新義序)」가 나왔다. 또 박제가(朴齊家, 1750~1805)와 이덕
      무(李德懋, 1741~93)의 「육서책(六書策)」, 이규경(李圭景, 1788~1856)의 「설문변증설(說
      文辨證說)」, 박선수(朴瑄壽, 1821~99)의 『설문해자익징(說文解字翼徵)』, 박치복(朴致馥,
      1824~94)의 「자훈서(字訓序)」 등이 있다.
[2]   '소학(小學)'에는 두가지 개념이 있어, 아동의 수신 교육을 뜻하기도 하고 문자학을 뜻하기
      도 한다. 여기서는 후자를 가리킨다. 전자의 소학 개념은 '대학'과 구별된다. 주희의 「대학
      장구서(大學章句序)」에 "사람이 태어나 8세가 되면 왕공 이하로부터 서인의 자제에 이르기
      까지 모두 소학에 들어가서 물 뿌리고 쓸며, 응하고 대답하며, 나아가고 물러가는 예절과 예
      (禮), 악(樂), 사(射), 어(御), 서(書), 수(數)의 글을 가르친다"라고 했다. 후자의 소학은 한자
      의 자형(字形)을 연구하는 문자학을 말하는데, 자음(字音)을 연구하는 성운학(聲韻學)이나
      자의(字義)를 연구하는 훈고학(訓詁學)과 밀접하게 연계되어 있다.

비록 정밀하고 박학했던 이당도李當塗(이양빙李陽冰)[3]나 변별력과 판단력이 있었던 왕형공王荊公(왕안석王安石)[4]도 자기 마음을 스승 삼아 함부로 천착했다고 하여 서산기徐散騎(서현徐鉉)[5]나 유공비劉公非(유반劉攽)[6]의 비난을 받았다. 허신이 훈고를 달았던 글자는 소전小篆이지 과두문자의 고문이 아니므로, 창힐이 글자를 만들 때의 본지가 과연 응당 이러하리란 것을 알 길이 없다. 하지만 고문에서부터 대전大篆과 주문籒文이 되고, 소전小篆과 예서隸書·해서楷書가 되어, 모두 원위源委가 있으므로, 한때에 갑자기 어그러지고 변하고 한 것이 아니다. 또 설명한 의의義意도 서로 조술한 것이므로, 후세 사람들이 사사로운 지혜로 간별하고 배척하기 어렵다.

지금 남양심南養心(남정화)의 『신의』는 마음을 스승 삼아 함부로 천착하지를 않고 홀로 근원을 소급하여 변화를 살폈다. 편방偏旁을 탈락시킨 경우에는 음주音注(한자음의 발음을 주석한 것, 즉 음가를 나타낸 것)의 은미한 곡절까지 살피고, 실정과 형태를 궁구하는 경우에는 조화의 오묘함을 다 보았다. 천지인 삼극의 도리를 꿰뚫고 육경의 문헌을 한데 감싸, 위태하던 것을 안전하게 하고 어둡던 것을 드러나게 했다. 허신의 설에서 구부러져 있던 것을 펴게 하고 미약하던 것을 강하게 했으니, 이후로 지식인들은 이것이 허신에게 충성되지 허신을 야박하게 대하는 것이 아님을 알 것이다.

무릇 예藝에는 여섯개의 명칭이 있는데, 글자는 그 가운데 하나이다. 예藝라고 하고 악樂이라고 하는 것이 대대로 다르지만 근본은 같다. 활을 쏘고 고삐·채찍을 집는 것은 능력이 다르지만 활 크기와 굴대는 같다. 지난

---

3   이양빙(李陽冰)은 당나라 현종 때 인물로 전서(篆書)를 잘 썼다. 당도(當塗縣) 현령으로 있을 때 이백을 보살펴주었다. 진(秦)나라 이사(李斯)가 만든 소전(小篆)의 하나인 옥저체(玉筯體)를 잘 썼다. 그러나 후대인들은 그 서체에 오류가 있다고 비판했다.

4   북송의 왕안석(王安石)은 『자설(字說)』을 짓고 스스로 『설문해자』의 신판이라고 주장했으나, 후대인들의 비판을 받았다.

5   서현(徐鉉)은 북송 때 태종의 명으로 『설문해자』를 교정했다.

6   유반(劉攽)은 북송 때 학자로, 형 유창(劉敞)과 함께 『한서표주(漢書標注)』를 지었다.

날 중니(공자)는 대청 아래에서 절하는 예법을 따랐지만,[7] 좌사 전展은 노나라 소공昭公을 수레에 태워 돌아가려고 했으니,[8] 역시 시절이 바뀐 때문이다. 직사군稷嗣君(숙손통叔孫通)이 노나라 두 유생을 비루한 유학자라 비웃던 것은,[9] 서주의 예법이 황폐해진 까닭이다. 왕무자王武子가 치숙癡叔(왕담王湛)이 채찍질하는 모습을 칭송했던 것은,[10] 『시경』「정풍鄭風 숙우전叔于田」에서 "숙이 사냥을 나가니, 네필의 말을 탔도다. 고삐 잡기를 끈 다루듯 하니, 두 곁말이 춤추듯 하도다〔叔于田, 乘乘馬, 執轡如組, 兩驂如舞〕"라고 노래한 것과 같은 공교로움이 멀어진 때문이다. 무릇 글자도 어찌 이것과 다르겠는가?

지금 행서·해서가 난숙해진 뒤에 그 이전 백년, 천년의 새와 벌레의 발자국을 본뜬 고대의 글자체를 소급하여 논해서 육서六書의 설에 부합시키

7　『논어』「자한(子罕)」에 보면, "신하가 대청 아래에서 절하는 것이 예인데, 지금은 대청 위에서만 절을 하니, 교만하다. 비록 여러 사람들과 다를지라도 나는 대청 아래에서 절하는 예법을 따르겠다"라고 했다.

8　『춘추좌씨전』 소공(昭公) 25년 10월에 보면 노나라 소공(昭公)이 계평자(季平子)의 반란으로 제(齊)나라로 망명해서 고소자(高昭子)의 가신이 되어 있다가 고소자가 죽은 직후 귀국하려 할 때 좌사전이 소공을 수레에 태워 돌아가게 하려고 했으나 소공의 무리가 좌사전을 잡았다는 기사가 있다.

9　숙손통(叔孫通)은 처음에 진(秦)나라 2세 황제를 섬겨 박사(博士)를 지내다가 달아나 항량(項梁)과 항우(項羽)를 섬겼다가 유방(劉邦)에게 귀순하여 박사가 되고, 직사군(稷嗣君)으로 불렸다. 한 고조 5년(기원전 202) 조정의 의례를 제정하기 위해 노(魯) 지방에 가서 유생 30여명을 모집했는데, 두 유생이 반대했다. 고조 7년(기원전 200) 장락궁(長樂宮)이 완공되자 제후와 신하들이 예법에 맞게 조회를 하도록 주도하여 태상(太常)에 임명되었다. 『사기』 권99 「숙손통전」 참조. 도연명의 「독사술(讀史述) 구장(九章)」 제8장 '노이유(魯二儒)'는 노나라의 두 유생이 권력에 굴종하지 않은 일을 칭송했다.

10　왕무자(王武子)는 진(晉)나라 왕제(王濟)로, 무자는 자(字)다. 진 무제의 사위다. 치숙(癡叔)은 왕제의 숙부 왕담(王湛)으로, 온 집안이 치(癡)라 했다. 왕제가 평소 숙부를 존경하지 않다가 그가 『주역』의 이치에 밝은 것을 알고, "집안에 명사가 있는데도 30년 동안이나 몰랐으니 이는 나의 허물이다"라고 했다. 왕제는 타기 어려운 말을 치숙에게 타보게 했는데, 치숙은 자세가 묘한 데다가 채찍 돌리길 끈 돌리듯 하여(回策如縈) 기마로 이름난 자도 능가할 수가 없었으므로, 왕제는 더욱 감탄했다. 『진서(晉書)』 권75 「왕담열전」과 『세설신어(世說新語)』 권8 「상예(賞譽)」 참조.

려 한다면, 허신이 어찌 능히 하나하나 다 정설을 얻겠는가? 그렇다면 남
정화의 『신의』는 오경에 대해 한나라 때 이르러 각각 일가一家의 사설師說
이 있었던 것과 같으니, 정말로 허신이 막을 수가 없다.

남정화는 평생 다른 기호도 없이 옛 서적에 푹 파묻혀 지냈다. 특히 허
신의 『설문』에 대해서는 책 묶은 것이 여러 번 해지도록 염증을 내지 않았
다. 지금은 늙어서 흰머리가 되었다. 그가 허씨와는 달리 이설을 펴는 것은
구차하게 이설을 내려 해서 그런 것이 아니다. 대개 마음을 가라앉혀 깊이
따져 이치를 깨달아서 수십년이 지나서야 설을 정한 것이다. 비유하자면
활 쏘고 수레 모는 사람이 법도를 벗어나 활 크기를 달리하거나 굴대를 달
리 하는 일 없이 적절히 맞추기를 기약할 따름인 것과 같다.

뒷날 이 글을 보는 사람 가운데, 남정화처럼 오랜 시간 공을 쌓은 것도
없이 글자 위의 기록만 슬쩍 보고서 제멋대로 배격하면서 허신의 무리에
자신을 스스로 붙인다면, 그것은 남정화의 설에 대해 1만분의 하나도 터
득하지 못한 것이고, 부화뇌동해서 아첨하거나 비난하는 일이 부끄러운
줄 모르는 것이 될 것이다. 아아, 이것이 어찌 문자의 학에서만 그러하겠는
가?[11]

완구집서宛丘集序[12]

완구宛丘 신공申公[13]이 타계하셔서 상례를 마친 뒤, 사고嗣孤(맏아들)인 진
縉 등이 공이 남기신 글을 수권으로 엮어 나 충익에게 서문을 써달라고 했

---

11 『설문해자』가 소전을 기준으로 삼은 데 비하여, 남정화는 고문·대전·소전·예서에 이르는
자형의 변화를 추적하여 원위(源委)를 밝히고, 자형이 갑작스레 어그러지고 변화가 있었으
리란 사실은 인정하지 않고 편방을 정정한 듯하다. 부수법과 글자의 배열은 모두 『설문해
자』 대서본(서현본)을 따랐고, 경전과 기타 서적을 근거로 새로 자훈을 달았던 듯하다.

다. 나는 공보다 아홉살 적어 어릴 때부터 공을 따라 노닐었고, 거처하는 곳이 아주 가까워 한달에 서너번은 만났다. 중년에는 일이 있어 서로 떨어지고 막혀 매년 자주 만나지를 못했다. 모일 때마다 밤낮으로 술 마시며 문장을 논하여, 지은 것이 있으면 모두 보여주면서 한 글자라도 마땅하지 못한 것이 있지나 않은지 묻고는 했다. 지금 유집 가운데 있는 것은 모두 지난날 더불어 함께 보고 감상하던 것들이다. 이에 세번 다시 탄식하게 된다. 공이 즐겨 남과 더불어 선을 행했는데, 직접 마주하여 환락할 수가 없게 된 것을 탄식한다.

공은 젊어서 재주가 뛰어나면서도 독서에 부지런히 힘썼으며 육경六經을 근본으로 삼았다. 글을 짓는데 기위奇偉함을 숭상하고 부훼腐毁한 것을 깎아버려, 뭇 사람에게서 괜찮다는 평을 듣는 것을 구하지 아니했다. 오래

---

12   신대우(申大羽, 1735~1809)의 문집 『완구유집(宛丘遺集)』에 대한 서문으로, 1818, 19년경 작성했다. 이충익은 신대우를 위한 제문인 「제호조참판신공문(祭戶曹參判申公文)」도 문집에 남겼다. 『완구유집』은 목판본 10권으로, 시는 싣지 않고 잡저(雜著)·묘지(墓誌)·행장(行狀)·제뢰(祭誄)의 산문만 실었다. 원고는 1818년 10월부터 1819년 정월까지 둘째 아들 신작(申綽, 1760~1828)이 팔분(八分) 글씨로 10편 158장을 정사(淨寫)하고 세 아들 진(綎, 1756~1835)·작(綽)·현(絢, 1764~1827)이 교정했다. 1819년 9월 6일부터 1820년 9월까지 경공(京工) 최호익(崔浩益)과 평양공(平壤工) 양우주(梁禹舟)가 간각해서 9월에 한회득(韓會得)이 26건을 인쇄했다.

13   신대우는 1749년(영조 25) 정제두의 손녀를 아내로 맞았고, 1802년(순조 2) 정제두에게 시호가 내리자 신작에게 『하곡연보(霞谷年譜)』를 엮게 하고 자신은 「하곡선생신도표(霞谷先生神道表)」를 지었다. 신대우의 조부 신택하(申宅夏)는 박세당과 함께 최석정에게 수업했고, 관직은 승지에 이르렀다. 1753년(영조 29) 부모를 잃고 이듬해 정제두가 거처하던 강화도 하곡(霞谷) 부근 옹일리(翁逸里)로 이주했다. 1784년(정조 8) 12월 음보(조상의 덕)로 선공감 가감역에 보(補)해지자, 1785년 서울로 이사했다. 1793년 8월 강동현감(江東縣監), 1796년 12월 청도군수(淸道郡守)가 되었다. 63세 되던 1798년 원자궁요속(元子宮僚屬) 7인 가운데 한명으로 선발되고, 1800년(정조 24) 익위사 우익위(翊衛司右翊衛)에 임명되었다. 1801년(순조 1) 통정대부에 오르고 우부승지에 발탁되었으며, 경연에 들었다. 1803년 정월 형조참의에 임명되었다. 1804년 정월 가선대부의 품계에 올랐다. 1808년 윤5월 호조참판에 제수되었지만 7월에 사직했다. 2년 뒤 1810년 2월 아들 신현의 부임지 성천(成川)으로 갔다가 11월에 타계했다. 1811년 신현이 서울 집을 동촌 어의동(於義洞) 기대(企岱, 신대申岱)에 두고 세거지지(世居之地)를 경기도 광주 사촌(社村, 사마루)에 마련했다.

됨에 깎아내어버린 자취가 없어지고, 제조制造가 더욱 묘해져서, 남들은 공이 사법師法으로 삼은 바가 양한兩漢의 문장인지 당唐의 문장인지 송宋의 문장인지를 몰랐다. 관리의 일을 하게 되어서는 문이文移(상부기관에 보내는 공문과 같은 위치의 관아나 지방 관서에 보내는 공문)나 부판簿判(토지대장이나 호적대장 같은 장부와 재판이나 소송의 판결문) 따위를 모두 즉시 그때마다 입으로 불러 작성하여 모두 적절하고 서식에 맞았으니, 보는 이들이 모두 고문을 하는 사람이라면 능히 이와 같아야 한다고 칭송했다. 샘이 깊은 물은 그 흐름이 이르러 가지 않는 곳이 없고, 뿌리가 탄탄한 나무는 가지와 잎이 다 무성하기 마련이다. 공이 문장을 짓는 것은 근본이 있었기에, 창론創論(자신의 독창적인 견해로 논술함)하는 것이 뜻은 절실하고 표현은 완곡했으며, 서고敍故(옛 역사나 사적을 서술함)하는 것이 말은 간략하면서도 사업은 드러났으며, 물상物象을 똑같이 모사하면서도 배회하며 흥회興會(문학적 흥취가 일어나서 경물이나 사실에 딱 맞아 부합함)하여, 읽는 이의 감정과 사상을 풀어낼 수가 있었다. 힘이 이르는 곳은 또 그대로 따라가서, 비유하자면 구름을 능가하는 큰 집을 얽으면서 모든 재료들을 매달아 경중을 재는 것과 같았다. 이러한 것은, 겉모양이나 억지로 똑같이 본떠 공교하다고 여기는 자들이 도저히 이를 수 없는 경지이다.

공이 언젠가 딸을 시집보내려 했으나 가난하여 심히 고통스럽게 여길 지경이었는데, 적은 금전과 물품을 얻자, 마침 좋은 책을 파는 자가 있자 모두 들어다 책을 사버려, 사람들이 우스갯소리로 전하고 있다. 군현을 다스리게 되어서는, 수입과 지출을 회계하는 것을 암산으로 다 하여, 서리들이 간계한 짓을 할 수가 없었으되, 출중한 재주를 써 보이려고는 하지 않았다. 문장에 있어서도 역시 이와 같았다. 미해악米海嶽(미불米芾)이 왕희지·왕헌지의 서법만을 오로지 배웠으나, 스스로 일가一家를 이루었는데, 사람들은 그 필법이 종횡하고 방자한 것만을 보지, 점획이 다 고법古法을 배웠다는 사실을 모른다. 이것은 알지 못하는 이에게는 말하기 어려운 것이다.

내가 언젠가 공에게, "이태백의 시 「달 아래 홀로 술잔을 따른다(月下獨酌)」에 '술 석잔에 대도大道에 통하고 한말 술에 자연에 합한다'고 했는데, 이것은 술 가운데의 멋을 깊이 아는 자가 아니면 이 말의 오묘한 뜻을 알 수가 없을 것이오" 하니, 공은 웃으며 "그렇다"고 했다. 공은 또 말하길 "공자와 안연이 즐겨하신 바는 내가 감히 알 수가 없지만, 글을 읽어 즐겨 근심을 잊을 수는 있네"라고 했다. 내가 웃으면서 응답하여 "그렇습니다"라고 했다.[14]

이제 내 나이 일흔하고도 셋이요, 공이 돌아가신 것이 근 십년이니, 내 광언狂言을 발하게 해줄 이가 없도다. 아아!

시차고서詩次故序[15]

『시차고』란 여러 고훈故訓(송나라 정주학의 풀이가 있기 전에 주로 한·당의 경학에서 이루어진 주注와 소疏)을 차례로 배열하여 『시경』에 보탬이 되게 하려는 것이다. 성인의 말씀은 어진 이든 어리석은 이든 누구나 그 보탬을 입어 편

---

14 신대우의 산문 가운데 「철재설(徹齋說)」은 양명학적 심학의 사상을 드러낸다. 이 글은 정제두의 손자 정지검鄭志儉(1737~84)의 서재에 대해 편액의 뜻을 풀이하여 써준 것이다. 신대우는 「철재설」의 끝에 시를 붙여, 끊임없는 '결유(決牖, 창문에 빛을 받아들일 틈을 내는 일. 곧 진리체를 받아들이기 위한 주체의 무한한 노력)'를 통하여 천리·천명의 항상성을 인식하고 '신독(愼獨, 절대 존재와 일대일로 대면하기 위해 홀로 있을 때 삼가는 일)'을 통하여 천지의 '만물 화육(化育)의 도'에 참여해야 한다고 논했다.

15 이충익은 1814년(순조 14) 8월에 신작의 『시차고(詩次故)』에 서문을 작성했다. 전후 편찬 경위로 보아 '시경고훈급이의(詩經故訓及異義)'를 제목으로 삼을 수 있다. 신작은 『시차고』『역차고(易次故)』『서차고(書次故)』와 『춘추좌전례(春秋左傳例)』를 편찬하고, 『노자지략(老子旨略)』을 집필했다. 신작은 경학에서 한(漢)·당(唐)의 고주(古注)를 선별하는 것에 주력했다. 정인보는 노자의 '무위자정(無爲自正)'을 취지라고 보았다. 『시차고』의 편찬은 27세 되던 1786년(정조 10) 시작하여 1789년(정조 13) 7월 31권 12책으로 완성했으나, 1798년(정조 22) 2월 화재로 소실되었다. 1809년(순조 9) 『일시(逸詩)』와 『시경이문(詩經異文)』을 새로 편찬했다. 「시경이문서(詩經異文序)」에 보면 신작은 시경의 이문(異文)이 있게

중됨이 없도록 하셨으니, 말씀을 듣고서 외우는 자들은 각각 자신의 성질이 가까운 바에 따르면 되었던 것이다.

생각건대, 공자께서 몰하신 뒤 사람마다 달리 논하면서 모두 "우리 선생님의 도가 이러하다"고 했다. 하물며 『시경』의 시편은 위로는 어진 사대부에서부터 아래로는 여항의 어리석고 천한 이들에 이르기까지, 느껴 촉발되는 바에 따라 사물에 가탁하여 흥을 일으키고, 저것에 인하여서 이것을 깨우치며, 똑바로 말할 수 없으면 빙둘러서 말하고, 바로 가리켜 말하지 못하면 빌려와서 말한 것이다. 따라서 원망하고 풍자하고 기롱하고 비방하며 흐느껴 울고 목놓아 울고 서글퍼하고 한탄함이 모두 다 정치政治 및 교화敎化의 상태를 고찰하고 시속時俗의 변화를 살필 수 있는 것이라서, 풍요를 채집하는 사람들이 다 거두어서 갖추었기에, 뒤의 성인께서 산정하지 않은 것이다.

따라서 그 사실이 은미하고 그 취지가 은미하기에, 당시의 선비들이 자세히 논할 수 없었던 면이 있으며, 후세의 학자들은 표면의 글귀에 의지하여 제 뜻으로 헤아려보아 맞추기도 하고 못 맞추기도 했으며, 아주 가까운 것도 있고 아주 먼 것도 있었다. 그것은 사람들의 잘못이 아니라, 형세가 그러한 것이었다. 춘추 때에는 사신의 명을 수행함이 여기에 달려 있었으되, 전기傳記에서 말하는 '능히 부시賦詩할 수 있다'[16]는 것이 어찌 『시경』 시편을 지은 시인의 창작 의도를 반드시 다 발명發明할 수 있었겠는가? 입에 익

된 이유를 고금(古今), 가차(假借), 예변(隷變), 음전(音轉), 형전(形轉), 의전(義轉), 섭오(涉誤), 사독(師讀), 속사(俗寫), 방음(方音) 등의 10부류로 나누었다. 1811년(순조 11) 4월부터 7월까지 『시경고훈급이의』 5책을 편찬했다. 1934년 조선총독부가 편수관 홍희(洪憙)의 주선으로 신작의 수초본(手草本)을 저본으로 삼아 석인(石印)했다. 본편 5책과 「시경이문」 1책, 「외잡(外雜)」 1책 등 모두 22권 7책으로 이루어져 있으며, 「외잡」은 일시(逸詩), 시흥체전술서(詩興替傳述敍), 시차고인용서목(詩次故引用書目)의 3부로 되어 있다.

16 『춘추좌씨전』에 보면 춘추시대의 외교가들은 『시경』 시편의 한 구절을 자기 식으로 해석하여 자신이나 자국, 혹은 상대방이나 상대방 국가의 특수한 상황을 비유하고 논평하는 방식을 사용했다. 그것을 부시(賦詩)라고 했다.

은 것을 갑자기 인용하여 일시 상황에 부합했던 것이니, 옛날의 이른바 '단장취의斷章取義'[17]가 이것이다. 그러므로 시인의 의도는 끝내 알 수가 없던 것이다. 이것이 바로 신재중申在中(신작)이 '차고'를 만든 이유이다.

이 책을 말하면 여러 전문가들의 설을 두루 갖추고, 동이同異의 단서를 모두 진열하되, 어느 한쪽을 추키지도 억누르지도 않았고, 어느 한쪽을 비난하지도 경계하지도 않고서, 보는 이로 하여금 주머니 상자 안을 마음대로 직접 보고서 뭇 현인들의 가르침에 귀 기울일 수 있게 하여, 저것이 잘못이면 이것이 잘돼 있고, 이것이 본뜻에서 멀면 저것이 가까워, 이 책 중에서 올바른 것을 얻을 수 있게 하여, 달리 구하지 않아도 되게끔 했다. 그간에 서로 어긋나서 통할 수 없는 것에 대하여는 신재중이 때때로 미언微言(사건이나 인물의 평가를 은미한 방식으로 이른바 필법筆法에 따라 수행하는 말)으로 결정했을 따름이니, 전문을 고집하는 자가 창을 찾아 들어 날카롭게 비평하는 것과는 전혀 다르다.

신재중(신작)은 사리를 알게 되면서부터, 부친인 완구 선생을 봉양하여 늙어 흰머리가 될 때까지 잠시도 곁에 있지 않은 적이 없었다. 먹고 마시고 옷 입고 벗으시게 도와드리고 쓸고 닦고 이바지하는 일에서부터, 글 지어 상자에 채우고 고치는 일에 이르기까지, 그의 손을 거치지 않은 것이 없었다. 그러다 여가가 나면 방구석에서 책을 펼쳐 옹알옹알 읊조리기를 십여 년 한 끝에 『차고』를 이루었다. 그렇게 이룬 것을 홀연 불에 다 태워 잃었으니, 재중을 아는 이들은 모두 "재중이 육신은 있지만 정신을 기탁한 바(시문이나 저술을 말함)는 없어졌다"고 했다. 재중은 조금도 좌절하지 않고, 차근차근 다시 조리를 찾아나가 십여 년 걸려 이 책을 재차 완성했으니, 모두 약간 권이다. 이번 것은 이전 것보다도 더욱 상세하고 변증이 더 잘 되어

---

17   단장취의란 문장에서 필요한 부분만 인용하거나 전체 뜻과 관계없이 자유롭게 해석하는 것을 말한다. 『주자어류』 권49에 "『주역』 한 구를 든 것은 특별히 문장을 잘라 뜻을 취하여 윗글을 해석한 것이다(擧『易』一句者, 特斷章取義以解上文)"라고 했다.

있다.

내가 보기에 세상의 학자들은 그저 삼동(한해 겨울의 석달) 사이에 책을 보고 나면 바로 가슴을 펴고 자만하여 선배를 업수이 여긴다. 그런데 신재중은 시를 연구하여 삼십년을 여기에 쏟았고 두번이나 서책을 이루어, 뭇 전문가들의 다양한 설들을 거듭거듭 되씹고 궁구하여 첨지籤紙(주석이나 해설을 적어 글 위에 붙여두는 종이)가 더덕더덕일 정도이니, 어찌 속마음에 여러 설들의 높낮이를 차별두지 않겠으며, 또 스스로 세울 이론이 없겠는가마는, 감히 논저를 하여 색다른 이설을 내세우지 않는 것은, 진실로 아끼고 애석히 여겨 어렵게 여기고 신중히 하는 것이 있어서인 것이다. 나는 이 사실로써, 신재중의 시편에 대한 연구가 온후의 도를 깊이 체득했기에, 그러한 태도로 마음을 다잡고 행실에 옮긴다면 사리에 어긋나고 정도에서 벗어나는 일이 없으리란 것을 알겠다.

『담로』 후서[18]

무無를 주장하는 자는 세상 학인들이 근본을 헷갈린다고 비루하게 여긴다. 유有를 주장하는 자는 현리玄理가 모든 사물을 종합하지 못하는 것을

---

18 이충익은 명나라 초횡(焦竑)의 『노자익(老子翼)』에서 설을 채록하고 자기 견해를 부기하여 『담로』를 남겼다. 이충익은 '무가 유를 낳는다'는 설은 '논리적 발출'의 문제를 논했을 뿐이라고 하여, '절대 무'의 존재를 인정하지 않았다. 초횡은 『노자』의 청정자연지리(淸淨自然之理)를 밝히고자 힘썼는데, 불교와 도교의 설에 깊었다. 한편 『노자도덕경』은 왕필본(王弼本), 하상공본(河上公本) 모두 상편과 하편으로 나뉘어 있다. 하상공본은 상편에 도경, 하편에 덕경의 명칭을 붙이고 전체를 81장으로 나누어 각 장에 장명(章名)을 붙였다. 왕필본은 81장 체제를 따르되 장명은 붙이지 않았다. 원나라 오징(吳澄)은 68장으로 나누었다. 초횡은 분장설을 폐기했다. 이충익은 『도덕경』을 상하로 나누지 않았으나 81장 분장 체제는 따르고, 각 장의 장명은 붙이지 않았다. 모기령(毛奇齡)의 설 등을 따라 원문에 후인의 찬입이 있을 것이라고 추정은 했으나, 본문은 초횡의 텍스트를 따랐다. 초횡의 『노자익』은 이정조(李鼎祚)의 『주역집해(周易集解)』의 체제를 따라 수미를 갖추어서 장단(章段)을 나누고,

혐오한다. 각각 주인과 노예가 되어 서로 융통하지 못하여, 유와 무가 둘다 성립하지 못하고 도술道術이 분열되었다. 무릇 노자의 말에 "유와 무는 서로 형태지운다"라고 했으니, 유가 아니면 무를 형태지울 수가 없고, 무가 아니면 유를 형태지울 수가 없다. 또 말하길, "무는 천지의 처음을 이름하고 유는 만물의 어머니를 이름하여, 그 둘은 함께 나왔으되 이름만 다르다"[19]라고 하니, 유와 무는 이름은 달라도 함께 나온 것이다. 무가 있으면 곧 유가 있으니, 천지의 처음과 만물의 어머니는 서로 아무 차이도 없고 선후도 없다.

그런데 지금 유 주장자의 말에 "지극한 무라는 것은 사물을 낳을 수가 없다. 그러므로 처음으로 난 것은 저절로 난 것이다"라고 말하여, 무에서 생겨나는 것이 아니라 저절로 난 것이 홀로 있음을 분명히 한다. 무릇 천지가 생겨난 이후에 비로소 천지가 있는 법이니, 만약에 천지가 저절로 나는 처음을 가리켜서 그것을 유라고 호칭한다면, 천지의 이름은 성립하지 않으며, 유일 수가 없다. 그러므로 이미 천지가 생겨난 뒤에 인하여, 저절로 생겨난 처음을 추원推原해서 그것을 무라고 호칭하는 것이니, 이 무는 유에 인하여 이름을 세운 것이므로, '같이 났으되 이름을 달리 한다'라고 한다.

저절로 생겨난 것은 부득불 생겨난 것이다. 저절로 그러한 것은 부득불 그러한 것이다. 천지는 높고 두터워, 만물이 그것 때문에 운운芸芸(올망졸

배인(裴駰)의 『사기집해(史記集解)』의 체제를 취하여 성명(姓名)을 표시하고 본장(本章)의 뒤에 들고 음의훈고(音義訓詁)에서는 한 글자나 한구만 들었다. 상하편 각각 한권이고 부록과 고이(考異)를 한권으로 했다. 「채척서목(采撫書目)」에서 한비자(韓非子) 이하 64가의 설을 채록한다고 했고, 자신의 『필승(筆乘)』을 부기했지만, 『사고전서총목제요(四庫全書總目提要)』에 따르면 64가의 주는 대부분 도장(道藏)이나 집주본(集注本, 범응원로자도덕경고본집주이권范應元老子道德經古本集注二卷) 속의 것이다. 도장(道藏)에서 인용하지 않은 것으로는 명나라 설혜(薛蕙, 자 군채君采)의 『노자집해(老子集解)』 2권, 왕도(王道, 순거順渠, 순보純甫)의 『노자억(老子億)』 4권, 이재질(李載質, 자 굉보宏甫)의 『노자해(老子解)』(『해로解老』) 2권 정도라고 한다.

19 송나라 섭적(葉適) 『습학기언(習學記言)』 권15 「노자」 참조.

망)한다. 이미 생겨나서 그러하면, 바야흐로 그것을 유라고 일컫는다. 유가 있으면 이에 무가 있게 되기에, 그 생겨나서 그러한 것을 가리켜서 비로소 무라고 일컫는 것이다. 저절로 생겨나 유에 순응하여 형태지어지는 것이다. 그러하다는 것은 저절로 그러하여 본디 무임을 두고 말하는 것이다. 그러므로 이것이 바로, 함께 나와 이름을 달리하되 억지로 글자를 붙인다면 도道라고 하는 까닭이다. 그렇다면 유를 숭상하여 무를 공격하거나, 무를 숭상하여 유를 공격하는 것은, 즉 조삼모사朝三暮四의 논리일 따름이다.

대개 노자의 말로 볼 때 무위無爲를 선하다고 보고 청정淸靜을 귀하다고 보았다. 또 말하길, "만물은 유에서 생겨나고 유는 무에서 생겨난다"라고 하여, 마치 무가 유에 앞서는 듯이 말한 것은, 문구文句를 크게 통창하게 하지 못한 과실이다. 만일 '유가 있어 만물을 낳는다'고 말한다면, 사람들이 그것이 온당하지 못하다고 여기게 될 것이거늘, 어찌 유독 그 윗구에서 반드시 '무가 있어서 유를 낳을 수 있다'고 말했단 말인가? 이것은 대개 이미 생겨난 것에 인하여 시원을 추원推原한 논리이다.

주周나라 말세의 정치에, 방술方術하는 자들이 유파마다 갈리고 자취마다 달라져서 원시原始를 헷갈리고 사위詐僞(사기)가 여기저기 아울러 자행되어 천하가 크게 어지러워지자, 노자가 개연히 교구矯救의 방도를 생각했으니, 역시 '그 근본으로 돌아가라'라고 말했을 따름이다.

저절로 그러한 것은 부득불 그러하다. 부득불 그러한 것은 그러한 바에는 그러하고 그렇지 않은 바에는 그렇지 않아서 평상의 도리에 평안할 따름이다. 이것은 천지의 신교神敎이자 사람과 만물의 홍궤弘軌이다. 유와 무의 분별에 대해서는 성인이 분명히 '함께 나왔으되 이름을 달리할 따름이다'라고 말했다. 지금 '함께 나왔으되 이름을 달리하는 것'의 어느 한쪽에 집착하게 된다면, 그것은 말류에 흐르는 잘못으로, 도道의 온전한 체體가 아니다.

『담로』제1장[20]

도道이어서 걸어나갈 수 있는 도는 행하기를 그에 따라나가 자취를 붙일 수 있는 것이다. 명名이어서 이름할 수 있는 것은 형태를 비유하고 사물을 호명하는 것이다. 저 상도常道의 경우에는 이리理가 행적行跡의 앞에 끊어져 있고, 상명常名이란 것은 지취旨趣가 형물形物의 바깥에 숨어 있다. 상도常道라는 것은 지극하고도 높으므로, 언어가 미칠 바가 아니다. 상명常名이란 것은 이름이 저절로 그러함에서 나온다. 도道를 도라고 이름하는 것은 행적行跡에서 가차假借하는 것이니, 진실로 이름할 수 있는 이름이다. 하지만 무궁토록 왕래하고 성인이나 어리석은 이나 함께 말미암아 따라 나가서 만고토록 길이 존재하여 폐기될 수 없는 것이 이른바 상도常道이다. 천지가 아직 있기 이전을 이름하여 무라고 하고, 만물이 이미 생겨난 뒤를 이름하여 유라고 한다.

무는 유에 대립하는 무가 아니고, 유는 무로부터 유로 되는 것이 아니다. 무는 바로 상무常無로서, 이름할 수 있는 무가 아니니, 그 묘용妙用은 헤아리기 어렵다. 유有도 역시 상유常有이어서 이름할 수 있는 유有가 아니니, 그 변두리(외연)가 끝이 없다. 헤아릴 수 없는 묘용妙用과 끝 없는 변두리를 살피면, 유와 무가 늘상 유와 무이지, 이름할 수 있는 유와 무가 아니라는

---

20   노자는 만물이 이른바 '복귀기근(復歸其根)'한다고 하는 '반복(反復)' 이론을 주장하여 도와 만물(萬物, 기器)의 관계를 박(樸)과 기(器)의 관계로 설명했다. 이충익은 유무(有無)를 존재의 논리적 기반으로 보았지, 우주론적 발출의 개념으로 보지 않았다. 그리고 노자의 설을 따라서 자연이 도의 본성임을 인정했고, 박(樸)을 질(質)의 기본(體)이자 도(道)의 본(本)이라고 보았다. 노자는 "말로 표상(表象)해낼 수 있는 도(道)는 항구불변한 본연(本然)의 도(道)가 아니고, 이름지어 부를 수 있는 이름은 참다운 실체(實體)의 이름이 아니다"(제1장)라고 했고, "도의 본체는 공허(空虛)하다. 그러나 그 작용(作用)은 항상 무궁무진하다"(제4장)라고도 했다. 도는 인식 가능한 성질이 부재하므로 공허하다고 했으되, 그 공허는 무한한 잠재력을 지녀 풀무처럼 마음대로 바람을 만들어낼 수 있다. 그런데 이충익은 '도'를 실체로 보지 않고 천지창조와 만물생성의 원리라고 파악했다. 신(神)도 천지 변화의 근원을 개념적으로 가리키는 말일 따름이며, 천지가 없다면 신(神)도 성립하지 않는다고 했다.

사실을 알 수 있다.

무無는 홀로 무이므로, 유와 차별적이지 않다. 유는 홀로 유이므로 무에서 구별되지 않는다. 이 둘은 이름은 달라도 상常이라는 점은 같으며, 둘 다 저절로 그러함에서 나왔으니, 이것을 일러 현玄이라고 한다. 상유常有이므로 유이자 무이다. 상무常無이므로 유이기도 하고 무이기도 하다. 이것을 일러 '또 현玄하다'라고 한다. 거꾸로 들어가면 일진一眞이 또렷하고, 순차대로 나오면 만화萬化가 삼여森如하다. 이것이 곧 중묘衆妙가 열리고 닫히는 문이요, 천갈래 만갈래 길이 함께 그리로 해서 나아가는 그러한 문이다.

『노자』제7장 '천장지구天長地久' 장에 대한 주[21]

천지는 저절로 생겨나지 않는다. 누가 그것을 생겨나게 하는가? 도道가 생겨나게 하는가? 아니다. 도道란 것은 천지의 운행에 순응하여 말미암아 가는 것을 이름하여 도道라고 한 것이다. 진실로 천지가 없다면 도란 이름은 성립될 수 없다. 신神이 그것을 생겨나게 하는가? 아니다. 신神이란 것은 천지의 변화를 움켜쥐므로, 그 뿌리가 되는 것을 이름하여 신이라 하는 것이다. 진실로 천지가 없다면 신이란 명칭은 홀로 존립할 수가 없다. 대개 천지는 덩어리져서 형상화할 수가 없으므로 도와 신이란 말로 비유하는

---

21 이충익은 『노자』 7장의 "하늘은 깊고 땅은 오래가니 천지가 능히 길고 또 오래가는 것은 스스로 살려고 하지 않기 때문이다. 그러므로 능히 길게 살 수 있다. 이러한 까닭에 성인은 자신을 뒤로 하지만 자신이 앞세워지고 자신을 바깥으로 하지만 자신을 보존한다. 그 사사로움이 없어서가 아니겠는가? 그러므로 능히 그 사사로움을 이룬다(天長地久, 天地所以能長且久者, 以其不自生, 故能長生. 是以聖人後其身而身先, 外其身而身存, 非以其無私耶(邪)? 故能成其私)"에 대하여 주(註)를 내어, 천지만물과 인간의 생명은 '저절로 그러하다(自然)'고 했다. 자연은 곧 도(道)의 법칙으로서, 인간의 자사(自私)가 개입될 여지가 없다. 자사(自私)하여 자생(自生)하여 생명을 조작한다면 그것은 생명을 손상시키는 작태라고 경계했다.

것이다. 도와 신이란 명칭은 정말로 천지의 운행과 변화를 아우를 수가 있다. 하지만 천지의 바깥에 거처하면서 천지를 낳을 수 있는 것이 아니다.

『장자』 「대종사大宗師」에서 저 장자가 "천지가 있기 전에 예로부터 존재하여 신귀神鬼와 신제神帝가 천지를 낳았다"고 말한 것의 경우에는 본시本始를 추원推原하여 억지로 글자를 붙여본 것이다. 그것은 『도덕경』의 하경下經에서 "혼성混成된 물물物物이 있어서 천지보다 앞서 생겨나 있다"라고 한 것과 같다. 하지만 다시, "하늘은 도道를 본받고 도道는 자연을 본받는다"라고 했으니, 도는 저절로 도일 수가 없으므로 역시 '자연을 본받는다'고 한 것이다. 어찌 도가 천지를 낳을 수가 있겠는가? 자연이 도를 낳는다고 말할 수 없으므로, 도가 하늘을 낳은 것이 아님도 분명하다. 그렇다면 결국 누가 천지를 낳았단 말인가? 도가 시원이고 신이 뿌리가 되어, 작위하지 않고 시키지 않으며 부득불 그러하지 않을 수 없어서 그러한 것을 자연이라고 말한다. 그 자연히 태어남에 인해서 태어나지, 생生 때문에 자생自生하는 것이 아니므로 능히 장생長生할 수가 있다. 만일 자생自生함으로써 그 자연에 누累가 된다면, 그 폐단이 오래이리라! 어째서인가? 사람이 태어남은 자연과 같기 때문이다. 만약 자사自私하여 자생自生하여서 생生을 더욱 보탠다면 그 생명을 손상하지 않을 수가 없다. 성인은 이미 생명의 본정本情에 통달할 수 있기 때문에 능히 천지를 본받으며 사私가 없는 것이다.

『노자』 제23장 '희언자연希言自然' 장에 대한 주[22]

세상에서 자연을 말하는 자가 드물다. 비바람이 불고 몰아치는 것을 어

---

22   이충익은 『노자』 23장에 나오는 자연(自然)의 개념을 해설했다. 즉 『노자』 23장에 "말을 거의 하지 않는 것이 자연스럽다. 그러므로 회오리바람은 아침을 넘기지 못하고 소낙비는 하루를 넘기지 못한다. 누가 이렇게 하는가? 천지다. 천지도 오히려 오래가지 못하거늘 하물며

찌 보지 않는가? 자연에서 나오지 않았다면 천지라도 장구할 수가 없을 것이거늘, 하물며 인간의 경우에랴? 인간이면서 능히 자연을 본받을 것 같으면, 같지 않은 바가 없고 믿지 않는 바가 없으니, 몇 세대를 거치더라도 상존常存할 수 있다. 덕德이란 것은 이 도道를 얻음을 말한다. 실失이란 것도 이 도道를 잃음을 말한다. 도道에 종사從事하는 자가 정말로, 자기가 이 도道를 얻은 것이 도道를 잃은 자와 크게 다르다고 변별하지 않는다면 득得이든 실失이든 가리지 않고 이 도道의 아우르는 바가 아닌 것이 없으며, 득得과 실失이란 것도 도道를 벗어나지 않으며, 그 위에 다시 두개의 별개 도道가 거주하지 않는다. 이를테면 사람은 땅에 인하여 넘어지면 땅에 의하여 일어나는 것과 같다. 그러므로 실失한 자는 실失 자체와 동일하게 되어, 실失도 역시 그 같음을 즐거워한다. 이것이 곧 도道의 대전大全이며, 천하가 어떠한 사람도 어떠한 사물도 버리지 않는 것이다. 진실로 이러한 도道일 수가 있다면, 정말로 믿지 않는 자가 없이 천하가 크게 믿을 것이다.[23]

사람은 어떠하겠는가? 그러므로 도에 종사하는 사람은 도를 행하는 것이 도와 같아지고, 얻은 사람(덕 있는 사람)은 얻은 것과 같아지며, 잃어버린 사람(매인 것이 많은 사람)은 잃은 것과 같아진다. 그러므로 도와 같아진 사람은 도로 인하여 즐거워하고 얻은 것(덕)에 같아진 사람은 덕으로 인해 즐거워하며, 잃은 것과 같아진 사람은 잃어버림으로 인하여 즐거워할 것이다. 믿음이 부족하면, 믿어주는 이가 없을 것이다(希言自然, 飄風不終朝, 驟雨不終日, 孰爲此者, 天地, 天地尙不能久, 而況于人乎? 故從事於道者, 同於道德者同於德, 失者同於失. 同於道者, 道亦樂得之. 同於德者, 德亦樂得之. 同於失者, 失亦樂得之. 信不足焉, 有不信)"라고 했다. 이충익은 인간 정신의 불멸성이 자연의 본받음에 있다고 보았다. 노자는 춘추시대의 번잡하고 무도(無道)한 정치적 사회적 제도들을 폐지하여 백성들이 자연스럽고 연대적인 삶을 영위하게 해야 한다고 생각했고, 더 나아가 인간과 사회가 비물질적으로 되는 것이야말로 자연사회의 조건이라고 여겼다. 이충익은 정신적 가치와 상호신뢰를 바탕으로 한 대동사회의 도래를 희원했다.

23 『노자』 3장, 16장, 17장, 19장, 그리고 80장에서는 인간의 세계가 작은 규모의 공동체로 분화되어 있을 때만 도가 자연스럽게 구현되는 사회가 된다는 사상이 나타난다. 『노자』에서 노자는 전국시대의 소요사회를 평온하고 안온하게 할 방안을 구하고자 하여 근원적이고 자연스런 정치를 상징적으로 표현했을 따름이라는 주장도 있다. 이충익의 『담로』는 이 '소국과민'의 정치사회에 대하여는 구체적인 언급이 없다. 80장("나라는 작고 백성은 적다")에 대해서는 "나라는 작고 백성은 적으며, 저절로 기물의 사용이 아주 적어서, 열, 백가지 기물이 있어도 의당 아주 잠깐 사이도 없이 곧바로 기물을 쓰지 않음에 이르면 아무 경영하는 바가 없

『노자』 제40장 '변동變動'에 대한 주[24]

    도道란 것은 만세토록 폐하지 않는다. 폐하는 것은 도道를 상실한 것이다. 도道는 어떻게 하여 상실하고 폐하게 되는가? 이 도를 유일한 하나로 보아서 움직여 되돌아감을 모르기 때문이다. 오기五氣의 운행은 교대로 왕성하고 쇠하여서 세공歲功을 이룬다. 진실로 하나의 기氣일 뿐이어서, 변동이 없다면, 이것은 추위는 있으나 더위는 없고 더위는 있으나 추위는 없는 것이 된다. 동動이란 것은 변동變動이다. 추위가 극에 이르면 변동하여 봄으로 돌아간다. 더위가 극에 이르면 변동하여 가을로 돌아간다. 그런 뒤에 마침내 항구恒久하여서 폐하지 않는다. '운동하여 서서히 나아간다'라든가 '생겨나서 움직인다'라고 한 것이 이 뜻이다. 그리고 『주역』「계사전」에서 "변통은 사시四時보다 큰 것이 없다"고 한 것이 이것이니, 역시 즉동이정卽動而靜(동에 즉하여 정이다. 움직이는가 싶더니 곧바로 움직이지 않고 고요하다)의 뜻이다. 그로써 약弱함은 영아와 같이 부드러움의 경지를 이루는 것이다. 정靜으로 돌아가 영아와 같아짐을 어째서 높이는가? 뿌리로 돌아가기 때문이다. 천하의 물物은 유有에서 생겨나고 유有는 무無에서 생겨난다. 정靜하고 약弱함은 무無에 가깝다. 사람이 아직 태어나기 전에는 사람이란 없었다. 사람이 생겨나게 되자 영아가 되니, 이처럼 약弱한 것이 없다. 그러다가 장성하고 노쇠해지면, 이로써 약弱함을 사용하니, 약弱함을 사용하면 늙지 않는다. 동動하여서 정靜으로 돌아감은 역시 이것과 같다.

    유有는 무無에서 생겨난다고 하니, 무無가 과연 유有를 낳는가? 무無가

다는 것을 알 수 있다(小國寡民, 自䎡器用. 其有什伯之器, 宜無少時之間, 而乃至於不用, 則其無所營, 可知)"라고 해설했다.

24 이충익은 『노자』 40장의 '반(反)'을 변동(變動)의 뜻으로 풀이하고, 노자의 '반본(反本)'을 자연질서의 추이(推移)로 재해석하여, 현실계가 생생유전의 법칙에 따라 운행된다는 사실을 확인했다.

과연 유有를 낳는다면 무無는 무無를 낳지 않으니, 무無는 이미 본디 무無이 거늘 어떻게 유有를 낳는가? 본디 무無인 속에서 잠깐 새에 유有가 있게 되 니, 본디 무無이면서 유有가 있게 되는 것을 추원推原(근원으로 미루어 나아감) 하는 까닭에 '유有가 무無에서 생겨난다'고 말한다. 이것은 유有에 즉하여 서 무無를 밝히는 것이지, 무無가 있어서 능히 유有를 낳는다는 것이 아니 다. 무無가 있다면 무無가 아니다. 이미 유有가 있은 즉 만물이 돈연頓然히 (갑작스레 순간적으로) 생겨나는 것이지, 유有가 있은 뒤에 유有가 다시 물物을 낳는 것이 아니다. 유有이되 물物로서 비유하는 까닭에 '만물이 유有에서 생겨난다'고 말한다. 만약에 "무無가 있어서 유有를 낳고, 유有가 있어서 물 物을 낳는다"고 한다면 허다하게 격단隔斷(실제와 거리를 두게 되어 결국 단절됨) 하게 된다. 사생死生과 주야晝夜가 서로 일관一貫의 상무상유常無常有를 이 루는 것이 아니게 된다.

『노자』 제81장 '철환천하轍環天下'에 대한 주[25]

성인 자신이 점점 소유하게 되고 점점 많이 지니게 되지만 스스로를 위 해서 쌓아두지 않는 것은 어째서인가? 그가 소유하여 많이 지니게 된 것은

---

25 이충익은 『노자』 81장의 본문을 "진실한 말은 아름답지 않고 아름다운 말은 진실하지 않 다. 성인은 변론하지 않고 변론하는 자는 성인이 아니다. 지혜로운 자는 해박하지 않고 해박 한 자는 지혜롭지 않다. 성인은 쌓아두지 않고 이미 그것으로 남을 위했기에 자신이 더욱 소 유하게 되고, 이미 남에게 주었기에 자신이 더욱 많이 지니게 된다. 하늘의 도는 이롭게 하 지, 해치지 않는다. 성인의 도는 남을 위해 주지, 남과 다투지 않는다(信言不美, 美言不信. 善 言不辯, 辯言不善. 知者不博, 博者不知. 聖人不積, 旣以爲人, 已愈有. 旣以與人, 已愈多. 天 之道, 利而不害. 聖人之道, 爲而不爭)"라고 옮겨 적었다. '변언불선(辯言不善)'은 '변자불 선(辯者不善)'으로 되어 있기도 하다. 이충익은 노자의 반본복시(反本復始)는 유학에서 예 (禮)로 능검(能儉)하고 악(樂)으로 절락(節樂)하는 것과 같다고 보았다. 앞서 박세당(朴世 堂, 1629~1703)은 명나라 진심(陳深)의 『제자품절(諸子品節)』 수록 『도덕경』 81장 전해(箋 解)와 임희일(林希逸) 주석을 참고로 『신주도덕경』을 저술해서 노자의 취지도 '수신'과 '치

늘 무위無爲에서 비롯하여 자연에 합하기에, 소유하여 많이 지니게 되어도 저축을 함이 없는 것이다. 무릇 자연의 그러함은 천지가 부득불 그러하지 않을 수 없다. 무위의 위爲는 성인이 부득불 남을 이롭게 하여 해가 되지 않도록 하지 않을 수 없으니, 천지가 부득불 그러하지 않을 수 없는 그러함이다. 성인은 남을 위하여 하되 남과 공명을 다투지 않는 것은, 성인이 불능불 그렇게 하지 않을 수 없어 그렇게 하는 것이기 때문이다.

 그렇다면 자연의 그러함然과 무위의 위爲는 정말로 온갖 변화와 온갖 일의 뿌리로서 사람들이 함께 말미암을 바이며 잠깐 사이라도 떠날 수 없는 것이다. 후세 사람들은 이것을 가지고 청허淸虛의 담조談助(이야기 재료)로 삼아, 그러하지 않음이 없기에, 그렇지 않은 것을 그렇다 하고 그런 것을 그렇지 않다고 할 수가 있으며, 또 하지 않음을 두고서 무위라고 하여서는 이목耳目을 도말塗抹(까맣게 칠하고 막아서 가림)하고 총명聰明을 궤출詭黜(궤변으로 쫓아냄)하며, 불위不爲함을 하여서는 금수禽獸와 다를 바가 없다. 누가 자연의 그러함이 정말로 천지의 상도常道이며, 무위無爲의 위爲는 성인이 날마다 부지런히 힘써서 행한 것이란 사실을 알겠는가? 오늘날에 세상을 논하는 자들은 대개 한漢·당唐을 비루하다 여기고 삼대三代(하夏·상商·주周)를 높이 친다. 하지만 지금에 한·당을 보면 아득하기가 마치 수고邃古(수

인'에 있다고 파악했다. 박세당은 노자의 '도=무'를 정주학의 '리=태극'으로 보고, 노자의 '자연'이 『중용』의 '타고난 본성'을 가리킨다고 보았다. 단, 노자는 '천지불인(天地不仁)'이라 했으나, 박세당은 임희일처럼 '대인불인(大仁不仁)' 또는 '지덕불인(至德不仁)'으로 파악하여 천인동류의 의지적 자연관을 피력했다. 한편 신작(申綽, 1760~1828)은 노자 판본의 자구를 심사하여 『노자고이(老子考異)』를 편찬하려 계획했고, 1792년에는 박세당의 『신주도덕경』과 설혜(薛惠)의 『노자집해』를 참조하면서 곽상(郭象) 『장자주』의 체제로 『노자지략(老子旨略)』을 엮은 후 1793년 3월 서문을 작성했다. 신작은 노자의 본지를 '무위불무위(無爲無不爲)'에서 찾았다. 장자는 방론(放論)에, 양주(楊朱)는 후신(厚身)에, 신불해(申不害)·한비자(韓非子)는 구명(拘名)에, 왕필(王弼)·하안(何晏)은 유무(流無)에 편중하여 각각 임(任), 획(劃), 참(慘), 탄(誕)에 빠졌다고 보고, "허하면서도 탄망하고 방임하는 잘못이 없고, 실하면서도 참담하고 각획(刻劃)하는 과오가 없는(虛而無誕任之失, 實而無慘劃之過)" 노자를 존숭해야 한다고 주장했다.

고邈古, 먼 옛날 신화시대)의 시대를 되돌릴 수가 없는 것과 같으니, 삼대의 사실은 오늘날 사람의 정情·지知로 추급推及할 수 있는 것이 결코 아니다. 현성玄聖이 쇠망한 주나라의 시대를 만나서 개연히 옛 시대로 돌아가길 생각했던 것은, 비단 크게 탄식하면서 요·순을 말하는 것만이 아니다. 멀리 무회씨無懷氏·갈천씨葛天氏[26]를 상상하기까지 한 것은, 이것으로써 이끌 수가 없었기 때문이다. 근세의 지인至人(덕이 높은 이)은 진실로 이런 의미를 알 수 있었다.

여길보呂吉甫(북송 때 여혜경呂惠卿)의 논論이여! 훌륭하도다! "세상이 태고로부터 떨어진 것이 오래되었거늘 노자가 태고를 말한 것은 어째서인가? 예禮는 삼왕三王을 겸함으로써 지극하고 악樂은 육대六代[27]를 갖춤으로써 지극하니, 그 문文이 극에 이르렀기 때문이다"라고 했다. 그렇지만 예禮는 현주玄酒(제례에서 술 대신 사용하던 맑은 물)와 대갱大羹(종묘제사 때 올리는 고깃국으로, 채소와 조미료를 쓰지 않는 국)을 예주醴酒(단술)와 화갱和羹(간 맞춘 국)의 아래에 두지 않고, 악樂은 혜관嘒管(작은 피리)의 청상淸商(맑은 소리)을 주현朱絃(붉은 현악기)의 소월疏越 위에 두지 않는 것[28]은, 예악의 뜻을 사람들로 하여금 알게 하였다. 부득이한 바가 저와 같아서, 근본으로 돌이키고 처음으로 회복하고자[反本復始] 하는 뜻이 이와 같았다. 이러한 때에 공자는 바야흐로 문왕·무왕·주공의 잃어버린 실마리[墜緖]를 구함으로써 갱화賡和(이어 화답함)했다.

노자는 그 도道와 세世를 논하기를 이와 같이 했으니, 그 뜻이 이와 같았을 따름이다. 그러므로 듣기를, 옛날의 정치는 비록 온갖 기물도 사용하지

---

26   원문의 회갈(懷葛)은 전설 속 제왕 무회씨(無懷氏)와 갈천씨(葛天氏)의 병칭이다. 도연명(陶淵明)의 「오류선생전(五柳先生傳)」의 찬(贊)에 "술에 취하여 시를 지어 자신의 뜻을 즐기니, 무회씨의 백성인가, 갈천씨의 백성인가?(酣觴賦詩, 以樂其志, 無懷氏之民歟? 葛天氏之民歟?)"라고 했다.

27   황제(黃帝), 도당씨(陶唐氏, 요), 유우씨(有虞氏, 순), 하(夏), 은(殷), 주(周).

28   『예기』「악기(樂記)」의 말을 적절히 인용한 것이다.

않고 배와 수레도 타지 않으며 갑옷과 무기도 진설하지 않았으니, 대사大事를 일으키고 대중大衆을 동원하는 것은 부득이해서 그런 것이라고 한다. 또 듣기를, 백성들이 새끼를 매듭지어 부호로 사용하고 이웃나라가 빤히 보이고 개나 닭소리가 들려도 늙어 죽을 때까지 왕래하지 않았다고 들었으니, 법문法文을 번거롭게 하고 명령을 지칠 정도로 내어 감독하고 고찰하며〔督稽〕 재촉하거나 유보하며〔趣留〕 발을 제후의 국경에 접하고 거궤車軌를 매어 천리 바깥까지 나간 것은 부득이해서 그런 것이다. 그러므로 부득이한 것이 늘 여기에 있고 돌아가고자 하는 것은 늘 저기에 있었으니, 죽을 때까지 말하지 않는 것은 마치 현수玄水(현주)를 물리치고 소월疎越을 철거한 것과 같다. 어느 누가, 예禮를 지켜 능히 검약하고 악樂을 연주하여 절악節樂함이 근본으로 돌아가고 처음으로 회복하는〔反本復始〕 뜻인 줄을 알랴? 무릇 성인의 말씀이 어찌 작은 보탬을 줄 뿐이겠는가?

4장
우리는 슬픔을 함께한다

큰형 과산자(이문익)[1] 묘지명 伯兄窠山子墓誌銘

　군君의 휘諱(이름)는 문익文翊이고 자字는 순사純土이며 자호를 과산자窠山子라 했다. 서울 서쪽의 산이 꼭대기가 둥글고 산자락이 고부라져서 마치 닭 둥지를 엎어둔 듯하여 원고圓皐라 칭한다. 원圓(둥글다)과 과窠(둥지)는 우리말이 비슷하고 군君의 집안이 대대로 산 밑에 거주했기 때문에 그렇게 호한 것이다. 선군先君(돌아가신 부친)에게는 3남 1녀가 있어, 군君이 그 장남이다. 나면서부터 빼어나고 영특하여, 겨우 동년(어린 나이)이 되었을 때 붓을 잡고 문장을 지었는데, 그 문장이 전아典雅하고 곱고 두루 아울러

1　이문익(1935~61)은 이충익의 형이다. 을해옥사 때 부친 이광현(李匡顯)이 경상도 기장현으로 유배되자, 이충익이 봉행하고 이문익은 둥그재 아래에서 모친을 모셨다. 둥그재의 '원(圓)'과 '과(窠)'는 같은 의미라서 과산자(窠山子)라 호했다. 을해옥사 이후 처 정씨가 호서(湖西)의 청양(靑陽)으로 귀녕(歸寧)을 가버리고 말았다. 이문익은 배고픔을 잊으려고 종일 책을 읽었다. 1760년(영조 36)에 누이를 시집보낸 뒤 일가족이 이광현의 적소(謫所)로 이사 갔으나, 집이 좁아서 이문익은 귀경했다. 청양의 처가에서 게를 잘못 먹고 복창(腹脹)이 나서 죽었다. 이충익이 그의 문집 2권을 엮었으나 화재로 잃었다.『협중집(峽中集)』에 시 몇 수가 선록되어 있을 뿐이다.

서 보는 사람들이 놀라 기이하게 여기지 않는 이가 없었다.

영묘英廟 을해년(1755, 영조 31)에 군君의 나이 스물하나일 때 선군께서 가난家難(을해옥사)을 만나 영남의 기장현機張縣으로 유배를 가니, 둘째 아들 충익이 따라갔다. 군君은 막내 동생 홍익弘翊과 선비先妣(돌아가신 어머니)를 모시고 서울에 남았다. 누이동생이 아직 시집가지를 않았었다. 집안이 평소 가난하던 터라 이때에 이르러 더욱 잔파殘破되고 말아, 며칠 동안 아무것도 먹지 못하기까지 했다. 그래서 형수 정씨鄭氏는 호서의 청양靑陽 친정으로 돌아가버렸다. 그렇게 참혹한 이별을 당하여 남들은 근심과 고통을 견디지 못할 것이지만, 군君은 종일 모친 곁에서 책을 읽었다. 모친이 "책 읽으면 배고프지 않느냐?"고 묻자, "배고파서 책을 읽어 잊으려는 것입니다. 그러니 어머님도 제가 병이 나지 않을 줄 알고 계십시오"라고 했다. 산업과 경영을 알지 못하고, 혹 누가 시혜를 하면 문득 얼굴이 붉어지며 부끄러워했다. 백모伯母 유부인柳夫人이 놀리면서 말씀하길 "너는 나무에서 옷이나 밥이 생겨난다고 생각하느냐?"라고 했다. 이로부터 지려志慮를 딴 데 나누지 않아 학문이 나날이 더욱 성취되어, 경經과 예禮에 귀결했다. 저술은 경經을 우익羽翼(보좌)한 것이 많다. 시詩도 청경淸警하고 탁발擢拔하여, 겉꾸미고 아로새기는 일을 하지 않았다. 항시 스스로를 엄정히 하여, 종형인 범옹(성원性源)과 재종제인 신재(유공幼公, 이영익)와 서로 수련하고 권면함을 즐거움으로 알아 일신의 궁핍과 배고픔을 알지 못했다.

경진년(1760, 영조 36) 봄에 누이동생을 시집보내고, 이해 여름에 온 집안이 선군 계신 곳으로 갔으나, 집이 좁아 함께 살 수가 없고 가난은 더욱 심하여져, 그다음 해에 군君은 서울로 돌아왔다. 그리고 다시 청양의 처가로 가서 아내와 딸을 데리고 와, 거실을 조금 넓혀 지내며 영남 사람이 되려고 작정했다. 그런데 한스럽게도 우연히 게(도해稻蟹)를 먹다가 복창腹脹을 앓아 그날 밤으로 죽었으니, 때는 신사년(1761, 영조 37) 8월 23일이다. 나이 겨우 스물일곱이었다. 부모와 막내아우는 천리 바깥에 있었고, 충익忠翊도 그전에 종조숙부(이광명李匡明)의 후사로 가서 심도沁島(즉 강화도)에 있었으므로 장인인 정공鄭公이 관을 마련하고 염殮을 했다. 그다음 달에 충익이 심도에서 왔으나 힘이 부족하여 반장을 하지 못하고, 10월 아무 날에 처가의 묘역 내인 청양현의 미석동美石洞 신좌원辛坐原에 임시로 장사지냈었다.

(중략)

군君의 유고집 약간 권은 중부仲父인 중옹 선생中翁先生(이광찬李匡贊)[2]과 종조숙부인 원교 선생(이광사)께서 칭찬하신 말씀과 평점이 알록달록하게 종이에 가득하다. 군君의 묵적墨跡도 서너장이 있는데 모두 화묘華妙하여 사람들의 찬탄을 받았다. 충익이 교정한 시문집은 2권으로, 잘 베껴서 책 상자에 같이 넣어 여관의 대들보 위에 올려두었는데, 그만 화재를 만나 다 타버렸다. 아아, 군君의 심술心術과 정신精神이 우탁寓託되어 있던 것도 다 없어지고 말았으니, 하늘이여 귀신이여, 군에게 어찌 이다지도 독毒하단 말인가? 내가 죽은 후 후속들이 군이 어떤 사람인지를 알 수 없고, 또한 내가 이런 고통과 원한이 맺혀 있으면서 죽는 자라는 것을 알 수 없을 것이다. 미처 죽기 전에 이 글을 써서 후속들에게 알게 하노라.

선군先君의 휘諱는 광현匡顯이다. 조고祖考의 휘는 진급眞伋으로 세자 세마世子洗馬이다. 증조의 휘는 대성大成으로, 호조판서를 지내고 이조판서에 추증되었다는데, 이분이 서곡西谷 효간공孝簡公[3]의 아들이자 석문石門 효민

---

2 이광찬은 자가 양중(襄仲)이고, 호가 중옹(中翁)이다. 1702년(숙종 28) 출생하여 1767년(영조 43) 6월에 유배지 갑산(甲山)에서 타계했다. 족제 이영익이 제문(「제중옹족숙부문祭中翁族叔父文」)을 지었다. 29세에 생원·진사 양장(兩場)에 급제하고 28세에 문과에 장원급제했으며, 부사과(副司果) 등 직을 역임했다. 을해옥 때 갑산으로 유배되었는데, 이광사가 가까이 부령에 유배되어 있어, 서찰을 주고받으며 학문을 토론했다.

3 서곡(西谷) 이정영(李正英, 1616~86)의 자는 자수(子修), 시호는 효간(孝簡)이다. 이경직 (李景稷)의 아들이다. 1636년(인조 14) 별시문과에 병과로 합격하고, 병자호란 후 소현세자가 심양(瀋陽)으로 갈 때 사서로 시종했으며, 대사간, 평안도 관찰사, 예조 참판, 도승지 등을 역임했다. 1672년 한성부 판윤으로 동지부사가 되어 청나라에 다녀왔고, 1685년 판의금을 거쳐 기로소(耆老所)에 들어갔다. 묘소는 서울특별시 동작구 사당동에 있다.

공효민公孝敏公[4]의 손자이며, 후릉厚陵의 별자 덕춘군德泉君을 시조로 한다. 선비先妣는 나주임씨羅州林氏로, 학생, 휘 숭하崇夏의 딸이다.

명銘은 이러하다.

우공愚公은 험난한 땅을 열고, 조사操蛇[5]는 슬픔 호소하느라,

마음 모으고 힘을 하나로 하여, 신령과 귀신에게 하소연했네.

일만전 허비하여, 호사하게 날마다 먹어대더니만[6]

끝내 궁핍하고 게을러,[7] 사군使君은 돌아오지 않았더라.

미석美石의 산 같은 인물이, 영원히 귀객鬼客이 되었으니,

이 아우는 양호하지 못하니, 어디에서 힘을 얻으랴?

흉억에 한을 새겨, 종신토록 끝이 없으리라.

古愚墾險 操蛇訴慼 心槫力壹 神鬼愳愳

---

4 이경직(李景稷, 1577~1640)의 자는 상고(尙古), 호는 석문(石門), 시호는 효민(孝敏)이다. 이유간(李惟侃)의 아들이다. 1606년 증광 문과에 병과로 급제하여 내직을 두루 거쳤으며, 인조반정 이후 병조 참판, 경기도 관찰사, 도승지, 호조 판서를 거쳐, 동지중추부사에 이르렀다. 묘소는 서울 관악구 남현동에 있다.

5 조사(操蛇)는 산 귀신으로, 우공이 산을 옮기려 하자 거처가 없어질까 두려워하여 천제(天帝)에게 호소하자, 천제가 역신(力神) 과아(夸娥)의 두 아들을 시켜 산을 옮겨놓게 했다고 한다.

6 진 무제(晉武帝) 때의 태위(太尉) 하증(何曾)이 호사하기를 좋아하여 궁실, 거마, 의복, 음식 등을 왕보다도 사치스럽게 했다. 끼니마다 만전(萬錢)의 음식상을 받았는데도 "젓가락으로 집어 먹을 것이 없다(無下箸處)"라고 투정을 부렸다고 한다. 진 무제가 동오(東吳)를 평정한 후 정사를 돌보지 않자, 승상이었던 하증은 자손들에게 머지않아 세상이 어지러워져 화를 면할 수 없을 것이라고 하였는데, 과연 하증의 손자들은 팔왕의 난 때 죽임을 당했다. 『진서(晉書)』 「하증열전(何曾列傳)」.

7 『시경』 「패풍(邶風) 북문(北門)」에 "북문으로 나오니 마음에 근심이 많기도 해라. 종내 궁하고 가난한데도 나의 어려움 알아주지 않는구나. 그만두자, 하늘이 실로 이렇게 한 것이니 말해 무엇 하랴(出自北門, 憂心殷殷, 終窶且貧, 莫知我艱. 已焉哉, 天實爲之, 謂之何哉)"라고 하여, 현자가 난세에 뜻을 얻지 못하고 빈곤함을 겪는 근심을 말한 것이다.

萬錢之費 豪擧日食 終寠且怠 使君不復

美石之山 永爲鬼客 弟而無良 于何得力

鐫恨于臆 終天無極

【신사년(1761) 뒤로 24년이 지난 계묘년(1783) 윤7월에 계자系子 면계勉季
가 청양靑陽에서부터 이장하여 과천果川 작현鵲峴 정유인鄭孺人의 묘 오른쪽
에 합장合葬했다.】

헌납 족형을 제사지내는 연구聯句祭獻納族兄[8]

유세차 모년 모일에, 족제인 천익·영익·충익은 호분虎賁(시종 벼슬)의 전
형을 생각하여 여명驪鳴(졸렬한 문장)의 애도를 다하여, 한말 술을 올리오며
평소의 기호를 생각하고 다섯 글자씩 연을 나누어 지어, 삼가 족형이신 헌
납 이공[9]의 영靈에 제를 올립니다.〔維年月日, 族弟天翊·令翊·忠翊, 懷虎賁之典刑,

8　이충익이 이영익, 이천익과 함께 이중해를 애도하여 연구(聯句)를 지었다. 이영익의 『신재
　　집(信齋集)』 건(乾)과 문중본 『협중집(篋中集)』에 실려 있다. 이충익은 이긍익, 이영익, 이문
　　익 등과 함께 「청담연구(淸潭聯句)」 「민한연구(憫旱聯句)」 「희우연구(喜雨聯句)」를 지었으
　　며, 이영익이 죽었을 때 이천익과 함께 만시(挽詩)를 연구(聯句)로 지었다.

9　이중해(李重海, 1717~78)는 이현상(李鉉相)의 둘째 아들로, 자는 윤보(潤甫)이다. 이심해
　　(李心海, 1710~?)의 아우이다. 이심해는 이운해(李運海)로 개명했다. 두 사람은 족친 이시
　　번(李時蕃)이 정희량(鄭希亮)·이웅보(李熊輔)의 반란 때 경상우도병마절도사로서 진주성
　　성문을 잠그고 응전하지 않은 일로 군졸로 전락했다. 이충익은 이심해와 이중해 형제를 위
　　하여 「시강원필선이공 사간휜헌납이공 소전(侍講院弼善李公司諫院獻納李公小傳)」을 지었
　　다. 이심해(이운해)는 1755~1756년 부안현감으로 있으면서 『부풍향차보(扶風香茶譜)』를
　　집필했다. 이중해는 1762년(영조 38) 정언으로 재임 중 직급 납용의 물의를 일으킨 조재호
　　(趙載浩)를 처벌하는 논의가 있었을 때 동참하지 않았다가 파직되었다. 홍양호(洪良浩)는
　　1764년(영조 40) 가을 홍주목사(洪州牧使)로 부임해서 그때 삼산(三山)에 거처하던 이중해
　　와 함께 노닐고 1769년 가을 「이 정언 윤보의 삼산교거에 부치다 5수(寄李正言潤甫三山僑
　　居 五首)」를 지었다. 제4수 마지막구에서 "골짝의 용은 응당 글 읽는 소리에 화답하리(洞龍

劇驢鳴之傷悼, 一斗思嗜, 五字分聯, 恭祭于族兄獻納李公之靈〕

暮道風流喪	사도斯道가 저물고 풍류도 상했는데
秋天逝水高	가을 하늘에 흘러가는 물이 높도다 〔天翊〕
永閑嵇叔駕	혜강嵇康의 수레가 영원히 멈춰서고
空憶老秦號	노진老秦[10]이라 불리던 일만 기억난다 〔令翊〕
湖海床塵積	바닷가 집 평상에는 먼지가 쌓였고
風霜淚目蒿	풍상에 눈물 젖은 눈이 게슴츠레했지 〔忠翊〕
如今空馬市	지금은 마시장에 준마 없어 텅 비었으나
宿昔見人豪	지난날에는 호걸을 보았다 〔天翊〕
禮樂河間遠	예악禮樂은 멀리 하간河間[11]에 이어지고
詩書卻穀褒	시서詩書는 비단 포상褒賞을 물리쳤지 〔令翊〕
流芬徵世業	전하는 향기는 대 이은 가업을 말해주고
餘慶出英髦	끼쳐 남은 경복慶福은 영걸(영웅호걸)을 내었도다 〔忠翊〕
雅望推雙璧	아름다운 명망은 두 구슬[12]을 추대하고

應和讀書聲)"라고 하여, 왕양명이 어린 시절 금산사(金山寺)에서 지은 시에 "묘고대의 저 달빛에 취해 기대 섰노라니, 어디선가 옥피리소리 골짜기 용의 잠을 깨울 듯(醉倚妙高臺上月, 玉簫吹徹洞龍眠)"이라고 읊은 구절을 응용했다. 이중해는 다시 서용된 후 1771년(영조 47)까지 관직생활을 이어나갔다. 허필(許佖, 1709~68)과도 교유하여, 허필이 그린 「헐성루망만이천봉도(歇惺樓望萬二千峰圖)」의 화제에 연객 허필, 현재 최주헌(弦齋 崔周憲)의 이름과 함께, 표암 강세황(豹菴 姜世晃, 1713~91), 이중해, 남백당 권항언(南白堂 權恒彦), 창암 박사해(蒼巖 朴師海, 1711~78)가 이름을 적었다. 윤광심(尹光心, 1751~1817)의 『병세집(幷世集)』에 이중해가 허필의 죽음을 애도한 만시가 실려 있다.

10 송나라 진회(秦檜)가 논인장소(論人章疏)를 직접 지어주어, 식자들이 그를 노진필(老秦筆)이라 했다. 『송사(宋史)』「진회전(秦檜傳)」 참조.

11 한나라 무제의 아우 덕(德)이 하간헌왕(河間獻王)에 봉해졌는데, 유학을 좋아하여 선진시대의 고서를 얻어 정상(廷相)들에게 자주 바쳤다. 여기서는 조선 정종의 10남 덕천군 이후생(李厚生, 1397~1465)을 말한다.

12 이중해와 그의 형 이심해를 말한다.

文聲叶八琅	문학의 명성은 팔랑오八琅璈13에 어울렸지〔天翊〕
力優開浪翅	힘 넉넉해서 방랑하는 날개를 펼쳤고
才韞發硎刀	온축된 재주는 숫돌14에 막 간 칼 같았네〔令翊〕
餘事搴高桂	효제孝悌의 여가에 계수 가지 부여잡고〔급제하고〕
前身竊翠桃	전생에 비취복숭아를 훔쳤다〔천수를 누렸다〕〔忠翊〕
通衢乘大屐	대로에 큰 나막신 신고
薄酒典恩袍	하사받은 도포를 막걸리에 전당잡혔지〔天翊〕
溺座調卿月	자리에서 오줌 누어 공경公卿을 놀리고
抛章忤使旄	안사按使를 거슬리어 관인官印을 던졌다〔令翊〕15
乾坤雙白眼	천지를 백안白眼으로 흘겨보고
軒冕一秋毫	헌면軒冕(벼슬)을 터럭처럼 가벼이 여겼도다〔忠翊〕
肚闊藏多怪	넓은 배포에 괴이한 것을 많이 갈무리해두어
辭狂吐取嘷	광기 어린 말을 토해내면 으르렁 소리〔天翊〕
尙羞秋水喜	가을 물살을 보고 기뻐함16을 부끄러워했거니
肯學夏畦勞	여름 밭일보다 힘든 것(아첨)17을 배웠겠는가〔令翊〕

---

13 『한무제내전(漢武帝內傳)』에 "탄팔랑지오(彈八琅之璈)"라는 구절이 있다.

14 『장자』「양생주(養生主)」의 유인(游刃) 고사를 말한다. "지금 내가 칼을 잡은 지 19년이나 되었고 잡은 소만도 수천마리를 헤아리는데, 칼날이 지금 숫돌에서 금방 꺼낸 것처럼 시퍼렇기만 하다(今臣之刀十九年矣, 所解數千牛矣, 而刀刃若新發於硎)"라는 구절이 있다.

15 이중해는 1746년(영조 22, 병인) 알성시 을과 1위(榜眼, 총 급제자 5명 가운데 2위)로 급제한 후, 삼베옷 걸치고 나막신 신고 꾀죄죄한 두건을 쓴 채로 도성 가까이 산수를 유람했다. 권귀(權貴)가 부르자, 좌석에서 오줌을 누고 대변을 보고 했다. 기린도(麒麟道) 우관(郵官, 찰방 察訪)이 되었을 때는 안사(按使, 관찰사)가 있는 자리에서 장죽으로 벽의 서화를 가리키며 논했다.

16 『장자』「추수(秋水)」에 보면, 가을 물살이 도도하여 온갖 지류가 황하로 흘러드는 것을 보고 하백(河伯)이 기뻐하다가, 북해(北海)를 만나보고 귀천대소(貴賤大小)의 차별이란 편견에서 나오는 것임을 깨달았다는 말이 있다.

17 『맹자』「등문공하(滕文公下)」에 "어깨를 세우고 남에게 아부하여 아첨해서 웃는 일은 여름 밭농사를 하는 것보다 훨씬 피로하다(脅肩諂笑, 病于夏畦)"라는 말이 있다.

曹務焉知馬　　　　우관郵官(찰방)을 맡았다고 어찌 말(馬)을 알랴[18]

南烹詑食蠔　　　　남방 요리라고 속아서 굴 조개를 먹었지〔忠翊〕

掌禽閑欲狎　　　　손바닥에 새를 놓고 한가히 길들이려 하고

禪蝨懶還搔　　　　잠방이 꼬인 이를 잡느라 법석이었다〔天翊〕

斂袖觀顔汗　　　　팔짱 끼고는 노생老生들이 얼굴에 땀 내는 걸 보았고[19]

深居莞剌毛　　　　깊이 거처하여 박박 깎은 이들을 웃었지[20]〔令翊〕

直絃虞見撓　　　　곧은 현絃이 흔들릴까 염려하여서

利器自安囊　　　　명기名器를 자루 속에 꼭꼭 보관했다〔忠翊〕

擇地寧趨[21]鹵　　　처지를 가린다면 차라리 노둔魯鈍함을 좇고

和光強歠糟　　　　시비를 분변하지 않고 애써 찌끼(옛 서적)를 마셨네〔天翊〕

穀梁從怕腹　　　　곡량穀梁으로 배 터질까 염려되고[22]

茅葅不加尻　　　　모저茅葅는 꽁무니를 더하지 못할 정도〔令翊〕[23]

槁兀憑長醉　　　　항시 취함에 의지하여 우뚝하고

空虛樂久逃　　　　공허로 아주 도망하길 즐기셨다〔忠翊〕

全生懷獨往　　　　천수를 누리려[24] 자연에 순응하려 했고

高臥任群謷　　　　높이 누워 뭇 사람 비난에 개의하지 않으셨지〔天翊〕

盡道隨時放　　　　하고픈 말을 수시로 방언放言하셨으니

18　이중해가 우관(郵官)으로 있을 때 노마(怒馬)가 뒹구는 것을 보고 안사(按使)가 죽이라고 명하자, 본래는 좋은 말인데 우연히 뒹굴었을 뿐이라고 하여 말을 구한 일이 있다.

19　진사도(陳師道)의 시에 "노생시재방 축수괴안한(老生時在傍, 縮手愧顔汗)"이란 구절이 있다. 이중해에게 공경을 표시했다는 뜻이다.

20　불문(佛門)에 드는 것을 만족하지 않고, 세간에 남아 성현의 도리를 실천하고자 했다는 뜻이다.

21　고려대본『신재집』에는 '월(越)'로 되어 있으나, 문중본『협중집(篋中集)』에는 '추(趨)'로 되어 있다.『협중집』에 따른다.

22　『춘추곡량전(春秋穀梁傳)』을 깊이 공부했다는 뜻이다.

23　모저(茅葅)는『주례(周禮)』「천관(天官) 해인(醢人)」에 보이는 제물의 이름이다. 이중해가 예학(禮學)에 밝아서 남이 뒤를 잇지 못할 정도였음을 말한 듯하다.

24　『장자』「양생주(養生主)」에 "가이보신 가이전생(可以保身, 可以全生)"이란 구절이 있다.

誰窺內行操	어느 누가 내면행실을 엿볼 수 있었겠나 〔令翊〕
義曾輕晏駟	의리義理는 안영晏嬰의 어자御者[25]를 가볍게 여기고
廉亦薄陳螬	염치廉恥는 진중자陳仲子[26] 오얏 일이 오히려 엷다 〔天翊〕
刀許堪傳覽	칼[27]은 전하여서 보게 하셨으되
齒看不啓羔	예물[28]에 이빨 열어 웃는 법[29] 없으셨다 〔天翊〕
竟成滄海釣	마침내 창해에 조수釣叟가 되었으나
莫解碧空絛	푸른 하늘의 끈은 풀지를 못하셨으니 〔令翊〕
鶴野寒停啄	들이 추워 학鶴은 음탁飮啄[30]을 정지하고
鵬溟窄礙翱	북명北溟이 뚫리어 붕새가 날지를 못했네 〔忠翊〕
枝離波上梗	파도 위의 인형이 병신이 되고
枵落雨中槔	빗속에 두레박이 와스스 떨어졌다 〔天翊〕
白髮偏欺病	백발노인은 짐짓 병이라 속았으나
蒼生未息嗸	젊은이들은 비난을 그치지 않았지 〔令翊〕
行藏秦逐客	출처행장出處行藏은 진秦나라 축객逐客(이사李斯) 같고
顏色楚離騷	안색은 이소離騷의 작가(굴원屈原) 같으셨으며 〔忠翊〕
老厭乘驄鮑	늙어서 총마驄馬 타기 싫어함은 포숙아鮑叔牙 같고[31]

25 춘추시대 제(齊)나라 재상 안영(晏嬰)의 어자(御者)가 사마(駟馬)를 몰면서 의기양양해하는 것을 보고 어자(御者)의 처가 떠나려고 하자 어자가 스스로 억손(抑損, 자만을 억누름)했다는 고사이다. 『사기』「관안전(管晏傳)」 참조.

26 진중자(陳仲子)가 삼일간 아무것도 먹지 않고 있다가 벌레 먹은 오얏을 세번 먹고는 귀가 들리고 눈이 보이게 되었다는 고사. 『맹자』「등문공하(滕文公下)」 참조.

27 도(刀)는 곧 신기(神技), 도(道)를 의미한다.

28 고(羔)는 고폐(羔幣)의 준말로, 예물(禮物)을 가리킨다.

29 『장자』「서무귀(徐無鬼)」에 "일을 받들어 크게 공을 세운 적이 헤아릴 수 없을 정도로 많았으나 우리 임금님께서 한번도 이를 드러내고 웃었던 적이 없었다(奉事而大有功者不可爲數, 而吾君未嘗啓齒)"라고 했다. 계치(啓齒)는 즉 웃는다는 뜻이다.

30 새가 물을 마시고 모이를 쪼아 먹듯이 자유롭게 살아감을 뜻함.

31 포숙아(鮑叔牙)가 관중(管仲)을 제환공(齊桓公)에게 천거한 뒤로 자신은 그를 섬겼던 일을 두고 한 말로, 이중해가 남을 천거하고 자신은 미천한 직위에 머물렀던 것을 비유한 듯하다.

窮逾種秫陶	궁할수록 차조 심기는 도연명陶淵明 같았지 〔天翊〕[32]
百年歸委順	인생 백년을 위순委順함에 맡기시어
萬事付酕醄	만사를 곤드레 취함에 붙이셨다 〔令翊〕
袍穴寒無絮	구멍 난 도포는 겨울에도 솜이 없고[33]
鍋塵晩未轑	먼지 낀 솥은 나중까지 긁어내지 않았다 〔忠翊〕[34]
人情憎獨潔	인정은 홀로 고결한 분을 미워하고
天意餉群臊	하늘 뜻은 비린 짐승들을 먹이는 법 〔天翊〕
孤笑節閑倚	외롭게 웃으며 지팡이에 의지했고
多慵髮不韜	한껏 게을러 머리도 싸매지 않으셨다 〔令翊〕
新交參抱犢	새로 사귄 이들은 송아지 안은 사람들 〔은자〕[35]
舊會阻持螯	오랜 만남에는 술을 못 가져오게[36] 했네 〔忠翊〕
往者迎君喜	지난날 그대를 맞아 기뻤지
頻時就我敖	자주 나와 더불어 노닐었었네 〔天翊〕
夢慚追謝草	꿈은 부끄럽게도 사영운의 춘초春草를 좇고[37]

32　『진서(晉書)』「은일전(隱逸傳)」에 보면, 도잠(陶潛)이 팽택령(彭澤令)이 되어 온 공전公田
　　에다 출곡秫穀을 심게 하고는 "나를 술에 늘 취하게만 하여주면 족하다"라고 했다는 고사가
　　있다.

33　『논어』「자한(子罕)」에 보면, 자로(子路) 즉 중유(仲由)가 해진 솜옷을 입고서 여우나 담비
　　가죽의 갖옷을 입은 자와 같이 서 있으면서도 부러워하지 않았다는 공자의 칭찬이 있다.

34　후한의 범염(范冉)이 내무(萊蕪) 고을의 수령으로 있을 때 청렴하여 시루에 먼지가 나고 솥
　　에 물고기가 살 지경이었다는 고사가 있다.

35　은둔을 비유한다. 기주(沂州) 승현(承縣)에 있는 산에 은자가 송아지를 끌어안고 들어가 개
　　간한 뒤로 그 산을 포독산(抱犢山)이라 했다는 고사가 있다.

36　진(晉)의 필탁(畢卓)이 한 손에 게를 들고 한 손에 술을 들고 일생을 마치고 싶다고 한 데서
　　지오파주(持螯把酒)라는 말이 있다. 『세설신어(世說新語)』「임탄(任誕)」에 보인다. 지오(持
　　螯)는 파주(把酒)의 헐후어(歇後語, 뒷말을 끊어 줄인 말)이다.

37　사영운(謝靈雲)이 영가(永嘉)의 서당(西堂)에서 시를 생각하다가 짓지를 못했는데 꿈에 종
　　제인 사혜련(謝惠連)의 꿈을 꾸고 난 뒤 "지당생춘초(池塘生春草)"라는 구절을 얻었다는 고
　　사가 종영(鍾嶸)의 『시품(詩品)』 중에 있다. 이영익은 이중해의 족제로서 그의 허여(許與)
　　를 입었으므로 이 고사를 따랐다.

游幸厠莊濠	노닐 때는 호수濠水의 장자와 함께했다 〔令翊〕38
暮肆探千釀	저녁 주막에서는 천 동이 술을 찾고
春城走幾遭	봄날 성에서는 몇 번이나 만났던가 〔忠翊〕
眞襟開酒謔	술로 해학하면 진정한 흉금을 열어 보이고
僞怒發碁鏖	바둑 싸움에서 짐짓 노한 성을 내었지요 〔天翊〕
金七新燔肉	김칠金七이 갓 구운 고기에
蔓婆帶熱糕	만파蔓婆가 만든 뜨끈뜨끈한 떡 〔令翊〕
逢場皆宿嗜	만나기만 하면 먹고 자면서
是日飫群饕	그날에는 아귀들이 배불리곤 했지 〔忠翊〕
沸茗吹脣呷	끓는 차를 후후 불며 입술로 마시고
寒菹澤手撈	뚝뚝 떨어지는 겨울김치를 손으로 뜯었다 〔天翊〕
見形知樸古	외관만 보아도 순박함을 알았고
出語愧儇嚻	말을 하면 약삭빠르고 말 많음이 부끄러웠다 〔令翊〕
冠屨同交委	갓과 신39은 교계交契를 같이하고
歌呼許濫叨	노래에 고함은 외람됨을 허락하셨다 〔忠翊〕
浮生無舊樂	뜬 세상에 옛 즐거움 없어
未死哭吾曹	채 죽지 못한 저희들이 곡哭을 합니다 〔天翊〕
偶離顒兒虐	우연히 전아顒兒의 학대(중풍)40에 걸리어
遂成晉豎膏	끝내 진수晉豎의 고황(병마)41을 이루었다 〔令翊〕

---

38 장자(莊子)가 혜시(惠施)와 더불어 호량(濠梁)에서 노닐면서 물고기의 즐거움을 알 수 있는 지의 여부를 논쟁했다는 고사가 『장자』「추수(秋水)」에 있다.

39 관구(冠屨)는 관리(冠履)와 같은 뜻으로, 상하존비를 상징한다.

40 춘추시대 노(魯)나라의 부용국인 전유(顓臾)의 성(姓)이 풍(風)이므로, 중풍을 휘(諱)하여 한 말이다.

41 『춘추좌씨전』성공(成公) 10년에 진후(晉侯)가 대려(大厲)의 꿈을 꾸고 나서 병이 심하여 진(秦)나라 의사인 완(緩)의 치료를 받게 되었다. 그런데 꿈에 다시 질병이 두 아이(수자竪子)가 되어서는, 한 아이가 "질병이 황(肓)의 위, 고(膏)의 아래에 있으니 아무래도 못 고칠 것이다"라고 했다. 그래서 진수(晉豎)라는 말로 병마를 가리키게 되었다.

生應延鬼座	나서는 응당 귀신 자리에 초대되고
老得解天弢	늙어서는 하늘이 빛을 감춤을 해득하셨다 〔忠翊〕
荒堵傷威鳳	퇴락한 담은 위엄 서린 봉황을 잃고
驚波失巨鼇	성난 파도는 큰 자라를 잃었도다 〔天翊〕
駏蛩今柝影	거려駏驉와 공공蛩蛩⁴²이 그림자를 갈랐으나
麟鹿舊同槽	기린과 사슴이 전에는 구유를 같이 했다 〔令翊〕
泡幻何堪玩	물거품과 환영 같은 세상을 어찌 즐기리
薪膏不奈熬	땔나무와 기름 이어⁴³ 불을 꺼뜨리지 않을까 〔忠翊〕
枕涼蕭寺雨	베갯머리 서늘하네, 절간에 비 오는데
魂斷廣陵濤	혼이 끊어지누나, 광릉의 파도에 〔天翊〕
酒席悽鄰笛	술자리의 피리 소리 처량하고
琴工寂海舠	거문고 악공은 바다 배에 적막하다 〔令翊〕
前班返西閫	선배께서 서역西域으로 돌아가시니
遙淚洒東皐	동쪽 언덕에서 멀리 눈물을 뿌립니다 〔忠翊〕
宿業銷應淨	묵은 업이 씻겨서 응당 깨끗하리오만
悲根蔓未薅	뒤얽힌 슬픔의 뿌리는 걷어내질 못하네 〔天翊〕
風塵人冉冉	풍진 속에 사람들은 바삐바삐 지내고
江漢水滔滔	한강의 물은 도도히 흐르는구나 〔令翊〕
神遘何論世	정신으로 만난다면 세상을 따져 무엇 하리
心銘久已牢	마음에 새긴 것이 이미 굳었는데 〔忠翊〕
天長鴻叫急	긴 하늘에 기러기 울음소리 급하고
秋老葉聲颾	깊은 가을에 잎새 소리 스산하도다 〔天翊〕

---

42 거려(駏驉)와 공공(蛩蛩)은 궐(蟨)이 기른다는 상상의 동물인데, 사람이 오면 궐을 업고 도
  망한다고 한다. 『공총자(孔叢子)』 등에 보인다.
43 『장자』 「양생주(養生主)」에 "손가락으로 땔나무를 집는 데는 한계가 있지만, 불의 전파는 끝
  없이 이어진다(指窮於爲薪, 火傳也, 不知其盡也)"라고 했다. 땔나무로 불을 끝없이 전한다
  는 말은 양생(養生)을 의미한다.

未展翎鷄赴	병아리처럼 달려가지를 못하고
空含寢廟咷	공연히 침묘의 울부짖음을 머금습니다〔令翊〕
聯詩書素札	시를 연결하여 흰 종이에 써서
更酌薦香醪	다시 술잔을 따라 향기로운 술을 올립니다〔忠翊〕

심선생서술沈先生叙述[44]

선생의 휘諱는 열지說之로 자字는 희도希道이며, 성은 심씨로, 대사헌 저촌樗村 선생 휘 육鋊의 아들이자, 의정부 영의정 휘 수현壽賢의 손자이다. 심씨는 진신사대부搢紳士大夫(허리띠에 홀笏을 꽂는 사대부, 조정의 고위관료) 사이에서 대단히 가법이 있다고 명성이 있었다. 매일 새벽닭이 처음 울 때면 선생은 관을 쓰고 의복을 갖춰 입고 저촌 선생에게 아침 문안을 올리고, 다시 저촌 선생을 따라서 의정부의 공소에 아침 문안을 올렸으며, 주선周旋(처사)과 좌기坐起에 용모와 기색이 모두 전훈典訓을 준칙으로 삼아서 따라 감히 조금이라도 어그러짐이 있을 수 없었다. 저촌 선생의 문에는 학자가 많이 이르러 왔는데, 독실한 효성과 지극히 순수함은 모두 선생(심열지)을 추대했다. 저촌 선생에게는 종부제 휘 박鑮이 있는데, 일찍 타계하여 자식

---

44 『초원유고』 2책에 들어 있다. 심열지(1707~1765?)는 심육(沈錥)의 차남인데, 심경현(沈景賢)을 계사한 심제현(沈齊賢, 1661~1713)의 차남 심박(沈鑮, 미상~1707)의 후사로 나갔다. 이름을 열지(悅之)로도 표기한다. 자는 희도(希道)이다. 묘는 충주(忠州) 오갑산(烏岬山) 용신곡면(龍臣谷面) 황천리(荒川里)에 썼다. 아들은 심계륜(沈啓倫)과 심혜륜(沈惠倫)이다. 심혜륜의 딸은 이충익의 외아들 이면백과 혼인했다. 심제현은 심유(沈濡, 1640~84)와 배천조씨(白川趙氏) 사이에서 나온 장자로, 심육의 백부이다. 예조판서 이언기(李彦紀)의 딸 완산이씨(完山李氏)와의 사이에서 2남 1녀를 낳았는데, 두 아들 심옥(沈鈺)과 심박(沈鑮)은 요절했다. 심옥은 심육의 장남 심인지(沈麟之)가 계사(系嗣)했다. 심박은 심제현의 둘째동생 심경현(沈景賢)의 양자로 들어갔는데, 심박에게 후사가 없었으므로 심육의 차남 심열지가 계사했다. 완산이씨가 사망한 후 심제현은 후처로 진주유씨(晉州柳氏)를 맞아들였다. 또, 측실에게서 두 아들 심석(沈錫)과 심일(沈鎰)을 두었다.

이 없었다. 과부 이부인은 편협하고 성급하며 용서가 없었는데, 저촌 선생이 선생(심열지)을 가리키며 '이 아이라야 능히 이 어머니를 섬길 수 있다'라고 하여, 선생을 후사로 나가도록 명했다. 선생은 이 부인을 섬겨 지극히 정성스럽고 두려워하는 태도로 공경하여, 구타를 당하고 매를 맞아도 선생은 더욱 공경과 애모를 다했다. 십여년을 쌓아나가니, 이 부인도 조금 위엄과 폭압이 가셨다. 선생이 일찍이 어떤 사람에게 말하길, '마음에 고단하고 생각을 다잡는 데 있어[45] 나아가고 보태지는 것이 없다면 이는 스스로 자포자기하는 것이다'라고 했다. 스스로 인내력을 시험하려고 여름날 갖옷을 껴입고 방문을 닫아걸고 지내고 겨울날 아주 추운 때에 베 홑옷을 입고 빙설 속을 가기도 했으니, 뜻을 연마하고 부지런히 힘쓰길 습관으로 삼는 것이 이렇게 고생스러웠다.[46]

저촌 선생이 타계하고 상례가 막 끝나자마자 저촌 선생의 아우 확鑊이 주살되어 죽자, 선생은 율문에 연좌되어 영남의 기장현에 유배되었는데, 얼마 되지 않아 이 부인이 댁에서 졸하시자 선생은 밤낮으로 울부짖어 통곡했다. 거처하는 곳이 습하고 협소했으나 한여름 무더위에도 질대絰帶를 끄르지 않았다. 학질을 앓기를 수십일 동안 하면서 결코 쉬거나 몸을 누인 적이 없다. 전상(부친상)과 후상(모친상)으로 최복을 걸치길 모두 8, 9년 동안 하면서, 『논어』와 『근사록』을 늘 몸에 지니고, 고을 사람으로부터 『이정역

---

45 '곤형작유(困衡作喩)'의 뜻이다. 『맹자』 「고자하(告子下)」에 "마음에 곤하고 생각을 다잡은 뒤에 분발하며 얼굴빛에 징험되고 음성에 나타난 뒤에 깨닫는다(困於心, 衡於慮而後作, 徵於色, 發於聲而後喩)"라고 한 말에서 인용했다.

46 심육은 38세에 정제두 선생을 사사하면서 「진강문답(鎭江問答)」을 남기고, 52세 되던 1736년 정제두가 서울에 왔을 때 문답을 나누었으며, 정제두가 세상을 떠나자 그의 제문을 지었다. 심육은 '태극주정(太極主靜)'에 관해 물었는데 정제두는 「태극도설」의 '이주정(而主靜)' 세 글자 뜻이 좋다고 인정했다. 심육은 54세에 주륙계와 이연평이 논한 주정(主靜) 공부에 대하여 사색해서 주자의 지경(持敬, 경의 자세를 견지함)에 동의했으나 「연평답문(延平答問)」을 읽고 수양하여 '대본미발시기상체인(大本未發時氣象體認)'을 종지로 삼았으며, 이를 이진병(李震炳)과 조진빈(趙震彬)에게 전수했다. 심육의 '미발시체인대본(未發時體認人本)' 공부는 심열지를 거쳐 이충익에게 영향을 주었을 것이다.

전』과 『주역본의』를 빌려서 밤낮으로 잠심하고 연구하여, 도를 보는 것이 밝아질수록 스스로를 다스리길 더욱 정밀하게 하여, 언행이 독실해서[47] 마치 갓 배우는 학생과도 같아서 자기 몸의 궁액을 잊었다.

나 충익을 낳아주신 선고先考(돌아가신 친아버지)도 마찬가지로 이 고을에 유배되었는데, 충익은 당시 갓 15세 나이였다. 그 고을을 왕래하면서 선생을 따르자, 선생이 사랑하고 연민하셔서 자식처럼 훈도하시고 가르쳐주셨다.[48] 서너해 만에 선생이 돌아가셨으니, 아아 마음이 아프도다!

공자의 제자 증삼曾參과 민자건閔子騫과도 같은 선생의 효행은 당시 사대부들도 능히 말을 전할 수 있을 정도였다. 늙기에 이르도록 학문을 좋아하여 조예가 고명하셨으니, 나 충익이 마땅히 알았어야 했다. 하지만 나는 어리석고 우둔하여 엿보고 헤아리는 바가 없으나, 안색과 용모에 드러나는 것은 마치 빙옥이 좌석을 비추어 어른거리고 혜초와 난초 향이 사람에게 엄습하듯 하여서, 오히려 살펴서 방불하게 알 수가 있다. 그 뒤 서너해에 나 충익이 북쪽으로 돌아와서, 지금은 늙어 흰머리가 되었지만 허랑하게 떠돌아 아무 이룬 것이 없으니, 이러한 때에 선생이 여전히 아무 탈이 없으시다면 살아 있는 자가 오히려 더욱 선생을 뵙고 느끼는 바가 있을 것이어서 이렇게 답답하고 혼몽하지는 않을 것이다.

선생께서 언젠가 심야까지 자리에 앉아계시면서 지친 모습이 없으시다가 새벽닭이 울면 곧바로 일어나서 의복을 입고 관모를 쓸 때 홀연 개연히 크게 탄식하셨다. 나 충익이 이유를 여쭙자, 선생께서는 "아이들이 집

---

47 '조조(慥慥)'는 언행이 독실한 모양이다. 『중용장구』 제13장에 "말할 때에는 행동을 돌아보고 행동할 때에는 말을 돌아보아야 하니, 군자가 어찌 독실히 하지 않겠는가(言顧行, 行顧言, 君子胡不慥慥爾)"라고 했다.

48 이충익은 기장현에 유배된 생부 이광현(李匡顯)을 모시기 위해 왔다가 심열지를 뵙고 선생으로 모셨다. 심노숭(沈魯崇, 1762~1837)이 기장현 유배 때 기록한 『남천일록(南遷日錄)』 1801년 4월 4일의 기사에, 이광현이 유배지에서 의술을 베풀고 학문에 정진하며 시를 일체 짓지 않았다는 일화를 소개했다.

에 있으면서 왕모(할머니)께 아침 인사를 드리는 것을 상상한다네"라고 하셨다. 당시 의정부인議政夫人(영의정 심수현의 후 부인 전의이씨)이 아직 생존해 계셨다. 호남에서 연말이면 식물食物을 보내왔는데, 가까스로 날마다 맞출 수 있을 정도였으나, 그 식물이 이르러 오면 곧바로 귀양지에 부쳤으므로 선생 집 자체의 생필품 조달이 양호하지 못하여 심지어 여러 날에 이르기까지 그러했지만 선생은 태연하셨다. 뒤에 연말의 식물이 와도 다시 이와 같이 했으므로 귀양 온 사람이 황공해하고 부끄럽게 여겨 지난 과실을 후회했다. 족부 후평선생後坪先生이 일찍이 나 충익에게 말씀하시길, "내가 눈 오는 속에서 홀연 희도希道(심열지)가 생각나네. 희도는 당시 검산黔山(경기도 교하군 검산리)에 있어서 얼음 덮인 강을 건너 찾아갔는데, 해가 이미 기울도록 주인은 아직 밥을 하지 않다가 잠시 후 밥을 내왔는데, 채소국과 민물새우뿐이었네. 날씨가 아주 추워 집이 냉기가 가득해서 도무지 앉아 있을 수가 없었으나 주인은 용모와 안색이 아주 성대하여, 나는 스스로는 가난을 잘 견딜 수 있다고 생각했다가 이날은 내가 여전히 기환기綺紈氣[49]가 있다고 반성했다네"라고 하셨다. 선생은 해박하셔서 통하지 않는 것이 없었으며, 때때로 저작이 있어, 억세고 옛스러워 법도가 있었으니, 그저 사달辭達[50]일 정도만이 아니다.

선생에게는 두 아들이 있는데, 막내분은 혜륜惠倫이다. 혜륜의 자字는 이호而好로, 외모가 처지고 언사가 졸렬하여 남을 능가할 수 없지만 내면의 행실은 돈독하다. 친족의 상에 몸소 시신을 염습하여 장사지낸 것이 십여 회나 되며, 멀리 영남의 끝에서부터 가까이는 수백리 거리에 이르기까지 그 고아나 과부를 위하여 연상제練祥祭와 기일제忌日祭 때에 명을 받고 달려가지 않은 적이 없어서, 항시 물집 잡힌 발을 싸매고 눈물을 뿌리기를 길

49　기환(綺紈)은 값비싼 옷을 뜻하며, 기환기는 부유한 자제의 기질로 옮길 수 있다.

50　사달(辭達)은 아름다운 수사보다는 의미를 전달하는 데 중점을 둔다는 뜻이다. 『논어』 「위영공」에서 공자가 "말은 뜻이 통하면 될 뿐이다(辭達而已矣)"라고 한 데서 온 말이다.

에서 했으니, 결코 한때도 한달이고 편안히 거처한 적이 없다. 질부姪婦가 병이 나자 의사를 찾으려고 심야에 홀로 산곡을 수십리나 가서, 맹수의 발자국이 마구 찍혀 있어도 개의치 않았다.

나 충익은 도가 쇠미한 후대에 태어난 데다가 궁핍하게 살아서 이름나고 덕 있는 분들을 알지도 못하고 참예하지도 못했지만, 그나마 선생을 섬길 수 있었던 것을 큰 행운으로 여긴다. 어릴 때 이호而好(심혜륜)와 영남에서 알게 되어 뒤에 아들(이면백)이 이호의 딸과 혼인하여 아내로 삼았으므로 이호의 어짊을 더욱 알게 되었다. 선생이 타계한 지 지금 53년이 되어, 선배들이 침체하여 거리가 멀어져서 장차 소식을 전해 듣는 것도 없게 되었다. 이호도 또한 죽고 아들이 없으니, 다시 수십년이 지나면, 이런 사람이 있었다는 것을 누가 알겠는가? 대략 서술하여 손자에게 주어, 외가에 행실 높은 분이 대대로 있어왔다는 것을 알리고, 또한 홀로 공부하여 들은 것이 거의 없는 자들을 위해 이 글에서 흠모하고 숙애淑艾[51]하는 자들이 있기를 바란다.

[참고] 이영익이 이충익에게 양명학을 비판하여 보낸 서신與虞臣[52]

'이理를 체득하고 일마다 의義를 실천함'(체리집의體理集義)이 우리들이 말

---

51 사숙(私淑)한다는 뜻이다. 『맹자』 「진심상(盡心上)」에 "군자가 가르치는 방법이 다섯가지가 있으니, 단비가 내리듯이 하는 경우가 있고, 덕을 이루게 하는 경우도 있고, 재주를 통달하게 해주는 경우도 있고, 물음에 답하는 경우도 있고, 사사로이 선으로 다스리는 경우도 있다(君子之所以敎者五, 有如時雨化之者, 有成德者, 有達財者, 有答問者, 有私淑艾者)"라고 한 데서 유래한다.

52 이영익은 왕양명의 성찰극치(省察克治)의 방도나 집의양기(集義養氣)의 설은 공리(功利)로 내달리는 폐단을 치유하는 데 유익하지만, 『전습록』에 보면 왕양명이 왕여중(王汝中)과 성증(省曾)에게 부채를 사용하라고 권하며 예절에 속박되지 말라고 충고하고 정이(程頤)에 대하여 극심한 말을 하고 증점(曾點)을 모욕한 사실은 옳지 않다고 비판했다. 이충익은 '양

하는 학문이다.[53] 먼저 사물에서 구함은 우리들이 걱정하는 말류의 폐단이다. 하지만 사물의 이치에 완심玩心하는 자는 반드시 모든 사물에 있어서 끝까지 궁구하고자 하여, 그로써 마음에 딱 지키는 바가 있고 업業에 묶이는 바가 있어 조금씩 조금씩 쌓아나가 방일함에 이르지 않거늘, 우리들은 학문이 물物에서 구할 수 없음을 알아서 마침내 사물을 소홀히 하게 된다. 이른바 마음을 구하는 자는 번번이 실제의 이理를 쌓아나가기 어렵고 광경光景이 이미 노출되어 있음을 걱정하여, 마침내 유심遊心할 바가 없기에 이르러, 도리어 시문·잡기 가운데로 내달리어 부고浮高함을 즐기고 구검拘檢을 꺼려서, 말하고 행동하고 앉고 일어서는 사이에도 자섭自攝(스스로를 다스림)할 수 없으니, 어찌 슬프지 아니한가? 계산稽山의 학이 두번 전하여 안균顔鈞이 되고 세번 전하여 이탁오李卓吾가 되니, 하늘을 없이 여기는 폐단이 구학舊學보다 심했다. 지금 우리들은 혹 안균·이탁오의 남은 발꿈치를 붙잡고 그 무너지는 물결을 방조하는 자가 아닐까? 무릇 구학을 하는 자들은 지리支離하고 구애됨이 많으나, 모두 과요誇耀하고 장식裝飾함을 잃지는 않았다. 사람들 가운데 언행이 부탄浮誕(사실과 부합하지 않고 허황됨)하기가 나와 너 같은 자가 있다는 말은 듣지 못했다. 주자가 육자정陸子

지(良知)를 미루어 뜻을 성실되게 함(致其良知, 而誠此意)'을 주장하고, 이영익은 '본말을 깨우쳐 뜻을 성실되게 함(格其本末, 而誠此意)'을 주장했다. 이영익은 그 두 주장이 신독성찰(愼獨省察)에 전념하려고 한다는 점은 같으나, 자신들의 학(學)이 빙의(憑依, 기댈 곳)가 없어 방랑(放浪)할 것을 염려했다. 이영익은 학을 '체리집의(體理集義)'로 보고, "격기본말이성차의(格其本末而誠此意)"라고 하여 수신에서 평천하에 이르는 사공(事功)에서 양지의 진성측달(眞誠惻怛)을 지녀야 한다고 주장했다. 명말 청초 안원(顔元, 1635~1704)이 육왕학(陸王學)을 하다가 30세 이후 학(學)은 사물을 떠날 수 없고 사물에서 학문을 구하자면 실습을 해야 한다고 주장했던 것과 유사하다. 이영익은 양명학의 재전 안균(顔鈞)이나 삼전 이탁오(李卓吾)[이지李贄]를 인용해 '경솔히 여기고 오만하게 구는 습벽과 자기 설을 고집 주장하는 병(輕傲之習, 主張之病)'이 있다고 지적했다. 정제두가 치양지설의 폐단이 임정종욕지환(任情從欲之患)을 초래하지 않을까 우려했던 것과 같다.

53 체리(體理)는 '구리어오심(求理於吾心)'을 주장한 왕양명의 설과 통한다. 집의(集義)에 대하여는 왕양명이 『맹자』「공손추상(公孫丑上)」의 "시집의소생자(是集義所生者), 비의습이취지야(非義襲而取之也)"에 근거를 두면서 그 자체를 치양지의 실천행위로 해석했다.

靜(육상산)의 문인을 논한 것을 읽을 때마다, 또 왕양명 문하의 말류가 한 짓을 볼 때마다, 경솔히 여기고 오만하게 구는 습벽과 자기 설을 고집 주장하는 병이 꼭 우리들의 선생이다. 어찌 해괴하지 않은가? 그대가 '양지良知를 다하여 뜻을 성실히 한다'고 말하면, 나는 '본말을 바로 하여 뜻을 성실히 한다'라고 말한다. 이것은 다 신독성찰愼獨省察의 때에 공력을 오로지 하고자 하여, 사물에서 이치를 구함을 '바깥으로 내달림〔鶩外〕'이라고 간주하는 것이다. 그 위학爲學의 이름이야 어찌 절근독실切近篤實하여 조금도 부잡浮雜한 이치가 없는 것이 아닌가? 그런데 하는 짓은, 구학의 극히 문드러진 자라 하더라도 부끄러워 할 그런 짓이다. 이를 장차 어찌 할 것인가? 이것은 진실로, 알면서도 행하지 않는 데서 비롯된다. 하지만 '지이불행知而不行'이란 네 글자가, 어찌 우리들처럼 입만 열면 지행합일을 말하는 자가 할 수 있는 짓이란 말인가? 혹, 이 학學이 과연 태쾌과첩太快過捷(너무 통쾌하고 지나치게 민첩함)의 폐단이 있어 우리들에 이르러 극도에 달한 것이란 말인가? 아니면, 그 학은 참되고 적확한데 우리들이 잘못한 것인가? 어쩌면, 우리들이 다시 물리物理를 정밀히 궁구함을 학으로 삼는다면, 혹 심신에 의거함이 있어서 이러한 방랑放浪에는 이르지 않을 것인가? 아니면 우리들의 방랑은, 피차 어찌되었든 모두 용력用力하지 않는 죄이니, 아무리 우리의 언의言議를 바꾸더라도 습기習氣는 예전과 같을 수밖에 없는 것인가? 도道란 공의(公義)된 것으로 우리 몸의 실사實事이다. 그저 말하고 듣는 때에 일설一說을 주장하여 스스로 신기新奇하려 하기만 하고 다시 헤아리지 않을 수는 없는 법이다. 그대도 마음을 넓게 가져, 하늘과 땅 사이에 똑바로 서서, 공변되게 듣고 실되게 보아서, 나와 그대의 알고도 행하지 않는 병을 고칠 수 있어서, 나에게도 미칠 수 있게 해주기 바란다. 천번 만번 살피고 생각하여, 그저 고인의 의론 중에서 이 물음을 방어할 것을 취하여 그저 예에 따라 답할 수는 없는 것이다. 만약 그처럼 할 수 있다면, 내가 비록 고루하다고는 하지만 그대의 질문을 기다릴 것도 없이 일찌감치 얼추 이 의심스런 언어에 답할 수 있었을 것이다. 월암 이광려가 일찍이 말씀하시길 "당순지唐順之[54]는 문장이 자못 능하지만, 늦게야 학문에 뜻을 두었으되 학을 듣고 실제에 이르지는 않았기에 헛되이 문장만 버렸다"고 했다. 지금 우리들이 사장詞章과 도학道學의 사이에 우유優游(넉넉하고 편안하게 지냄)함도 위기爲己·위인爲人의 사이에서 이리저리 왔다갔다 착점着點이 없어서, 하나도 성취함이 없는 것 같으니, 정말로 이른바 "소인小人임이 차라리 속 시원하지 않은가?" 그대도 이 점을 헤아리지 않을 수 있겠는가?

---

54 당순지(唐順之, 1507~60)는 명나라 문인 학자이다. 자는 응덕(應德), 호는 형천(荊川)이다. 왕신중(王愼中)·귀유광(歸有光)과 함께 가정삼대가(嘉靖三大家)로 불린다. 문집 『형천선생집(荊川先生集)』이외에, 『문편(文編)』60권, 『사찬좌편(史纂左編)』142권, 『사찬우편(史纂右編)』40권, 『무편(武編)』12권, 『패편(稗編)』120권 등 5부 저술을 남겼다.

핵심저작

심대윤

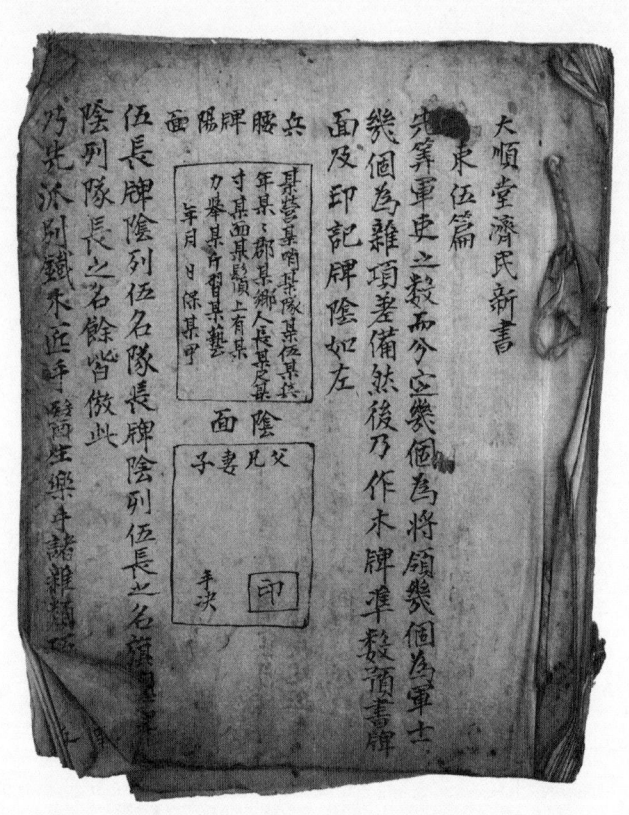

심대윤의 병법서 『대순당제민신서(大順堂濟民新書)』의 일부. 서울 역사박물관 소장 전사본.

1장
노동과 연대, 그리고 공부

목반 만든 일의 기록治木盤記[1]

예전에 나[2]의 중제 태경泰卿과 익경益卿[3]이 어머니를 모시고 안성安城 가곡佳谷에 거처했다. 당시 흉년을 만나 봉양할 길이 없었다. 마침 통영의 장인匠人이 마을에 세 들어 살면서 목반木盤 일을 하고 있었다. 태경이 간간

---

1   심대윤(沈大允) 「치목반기(治木盤記)」, 백운문초(白雲文抄) 권1, 임형택 편 『심대윤전집(沈大允全集) 1』, 성균관대 대동문화연구원 2005, 12~13면. 심대윤은 폐족(廢族)으로 생계 문제를 해결하기 위해 목반(木盤) 제조업에 종사했다.

2   심대윤의 본관은 청송, 자는 진경(晉卿), 호는 백운(白雲)·석교(石橋)·동구자(東邱子)이다. 경기도 안성 가곡(佳谷, 현 용인시 원삼면 가좌리)에서 출생했다. 본생 증조부 심악(沈鏵, 1702~55)이 처형된 이래 집안이 몰락했다. 안성읍 동리(東里)에서 아우들과 반상(盤床)을 제작하는 공방을 운영하고 약방을 운영했다. 28세에 안읍(安邑), 즉 충북 옥천의 동리에 거처를 마련하자 친구들이 동리(東里)라 불렀으나, 동리는 본생증조부 심악(沈鏵)의 호이기에 혐의로워 하자, 이원휘(李元暉)가 리(里)와 통하는 구(邱)로 글자를 바꾸어 자신의 호를 동구라 했다고 밝혔다. 정인표(鄭寅杓)의 『춘경대집(春耕臺集)』 하권에 수록된 「동구선생서술」에 따르면 심대윤의 증조부는 교관을 지낸 발(鈸)이며, 교관공의 둘째형 악은 호가 동리인데 이분이 심대윤의 본생 증조부라 했다. 정기하는 심대윤의 고제였다.

3   태경(泰卿)은 심대윤의 형제 중 셋째인 의래(宜來)이고, 익경(益卿)은 넷째인 대시(大時)이다.

이 가서 보고는 돌아와서 익경과 함께 그 제작법에 따라 목반을 만들어서 쌀과 콩으로 바꾸어 어머니를 받들었다. 이듬해 풍년이 들어서 어머니는 도로 내게 오셨고, 두 아우 또한 그 일을 그만두고 글공부를 했다. 이윽고 우리 형제들이 나이는 들어가는데도 백가지로 도모했지만 하나도 이루지 못했으므로 세로世路의 험난함에 더욱 염증이 나서, 물정物情에 응수할 의욕이 사라졌다. 하지만 어버이는 연로하고 집안은 가난한 걸 생각하여, 힘을 써서 일하여 생계를 꾸리는 일을 귀하게 여겼다.[4] 이에 아우들과 상의하여 말했다. "군자는 궁하면 비천하고 더러운 일은 할 수 있어도 의롭지 않은 일은 할 수 없다. 지금 나는 재물이 없으니 장사를 할 수 없고 밭이 없으니 농사를 지을 수 없다. 목반 만들기는 천한 일이다. 하지만 실내에서 작업하여 남에게 관여되는 바가 없으니, 농사처럼 여름 밭두둑에서 뙤약볕 아래 노출하거나 장사처럼 언덕에서 지켜보면서 시장의 이익을 노리느라 분주한 것에 비하면 더 낫다."[5]

---

4   심대윤의 종조부인 심발(沈鈸)의 생원시 합격 관련 기록을 보면 1747년 당시 심발의 거주지는 안성이었다. 심대윤은 서울 근방에 거주하다가 청소년기에 안성으로 이주한 것으로 보인다. 심대윤은 인천 계양의 삼족족형(三從族兄) 심대임(沈大臨, 1770~1830)의 기일에 「견회(遣懷)」 시를 지었는데, 아버지 심완륜(沈完倫)이 14세 때인 1791년에 남쪽에서 상경하여 심무지(沈戊之, 1748~83)의 양자로 들어가, 조카뻘이지만 여덟살 연상인 심대임에게 의지했다고 밝혔다. 심완륜은 19년간 심대임과 한 집에서 살았고 분가 후에도 가까이 살았다. 이 사실을 보면 심대윤도 어릴 적에는 아버지를 따라 서울에서 지냈을 것이다.

5   심대윤은 제자 류영건(柳榮建)에게 보낸 서찰(「여류군하원서與柳君夏元書」)에서 28세 때 이래 노동을 통해 가족의 생계를 해결하고 폐족의 장손으로서 책임을 다할 수 있었던 것을 자부했다. 1842년 4월 '반장(返葬)을 마친' 이후, 유영건이 세상을 떠난 1843년에 보낸 서찰이다. 심대윤은 그 서찰에서 "만약 부모형제가 얼어 죽을 지경이고 굶어 죽을 지경인데도 구하려고 하지 않고 병들어도 보살피지 않으며, 자녀를 혼인시킬 때를 놓치고 제사를 지내지 못하여 금수(禽獸)랑 똑같이 살아가면서 도리어 고상한 의론을 펼치기를 좋아하여 스스로 안빈낙도(安貧樂道)라고 여기는 자가 있다면, 저는 사람의 마음이 아니요 간특한 짓이라고 생각합니다"라고 말했다. 그리고 "이윤(伊尹)은 정(鼎)과 조(俎)를 짊어지고 탕왕에게 갔으며 여상(呂尙, 태공망太公望)은 본래 소를 잡아 팔았고, 백리해(百里奚)는 난을 피하여 진(秦)에서 소를 쳤으며 공손홍(公孫弘)은 벼슬하기 전에 돼지를 길렀고, 엄군평(嚴君平, 엄준嚴遵)은 촉(蜀)의 성도(成都)에서 점을 쳤으며 사마계주(司馬季主)는 한(漢)나라 때 저자에서 시초(蓍草)점을 쳤고 사마장경(司馬長卿, 사마상여司馬相如)은 주막에서 그릇을 닦았

이에 태경은 가곡佳谷에 처자식을 남겨두고 자신은 나를 따라 읍내로 들어와서 익경과 함께 한 집에 거처하면서 공방의 일을 일으켰다. 태경이 가장 잘 만들었고 익경이 다음이었다. 나는 잘하지 못하여 곁에 앉아서 쉬운 일을 택하여 거들었다. 장인 일은 근력筋力이 고되지만 마음은 한가하여, 일이 없을 때면 경사經史를 토론하며 정의精義를 강론했다. 천지와 인간과 만물의 존재 이유, 고금古今 치란治亂의 원인, 시속時俗의 인정물태人情物態와 흥망 동향, 사리事理의 단서와 화복禍福으로부터, 아래로는 온갖 기예와 해외의 기이한 견문에 이르기까지 무릇 신지神智를 갈고닦고 심령心靈을 계발할 수 있는 것들이 출입하고 종횡해서 변화하여 끝이 없으며, 해학과 골계를 곁들여 기쁨과 웃음을 보조하니 흔연히 즐거워서 피곤한 줄을 몰랐다. 어머니도 이 때문에 기뻐하셔서 술지게미를 사다가 박주薄酒를 걸러 주시니 날마다 마시는 것이 일상이 되었다.

나는 말했다.

"숨어 살며 뜻을 이루고 힘을 다하여 어버이를 봉양하니 어질도다! 어질다면 비천하고 욕된다고 무어 해가 되랴? 나는 평소에 정신과 육신을 수고롭게 하여 세상을 구제한 공로가 털끝만큼도 없는데 뱃속에 곡식을 채우고 몸에 비단실 옷을 걸친 지 사십년이라서, 항상 안절부절 부끄럽고 겸연쩍어 스스로 천지간의 한 도둑일 뿐이라고 여겨왔을 뿐이다가, 두 아우를 얻어 이 일을 하니 내 마음이 조금 편안해져 부끄러움이 없다. 대저 일이란 크건 작건 간에 자기 힘을 다하여 그 공으로 먹고 사는 것을 귀하게 여기는 것은 마찬가지다."

아우 익경은 이렇게 말했다.

으며, 도연명(陶淵明)은 「걸식(乞食)」 시를 보면 걸식한 일이 있었고 후한의 일민(逸民) 한 강(韓康)은 약을 팔아 살았으며, 서유(徐穉)는 거울을 닦는 일로 돈을 벌었고 후한의 왕군공 (王君公)은 소를 파는 거간꾼 노릇을 했으며 당나라 주도추(朱桃椎)는 짚신을 삼아서 살았습니다"라고 했다.

"사물의 귀천은 일정함이 없어서 때에 따라 귀할 때는 귀하고 천할 때는 천한 법이지요. 선비는 옛날엔 귀하게 여겨졌는데 이제는 천하게 여기니, 장인匠人도 지금은 천하게 여기지만 후세에는 귀하게 여기지 않을 줄 어찌 알겠어요? 선비와 장인은 모두 지금 천하게 여기는데, 우리는 이 둘을 겸하고 있습니다만, 사물은 천함이 극에 달하면 도리어 귀하게 되는 법이니 어찌 근심하겠어요?"

태경은 이렇게 말했다.

"『시경』「위풍衛風 고반考槃」에 '시냇가에서 고반考槃하니, 석인碩人의 마음이 넉넉하도다〔考槃在澗, 碩人之寬〕'라고 했지요. 풀이하는 이는 '고考는 치다〔擊〕요 반槃은 악기이다'6라고 했습니다만 고考가 '치다'의 뜻인 것은 다른 책에 보이지 않고요, 반槃은 대야 등속으로 물과 음식을 담는 것이지 두드려서 노래에 반주할 수 있는 게 아닙니다. '고考'는 공인工人이 일을 이룬다〔成〕는 뜻이니, 『춘추』의 '고궁考宮'7이니 『주관周官』의 '고공考工'8 이 이것입니다. 이는 모두 주나라 말엽에도 은둔한 사람이 반槃 만들기를 업으로 삼기를 우리 형제와 같이 한 것으로,9 석인碩人이 되기에 해가 되지 않았거늘 그 천함이 어디 있습니까? 저는 오늘날 귀하다는 것이 귀한 줄

---

6   『시경』에 주석을 단 한나라 모씨(毛氏)의 전(傳)은 '고반'에 대해 고(考)는 성(成), 반(槃)은 악(樂)이라고 풀이했다. 주희의 『시집전』도 고(考)는 모씨와 마찬가지로 성(成)이라 하되, 반(槃)은 반환(盤桓)의 뜻이라고 보았다. 고(考)를 격(擊)으로 풀이한 주석이 별도로 있는 지는 알 수 없다.

7   『춘추좌씨전』은공 5년에 "중자의 사당이 완성되었다〔考仲子之宮〕"라는 말이 나온다.

8   『주례』동관(冬官)에 「고공기(考工記)」가 있다.

9   심대윤은 「집이 가난해서 노모를 봉양할 길이 없기에 우리 형제가 함께 목반을 만들어 팔아서 먹고살 계책으로 삼았다. 봄 내내 두문불출하고 부지런히 일하느라 꽃 구경하며 놀 겨를이 없었다. 이에 감회가 있어 시 두 수를 짓는다(家貧無以養, 兄弟共作木盤, 賣之以爲朝夕之具. 三春閉門疾作, 未暇遊賞花柳, 感而作二首)」에 "내가 지은 「목반 만든 일의 기록」에서 주시(周詩)의 '석인고반(碩人考盤)'을 두고 '반장(盤匠)'으로 해석했기에 언급한 것이다(余所作「木盤記」, 以周詩 '碩人考盤' 謂爲盤匠, 故及之)"라는 자주(自注)를 달았다. 심의래의 「고반」해석을 자신의 시 해석으로 삼은 것이다.

모르겠는데 천하다고 하는 것이 천한 줄을 또 어찌 알겠습니까?"

이에 서로 환하게 바라보며 웃고는 마침내 이 일을 기록하여 후인後人에게 남긴다.

소반을 만드는 도구는 삼십여가지로 날카로운 도구와 둔한 도구가 각각 쓰임새가 다르다. 소반 하나는 값이 육십전錢 내지 칠십전이며, 하루 일을 하면 1백전의 이익을 얻을 수 있는데, 부지런하냐 게으르냐에 따라 결과가 다르다.

인도人道[10]

무릇 사람의 도道란 다른 것이 아니라 화해禍害를 버리고 복리福利로 나아가는 것일 따름이다. 학문이란 다른 것이 아니라 이해利害와 화복禍福의 연고를 밝혀서 좇거나 피하는 것일 따름이다. 군자란 다른 것이 아니라 복리와 화해의 연유에 밝아서 잘 좇거나 피하기를 잘하는 것일 따름이다. 이른바 선도善道와 패도悖道, 길덕吉德과 흉덕凶德, 군자君子와 소인小人이라 하는 것은 다른 것이 아니라 복리에 이르게 하거나 화해에 이르게 하는 것일 따름이다. 천인의 도는 화복·이해의 바깥에 다른 일이 없다. 천인의 도를 화복·이해의 바깥에서 구하려고 하는 것은 비유하자면 씹는 시늉만 하면서 배부르기를 바라고 갖옷을 버리고 따뜻하기를 구하는 것과 마찬가지이니, 종신토록 헛말만 하고 실제 소득이 없음을 나는 볼 따름이다.

무릇 사람은 추위와 배고픔에 몰리면 다른 사람에게 구할 줄 알고, 질병

---

10 구세(救世)의 뜻에서 작성한 7편의 마지막이다. 심대윤은 구세의 뜻에서 「붕당론(朋黨論)」 「험실편(驗實篇)」 「선악일본론(善惡一本論)」 「식계(食戒)」 「권설(權說)」 「풍속론(風俗論)」 「인도(人道)」의 7편을 작성했다. 이 글들은 끝에 '오호(嗚呼)'라는 어휘를 많이 사용해서, '오호가(嗚呼歌)'에 견줄 '오호문'이라고 부를 만하다.

이나 작은 연고가 생기면 천리를 멀다 않고 양식을 품고 가서 의원과 점복에게 묻는다. 그러나 인도의 화복·이해라는 대단한 문제의 경우에는 남에게 묻기를 부끄러워하여 도 있는 사람에게 나아가 질정하려고 하지 않는다. 이것이 이른바 손가락 하나는 아낄 줄 알면서 몸 전체는 생각하지 않고,[11] 목전의 일만 알고 평생에 대해서는 캄캄하다는 것이다.

그런데 점 잘 치는 점쟁이와 관상 잘 보는 관상쟁이는 화복·이해의 장차 상황은 잘 알면서도 그렇게 되는 이유는 모르기 때문에 복리를 좇거나 화해를 피하는 방법을 알지 못한다. 어떻게 되는지 물어보아도 복리·화해의 실제는 더하지도 덜하지도 못한다. 그런데도 사람들은 다투어 묻는데, 유독 군자에게는 물을 줄 모른다. 이것은 고기에 대해 말하기는 좋아하면서 먹을 줄은 모르고, 병에 대해 묻기를 좋아하면서 약을 먹을 줄 모르는 것이다.

『논어』「계씨季氏」에서 공자는 "군자에게는 세가지 두려움이 있다. 천명이 두렵고 대인이 두렵고 성인 말씀이 두렵다"라고 했다. 천명은 순응하면 창성하고 거역하면 망하게 되며, 대인이 옳다고 여기는 것은 이루어지고 그르다고 여기는 것은 실패하며, 성인의 말씀은 따르면 길하고 어기면 흉하므로, 그래서 두려워하는 것이다. 요즘 사람들은 어찌해서 화해를 즐겨하고 복리를 싫어하여 저 세가지 두려움을 두려워할 줄 모른단 말인가?

무릇 초목은 무성함을 좋아하고 시드는 것을 싫어하며, 금수는 화를 두려워하고 이로움을 좇는데, 어찌하여 사람은 그만 못하단 말인가? 사람처럼 만물의 영장이면서 이와 같이 어리석고 어두운 것은 환난을 배우지 않는 데 있다. 사람은 태어나면서부터 성인인 법은 없으니, 필히 배움에 힘입어 알아나가야 한다.

전傳(『국어』「진어晉語」)에 "사람은 세 사람의 은혜로 살아가니 섬기기를 한결같이 해야 한다"라고 했다. 무릇 스승이 임금이나 어버지와 함께 나란

---

11   『맹자』「고자상(告子上)」에 "손가락 하나를 보살피느라 어깨와 등을 잃게 되었는데도 모른다면, 이는 경중을 돌아보지 못하는 사람이다"라고 했다.

히 일컬어지는 것은 복리·화해의 원인과 연고를 밝혀주어 사람이 좇아가거나 회피하도록 해주기 때문이다. 아버지가 아니면 태어나지 못하고 임금이 아니면 먹고살지 못하며【이는 신하의 입장에서 말한 것이다】스승이 아니면 존립할 수 없다. 그러므로 존중하기를 하나같이 한다. 아아! 오늘날의 스승은 스승 노릇을 하는가? 스승 노릇을 하는가? 오늘날의 학자는 제대로 배우는가? 제대로 배우는가?

식계食戒[12]

음식이란 이利의 근본이요 이利란 태어나 길러지는 원천이다.【'색色'이란 '식食'의 짝이고 '명名'이란 이利의 아들이므로 따로 드러내 거론하지 않는다.】사람이 욕망하는 바는 이보다 큰 것이 없고, 하늘이 보물로 여기는 것은 이보다 중한 것이 없다. 천지의 사이에 가득 찬 것은 오직 이것이로다! 음식이 없으면 '이'가 없고 '이'가 없으면 태어나 길러지는 일이 없으며 태어나 길러지는 일이 없으면 만물이 없고 만물이 없으면 천지도 없다.

사람이 함께 욕망하는 것이어서 홀로 얻을 수는 없다. 홀로 얻으면 사람들이 반드시 다툰다. 하늘이 아끼고 보배로 삼는 것이라서 치우치게 많을 수가 없다. 치우치게 많으면 하늘이 필시 형벌을 내린다. 그러므로 '이'는 공평하지 않으면 오래도록 보존할 수가 없다. 음식은 절제하지 않으면 길이 얻을 수가 없다. '이'를 공평하게 하는 것이 바로 '이'를 보존하는 방도이다. 음식을 절제하는 것이 바로 음식을 얻는 방도이다.

무릇 사람의 삶과 죽음, 흥기와 쇠망은 서로 다른 일이 아니다. 이것으로

---

12   『백운문초(白雲文抄)』 권2 수록.

사는 자는 이것으로 죽으니, 음식을 두고 말하는 것이 아니겠는가? 이것으로 흥기하는 자는 이것으로 쇠망하니, '이'를 두고 말하는 것이 아니겠는가? 그러므로 구하지 않을 수 없고, 또 경계하지 않을 수 없다.

사람이 태어날 때는 지니고 오지 않고 죽어갈 때는 지니고 가지 않는다. 본디 자기의 소유가 아니라 천지에서 잠시 빌리고 인간 세상에서 취할 따름이니, 만족을 재단하여 자기가 수급하는 것이 옳다. 어찌 남은 축적이 있겠는가? 남에게 쌓여 있거나 나에게 쌓여 있거나 자기의 소유가 아니란 점은 같다. 진실로 내가 하려는 바가 하늘에 순응하고 인사에 합당하면, 하늘이 항상 빌려주고 사람이 항상 줄 것이니, 얻지 못할 것을 무어 근심하랴? 하늘에 거역하고 사람을 위배하면 비록 저축하여 천하를 다 채운다고 하여도 하루 아침도 소유할 수 없거늘 무엇을 의뢰하겠는가? 이에 곳간을 곳간으로 삼는 것은 천하를 곳간으로 삼는 것만 못함을 알 수 있다. 그러므로 '이'는 사람들에게 공평하게 하지 않을 수 없고 음식은 자기 자신에게 절제하지 않을 수 없다.

음식이란 '이'의 근본이자 백성들의 생명이다. 그러므로 사람에게 더욱 절실하여 하늘이 특히 아끼는 바이다. 그렇기에 앞 시대를 두루 살펴보면, 음식의 사치를 극도로 하여 남은 복을 아끼지 않은 자는 으레 갑작스러운 전복과 멸망이 들이닥쳤다.

무릇 음식을 절제하지 않으면 그 환난이 열가지이다.

재물 탕진을 무한히 하여 천하를 다 기울여서도 수급할 수 없어, 마치 깨진 독에 강물과 바닷물을 채우고 끓는 솥에 서리와 눈을 붓는 것과 유사해지니, 이것이 첫번째이다. 음식은 좋고 나쁘고 모두 인간의 생명에 관계되는데, 이것저것 가려서 취하고 버리고 하여 크게 복의 기운이 아주 없어지니, 이것이 두번째이다. 음식이란 정해진 맛이 없으니, 배 고프면 맛있고 배 부르면 맛이 없다. 푸성귀나 먹는 자의 푸성귀와 고기 쌀밥 먹는 자의 고기 쌀밥은 제 입맛에 맞는다는 점은 마찬가지이다. 맛을 더하는데 아무 보탬이 없으면서 그저 축내기만 하게 되니, 이것이 세번째이다.

입맛은 마음에서 생기니, 마음이 편안하면 달고 마음에 만족스럽지 않으면 달지 않다. 욕심은 한이 없어 만족스럽지 않을수록 더욱 맛이 없어지니, 이것이 네번째이다. 입맛도 음식에 따라 바뀐다. 지게미와 쌀겨를 늘 먹는 자는 지게미와 쌀겨처럼 맛있는 것이 없다가도 한번 쌀밥과 고기를 얻게 되면 지게미와 쌀겨가 맛이 나쁘다는 것을 비로소 알게 된다. 쌀밥과 고기도 오래 먹다 보면 차츰 그 역시 맛이 못할 수 있어서, 음식에 사치 부리기를 끝없이 하니, 맛 또한 그에 따라 박해지니, 이것이 다섯번째이다. 젊어서 지나치게 기름지고 달게 먹다가 늙고 병들어 더 잘 먹을 수 없게 되면 보양할 수 없게 되니, 이것이 여섯번째이다.

기름진 음식과 작약芍藥[13]은 기혈을 막고 습하게 만들어서 근육을 허약하게 하고 창자를 썩게 하여 걸핏하면 질병을 일으키니, 이것이 일곱번째이다. 자기 몸 봉양에는 후하게 하고 은택을 남에게 적셔주지 않으면, 양갱복국羊羹覆國,[14] 원팽시군黿烹弑君,[15] 간후미건乾餱微愆[16] 등의 사례처럼 앙화殃禍를 산처럼 불러들이게 되니, 이것이 여덟번째이다. 밥상에 쌓고 식

---

13 모란을 말하는데, 여기서는 보혈(補血)을 위한 탕약을 말한다. 보약인 사물탕(四物湯)은 숙지황(熟地黃), 백작약(白芍藥), 천궁(川芎), 당귀(當歸)를 달여서 만든다.

14 중산(中山)의 임금이 잔치를 베풀 때, 사마(司馬)인 자기(子期)도 한자리에 있었는데 돌리던 양갱이 자기에게까지 미치지 못하자 자기는 화가 나 그 길로 초(楚)로 달려가서 초왕을 설득하여 중산을 정벌하게 하여 결국 망하게 만들었다. 『전국책(戰國策)』「중산책(中山策)」과 『춘추좌씨전』 선공(宣公) 2년에 나온다.

15 『춘추좌씨전』 선공(宣公) 4년 조에 보면 초(楚)나라 사람이 정 영공(鄭靈公)에게 자라를 드리자, 공자 송(宋)의 식지(食指)가 움직이니, 공자 송은 '다른 날에 내가 손가락이 이러하면 반드시 진미를 먹게 된다' 했다. 영공이 대부들에게 자라를 나누어 먹이면서 공자 송에게는 주지 않자, 공자 송이 노하여 솥에 손가락을 담가 맛보고 나갔다. 정 영공은 그를 죽이려 했으나, 공자 송이 반격을 가해 정 영공을 시해했다. 공자 송은 정 영공의 아우 정 양공을 보위에 올렸으나 정 양공은 오히려 공자 거질(去疾)을 시켜 공자 송을 죽였다.

16 『시경』「소아(小雅) 벌목(伐木)」은 붕우와 친지를 불러 잔치를 열어주는 악가인데, "사람들이 덕을 잃는 것은, 마른밥 때문에 허물이 생긴다네. 술이 있거든 내 술을 거를 것이며, 술이 없으면 내 사올 것이네(民之失德, 乾餱以愆. 有酒湑我, 無酒酤我)"라고 했다.

탁에 채워, 비단처럼 나열하고 언덕처럼 쌓아두고 마실 때 술잔을 다 비우지도 않고 먹을 때 젓가락을 대지 않으면서 죽을힘을 다해 경영하고 준비하지만 한갓 비복婢僕들의 입을 물릴 정도로 만드니, 이것이 아홉번째이다. 입으로 먹고 마셔서 배를 채우느라[17] 염치를 다 잃어 사람들에게 천하게 여기는 바가 되니, 이것이 열번째이다.

　무릇 음식에는 좋은 것과 나쁜 것이 없으니, 목구멍으로 내려가 배를 채우기는 한가지이다. 입에는 귀한 것과 천한 것이 없으니 저녁 늦게 먹으면 고기처럼 맛있기는 한가지이다. 그러므로 군자가 마음을 다스림에 있어서는 필히 식색食色의 문제로부터 시작하되, 식색에 마음이 사로잡히지 않아야 바야흐로 더불어 의론할 것이 있을 수 있다. 『시경』「형문衡門」에 "고기를 먹음에 어찌 꼭 하수河水의 방어魴魚(편어鯿魚)를 먹어야겠으며, 아내를 얻음에 어찌 꼭 제나라의 강씨姜氏라야 하랴?"라고 했다. 나는 이 구절을 반복해 외워 도를 이해하고 있음을 음미하지 않은 적이 없다. 아아! '오늘날 사람들은 어찌하여 시를 배우지 않는가?'[18]

꿈풀이占夢

　갑인년(1854) 유월 어느 날 저녁, 꿈에 신神이 나를 보고 '이해利害!'라 불러주고는 말을 끝내지 않고 가버렸다. 깨어나 스스로 점을 쳐보니 '대길大吉'이라고 나왔다.

　무릇 천도는 순전히 이롭기만 하고 해는 없이 길한 경우는 없으며, 또

17　『맹자』「이루상(離婁上)」에 악정자(樂正子)가 제왕(齊王)의 총신(寵臣) 왕환(王驩)을 따라 맹자에게 오자, 맹자가 "그대가 자오를 따라온 것은 한갓 먹고 마시기 위한 것이다. 나는 그대가 고인의 도를 배웠으면서 먹고 마시는 것에 힘쓰리라고는 생각하지 못했다"라고 했다.

18　『논어』「양화(陽貨)」에서 공자가 제자들에게 왜 시를 배우지 않느냐고 한 말을 끌어왔다.

완전히 해롭기만 하고 이롭지 않아 흉한 경우도 있지 않다. 순전히 이롭고 해가 없는 경우에는 후에 반드시 완전한 해가 있으며, 완전히 해로워서 이로움이 없는 경우는 망한다. 이런 까닭에 만족한 상태가 가득 차기 바라고 욕망이 쾌락의 극도를 추구하면 장차 망할 징조이다.

하늘에는 음과 양, 추위와 더위, 어둠과 밝음이 서로 엇갈려 진행하며, 지상에는 높고 낮음, 넓고 좁음, 평탄하고 험악함이 서로 뒤섞여 배열되어 있으니, 이는 만세토록 무궁하다. 이로움도 한때이고 해로움도 한때이니, 이해란 만세토록 무궁하다. 그래서 『예기』 「단궁檀弓」에 보면 새 집을 짓자 "여기서 노래하고 여기서 곡한다"라고 한 말을 옛날 사람들이 훌륭한 송축頌祝이라고 했다.[19] 군자는 한때 해害를 보더라도 해롭다고 이利를 잃지 않으며, 한때 이를 보더라도 이롭다고 해를 잊지 않았다. 그래서 이와 해가 나란히 양립할 수 있었다. 신神은 나에게 마음을 두었으리라! 그래서 '대길'이라 했다.

어떤 객이 나를 위해 풀이했다.

"유독 이利와 해害가 치우쳐서 재앙이 있는 것만이 아니요, 또한 안과 밖의 구분이 있다. 세상에는 방과 집, 수레와 옷이 눈에 부시고 술과 음식이 흘러 넘치듯 하고 권세의 불꽃이 휘황하여 번갯불이 빛나고 우레가 진동하듯 하더라도, 만약 부모·형제·처자의 육친六親이 화목하지 못하고 심성心性이 서로 이반되어 날마다 자기도 깨닫지 못하고 나날이 함정 속으로 빠져들어가니, 이것은 바깥은 이롭지만 안으로는 해로운 경우이다. 군자는 고단하고 궁핍하며 억눌리고 막히며 배척받아 버려지더라도 인仁과 의義로 뿌리를 배양하고 덕과 겸양으로 기반을 두터이 하며 진원眞元(참다운

---

19   춘추시대 진(晉)나라 대부(大夫) 조무(趙武)가 저택을 준공했을 때 다른 대부들이 그의 집에 가서 축하를 했는데, 장로(張老)가 송축하는 말을 잘하고 주인 조무가 "무(武)가 여기에서 음악을 연주하고, 여기에서 곡(哭)한다"라고 답사를 했다. 군자(君子)가 이 일을 두고 "장로는 송축하는 말을 잘했고, 조무는 기도하는 말을 잘했다(善頌善禱)"라고 논평했다. 『예기』 「단궁하(檀弓下)」 참조.

기운)으로 원천을 자양滋養한다. 비유하자면 가을에 나무가 잎이 다 떨어져도 진액이 그 뱃속에 응결되어 있으니, 이것은 바깥은 해롭지만 안은 이로운 경우이다.

때를 얻어도 자신의 욕망을 다하려 하지 않고 때를 잃어도 자신의 지키는 바를 잃지 않아, 이로움과 해로움이 한쪽으로 치우치지 않도록 해서 해로움은 항상 밖에 있고 이로움은 항상 안에 있어 이로움이 주가 되고 해로움은 객이 되게 한다. 그러므로 해는 해가 될 수 없고 이는 항상 이로움이 된다. 선생은 아마도 이를 안으로 하고 해를 바깥으로 하는 분이 아니겠는가! 그래서 신神이 '이해!'라고 했던 것이다. 만약 해를 안으로 하고 이를 바깥으로 한다면 듣다면 '해리害利'라 말했지, '이해'라 말하지 않았을 것이다."

나는 두번 절하고 말했다.

"신이 나에게 내려주심이 크도다! 그대가 나를 신임하심이 무겁도다! 부디 책策[20]에 써두고 힘써 행하기를 잊지 않아, 애오라지 신에 대한 부끄러움을 면하고 그대의 말씀이 미덥도록 하겠습니다."

꿈풀이占夢, 둘째 글. 주세周世[21]를 위해 작성함又一首, 爲周世出

예전 꿈에 신인神人이 동방東方 방문 밖에 서서 나를 보고 빠르게 소리치기를 '이해利害'라 하더니 어둠 속으로 사라졌다. 꿈에서 깨어나 논했다.

---

20 경책(警策)이란 말이다. 본래 불교에서 좌선하는 수행자가 자세를 바로잡기 위해 사용하는 기구로, 장척(長尺)이라고도 한다. 여기서는 실제로 장척(경책)에 글을 쓴다는 뜻이 아니라 늘 마음에 새겨두라는 뜻에서 비유적으로 말했다.

21 주세는 정기우(鄭基雨)의 자(字)이다. 정윤용(鄭允容)의 아들로, 정만조(鄭萬朝)의 아버지이다. 『운재유고(雲齋遺稿)』 2책 연인본(鉛印本)이 1918년(무오) 간행되었다. 남사는 1860년대 후반에 소론계 문인들인 홍기주(洪岐周), 이중하(李重夏), 정기우(鄭基雨), 이건

"내 나이 49세에 이르도록 평생 겪은 풍상이며 가난[22]은 열 손가락으로 이루다 헤아릴 수 없다. 대개 눈살을 펴고 웃었던 일은 적다. 흰 살쩍은 이미 쌓였고 몸의 병이 깊은 데다가, 몸은 처자식의 봉양이 없고 생계는 날로 결핍하니, 명이 궁하여 죽으리란 것을 스스로 안다. 해害라면 있지만 이利라면 있지 않거늘 신이 무슨 상서를 보이랴?"

객이 앉아 있다가 말했다.

"선생은 비록 평생 곤궁하지만 남에게 해를 끼치지 않고 시비도 미치지 않았으며 책을 끌어안고 스스로 즐겨 몸도 편안하고 마음도 화평하여 안색을 보면 항상 태평한 듯합니다. 세상에서 부귀하여 향락을 누리면서도 얻는 것을 욕심 부리고 잃을 것을 걱정하여 몸과 마음이 하루도 무사할 날이 없는 사람들과 비교해보면 역시 너무도 거리가 멉니다. 만약에 산반算盤(주판珠板)으로 더하고 빼고 나누고 곱하기를 해본다면 선생의 얻은 바와 잃은 바는 대체로 반반이라 할 것입니다. 신이 '이해'라고 말한 것이 이것이 아니겠습니까?"

또 어떤 사람이 웃으며 말했다.

"이것은 선생에게 있어 이로울 것이 못됩니다. 선생은 비록 평생을 곤궁하지만 연구를 하면 곧 법이 되어 후세에 베풀어서 이름이 하늘과 땅을 덮을 것이라, 세상의 밥 한 그릇, 고기 한 접시를 구하다가 홀연 사라져서 초목금수와 다름없는 자들과 비교하면 어떻습니까? 이는 군자의 큰 이로움

창(李建昌)이 서울의 남산 북쪽 회현동의 남촌(南村) 지역을 거점으로 결성했다. 30여명으로 출발한 시사에는 강위(姜瑋), 이건승(李建昇), 정범조(鄭範朝), 여규형(呂圭亨), 이남규(李南珪), 이기(李琦), 김택영(金澤榮), 황현(黃玹), 이근수(李根洙) 등 조선 말기 시문의 대가들이 참여했다. 시사는 30여년 이상 활발하게 활동했고, 주요 동인이 사망한 광무 연간 이후에도 지속되었다. 일제강점기를 전후하여 친일(親日)과 반일(反日)로 분화되어 따로 시사활동을 했다. 그 후예 중의 한 사람이 위당 정인보(爲堂 鄭寅普)이다.

22 원문의 '제염(虀鹽)'은 나물과 소금을 뜻하며, 청빈한 생활을 비유한다. 한유(韓愈)의 「송궁문(送窮文)」에 "태학에서 4년을 공부하는 동안 아침에는 절인 채소를 먹고 저녁에는 소금을 먹었다(太學四年, 朝虀暮鹽)"라고 한 데서 유래한다.

〔大利〕으로, 보통 사람으로서는 가질 수 없는 바입니다. 신의 뜻은 대개 한 때의 부귀로 이로움을 삼지 않고 만세의 아름다운 이름으로 이로움을 삼으리라는 것입니다."

또 다른 한 사람이 웃으며 말했다.

"'초나라 사람에게 잘못이 있으나 제나라 사람도 옳다고 할 수 없다'[23]는 말이 있습니다. 이는 선생이 본디 가지고 있는 바이니, 어찌 신이 고해주길 기다릴 것이 있겠습니까? 무릇 바른 도가 아니면서도 복이 있는 것은 하늘이 장차 재앙을 주고, 까닭 없이 곤궁한 것은 하늘이 장차 창성하게 합니다. 선생의 도는 곤궁할 까닭이 없는데 곤궁한 것은 끝까지 곤궁할 것이 아니요, 아마도 하늘이 장차 어려운 일을 맡기려고 먼저 마음을 격동시키고 인내심을 기르게 하는〔動心忍性〕 것입니다.[24] 무릇 신이 미래를 알려주고 과거를 추적하지 않으며, 은미한 조짐을 보이고 이미 드러난 일을 되풀이하지 않는 것은 대개 장차 맡길 임무가 중하기 때문입니다. 그렇기 때문에 '이해'라고 이른 것이니, 신의 뜻은 실로 여기에 있습니다."

나 또한 따라서 웃으며 말했다.

"세 분의 말씀은 모두 의미가 있지만 실정에는 절실하지 못합니다. 무릇 이해라는 것은 인도人道입니다. 나는 평소 이해를 말했지만 실행하지 못했으니, 신이 나를 사람이 되어 힘써 행하도록 면려한 것이 아니겠습니까?

---

23 사마상여(司馬相如)의 「상림부(上林賦)」에 보면, 초나라 자허(子虛)가 제나라에 사신으로 가자 제나라 임금이 사냥 대회를 열었는데, 자허가 초나라 사냥을 자랑하여 기를 꺾자, 오유(烏有) 선생이 제나라 왕의 선의를 무시했다고 자허를 꾸짖고 제나라도 훌륭한 사냥터와 물산이 있다고 말했다. 그러자 무시공(無是公)이 '초나라 사람에게 잘못이 있으나 제나라 사람도 옳다고 할 수 없다(楚則失矣, 齊亦未爲得也)'라고 했다.

24 『맹자』 「고자하(告子下)」에 "하늘이 사람에게 큰 사명을 내리려 할 때에는, 반드시 먼저 그의 마음과 뜻을 고통스럽게 하고, 그의 힘줄과 뼈를 수고롭게 하며, 그의 육체를 굶주리게 하고, 그의 몸을 궁핍하게 하여, 그가 행하는 일마다 어긋나서 이루지 못하게 하니, 이는 그의 마음을 격동시키고 그의 성질을 굳게 참고 버티도록 하여 그가 잘하지 못했던 일을 더욱 잘 할 수 있게 해주기 위함이다(天將降大任於是人也, 必先苦其心志, 勞其筋骨, 餓其體膚, 空乏其身, 行拂亂其所爲, 所以動心忍性, 增益其所不能)"라고 했다.

신이란 상성象成[25]이요, 동방東方이란 양이 발동하여 처음 봄이 오는 곳이며, 문 밖에 서 있는 것은 나가려고 함이요, 빠르게 소리친 것은 경고해서 깨우치려 함입니다. 나는 오직 인도를 행할 줄 알 따름이요, 신 또한 인도로 나를 권면했을 따름입니다. 어찌하여 세분은 어지럽게 얻고 잃는 것으로 풀이를 하십니까? 『장자』「제물론」에는 꿈속에서 꿈을 점친 말이 있습니다. 세분이 꿈을 점치는 것 또한 꿈과 같으며, 나 홀로 크게 깨어난 자입니다."

이에 나는 세분과 함께 껄껄 웃었다. 드디어 글로 써서 해몽의 징험으로 삼고자 한다.

자기를 우선하고 남을 뒤로해야 하지 않느냐는 물음에 답하는 글先己後人對[26]

어떤 사람이 이 비루한 사람을 보고 따졌다.

"무릇 자기를 먼저하고 남을 뒤로하는 것은 사람의 지극한 정〔至情〕이다. 그런데 남을 우선하고 자신을 뒤로한다는 자는 아주 간사하여 행실을

---

25 상성은 성공을 형상한다는 말이다. 『예기』「악기(樂記)」에 보면 공자가 빈무가(賓牟賈)에게 "앉거라! 내 너에게 말해주겠다. 악은 성공을 형상한 것이니, 방패를 잡고 산처럼 우뚝이 서 있는 것은 무왕이 제후를 기다린 일을 형상한 것이고, 손과 발을 세차게 놀려서 땅을 밟고 뛰기를 맹렬히 하는 것은 태공의 위무(威武)를 떨치는 뜻을 형상한 것이고, 「무」가 끝날 때에 모두 무릎 꿇고 앉는 것은 주공(周公)과 소공(召公)의 문덕(文德)의 다스림을 형상한 것이다(居, 吾語汝. 大樂者, 象成者也. 總干而山立, 武王之事也; 發揚踏厲, 太公之志也;「武」亂皆坐, 周, 召之治也)"라고 했다.

26 심대윤은 공리(公利) 추구의 걸림돌이 될 수 있는 나와 남의 선후 문제에 대해 남을 이롭게 하는 것이 결국은 자신을 이롭게 하는 것이라는 점을 입증하고자 했다. 어느 정도 자신을 굽혀서 대중을 따라가면서 보완해서 온전하게 만들어가야 하지 자신만 잘났다고 혼자 깃발 세우고 북을 두드리며 밀어붙여서는 안 된다고 했다. 「풍속론(風俗論)」에서도 같은 주장을 했다.

꾸미는 것이 아니라면 명예를 따라 본성을 잃어버린 자이다. 군자는 자기 몸을 잘 닦으면 될 것이거늘 어찌 남 교화에 급급하고, 자기 몸을 이롭게 하면 될 것이거늘 어찌 백성 구제에 급급할 것인가? 자기를 위하다가 여력이 있으면 남에게 미칠 수 있다. 여력이 있음에도 남에게 미치지 않는다면 어질지 못한 것이고 자기를 뒤로하고 남을 우선하는 것은 진정이 아니다. 진정이 아닌 자는 하늘이 화를 내릴 것이요, 어질지 못한 자는 사람들이 해를 끼칠 것이니, 선하지 못한 점은 마찬가지이다.

지금 그대는 빈곤하여 자립하지 못해 위로는 부모를 효양할 수 없고 아래로는 인사를 제대로 닦지 못하며, 형제와 처자식들이 집안에 가득한데 주려도 먹지 못하고 추워도 입지 못하며, 몸소 농기구를 잡고도 매양 넉넉하지 못함을 걱정하니, 자기 자신을 잘 위한다고 말할 수 없으며 자기 몸을 이롭게 한다고 말할 수도 없다. 몸은 세상 밖에 버려진 데다가 마침 학문을 멸시하는 때를 만나 조정에서는 지위를 얻지 못하고 사람들에게는 알려지지 못했다. 게다가 고질병을 끌어안고 종일토록 헛소리하고[27] 있으니, 여력과는 거리가 멀다 하거늘, 그럼 자기 자신을 헤아릴 줄 모르고 뜻을 보면 하루라도 천하를 잊은 적이 없다. 가로막혀서 통하지 못하는 것을 보고 말하고 싶어도 감히 발설하지 못하며 나아가고 싶어도 감히 나아가지 못한다. 하지만 근심스레 바라보고[28] 눈썹을 치켜뜨고 보며[29] 두리번거리며 보기를[30] 그치지 않으니 어찌 그리도 드높은가?[31] 『시경』「패풍邶風 곡풍谷風」에 '내 몸을 보살피지도 못하면서 하물며 그 밖의 일을 돌보랴?'라고

---

27   원문의 '희이(謔詒)'는 병 때문에 정신이 이상하여 헛소리하는 것을 가리킨다. 『장자』「달생(達生)」에 나온다.

28   원문의 '호목(蒿目)'은 『장자』「변무(駢拇)」의 "지금 세상의 어진 사람은 멍한 눈으로 멀리 바라보며 세상의 어려움을 걱정한다(今世之仁人, 蒿目而憂世之患)"에서 나왔다.

29   원문의 '우형(盱衡)'은 성이 나서 눈을 부릅뜨고 눈썹을 추켜세우며 보는 것을 말한다. 『한서』「왕망전상(王莽傳上)」에서 나왔다.

30   원문의 '권고(睠顧)'는 권고(眷顧)와 같아서, 돌보아준다는 뜻으로 많이 쓰인다. 여기서는 두리번거린다는 뜻이다.

했다. 그대는 차라리 조금이라도 자기를 위해야 하지, 인정이 아닌 것을 한단 말인가?"

나는 후유 한숨을 쉬고 우러러 탄식하며 안색이 침통해서 마음이 편하지 않기를 오래도록 하다가 대답했다.

"그렇군요, 그대의 말대로이다. 하지만 그것이 둘인 줄만 알고 하나인 줄은 알지 못하다니! 무릇 자기를 우선하고 남을 뒤로하는 것은 베풂의 순서이다. 남과 내가 둘이 아니라는 것은 하늘의 이치이다. 하늘의 이치를 써서 베풂에 순서가 있으면 이를 일러 도를 얻었다 할 것이다. 무릇 열 사람이 함께 길을 가다가 한 사람이 길을 잃으면 아홉 사람이 그 피해를 함께할 것이다. 열 사람이 함께 물을 건너다가 한 사람이 배를 뒤집히게 하면 아홉 사람이 그 낭패를 함께할 것이다. 천하는 도를 함께하며 사해는 배를 함께한다. 사람들이 모두 착하지 않으면 어떻게 홀로 착할 수 있으며, 사람들이 모두 이롭지 않으면 어떻게 홀로 이로울 수 있겠는가?

대도가 숨자 천하 사람들은 방향을 상실하여 더듬더듬 쫓아가고 구물구물 거처하니, 분노하면 서로 깎아 없애고 좋아하면 데워주어 마음 내키는 대로 마구 나아간다. 높은 자는 푸른 하늘 위로 솟고 더러운 자는 황천으로 들어가며, 치우쳐 중용을 잃고 흩어져 통어되지 않으니, 이적夷狄·금수禽獸와 다를 바가 거의 드물다. 군자가 더불어 어울리는 자들이 모두 이러하며, 가다가 만나는 자 또한 모두 이러하지만, 금수와는 한 무리가 될 수 없다. 무릇 천지를 떠나 타인을 끊어버리고 혼자 가는 것은 귀도鬼道요, 깃발 세우고 북 두드리며 혼자 잘났다고 하는 것은 흉덕凶德이다. 이 세상을 살아감에 있어서는 이 세상을 위하지 않을 수 없다. 뒤틀어 굽혀서 따라가고

---

31 원문의 '게게(揭揭)'는 뜻이 드높은 것을 말한다. 한유(韓愈)의 「급사중청하장군묘지명(給事中淸河張君墓誌銘)」에 "세상 사람들 명리를 사모하여 행하는데 그대는 드높았고, 세상 사람들 침묵하면서 살아가는데 그대는 홀로 결단했으니, 저들은 맑지 못함이 되고 그대는 옥설이 되었네(世慕顧以行, 了揭揭也, 噎喑以爲生, 了獨割也, 爲彼不淸, 作玉雪也)"라고 했다.

터진 곳을 꿰매어 온전히 하며 고심하여서 이루어야 할 것이요, 감히 바른 말을 하여 곧바로 밀고 나가며 자취를 드러낼 수는 없으니, 독선獨善[32]함이 어디에 있겠는가? 또한 세상 사람들과 더불어 선하지 못하면 선하지 않은 것이니, 어찌 그것을 선이라고 하겠는가? 이런 까닭에 세상을 선하게 하는 것이 바로 자기 자신을 선하게 하는 방법이다.

대도가 숨자 천하 사람들은 방향을 상실하여 더듬더듬 쫓아가고 구물구물 거처하니, 머리는 올이 빼곡한 그물에 부딪히고 발은 함정을 디디며 어린아이는 우물에 빠져들고 밤벌레는 불속으로 달려들며, 약한 자의 고기는 강한 자의 먹이가 되니, 온 천하가 양 도살[33]의 가게가 되었다. 군자는 이를 생각함에 마음까지 뼛속까지 심하게 아프다. 금수도 같은 부류는 해치기를 꺼리거늘, 하물며 인간으로서 부모형제를 돌보지 못하는 데 있어서랴! 이득 있는 곳을 보면 무리지어 일어나 서로 어금니를 보이고 형세가 쇠하면 함정에 돌멩이를 던지고[34] 몸을 빼어 달아나니, 이런 세상에 있어서는 악하지 않으면 이득을 얻을 곳이 없지만, 군자는 이를 추하게 여기거늘 홀로 이익 얻는 것이 어디 있단 말인가? 무릇 사람을 살리는 이로움은 만물을 구제하는 데 있거늘, 만물을 구제하지 못한다면 어디에서 이로움을 취하겠는가? 이런 까닭에 만물을 이롭게 하는 것이 바로 저 자신을 이롭게 하는 것이다.

지금 나는 선한 마음은 가지고 있지만 선한 행동이 없었다. 그래서 겨우 나 자신만 면했을 따름이요 그 밖의 것은 돌보지 못했으니, 선을 행한 것은

32　독선기신(獨善其身)의 줄임말이다.

33　『장자』「양왕(讓王)」에 초나라 소왕(昭王) 때에 시정에서 양을 잡아 파는 도살업자인 도양열(屠羊說)의 이야기가 있는데, 그 이야기에서 어휘를 가져와 다른 뜻으로 사용했다.

34　원문의 '하석(下石)'은 '낙정하석(落井下石)'의 준말이다. 한유(韓愈)의 「유자후묘지명(柳子厚墓志銘)」에 "어느 날 작은 이해에 닥치면 함정에 떨어졌어도 손을 내밀어 구해주기는 커녕 도리어 밀치거나 또 돌을 던진다(一旦臨小利害, 落陷穽不一引手救, 反擠之又下石焉者, 皆是也)"라고 한 데서 유래한 말이다.

미약하고 이로움을 끼친 것은 좁다. 곤궁하여 막힌 것이 또한 마땅하지 않겠는가?

무릇 천하와 더불어 이름을 다투지 않는다면 천하와 함께 선을 행할 것이요, 천하와 더불어 이익을 다투지 않는다면 천하와 함께 구제해나갈 것이다. 선이 되고 이利가 되는 것은 남에게서 취하지 않는다면 달리 방도가 없다. 진실로 홀로 선하여 선이 되고, 홀로 이로워 이利가 되는 일은 있지 않다. 농사를 잘 짓는 자는 밭을 가리지 않고 노동에 부지런하며, 복을 잘 취하는 자는 사람을 가리지 않고 덕을 베풀어준다. 내가 힘을 다하고 사려를 다해서 뜻이 천하를 잊지 않는 까닭은 이 때문이다.

또한 그대는 틀렸다. 천하를 잊지 않는 자가 어찌 자기 어버이를 잊겠는가? 자기 자신을 잊겠는가? 이 어찌 남을 우선하고 자신을 뒤로하는 자와 같겠는가? 나는 듣건대, 행하기 어려운 경우는 얻는 것 또한 크며, 다다르기 더딘 경우는 지켜나가는 것이 오래가는 법이다. 초명蟭螟은 모기 속눈썹에 살고, 대붕大鵬은 구름하늘 길로 날며, 부유蜉蝣(하루살이)는 하루로 일생을 삼고, 명령冥靈은 천년으로 한해를 삼는다. 대소가 구분되고 도량이 다르니, 어찌 서로 더불어 꾀할 수 있겠는가?"

객은 빙그레 웃고는 노래를 부르며 떠나갔다.

나와 타자가 혼일하니, 팔극八極에 두루 미치도다.
봄에 농사를 힘써 가꾸자, 가을에 결실이 보물이로다.
공덕은 천지의 조화를 본받으니, 은택이 넘쳐 흐르네.
즐거움이 무궁하거늘, 무슨 근심이 있으리오?

【공자가 떠난 지 오래되어 어진 자는 세상을 버리고 독선하고 어질지 못한 자는 자신만 사사로이 하여 이익을 독점하니, 이 모두 천하를 해침은 마찬가지이다. 양자는 행하는 바는 같지 않지만, 공公을 등지고 사私만 행하

는 점은 마찬가지이고 하늘을 속이고 사람을 무함하는 점은 마찬가지이다. 무릇 나라를 망치고 가정을 해치는 것은 근본이 모두 여기에서 비롯되므로, 문득 이 한편을 지어 밝혔다. 무릇 선은 곧 이로움이니, 두가지가 아니다. 선이 다른 사람에게 미치는 데 따라 이로움이 생겨난다. 남을 해롭게 함을 악이라 하고 남에게 이롭게 함을 선이라 한다. 선을 홀로 할 수 있지 않은 것은 악을 혼자 할 수 없는 것과 마찬가지이다. 혼자 행하여 남에게 해롭지 않은 것은 악이 아니요, 혼자 행하여 남에게 이롭지 않은 것은 선이 아니다.】

유군의 이름과 자에 대한 설柳君名字說[35]

유영건柳榮健[36] 군이 나를 붙잡고 물었다.

"제가 선생님 문하에 들어와 지낸 지가 8, 9년이 되어 성인의 도가 크고도 지극함을 알았습니다. 그러나 아무리 힘을 다해 실천하려 해도 항시 게을러져서 떨치지 못하고 나약해서 바로 서지 못하여 걱정입니다. 힘을 써서 한치 정도 나아가면 곧바로 여러 발짝을 물러서며, 하루라도 애써서 무슨 일을 하면 한해가 다 가도록 늘어지고 맙니다. 아무래도 제 성격이 강인

---

35 심대윤은 이(利)과 해(害)를 나누고, 이(利)는 다시 미리(美利)와 욕리(慾利)로 구분했다. 여기에서 인의(仁義)와 탐비(貪鄙), 공정(公正)과 음사(陰私)가 파생된다. 이 대립을 조절할 수 있는 것이 충서(忠恕)이다.

36 심대윤의 제자들인 정기하(鄭基夏)·이희영(李曦榮) 등은 안성 혹은 진천에 거주하던 사족들이었다. 이희영과 정기하는 사돈간이다. 이희영의 장남 이규필(李圭弼)은 그에게 조카사위이다. 진천 거주 동래정씨와 경주이씨 가문은 유대가 깊었다. 이에 비해 유영건은 안성 시절 이전에 심대윤의 문하에 들어왔다. 유영건이 문하에 들어온 지 8, 9년에 심대윤은 그에게 '榮健'과 '夏元'이라는 새 이름과 자를 부여했다. 1843년에 쓴 「유하원 군을 위한 제문(祭柳君夏元文)」에서 "중도에 일찍 세상을 떠나고 뒤를 이을 아들도 남기지 못했다"라고 비통해했다.

하지 못하고 제 역량이 부족해서 무슨 일을 이루기 어려운 듯합니다. 부디 선생님께서 제 이름을 바꿔주어 이름의 의미를 되돌아보아 스스로 힘쓴다면 어느 정도 얻는 것이 있을까 합니다."

나는 그의 간청하는 말을 듣고 굳이 사양했으나 더욱 간곡하게 청하기에, 이에 그의 이름을 영건이라 바꾸고 자를 하원夏元이라고 했다.

건健이란 건괘乾卦의 성정性情이요, 하夏는 건괘의 시상時象이며, 원元은 건괘의 덕이다. 덕이 있으면 시기에 호응하여 건健으로 주체를 세운다. 그런 연후에 능히 하늘과 더불어 도道가 합일하게 된다. 하늘의 도는 곧 성인의 도이다.

무릇 건健하면서 덕이 없으면 착하지 못한 쪽으로 마구 나가서 시간이 부족할 지경에 이를 수 있다. 덕이 있지만 때를 어기게 되면 좋다고 할 것이 없다.

유군이 자리를 가다듬어 앉으며 말했다.

"건괘의 시상과 위치에 대해서는 말씀을 잘 들었습니다. 다시 묻습니다만 어떻게 해야 건健이겠습니까?"

"건健이라는 것은 정성〔誠〕이요 강함〔强〕이요 큼〔大〕이다. 정성스러우면 부지런하고, 부지런하면 강해지며, 강해지면 커지는 것이다. 그러므로 힘이 부족하다고 하는 자는 힘이 부족한 것이 아니요, 정성이 부족한 것이다. 정성이란 억지로 힘써서 도달하는 것이 아니요, 여색을 좋아하거나 맛난 음식을 좋아하는 것이나 마찬가지로 권유하지 않아도 저절로 나아가고 힘쓰지 않아도 저절로 힘이 나는 것이다. 이는 다름이 아니라 이롭기 때문이다.

천지의 마음은 이로움을 위주로 하고 해로움을 멀리하며, 사람과 짐승의 본성은 이로움을 좋아하고 해로움을 싫어하니, 성인의 도는 이 본성을 해치고 거슬러서 인의仁義를 세우는 것이 아니다. 인의란 이롭게 하는 바탕이다.

대체로 사람들은 음식과 여색과 재물과 지위에 대해서는 급급하여 정신

없이 덤벼들어 지모가 다하고 힘이 빠지도록 양보할 줄을 모른다. 반면 도덕과 인의에 대해서는 뒤로 자빠지고 돌보지도 않아 전혀 나아가려고 하지 않으면서 말로는 힘이 부족하다고 한다. 그러나 힘이 부족한 것이 아니라 정성이 부족한 것이다. 정성이 부족한 자는 도덕 인의의 이로움을 보지 못하기 때문이다. 실로 마음속에 인의의 이로움을 느끼지 못하는데 어디서 정성스러운 뜻이 나오겠는가?

무릇 인의仁義와 공정公正은 만물과 더불어 이로움을 함께하니, 하늘의 '미리美利'[37]이다. 탐비貪鄙와 음사陰私는 남의 것을 덜어서 자기를 보내는 것이니, 사람의 '욕리慾利'이다. '미리美利'란 이로움을 이롭게 하는 것이요, '욕리慾利'란 이로움을 이롭게 하는 것이 아니다. 사람이 살아감에 있어 스스로 이로움을 만들 수 없고 반드시 남을 기다린 연후에 이로움이 생기는 법이다. 남을 기다려 생기는 이로움을 혼자 독차지하려 들면 그 이로움은 쉽게 바닥나고 해로움이 뒤따르기 마련이다.

내가 물고기라면 사람들은 물이고 내가 새라면 사람들은 바람이다. 물이 마르고 바람이 없으면 물고기도 새도 없을 것이다. 또한 한 사람의 지혜로 천하 사람과 더불어 이로움을 다툰다면, 이로움을 얻지도 못하고 화가 이루 말할 수 없게 될 것이다. 이런 까닭에 사람들과 더불어 같이 이로움을 구해야 이로움을 얻을 수 있을 것이다. 도덕과 인의는 참으로 사람들과 더불어 함께 이로움을 구하는 수단이요, 나를 비쩍 마르게 하고 남을 살찌우게 하는 것이 아니다. 가축을 잘 기르는 자는 육식을 할 수 있고, 곡식을 잘 가꾸는 자는 밥상을 풍성하게 할 수 있으며, 만물을 이롭게 하는 자는 백성을 얻게 될 것이다. 백성이 귀의하는 곳에는 신이 복을 내리니, 이 점을 살피면 미리美利와 욕리慾利의 좋고 나쁨을 알 수 있을 것이다.

참으로 인의가 이로운 줄 알아서 저절로 좋아하게 되는 것은 그것이 본

---

37   『주역』 건괘(乾卦) 「문언전(文言傳)」에 나오는 말이다.

성인 셈이다. 그래서 능히 정성과 근면으로 자연히 충분해지고 강해지며 커지는 것이 저절로 이른다. 이에 건괘의 건健의 뜻에 합하는 것이다.

『논어』「이인」에서 공자께서는 '나는 덕을 좋아하되 힘이 부족한 경우를 보지 못한다'라고 하셨다. 무릇 오패五覇와 도척도 인의가 이로운 것을 알았다. 그럼에도 혹은 인의를 빌리고(假) 말았으며 혹은 자기의 가까운 무리에게만 베풀고 천하에 미치도록 하지 않았으니, 이는 무엇 때문인가? 저들은 거기에 대해서 분명히 알지 못했고, 또 좋아하기를 지극하게 하지 못했던 까닭에 지키는 것이 확고하지 못했고 베푸는 것이 넓지 못했던 것이다. 저들은 인의가 이로움을 알면서도 그것을 확고하게 지키고 널리 베풀어야 이로움이 더욱 두터운 줄을 알지 못했다. 대개 이로움의 지엽말단만 보고 근본에 어두웠던 것이다.

지금 하원은 도에 대해서 그 이로움을 알지 못하는 것이 아닌가? 아니면 이로움은 알지만 그 근본까지 분명히 알지 못하는 것은 아닌가? 만약 능히 좋고 나쁜 구별을 분명히 하여 인의의 근본이 이로움을 알아서 그 본성의 좋아함에 순응하면 이때 건健은 지극해질 것이다."

유군은 위에 한 말을 글로 적어 스스로 반성할 자료가 되도록 해달라고 했다. 나는 외람된 줄을 잘 알면서도 그대로 들어주었다.

물음 건健을 정성(誠), 근면(勤), 강함(强), 큼(大)으로 풀이한 것은 무슨 의미입니까?

답변 정성은 정일精一해서 섞이지 않는 것이고, 근면은 움직여 쉬지 않는 것이며, 강함은 흘러 통해 막히지 않는 것이고, 큼은 포괄하고 관통하여 빠뜨림이 없음이다. 섞이지 않으니 순수하고, 쉬지 않으니 항상스러우며, 막히지 않으니 대적할 자가 없고, 빠뜨림이 없으니 바깥이 없다. 이 네가지가 구비된 것이 천도의 행함이다.

물음 '정성이란 오로지 이롭기 때문에 바쳐지는 것이다'라고 한 것은 무슨 의미입니까?

답변 『주역』무망괘无妄卦 단전象傳에 말하듯이, 정성은 강건함이 밖으로부터 와서 안에서 주인이 되는 것이다. 마음으로 기뻐하며 좋아하는 것에서 정성이 생기니, 이에 능히 마음을 당겨서 나아가는 것이다. 정성이란 착근한 곳은 없지만 기력이 있으며 붙잡으려고 해도 형체가 없고 찾으려 해도 실마리가 없으며, 아무리 교묘한 힘이라도 영향을 미칠 곳이 없다. 진실로 자기 마음에 이로움을 느끼지 못한다면 좋아할 수가 없다. 좋아하지 않는다면 아무리 억지로 하려고 해도 그 마음이 끝내 꼭 달라붙지 못한다. 억지로 하는 것과 마음에 달라붙지 않는 것은 정성일 수가 없다. 진실로 자기 마음에 이로움을 느끼면 좋아하게 되고 좋아하면 겉으로 좋아하는 척하지 않으며 힘쓰지 않더라도 저절로 정성스럽게 된다. 그러므로 정성이란 오직 이롭기 때문에 바쳐지는 것이다.

물음 천지의 마음은 이로움을 위주로 하고 해로움을 멀리한다는 말은 무슨 의미입니까?

답변 천지의 마음은 호생好生(생을 좋아함)에 있을 뿐이다. 호생은 이로움의 지극한 것이다. 따라서 복괘復卦의 '허물을 고치고 선을 나아간다(改過就善)'함은 해를 멀리하고 이로움을 구함이다. 그래서 복괘 단전에서 '천지의 마음을 볼 수 있다'라고 한 것이다. 건괘 문언전에 이르기를, '건은 처음부터 미리美利로 천하를 이롭게 하되 이로운 바를 말하지 않은' 까닭은 하늘의 기화氣化를 말한 것이기 때문이다. 곤괘坤卦 괘사에서는 곧바로 '이로움을 위주로 한다'라고 했으니, 땅이 형체를 이루어준 것을 가리켜 말한 것이다. 하늘이 낳고 땅이 이루어줌은 이로움을 주로 하고 해로움을 멀리하기 때문이다.

물음 인간과 짐승의 본성은 이로움을 좋아하고 해로움을 싫어한다는 말은 무슨 의미입니까?

답변 성性이란 하늘이 부여한 것이기 때문에 삶을 좋아하고 죽음을 싫어하며 얻는 것을 좋아하고 잃는 것을 싫어하며, 이루어지는 것을 좋아하고 이지러지는 것을 싫어하며, 편안함을 좋아하고 위험을 싫어한다. 그렇기 때문에 '이로움을 좋아하고 해로움을 싫어한다'라고 말하는 것이다. 이는 짐승과 인간이 하늘로부터 똑같이 얻은 본성이다. 그러므로 오로지 능히 이로움을 좋아하고 해로움을 싫어하는 까닭에 선善이라고 말한 것이다. 이로움을 좋아하고 해로움을 싫어하는 마음을 미루어 나아가 만물에까지 미치는 것을 충서忠恕라고 이르니, 그래서 『중용』1장에서 '본성을 따르는 것을 도라고 일컫는다'라고 했다.

요임금이나 걸도 본성은 마찬가지이다. 그러므로 군자와 소인의 도는 그 근본이 본성에서 나와 이로움을 좋아하는 것을 위주로 하는 데 있어서도 마찬가지이다. 군자는 이 마음을 미루어 실시함에 있어서 두루 공평하고 원대하게 하며 소인은 이 마음을 미루어 미치게 함에 있어서 한쪽으로 치우치고 협애하다. 공평하고 원대하면 분명하고 선하며, 한쪽에 치우치고 협애하면 어둡고 악하니, 이것이 군자와 소인의 나누어짐이다. 이로움을 혼자 독차지하면 이로움이 없어지게 된다. 그러므로 아무리 소인이라도 이로움을 독차지하려는 마음을 가지면 또한 확대하여 남에게 미치게 하지 않을 수 없지만, 그것은 자기 무리에 그칠 따름이다.

물음 먼저 물고기와 새, 바람과 물로 나와 다른 사람들을 비유한 말은 무슨 의미입니까?

답변 물고기는 연못에서 벗어날 수 없고 새는 바람 없이는 날 수 없다고 한 것은 서로 의존해서 벌어짐이 없어 삶을 누리는 바탕이 되니 어긋나거나 벗어날 수 없다는 말이다.

물음 뒤에서 가축을 기르고 곡식을 가꾸는 것으로 백성에 대한 이로움을 비유한 말은 무슨 의미입니까?

답변 무릇 오곡과 육축을 잘 보살펴서 몸이 수고로움을 마다하지 않는 것은 이로움을 증식시키기를 구함이요, 곡물과 포목, 재화 등속을 절약하고 저축하는 것은 이로움이 오래가기를 도모함이다. 처자나 딸린 식구들에 있어서도 먼저 은덕을 베푼 다음이라야 보답을 바랄 수 있다. 이 점은 어리석은 어른이나 유치한 아이라도 다 아는 바이다. 그런데 유독 백성에 대해서는 길러주지 않고 마구 빼앗으려 들고 도움을 베풀지 않고 끝까지 차지하려고 들면 이야말로 물정을 모르는 자이다.

물음 인의는 나를 비쩍 마르게 하고 남을 살찌우는 것이 아니라고 한 말은 무슨 의미입니까?

답변 무릇 자신에게 손해를 끼치고 남을 이롭게만 하는 것은 이미 인정이 아니다. 인정이 아니면서 도가 되는 경우는 없었다. 또한 도가 아니면서 인의가 된 경우도 없었다. 저 일시적인 동정으로 인을 삼고 굳센 척하는 것으로 의를 삼으며 각박하게 굴고 얽매이고 번쇄하고 악착스런 자들은 밖으로 남에게 이로움이 되기에 부족하면서 안으로 자신의 손해만 끼치며 밖으로 고상한 사람이라는 허명을 얻으면서도 안으로 실제 화를 받게 된다. 그러므로 대도大道의 적이다. 남에게 이로움이 되기에 부족하면서 허명을 얻는 까닭에 천하에 고명한 자에게는 대단치 않게 생각되고, 스스로 손해를 보면서 실제로 화를 입게 되므로 천하의 사람들은 겉으로는 그 명성에 순종하는 것 같지만 실제로는 원하지 않는다. 인의가 천하에 밝혀지지 않은 것은 이런 사람들이 그렇게 만들었기 때문이다.

자기는 본本이요 타인은 말末이며 자기는 체體요 타인은 용用이다. 그러므로 자기를 굽혀서 능히 타인을 곧게 하고 자기에게 손해를 끼치면서 남을 이롭게 하는 것은 있을 수 없다. 그러므로 일이 작고 조목이 많아 피차가 모두 이롭지 못한 경우가 있으면, 성인은 이해의 경중을 잘 살펴서 가벼운 쪽을 버리고 무거운 쪽을 취하는 것이다. 그런 까닭에 자기에게는 손해가 되면서 남에게는 이로운 때가 있고, 남에게는 손해가 되면서 자기에게 이로울 때도 있는데, 귀결되는 곳은 인의의 본뜻에서 어긋나지 않는다. 이것이 복괘復卦의 괘사에서 '출입에 해가 없으니 그 도를 다시 회복한다'는 뜻이다.

성인의 권도는 그 자신의 대두뇌大頭腦로, 큰 주판을 두드려서 전체를 계산해야 할 것이니, 한마디로 말하면 세상 사람들과 이로움을 함께 누리는 데 있다. 남에게 손해를 끼치면서 자기를 이롭게 할 수 없고, 또한 자기에게 손해를 끼치면서 남을 이롭게 할 수도 없다. 성인은 바른 길을 추구하니, 정도가 아니면 서지 않고 권도가 아니면 나갈 수가 없다. 그러므로 권이란 정으로 가기 위한 방도이다. 선천은 삶을 따라서 후천을 끌어오고, 후천은 역극逆克을 해서 선천을 이루니, 정도는 선천이요 권도는 후천이다. 그러므로 대덕은 방향을 바꾸지 않고 소덕은 유통하는 것이다.

물음 이로움의 지엽말단만 보고 근본에 어두웠다고 하는 것은 무슨 의미입니까?

답변 유독 오패와 도척만 그러한 것은 아니니, 천하 사람 모두 그렇지 않은 이가 없다. 더러는 인의가 가져오는 명예를 좋아한다든지 더러는 인의를 행하지 않아 화가 생기는 것을 두려워하여 억지로 인의를 행하고 있다. 이런 경우는 참으로 인의를 좋아하는 것이 아니다. 이런 사람들은 인의의 헛된 이름만 보고 인의가 참으로 이로움을 알지 못한다. 또 이런 사람들은 인의를 행하지 않으면 화가 됨을 알지만 인의가 복이 됨은 알지 못한다. 그런 까닭에 '지엽말단만 보고 근본에 어두웠다'고 한 것이다. 이와 같은 자들은 그 실상이 속을 가리고 겉만 꾸며서 그럴듯하게 드러내는 사람이 아니면 필시 태만에 빠져 스스로 포기하는 사람일 것이다. 이 온 천하와 만세를 살펴보건대 소인의 나쁜 뿌리는 오직 여기에 있다.

유군이 나의 말을 듣고 일어나 말하기를 "선생님은 도를 아시는 분입니다"라고 했다. 이에 나는 이렇게 말했다. "아니다. 그럴 리가 있는가? 도를 안다고 말할 수 있는 분은 실로 돈독히 실천하여 중中을 얻은 사람일 것이다. 어찌 말만 제대로 하는 사람을 가리키는 것이겠는가? 학문을 좋아하고 생각을 깊이 하는 점이라면 있을지도 모르겠다."

대덕 상공께 올리는 서한上大德相公書³⁸

겸허충화謙虛沖和하고 독후경양篤厚敬讓하는 대덕상공大德相公이 처음 송나라 원풍元豐 연간(1078~85)에 벼슬하여 동도 윤東都尹(개봉부윤開封府尹)이 되었는데, 고집하여 하나의 뜻으로만 행하여 높이 고결하고 청렴함을 좋아하므로 문객 가운데 어떤 사람이 서찰을 올려 경계했다.

삼가 족하의 높은 의리를 우러러, 저의 충심을 다해 지극한 계책을 바치고 싶었지만 거룩한 뜻을 요점으로 삼고 귀의하는 바에 달하지 못하여 머뭇거리며 감히 바치지 못한 지 여러 해입니다. 엎드려 생각건대 족하의 총명하심 통달하심이 당세에 견줄 이 없는 데다 제가 돌보심을 입고 은혜를 받음이 유독 깊은 터라, 만약 제가 족하께 말씀드리지 않는다면 충고의 도리는 영영 이 세상에서 끊어질 것이기에, 은혜를 저버리고 의리를 망각하는 일을 면하지 못하게 되므로 저는 차마 벗어날 수 없습니다. 붓을 떨치며 감격하여 저도 모르게 눈물이 마구 고입니다.

저는 고루하고 견문이 없지만 일찍이 하늘과 인간의 관계를 깊이 궁구하고 지난 역사의 성패와 지금 세상의 득실을 두루 살펴보았습니다.³⁹ "양

38　송나라 원풍(元豐) 연간(1078~85)에 재상으로 있다는 허구의 인물인 대덕상공(大德相公)에게 문객이 올리는 서한 형식을 빌려서 자신의 주장을 개진했다. 참고로, 북송의 사마광(司馬光)이 원풍 연간에 벼슬에서 물러나 낙양에서 명사들과 진솔회(眞率會)를 결성하고 유유자적한 일이 있다.

39　사마천(司馬遷) 「보임소경서(報任少卿書)」의 "하늘과 인간의 관계를 탐구하고 고금의 변화에 통달하여 일가(一家)의 말을 이루고자 했다(究天人之際, 通古今之變, 成一家之言)"라는 구절을 의식한 표현이다.

숙養叔의 활을 쏘아 버들잎을 백발백중 맞추는 재주로도 매승枚乘에게 비하면 활을 들고 화살을 당길 줄도 모른다"라고 하겠습니다.[40]

무릇 천도天道에는 화禍와 복福이 있고, 인도人道에는 이利와 해害가 있으며, 지도地道에는 시是와 비非가 있습니다. 천지인 삼극의 도는 하나로서 나뉨이 없습니다. 정말로 옳으면서 이롭지 않거나 이로우면서 복되지 않은 것은 있지 않으며, 그르면서 해롭지 않거나 해로우면서 화가 되지 않는 것도 있지 않습니다. 나와 남도 역시 하나여서 나뉨이 없습니다. 나에게 해로우면서 남을 이롭게 할 수 있거나 남을 해롭게 하고서 나에게 이로운 것은 있지 않으며, 나에게 이로우면서 남을 해롭게 하고 남을 이롭게 하면서 나에게 해가 되는 것도 있지 않습니다. 나라와 백성과 나 자신 역시 하나여서 나뉨이 없습니다. 나라에는 이롭고 백성에 해롭다거나 백성에게 해롭고 나라에 이로운 것은 있지 않습니다. 또한 나라와 백성을 해롭게 하고서 나 자신은 해롭지 않거나 나 자신은 이롭고 나라와 백성에게 이롭지 않은 일 역시 있지 않습니다.

능한 자는 중용을 써서 하나에 치우치지 않으므로, 말 한마디를 해도 사면이 모두 기뻐하고 일 하나를 해도 사면이 모두 편안해합니다. 이런 까닭에 하늘과 땅, 신과 인간이 부응하여 복록이 무궁합니다. 능하지 못한 자는 하나만 알고 둘은 모르며 가까운 것만 알고 먼 것은 모르며 작은 것만 알고 큰 것은 모르며 앞의 일만 알고 뒤의 일은 모르므로, 말 한마디를 하면 삼면이 모두 상처를 입고 일 하나를 하면 삼면이 모두 어그러져서, 삼면이 모두 망가져서 한면 역시 온전할 수 없게 됩니다. 이런 까닭에 하늘과 땅, 신과 인간이 서로 어긋나서 앙화가 그치지 않습니다. 하늘에 대해 잘 말하는 자는 사람을 통해서 징험하고, 사람에 대해 잘 아는 자는 자기 몸을 통

---

40   양숙(養叔)은 춘추시대 초나라 명사수로, 자기 유기(由基)이다. 매승(枚乘)은 「상서간오왕(上書諫吳王)」에서, 양유기가 활을 아주 잘 쏘지만 매승 자신에 겨뤄보면 활을 들고 화살을 당길 줄 모른다고 말한 바 있다.

해 살피며, 자기 몸을 잘 위하는 자는 자기 마음에서 성찰합니다. 무릇 마음이 화평하지 못하면서 자기 몸을 후하게 할 수 있는 자는 있지 않습니다. 자기 몸을 후하게 하지 못하면서 남의 몸을 이롭게 할 수 있는 자는 있지 않습니다. 남을 이롭게 하지 못하면서 하늘을 따를 수 있는 자도 있지 않습니다. 그러므로 하나로 합치하여 나뉨이 없다고 말합니다.

　지금 족하의 맑음〔淸〕은 빙얼氷蘗[41]의 지조입니다. 족하의 곧음〔直〕은 승시繩矢(먹줄과 화살)의 표준입니다. 족하의 밝음〔明〕은 이루離婁(고대 전설 속 뛰어난 시력을 가진 인물)처럼 잘 살핍니다. 족하의 견고함〔堅〕은 묵자墨子가 성을 지키듯 합니다. 족하의 높음〔高〕은 절벽이 준엄하듯 합니다. 족하의 강함〔剛〕은 절교折膠[42]의 위세와 같습니다. 일찍이 듣건대 큰 맑음은 꼭 맑아야 하는 것이 아니라서 큰 바다는 온갖 더러움도 받아들이며, 큰 곧음은 꼭 곧아야 하는 것이 아니라서 도로는 꼬불꼬불 나아가고, 큰 밝음은 샅샅이 살피는 것이 아니라서 해와 달은 굽이굽이 다 비추지 않습니다. 지극히 높은 것은 준엄하지 않으므로 태산은 언덕이 많이 붙어 있고, 지극히 견고한 것은 꽉 막히지 않으므로 금석은 기운이 윤택하고, 지극히 강한 것은 부드러울 수 있으므로 오나라 간장干將의 검[43]은 이빨이 빠지지 않습니다. 이에 저는 족하의 태도가 잘못이라고 생각합니다

　대저 하늘을 알 수 없으면 사람에게서 징험합니다. 경내의 백성들이 기뻐하는가 원망하는가? 덕화와 온택이 흡족하게 흘러 사람들이 편안하고 집집마다 자급하는가? 형벌이 매일같이 행하여 정치는 어지럽고 백성들

41　빙얼은 함빙여벽(含冰茹蘗)에서 온 말이다. 얼음을 삼키고 황벽(黃蘗) 나무를 먹는다는 말로 청빈을 뜻한다.

42　늦가을이면 아교가 딱딱해져서 부러진다는 말로 본래 명렬한 추위를 말한다. 여기서는 강한 위세를 뜻한다. 『한서』「조조전(晁錯傳)」에 보면 흉노는 활이나 쇠뇌에 아교를 사용해서, 아교가 부러지는 것으로 기후의 변화를 살펴 군사를 출동시켰다고 한다.

43　간장(干將)의 검은 춘추시대 오나라의 간장이 만든 보검이다. 막야검(莫邪劍)과 짝을 이루었다.

은 고통을 당하는가? 관부의 이속들과 문하의 하인들이 실정을 드러내고 정성을 바치며 사랑하고 복종하기를 아버지와 아들의 관계처럼 하는가? 정의情意가 결절되어 엄폐하고 기망하기를 전혀 다른 족속처럼 하는가? 이런 것들을 보면 하늘이 기뻐하는지 노여워하는지를 알 수 있습니다.[44]

사람을 알 수 없으면 자기 자신에서 살핍니다. 편안하고 즐거운가, 괴롭고 애달픈가? 자기 집안을 윤택하게 하고 사랑하는 사람들에게까지 덕이 미치는가, 그렇지 못한가? 문벌이나 조관 들이 마음으로 좋아하여 복종하고 사랑하고 공경하여 칭송이 날로 들리는가, 아니면 미워하여〔反屑〕 가만히 비웃는가? 친족이나 지인 들이 서로서로 즐거워하고 자랑스럽게 여겨서 경하하는가, 아니면 가슴을 치며 애달파하고 한숨을 쉬는가? 가까운 사람도 없이 고립되고 사람들과 원수가 되어 저 혼자 잘났다고 하면 과연 어질다고 할 것인가? 천하가 아무 일이 없으면 그만이지만, 일이 생기는 경우 어찌 위태롭지 않겠는가? 이를 살펴보면 사람들의 향배를 알 수 있을 것입니다.

자신을 알 수 없으면 마음에서 성찰합니다. 충화沖和하고 탄탕坦蕩하며 태연하고 평온하고 여유롭고 조용할 따름인가? 십전十纏[45]과 구뇌九惱[46]에 빠져 한번의 슬픔에 세번의 통탄으로 밤이나 낮이나 초조해하여 마치 급

---

44 심대윤은 「험실편(驗實篇)」에서 선(善)·복(福)·이(利)·흥(興)의 완전한 일치를 말했다. 증조 심악(沈鍔)이 처형된 이래 폐족이 된 자신의 가문에 대한 위로의 뜻을 담았다. 하지만 다음과 같이 이=필연의 이유=천리의 설을 주장하여, "이(理)란 필연의 이유를 가리킨다. 필연이라고 하면 반드시 그렇게 되는 것이요 필연이 아니라고 하면 반드리 그렇게 되지는 않는 것이니, 이는 이(理)가 정해진 것이요 또 천지가 천지인 이유이다. 만약 필연이라 하는데 반드시 그렇게 되지 않거나 필연이 아니라고 하는데 반드시 그렇지는 않은 것이 아니라면 이는 이가 없는 것이요, 이가 없으면 천지 또한 없는 것이다"라고 설파했다.

45 10전(十纏)은 열가지 수번뇌(隨煩惱)이다. 무참(無慚)·무괴(無愧)·질(嫉)·간(慳)·회(悔)·면(眠)·도거(掉舉)·혼침(惛沉)·분(忿)·부(覆) 등이다.

46 본래 부처가 겪은 아홉가지 재난으로, 구난(九難)이라고도 한다. 곧, 육년고행(六年苦行)·손타리방(孫陀利謗)·걸식(乞食)·마맥(馬麥)·유리왕살석종(瑠璃王殺釋種)·걸식공발(乞食空鉢)·전차녀방(旃遮女謗)·제바달다(提婆達多)·한풍색의(寒風素衣) 등이다.

하게 타는 거문고 줄이 너무 곧 끊어질 듯이 하는가? 이를 살펴서 나 자신이 선한지 그렇지 않은지를 알 수 있으니, 이른바 '한 모서리를 보면 나머지 세 모서리를 알 수 있다'[47]는 것입니다. 그렇지 않고 다른 사람에게 들어서 알고자 한다면 알 수 없습니다. 좋아하는 까닭에 지적하지 못하거나 거리낌이 있어 감히 말하지 못하거나 아첨하느라 말하려 하지 않거나 소원하여 말하지 않으려고 합니다. 아무리 남에게서 듣고자 한들 들을 수 없습니다. 말을 하면 맞장구치지 않는 적이 없고 행동을 하면 칭송을 하지 않는 적이 없어, 스스로 믿기를 더욱 굳게 하고 스스로 조심하기를 더욱 게을리하게 되어, 혹 바른 말과 곧은 의론이 그 사이에서 나온다 하더라도 귀에 거슬리고 마음에 싫어져서 망령되다고 간주하여 도외시합니다. 또한 발언하는 것이 요점에 적중하면서 사리에 간절한 내용이 거의 없어도 들을 만하지 않은 그 말에 익숙해져, 비록 어쩌다가 오묘한 논설이 있어도 역시 살피지를 않습니다. 자고로 망국하고 패가하는 사례가 계속 이어지는데도 깨닫지 못하는 것은 이것에서 연유하지 않는 경우가 없습니다.

『주역』 풍괘豊卦 상육上六 효사에 "각옥을 크게 짓고 방집을 덮었다. 그 문을 엿보니 고요하여 사람이 없다. 흉하다"고 했습니다. 상전象傳에서는 "집을 크게 짓는다는 것은 하늘로 날아오름이요, 고요하여 사람이 없다는 것은 스스로 감추는 것이다"라고 했습니다.[48] 밝게 살피는 사람이 집 위에 위치하되 아래가 가려져서 멀리 트인 곳에 대해서는 환하면서 아주 가까운 곳에 대해서는 어두워서, 정과 뜻이 남과 교류하지 않고 격리되고 단절

---

47 『논어』「술이(述而)」에서 공자가 "한 모퉁이를 들어주었을 때 세 모퉁이를 미루어 알지 않으면 다시 알려주지 않는다(擧一隅, 不以三隅反, 則不復也)"라고 말한 것을 이용했다.

48 정이(程頤)의 풀이는 이러하다. "육(六)이 풍대(豊大)의 극에 처하여 위에 있으면서 스스로 높은 체하여 하늘로 비상하는 듯하니, 높고 큼이 심함을 이른 것이다. 그 문을 엿봄에 사람이 없다는 것은. 비록 풍대의 극에 처했으나 실제는 지위가 없는 자리이니 그가 어두우면서 스스로 높고 큰 체하기 때문에 사람들이 모두 버리고 끊어서 스스로 감추고 피하여 더불어 친하지 않은 것이다."

되어 혼자 높이 있는 것과 같게 된다면 흉하다는 뜻입니다.

하늘은 속일 수 없고 백성은 무함할 수 없으며 신은 무너질 수 없고 이치는 바뀔 수 없으며 성인의 말씀은 업신여길 수 없습니다. 이런 일들은 알기 쉬워 환하게 아주 분명한데, 하물며 그 조짐이 이미 이루어져 눈으로 볼 수 있는 데 있어서이겠습니까?

무릇 선을 쌓기를 여러 대에 걸쳐 해도 흥기하여 일어서기란 매우 어려우며, 과감하게 행동하고 스스로 사용하면 전적으로 평안하기 쉽지 않기에, 고요히 생각해봄에 마음이 서늘하고 뼛골이 움츠러듭니다. 무릇 시기가 변하면 일이 달라지고 위치가 옮겨가면 공적도 바뀝니다. 이런 까닭에 여항에서 이름을 날려도 조정에 기용될 인물이 아니고, 으스대며 스스로 선하다고 여겨도 겸제천하兼濟天下[49]의 법술이 아닙니다. 그 때문에 청수清水[50]의 정사로는 촉나라 전체를 다스릴 수 없었으며, 은현鄞縣[51]의 법으로 끝내 천하를 망쳤습니다. 왜 그렇겠습니까? 쓰이는 자리가 다르기 때문입니다. 이로써 말하건대 조그만 곳에 적의한 것을 신뢰하여 큰 곳에 집어다가 비틀어둘 수 없고, 전날 얻은 것을 믿어서 오늘에 일체로 적용할 수도 없습니다.

내가 듣기로, 모래는 언덕에서 빠져나오면 물살이 반드시 무너뜨리고 나무는 숲에서 홀로 빼어나면 바람이 반드시 꺾어버린다[52]고 했습니다. 이

---

49 천하 사람들을 널리 구제한다는 의미이다. 독선기신(獨善其身)과 대별된다.

50 『후한서』「염범전(廉范傳)」에 따르면, 후한 때 촉군(蜀郡)에서는 밤에 불을 피우고 일하는 것을 금했는데, 염범(廉范)이 태수가 되어 밤에 작업을 하되 집집마다 물을 저장하게 했다. 백성들이 노래하기를, "염숙도(廉叔度)여, 어찌 이리 늦게 오셨나? 불을 금하지 않으니 백성들 편안히 일하네. 평소에 저고리도 없다가 지금은 바지가 다섯벌이라네"라고 했다. 숙도는 염범의 자이다.

51 『송사』「왕안석열전(王安石列傳)」에 따르면, 왕안석이 은현에 부임하여 둑을 만들고 못을 터서 수륙(水陸)의 이익을 삼고, 백성에게 곡식을 빌려주고 이자를 불려 갚게 함으로써 새 곡식과 오래된 곡식을 바꾸게 했다. 왕안석은 이때의 정사를 바탕으로 신법(新法)을 제정했다. 심대윤은 이것이 결국 실패로 돌아갔다고 보았다.

52 『문선(文選)』권53에 수록된 위진(魏晉) 때 이강(李康)의 「운명론(運命論)」에 나오는 말이다.

름이 높은 자는 실질을 잃어버리고 행동이 괴팍한 자는 많은 사람이 원망하며, 치우쳐 고집부리는 자는 어울리지 못하고, 시기에서 어긋난 자는 상서롭지 못합니다. 이런 까닭에 군자는 홀로 우뚝 서도 뭇 사람이 따르고 세속과 어긋나도 사람들이 기뻐 복종하며, 강직하고 의연한데도 세속과 화합하고 청렴결백해도 남에게 누를 끼치지 않습니다. 홀로 우뚝 서도 뭇 사람이 따르는 것은 함께 좋아하는 바를 행하기 때문이고, 세속과 어긋나도 사람들이 기뻐 복종하는 것은 이익을 함께하기 때문이며, 강직하고 의연한데도 세속과 화합하는 것은 의를 지켜 중中을 얻기 때문이고, 청렴결백해도 남에게 누를 끼치지 않는 것은 꼬치꼬치 따져 남의 오점을 드러내지 않기 때문입니다.

대체로 시대를 등지고 공을 세우며 대중을 해치고 이름을 온전히 한 자는 없습니다. 시대를 등지고서 공을 세우는 것은 얼음을 캐어다가 벼를 심는 격이요, 대중을 해치고 이름을 온전히 하는 것은 가죽을 벗기면서 털을 남기려는 격입니다. 만약 "대중은 무지한데 무엇을 염려하랴? 세상은 더러운데 무엇을 아파하랴?"라고 한다면 그 뒤틀림(反)은 큰 오류입니다. 사람이 사람과 부류를 이루지 않고 누구와 부류를 이루겠습니까? 무릇 백성은 무지하지만 지극히 신령스럽고 세상은 더럽지만 지극히 밝으므로 함부로 여길 수 없습니다. 사람의 본성은 하나이니 타인의 본성을 잃으면 또한 나의 본성을 잃습니다. 하늘과 사람은 하나이니 사람의 정情(본정)을 어기면 또한 하늘의 정을 어깁니다. 군자는 공경하고 근신하고 공손하고 경외하여 오직 천하의 마음을 잃을까 걱정합니다. 그 때문에 사람과 함께하기를 잘하니, 사람과 함께하기에 하늘과 함께하는 것입니다. 예부터 오늘까지 본성을 잃고 하늘을 위배하고서 자기의 공명을 보존할 수 있었던 적이 없었습니다. 『시경』에 "상제께서 그대를 내려다보고 계시니, 그대의 마음을 두가지로 하지 말라"[53]고 한 것은 이를 두고 말한 것입니다.

저는 아주 어리석기는 하지만, 뜻을 거역하고 말씀드리면 보상이 없이 죄만 돌아오며 입 다물고 순종하면 편안하고 아무 일 없다는 것을 어찌 알지 못하겠습니까? 그런데도 그만둘 수 없었던 것은 어찌 자신을 위해 도모했겠습니까? 오직 족하는 이 지극한 정성을 어여삐 여기고 미친 어리석음을 용서해주시기 바랍니다.

【대덕 상공은 서한을 보고 크게 깨달은 바 있었다. 이에 개옥역철改玉易轍[54]하여 험악한 길을 떠나 평탄한 길로 나아가 공과 덕이 아울러 높아지고 경복과 녹봉이 영구히 이어졌다. 이런 까닭에 성인은 허물 고치는 것을 크게 여기고 간언 받아들이는 것을 귀하게 여긴다. 군자의 말은 충성스러우면서 완곡하고 미더우면서 징험이 있으며 곧으면서 상처 주지 않으므로 듣는 사람 또한 의심하지 않는다.[55]】

---

53   『시경』「대아(大雅) 대명(大明)」에 "그대의 마음을 두가지로 하지 말라, 상제께서 그대를 내려다보고 계시니라(毋貳爾心, 上帝臨汝)"라고 했는데, 앞뒤 구절을 바꾸어 썼다.

54   개옥은 개옥개보(改玉改步)의 준말로, 임금을 바꾸고 제도를 일신(一新)하는 것을 말한다. 『춘추좌씨전』 정공(定公) 5년에 나온다. 역철은 본래 통일된 나라에서 수레바퀴 간격을 바꾼다는 의미로『진서(晉書)』「강통전(江統傳)」에 나온다.

55   이 글의 뒤에 누군가 다음 논평을 써두었다. "마치 조자룡(趙子龍)의 창끝이 적장의 몸에서 떠나지 않는 것과 같다. 적장의 가슴을 정면으로 찌르지 않으면 그 등을 겨누고 있으니, 전편에 주제 밖의 한가로운 말은 단 한 구절도 없다."

2장
선악과 시비의 교조적 분할에 반대한다

선악일본론善惡—本論[1]

천하의 사물은 근본이 둘인 것이 없다. 천하에는 악인이 없으며 선만 있을 뿐이요, 천하에는 악사惡事가 없으며 선만 있을 뿐이다. 선이 지나치거나 미치지 못한 경우에 악이 되니, 선과 악은 근본이 하나이다. 식食과 색色은 사람이 거기에 힘입어 생활하고 양성되는 것인데, 미치지 못하면 생활하고 양성될 수 없으며 지나치면 생활하고 양성되는 것을 해치게 된다. 생활하고 양성될 수 없는 것과 생활하고 양성됨을 해치는 것은 그 근본으로 말하면 모두 미치지 못하거나 지나친 데서 비롯된다. 그러므로 악은 본래부터 악이 아니요, 선이 지나치거나 미치지 못한 결과이며, 소인은 본래부터 소인이 아니요, 군자가 지나치거나 미치지 못한 결과이다.

지나치거나 미치지 못함이 없는 것이야말로 천하의 선도善道이니, 중용

---

1   세상에 악(惡)이란 없고 오직 선(善)만 있을 뿐이라고 했다. 악이란 단지 선의 과불급(過不及) 상태이므로 선과 악은 근본적으로 하나라는 논리다. 심대윤은 여기서 나아가 선(善)과 이(利)도 하나라고 선언했다.

中庸이라 이름한다. 노자는 '출생입사出生入死'[2]라 했는데, 이것은 생을 취함이 많으면 죽음으로 들어간다는 말이다. 오직 노자가 선악의 근본이 하나임을 알았으나, 다만 지나침의 폐해만 언급하고 미치지 못함의 폐해에 대해서 말하지 않은 것은 어째서인가? 노자의 도는 본디 욕심을 적게 함을 위주로 삼아, 누르고 줄여서 지나침의 폐해를 멀리함에 힘썼으므로 미치지 못한 폐해에 대해서는 알지 못했다. 대체로 노자의 도는 성인의 중용과는 다르다. 그렇지만 그의 지력知力이 보통 사람보다 빼어났기 때문에 심히 미치지 못함에는 절로 이르지 않았다. 그래서 후세에 그의 도와 비슷한 자들은 모두 능히 그 몸을 편안히 하고 이익 되게 하며 그 자손들이 이어 나갈 수 있었다. 그러나 겨우 근근이 할 뿐이며 크게 진작함은 없었다. 그렇다고 해도 아무래도 중용의 다음이라고 말할 수 있다. 이보다 지나쳐서는 선이라고 할 만한 것이 없게 된다.

천하의 일은 선善과 이利일 따름이니, 선과 이는 서로 다른 것이 아니다. 선이면 반드시 이롭고 이로우면 반드시 선하니, 선이면서 이롭지 않은 것은 없고 이로우면서 선하지 않은 것도 없다. 선이면서 이롭지 않으면 선이 아니요, 이로우면서 선하지 않으면 이가 아니다. 세상에 선을 추구하는 자들은 "선은 선뿐이요 이는 선이 아니다"라고 말하고, 이를 추구하는 자들은 "이는 이뿐이요 선은 이가 아니다"라고 말한다. 선을 행하면서 자기의 이를 지나치게 얻기에 힘쓰거나 이를 행하면서 선에 미치지 못한다면 양자의 청과 탁에는 차이가 있지만 부족하거나 미치지 못하는 점에 있어서는 마찬가지요, 또 악이 되는 점에 있어서도 마찬가지다. 그것이 사람의 잃어버리는 바 되고 귀신이 재앙을 끼치는 바 됨에 있어서도 마찬가지이다.

---

2   『도덕경』제50장에 "사람이 사는 곳으로 나가고 죽는 곳으로 들어가는 일이 있을 경우 살 곳으로 가는 사람이 열 중에 세 사람, 죽을 곳으로 가는 무리가 열 중에 세 사람이 있다. 살려고 몸부림치다가 죽을 곳으로 가는 사람이 또한 열 중에 세 사람이 있다. 어찌하여 그런가? 살려고 발버둥치기 때문이다(出生入死, 生之徒十有三, 死之徒十有三. 人之生動之死地, 亦十有三. 夫何故 以其生生之厚?)"라고 했다. 본래는 생사의 경지를 헤매는 것을 말한다.

그 병환은 '선과 이가 하나로 귀결되며 선과 악이 하나의 근본임'을 알지 못하는 데에 있다. 천하의 악은 선에 근본을 두고 이루어지지 않는 것이 없으니, 진실로 그러한 것은 없다. 선과 이가 지나치거나 미치지 못하게 되는 것은 자기 한 몸을 위해 사사롭게 하기 때문이다. 만약에 사람들에 대해서 공公이 되면 지나치거나 미치지 못하게 되고 싶어도 그럴 수가 없다.

무릇 사람들에게 공公이 되는 것은 실로 미치지 못함이 없다. 아무리 선이 만고의 역사를 덮고 이가 사해의 공간에 두루 미치더라도 지나치다는 걱정이 없을 것이다. 이야말로 중용지선中庸至善의 덕이다. 오호라! 이것은 행하지 않고 도리어 저것만 오래도록 행하고 있으니, 유독 무엇 때문인가?

【중용의 도는 천하의 실정을 모두 통하여 물아物我에 한결같이 시행하므로 부족함이 없고 또 지나침도 없다. 아아! 오묘한 도로 귀먹고 눈먼 세속을 깨우치고자 하지만 말로 제대로 표현하기 어렵구나. 단지 실마리를 꺼내어 스스로 생각하여 터득하도록 할 따름이다.】

동개자가 논변한 참곡궤문에 답하여 변론함答東介子所論辨斬曲几文辨[3]

가만히 보건대, 동개자가 곡曲·직直과 유형有形·무형無形에 대해 논한 설說은 훌륭한데, 역시 나의 「곡궤문변曲几文辨」에 대한 주소註疏(주석과 주석의 뜻을 소통시키는 글)라고 할 수 있다.

---

3 1844년(갑진)에 심대윤은 당나라 유종원(柳宗元)의 「참곡궤문(斬曲几文)」에 대해 반박하는 「유종원의 참곡궤문을 변파하는 글(辨柳宗元斬曲几文)」을 작성한 일이 있다. 유종원은 굽은 것이라면 곡궤(曲几, 구부러진 나무로 만든 팔걸이)마저도 베어버리겠다고 선언했지만, 심대윤은 자연만물에 편만한 곡(曲)의 존재들, 일상에서 볼 수 있는 곡(曲)의 쓰임들, 곡(曲)이 우리에게 주는 이점들을 열거하여 곡(曲)의 유효성을 게시했다. 이후 동개자가 「유종원의 참곡궤문을 변론함(辨柳宗元斬曲几文)」을 보여주자, 심대윤은 1862년(임술)에 이 글을 작성했다.

내가 쓴 글의 뜻은 대개, 군자는 곧은 도道로 굽은 것을 쓰고 소인은 굽은 도로 곧은 것을 쓴다는 것이었다. 군자는 곧음으로써 굽은 것을 써서 곧은 곳으로 나아가고, 소인은 굽은 것을 버리고 곧은 것을 팔아서[沽直]⁴ 굽은 데로 나아간다. 도란 형체가 없는 것이요, 용用이란 형체와 이름이 있는 것이다. 무릇 인간이란 응당 도를 근실하게 분별해야지, 용에 구애되어서는 안 된다. 만약 형체와 이름을 지닌 것으로 구한다면 군자도 혹 굽은 것을 쓰고 소인도 혹 곧은 것을 쓰므로 분별할 수가 없다. 만약에 무형의 관점에서 본다면 군자는 항상 곧고 소인은 항상 굽는다.

동개자의 논설 또한 나의 이 의미이다. 반복해서 궁구하여 살펴보아도 이견이 있음을 보지 못했다. [다만] 끝에서 "유종원의 「참궤문」은 굽은 것을 씀에 졸렬하지 않았다"라고 하여 나의 뜻을 뒤집었을 뿐 아니라 그 자신의 처음 말도 뒤집었다.

무릇 곡궤는 사용하기엔 편하지만 생김새와 이름을 혐오하여 절단해버린다면 그른 것을 버리고 곧은 것을 파는 자에 가깝지 않겠는가? 이를 가리켜 굽은 것을 사용할 줄 안다고 하겠는가? 오직 군자라야만 굽은 것을 잘 사용하니, 이 때문에 능히 만물을 포함해서 천하를 겸제兼濟할 수 있다. 소인은 굽은 것을 사용할 줄 모르기 때문에 그중 심한 자는 굽은 것을 버리고 곧은 것을 팔며, 하수인 자는 자신을 굽은 것에 짝지워 굽은 것을 전적으로 행한다. 굽은 것을 버리고 곧은 것을 파는 자는 유형은 곧으나 무형은 굽어 있다. 자신을 굽은 것에 짝지워 굽은 것을 전적으로 행하는 자는 유형이나 무형이나 모두 굽어 있다. 이 두 부류는 모두 소인이지만 굽은 것을 버리고 곧은 것을 파는 자는 문제가 특히 심하니, 알아보기 어려워 쉽게

---

4   원문의 '고직(沽直)'은 남의 앞에서 자기의 행실이 정직하다고 제 스스로 말함으로써 성가 (聲價, 좋은 평판)를 노리는 것을 말한다. 왕수인(왕양명)의 「교조시용장제생(敎條示龍場諸 生)」은 입지(立志)·근학(勤學)·개과(改過)·책선(責善)의 4조인데, 책선 가운데 고직을 해서는 안 된다고 강조했다.

믿게 되고 배척하기 어려워 사용하기 쉽다. 그러므로 항상 천하의 깊은 앙화가 된다. 자신을 굽은 것에 짝지워 굽은 것을 전적으로 행하는 자는 사람들이 환히 보는 바여서 배척하기가 아주 쉬우므로 큰 우환이 되지 못한다.

동개자는 오직 굽은 것을 행하는 소인小人만 알고 곧은 것을 사용하는 큰 소인[大小人]은 알지 못하는가? 동개자는 "응당 무형에서 구해야 하지, 유형에서 구해서는 안 된다"라고 하고서는 또 "굽은 형체와 굽은 이름을 미워하여 버리는 것이 옳다"라고 했으니, 처음 말을 뒤집은 것이 아니고 무엇인가? 그렇다면 나는 어느 쪽을 따를 것인가? 무형에서 구하는 것이 옳은가? 유형에서 구하는 것이 옳은가? 나로서는 오직 곡궤가 용도에 편한가 여부만 따지고, 형체와 이름의 곡직을 구하지 않는다.

무릇 천하 사람들이 모두 '도척盜跖(춘추시대의 극악한 도적 이름. 도적의 대명사)이다'라고 하여도 그 이름에 현혹되지 말고 실상을 살펴서 쓸 만한 점이 있으면 쓴다. 천하 사람들이 모두 '성인이다'라고 하여도 그 위세에 떨지 말고 실상을 살펴서 버려야 할 만한 점이 있으면 버린다. 천하 사람들이 모두 '천하다' 하더라도 실상을 살펴서 높일 만한 점이 있으면 높인다. 천하 사람들이 모두 '귀하다' 하더라도 실상을 살펴서 비루하게 여길 만한 점이 있다면 비루하게 여긴다. 직접 본 바의 행동이 도척과 같더라도 유형에 구애되지 말고 실상을 살펴서 쓸 만한 점이 있으면 쓴다. 직접 본 바의 행동이 성인과 같더라도 행적에 미혹되지 말고 실상을 살펴서 버려야 할 만한 점이 있으면 버린다. 직접 보기에 그 지위가 매우 낮더라도 실상을 살펴 높일 만한 점이 있으면 높인다. 직접 보기에 그 지위가 매우 귀하더라도 실상을 살펴 비루하게 여길 만한 점이 있다면 비루하게 여긴다.

나는 삼대三代(하·상·주) 이후에 태어나 비록 송언訟言(분명하게 공언함)을 하지도 직행直行(올곧게 행동함)을 한다고도 감히 말하지 못하지만, 마음에 보존한 바가 이와 같기에 스스로는 다행히 혹 실패가 적다고 생각한다.

나의 글은 다만 「참곡궤문」에서 한 절에 대해 입론立論했을 따름이다.

유종원이 군자인지 소인인지는 실로 여기에 있지 않다. 그런데 유종원은 영정永貞[5] 시기의 인물로, 한유韓愈는 유종원을 좋아하고 사랑했음에도 그의 악을 덮지 못해서 『순종실록順宗實錄』을 편찬하면서 왕숙문王叔文[6]의 간사함을 직서直書했다. 양성陽城[7]은 당나라의 어진 인물인데 그가 축출당하자 유종원은 태학생에게 글을 보내 겉으로는 도우면서 속으로는 배척했다.[8] 여온呂溫은 당나라의 사특한 인물인데, 유종원은 그를 위한 제문에서 찬송에 붓을 한껏 휘둘렀다.[9] 그 본말을 공평하게 살펴보건대 정직한 면은 보이지 않는다. 유종원이 있은 이래로 지금까지 논하는 사람들 가운데 정직한 사람이라고 그를 인정한 경우는 있지 않았다. 동개자만 유독 그를 정직한 군자로 일컫고 있으니 따로 어떤 견해가 있어서가 아니겠는가? 나는 미혹하고 열등하여, 그 설의 근거를 찾아보았으나 그러지 못했다. 훗날에 만약 내가 책을 끼고 문하에 나아간다면 가르침을 받을 수 있을 것이다.

나는 삼대 이후에 태어나서 감히 정언正言과 직론直論을 펴지 못해왔으

---

5   영정(永貞)은 당나라 순종(順宗)의 연호이다. 순종은 재위 1년에 그쳤다. 서기 805년에 해당한다.

6   왕숙문(王叔文, 753~806)은 당 덕종(德宗) 재위 시 궁중사에 관여하고 명사들과 결연했다. 순종이 즉위하자 한림학사로서 병권까지 장악해 국정을 농단했다. 한유가 「영정행(永貞行)」을 지어 비난했다.

7   양성(陽城)은 당나라 북평(北平) 사람으로 자(字)는 항종(亢宗)이다. 덕종 때 간의대부(諫議大夫)로 있다가 육지(陸贄)가 좌천당하자 그의 무죄를 주장하다가 지방으로 좌천되었다.

8   당나라 덕종(德宗) 정원(貞元) 14년(798) 9월 26일 유종원이 「여태학제생회예궐유양성사업서(與太學諸生喜詣闕留陽城司業書)」를 지었다. 이때 태학생 설약(薛約)이 상서한 말이 지나치게 올곧아서 죄를 얻어 귀양을 갔는데, 설약의 스승이었던 양성이 연좌되어 도주자사(道州刺史)로 좌천되기에 이르렀다. 이에 태학생 하번(何蕃), 계상(季賞), 왕노경(王魯卿) 등 200여명이 양성을 태학에 그대로 머물게 해달라고 상소했다. 이때 유종원이 태학생들에게 그 서찰을 보냈다.

9   여온(呂溫 772~811)의 자는 화숙(和叔)·화광(化光)이다. 왕숙문과 가까웠으나 왕숙문의 개혁이 실패했을 때 토번(土蕃)으로 나가 있어서 연좌되지 않았다. 벼슬은 형주자사(衡州刺史)에 이르렀다. 그가 죽자 유종원이 「제여형주온문(祭呂衡州溫文)」을 지어, "도는 크고 육예(六藝)를 갖추었으니 이에 온전한 덕을 지녔도다(道大藝備, 斯爲全德)"라고 칭송했다.

나, 지금 동개자가 동어桐魚[10]로 종을 두드리므로 한번 크게 울지 않을 수 없다.

세상에서 우인愚人과 현자賢者를 구별 않으니
홍황鴻荒 시대 이후로 지금이 이전과 같아왔다.
꽃 지고 잎 떨어지는 것은 아무 뜻이 없어라
오직 뿌리와 둥치만이 억만년을 간다네.

붕당론朋黨論[11]

붕당이란 명칭은 예전부터 있었는데, 그 근원이 같지 않아 끼친 앙화의 크고 작음과 깊고 얕음도 그에 따라 달랐다. 서너명의 간사한 자들이 군주의 혼암昏暗을 틈타 당비黨比를 결성하고 자기들과 뜻을 달리하는 어진 신하 한두명을 음해하는 일은 고금에 걸쳐 그때그때 더 있었다. 죄는 군주가 혼암하여 밝지 못한 데 있었으니, 이 앙화는 작고 얕은 것이었다. 나라가 쪼개져 무리를 지어 다투어 서로 각축하는 일은 상고에는 없다가 동한東漢에서 시작되었다. 정正과 사邪, 청淸과 탁濁이 서로 기치를 세우고 북을 치며 대적하다가 결국 사도가 정도를 이기고 탁류가 청류를 이긴 경우는 동한東漢과 송나라 원우元祐·희녕熙寧·원풍元豊의 일이다. 양편이 모두 권세

---

10   동어(桐魚)는 역량을 발휘함을 뜻한다. 진 무제(晉武帝) 때 석고(石鼓)가 출토되었는데 두 들겨도 소리를 낼 수가 없었다. 장화(張華)가 보고서 "촉 땅에서 나는 오동으로 물고기 모양을 새겨 두드리면 울릴 것이다"라고 했는데, 그렇게 했더니 과연 소리가 울렸다. 『이원(異苑)』 권2 참조.

11   구양수(歐陽脩)의 「붕당론(朋黨論)」에 대한 반론이다. 구양수의 논의는 붕당의 근원이 같지 않고 끼친 화(禍)의 대소천심(大小淺深)도 달랐다는 사실을 무시했으며, 실제로는 구양수가 말한 군자당과 소인당의 대립 구도는 있을 수 없고, 만약 정말 군자라면 모두가 다 따를 것이므로 붕당이 있을 수도 없다는 원론 차원의 비판을 제기했다.

를 탐하고 원수를 갚아 상호 알력을 빚은 경우는 당나라의 우당牛黨·이당李黨[12]의 일이다. 양측이 모두 청류인데 안으로 서로 공격한 경우는 송나라의 촉당蜀黨·낙당洛黨·삭당朔黨[13]의 일이다. 현 시대의 사류士類가 스스로 한 무리를 이루어 적대의 당이 없었으나 사람들의 시기와 질투를 면치 못한 경우는 명나라 동림당東林黨의 일이다.[14] 대개 사대부들이 명분을 좋아하고 질조를 높여 이기려고 다투는데, 군주가 옳고 그름을 확실히 분별하지 못한 데서 연유하니, 이것은 앙화가 크고 깊다.

군자는 다투지 않고 사양하며 치우치지 않고 공평하니, 이것은 천하를 자기의 한 몸과 같이 여기고 사해四海로 당黨을 삼는 것이니 어찌 사사로운 붕당이 있을 수 있겠는가? 현명한 자는 존경하며 불초한 자는 감복하니, 어찌 뭇 사람의 적이 되는 일이 있겠는가? 이로써 말하자면 붕당의 명부에 들어 있는 사람은 또한 군자의 후예라 할 수 있으리라. 그런데 그 자손들이 대대로 지켜서 잃지 않으면서 각자 자신의 조상을 옳게 여기고 저들의 조상을 공격하여 욕하고 헐뜯어서 그만두지 않는다. 이것은 자신의 조상이 과연 옳아서 옳다고 하는 것인가? 자손으로서 자기의 조상을 가지고 남과 승부를 다투는 것은 결코 아름다운 일이 아니다. 무릇 어질더라도 스스로 어질다고 자랑하면 그 어진 점을 잃는다. 스스로 나서서 조상을 어질다고 자랑하는 것은 조상을 어질게 만드는 방도가 아니다. 과연 옳지 못함에도 옳다고 하는가?

『맹자』「이루상離婁上」에 나오듯, 선왕의 예에 조상이 유幽나 여厲라고

12 　당나라 말 40년 동안 두 붕당이 대립했다. 한쪽은 우승유(牛僧孺)와 이종민(李宗閔)이 우두머리이고, 한쪽은 이길보(李吉甫)와 이덕유(李德裕) 부자가 우두머리였다.

13 　송나라 철종 때의 세 당파로, 낙당은 낙양(洛陽) 출신 정이(程頤) 일파, 촉당은 촉인(蜀人) 소식(蘇軾) 일파, 삭당은 삭방(朔方)의 유지(劉摯) 일파를 말한다. 촉당은 천당(川黨)이라고도 한다.

14 　명나라 신종(神宗) 때 환관 위충현(魏忠賢)이 동림서원(東林書院)에서 사류(士流) 고헌성(顧憲成) 일파를 사당(邪黨)으로 몰아 무고하여 죽인 동림당고(東林黨錮)가 있었다.

이름이 붙으면 아무리 효성스런 자손이라도 그 악을 숨길 수 없다. 『춘추』
에서는 친부를 위해 휘諱해도 그 사실을 없애지 않았다.[15] 감히 사적인 당
을 위해서 천지의 공의公義를 없앨 수 없기 때문이다. 사람이 옳고 그른 것
을 분별하는 마음이 없다면 사람이 아니요, 알면서도 잘못을 분식粉飾한다
면 조상을 속이는 것이다. 나는 조부의 덕을 따라 아비의 허물을 덮는다[16]
는 말은 들었어도 조상을 속여서 효를 한다는 말은 듣지 못했다. 아비의 실
질에 보탬이 없으면서 자신의 의리를 무겁게 손상시키니, 장치 무엇에 쓰
겠는가?

　저들은 그 부친과 조부가 과연 그릇되어서 비난을 하는가? 남의 자제
를 대하여 이미 뼈가 된 그들의 아비를 헐뜯는 것은 말이 비록 옳다 하더
라도 패륜 행위가 됨을 면치 못한다. 하물며 모두 종묘사직의 선대부先大
夫로서 일찍이 군주를 보필하던 사람들임에야 더 말해 무엇하랴? 이 나라
에 살면서 저들을 비난하면 이것은 종묘사직에 누를 끼치고 군주를 비하
하는 짓이니, 죄가 이보다 큰 것이 있겠는가? 저들이 과연 옳은데도 비난
을 하는가? 그렇다면 이는 앞서 일컬은 모든 악을 갖춘 데다가 더욱 흉험
凶險하고 사리를 끊어 새처럼 지저귀고 짐승처럼 짖어대는 셈이다. 이런
말을 듣고서 발끈해서 나서면 그 또한 금수를 상대로 다투고 따지는 격이
니, 금수를 상대로 다투고 따지는 자 또한 금수이다. 『좌전左傳』에 "적혜敵

15　『춘추공양전(春秋公羊傳)』 민공(閔公) 원년에 "『춘추』는 존귀한 이를 위해 휘하는 경우가
　　있고 어버이를 위해 휘하는 경우가 있고 어진 이를 위해 휘하는 경우가 있다"라고 했다.
16　원문의 '솔덕(率德)'은 조부의 덕을 따른다는 뜻이고 개건(盖愆)은 아버지의 허물을 덮는
　　다는 뜻이다. 『서경』 「주서(周書) 채중지명(蔡仲之命)」에서 주공이 채숙(蔡叔)의 아들 채중
　　(蔡仲)을 타일러, "소자 호야. 네가 조부인 문왕(文王)의 덕을 따르고 부친의 행실을 고쳐서
　　법도를 조심하며 행할 수 있게 되었다. 그래서 내가 너를 명하여 동쪽 지방의 제후로 삼노니,
　　너의 봉국(封國)에 가서 공경히 행할지어다. 네가 그래도 전인의 허물을 덮을 수 있는 것은
　　오직 충과 효일 뿐이다(小子胡, 惟爾率德改行, 克愼厥猷. 肆予命爾, 侯于東土, 往卽乃封, 敬
　　哉! 爾尙蓋前人之愆, 惟忠惟孝)"라고 했다.

惠(은혜 갚음)·적원敵怨(원수 갚음)은 그 후손에게는 해당하지 않는다"[17]라고 했다. 만약 대대로 원수를 갚으려 하여 그만두지 않는다면 이야말로 교결 膠結(아교로 굳힌 것처럼 굳게 결속함)이 더욱 심하여 하늘 끝까지 갈 것이다. 천하 사람들이 첩첩이 원한을 맺어 서로 어육을 만든다면 사람들의 씨가 다하기 전에는 그치지 않을 것이다. 또 바야흐로 같은 조정에서 명분을 다투던가 의리를 다투던가 이익을 다투던가 권세를 다투던가, 무릇 이것은 소인들의 일상이다. 그 사람은 벌써 죽고 그 일도 이미 지나서 수십 수백년의 오랜 세월에 이르렀어도 붙들어 놓지 않고 입에는 바른 말이 없고 마음에는 공정한 도가 없이 서로 문드러져도 깨닫지 못하니, 도대체 어찌된 일인가? 무릇 한·당·송·명의 역사로 살펴보건대, 붕당의 화가 가문에 있으면 가문이 필시 멸망하고 나라에 있으면 나라가 필시 멸망했으니, 어찌 두렵지 않은가? 지금 그런 일을 하여 능히 조상의 선악의 실상을 바꿀 수 있다면 좋겠고, 능히 자기의 몸을 올곧게 하고 자기의 행동을 선하게 할 수 있다면 좋겠고, 자기의 권세와 득실에 관계가 있다면 좋겠다. 그러나 군자라면 이러한 일은 하지 않을 것이요, 하물며 이 모든 것들을 얻지도 못한 채 그저 금수로 귀착되고 멸망의 화를 부르기만 할 뿐임에랴! 이는 어떤 사람인가![18]

무릇 천하의 대도大道는 화동和同[19]보다 좋은 것이 없고 괴이乖異(서로 어

---

17   『춘추좌씨전』 문공(文公) 6년 11월 병인, 진(晉)나라가 속간백(續簡伯)을 죽이자 가계(賈季)가 적(狄)으로 도망가니 선자(宣子)는 유병(臾騈)을 시켜 그의 처자를 적 땅으로 보내주게 했다. 가계는 이(夷)에서의 훈련 때에 유병에게 모욕을 준 일이 있었으므로 유병의 부하가 가씨 일족을 죽이려 하자, 유병은 전대의 기록에 '은혜와 원수는 직접 본인에게 갚고 그후손에게 갚지 않는 것이 충후한 도이다'라고 말하면서 저쪽의 총애를 이용해 사사로운 원한을 갚는다면 잘못이라고 거부했다.

18   『시경』 「왕풍(王風) 서리(黍離)」에 "끝없이 푸른 하늘이여, 이렇게 된 것은 도대체 누구 때문인가(悠悠蒼天, 此何人哉!)"라고 했다.

19   『주역』의 동인괘(同人卦)는 사람이 서로 화동(和同)함을 뜻하는데, 그 괘사(卦辭)에 "사람과 화동하되 들에서 하면 형통한다(同人于野, 亨)"라고 했다.

굿남)보다 좋지 않은 것이 없다. 천하의 일은 화동으로 성취되고 괴이로 실패하지 않는 것이 없으며, 천하의 사람들은 회동으로 복을 가져오고 화를 가져오지 않음이 없다. 오호라! 우리들은 근원을 귀감으로 삼아 처음을 신중히 함으로써 후세의 맹아를 미리 방비하고, 그 폐단을 살피고 이후의 일을 근실히 함으로써 오늘날의 우환을 제거하지 않으랴? 그렇게 하지 않으면 나는 장차 크게 두려워할 바가 있게 된다.

【군자와 소인의 구분은 공公과 이利에 의해 판별된다. 저만 선하다고 하거나 이익을 독차지하는 것은 소인이 되기는 마찬가지이다. 동한 이래 붕당의 화는 모두 이로부터 비롯되었다. 공평하지 못하면 편당이 있게 되는 것이 필연의 이치이다. 무릇 선善은 곧 이利이니, 서로 다른 것이 아니요, 명名 또한 이利이니 서로 다른 것이 아니지만, 오로지 선善만 취한다면 선하지 않고 오로지 이利만 취한다면 이롭지 않으며 오로지 명名만 취하면 허명이다. 오로지 자기만 위하는 것을 사私라 이르고, 남과 함께하는 것을 공公이라 한다. 공과 사의 구분은 군자와 소인을 판별한다. 어진 자는 그 선만을 독점하고 어질지 못한 자는 그 이익만 독점하니, 붕당이 일어나는 까닭이다. 만일 공자의 도가 다시 참으로 밝아진다면 한번 붕당을 얻고자 한들 그럴 수 없다. 만약 천하에 큰일이 있다면 그 앙화는 필시 서로를 삼킬 것이다. 그러므로 '나는 크게 두려워할 바가 있다'라고 한 것이다.】

제물론편론齊物論篇論[20]

세상일이란 앙알坱軋하고[21] 교갈膠轕[22]하여 서로 뿌리와 바탕이 되어 결

---

20 심대윤은 인간의 몸이 '묘리가 무궁하다'는 사실에 주목했다. 인간의 몸은 신비한 것이기에 인간의 지능으로 전모를 파악할 수 없고, 또 치료하기가 어렵다. 사람은 인체의 신비로움으로부터 인간의 유한성이 도출되므로, 거머리 같은 미물(微物)과 차별된다고 파악했다.

가지와 잎사귀가 제멋대로 자란 모양이다. 시작과 끝이 서로 얽혀서 실마리를 찾기 어렵고, 머리와 뿔이 교대로 솟아나 형체를 붙잡을 수 없다. 이해利害의 옳고 그름을 분변하기 어렵고 취사取舍(취하고 버림)의 바른 도리를 살피기 어렵다. 평평한 것과 험준한 것이 착종되고 길사와 흉사가 구역을 같이하여, 동쪽으로 향해 서서 서쪽에서 칼을 잡고, 남쪽을 가리키며 북쪽에서 활을 당긴다. 나아가거나 피하거나 향하거나 등을 돌리거나 하는 것에서 헷갈리지 않는 것이 드물다. 얻고 잃거나 이기고 지거나 하는 일들도 지나고 보면 헛것이요, 시비와 영욕은 시기에 따라서 달라진다. 천변만화하여 포착하기 어려우니, 내가 무엇을 붙잡을 것인가? 잡을 데가 없거늘 온 세상 사람들은 물결을 좇아 내달리고 빠져들며 바람을 따라 나부끼고 스러져서 방향도 모른 채 다투어 내닫고 몽환 속에 드나들면서도 스스로 그런 줄 알지도 못하고 남들도 왜 그런지 알지 못한다. 하는 말은 봄날 새와 가을벌레가 울부짖는 것 같고, 하는 행동은 쑥대가 굴러다니고 버들솜이 날리는 것 같다. 스스로 자기 마음을 유지하여 천지의 흐르는 기운에 감응하지 못하고 이처럼 동요하고 있기에, '천하에 사람이 없다'라고 말하더라도 옳겠다.

깨닫지 못하는 사람들은 맹인이 길을 찾듯[23] 함부로 다니다가 죽어갈 따름이다. 초연히 홀로 깨달은 자들은 스스로 우환을 이기지 못하고 어찌하기가 어렵다는 것을 보게 된다. 옛날 사람들의 지난 자취를 찾아보면 진실인 것도 같고 공허한 것도 같고, 지금 세상의 실태에 징험하면 거짓인 듯

---

21 앙알(坱軋)은 끝없이 광활한 모습이다. 가의(賈誼)가 「복조부(鵩鳥賦)」에서 자연의 끝없는 조화를 표현하여 "대자연이 만물을 운행함이여, 끝없이 광활하도다(大專槃物兮, 坱軋無垠)"라고 한 말을 원용했다.

22 '교갈(膠輵)'과 같다. '교갈분답(膠輵紛沓)'이라고 하면 거마(車馬)의 시끄러운 소리가 번갈아 이르는 것을 말한다.

23 양웅(揚雄)의 『법언(法言)』 「수신편(修身篇)」에 "평소 무턱대고 길을 찾아서 어두운 길을 갈 따름이다(素擒埴索塗, 冥行而已)"라고 했다.

사실인 듯 자꾸 의심이 일어나서 그 이름에 부합하는 것이 무엇인지 모른다. 뗏목도 잃고 나루도 찾지 못하며 어찌할 바 모르고[24] 자주 놀라며 감히 나아가지 못한다. 홀홀 스스로 허물을 벗고 세상의 얽매임을 끊어버리고 구름하늘 밖으로 높이 떠돌고자 하지만, 또한 할 수 있는 것이 없다. 정처 없이 떠돌며 중심을 잃고 그렁저렁 세월을 보내니 이와 같을 따름이다. 또한 못나고 흐릿한 인품은 일을 만나면 감히 하지 못하고, 해도 잘하지 못하기에, 버리고 떠나가서 스스로 생을 마친다. 좋게 되는 것이 아니라 지혜가 일을 해낼 수 없을 따름이다. 한가로움을 구하는 것이 아니라 괴로움을 견디지 못할 따름이다. 하늘은 백성들에게 각기 직분을 주어 노력하도록 했으니, 사람의 마음은 한가로워 일이 없으면 근심이 생기지 않겠는가?

가마우지는 종일토록 고기를 노려 물가에 서 있으면서[25] 두 눈은 물속을 주시하고 있다. 그것을 바라보는 사람들은 너나없이 부러워하여, "참으로 천하의 한가로운 존재로구나. 이야말로 기심機心[26]이 없는 자로구나!"라고 말한다. 그런데 실상은 뜻이 오로지 고기 잡는 데 있어서 고기를 잡지 못해 한가로움을 근심하는 것이다. 만약 요행히 고기를 얻게 되면 또한 참으로 세상의 바쁜 존재가 될 것이다. 이와 같은 것을 두고 기심이 없다 할 것인가? 실상인즉 바쁨을 구해도 얻지 못해 한가로움에서 떠나지 못하는 것이다. 저들이 천기에 따라 움직이는 것이 이와 같으니 천하의 실상을 알 수 있겠다. 교묘한 자는 수고하고 졸렬한 자가 안일한 것은 졸렬함이 교묘함보다 우월해서가 아니다. 이로 보면 무능한 사람이 한가로움을 얻는 것 또

---

24   원문의 '진돈(蠢蝳)'은 벌레가 겨울잠에서 막 깨어나 활발하지 못한 모양으로, 사람이 어리
      벙벙하여 안정되지 못한 모습을 비유한다.
25   두보의 시 「진주잡시이십수(秦州雜詩二十首)」 제16수에 "가마우지 새는 얕은 샘을 엿보고,
      지렁이는 깊은 마루에 기어오르네(鸕鷀窺淺井, 蚯蚓上深堂)"라는 표현이 있다.
26   기심(機心)은 기교를 부리는 마음이다. 『장자』 「천지(天地)」에, 한음 장인(漢陰丈人)이 굳이
      항아리에 물을 담아 밭에 물을 주면서 "기계가 있으면 기교를 부리는 일이 있게 마련이고,
      그런 일이 있으면 기교를 부리는 마음이 생기게 마련이다"라고 자공(子貢)에게 충고한 이야
      기가 나온다.

한 가마우지와 같다. 일을 마치고 한가로움을 얻는 것은 즐겁지만, 일을 구해도 얻지 못하여 한가롭게 되는 것은 근심스럽다. 그런데 하늘이 내려준 직분을 게을리하고 자기의 삶을 포기해버리니 살아 있는 형체는 해골 같고 영명한 본성은 식은 재처럼 적막하여, 죽지 않았으나 죽은 것이고 사라지지 않았으나 사라진 것이다. 이와 같은 자는 세상에 골몰하는 것을 면하길 도모해도 근심만 더할 것이니 어떻게 병이 나을 수 있을 것인가?

무릇 자식을 낳았으나 제대로 자라지 않고 기물과 의복이 중간에 훼손되면 안타까워 마음이 아프게 되니, 이는 유용한 것임에도 그 쓰임을 얻지 못하기 때문이다. 만약에 물건이 쓸모가 없다면 찢어지고 부러져도 아까워할 것이 없다. 사람으로 태어나서 사람으로서 쓸모가 없다면 사람이라고 할 수 없다. 고觚가 고답지 못하고 사람이 사람답지 못하면, 그러고도 고라고 할 수 있겠는가,[27] 사람이라고 할 수 있겠는가?

괴이하도다, 장자가 제물齊物을 주장하다니! 깨닫지 못한 사람들은 무능하고 가마우지는 무지하다. 그렇거늘 고명高明한 재주로 유용한 보배를 품고 있으면서 좋은 재목을 불태우고 박옥樸玉을 훼손시켜 스스로를 황폐한 들판과 음침한 땅에 내버려 저들과 궤철을 달리하지 않고 똑같이 귀결되려 함은 어째서인가? 생각건대, 초연히 홀로 깨달아 세상을 어떻게 하기 어려움을 보고서 우환을 이기지 못했을 것이다. 그렇기에 부득이하게 세상 밖에 스스로를 풀어놓아 온전하기를 추구했으리라. 그러고도 또 용렬한 자들과 함께 귀결됨을 싫어해서 입술을 마음대로 놀리며 헛되이 스스로 뛰어나다고 여겨 고금의 일을 모욕하고 희롱하며 성현들을 표절하고 박탈했다. 요컨대 그 취지는 공업功業을 천시하고 무사無事를 귀하게 여기며 천하를 경시하고 제 한 몸을 중시하여 스스로 입지를 마련하기 위한 것이었다. 이로써 어리석은 세속을 진동시키고 찬란하게 빛나서 자신의 부

---

27   『논어』「옹야(雍也)」에 "고라는 그릇이 모나지 않으면, 고라고 하겠는가, 고라고 하겠는가(觚不觚, 觚哉觚哉!)"라고 탄식한 공자의 말이 나온다.

족함을 덮어, 우주 사이에 이름과 자취를 남기고자 했을 따름이다. 하지만 또한 실정을 숨기고 궤변하기를 스스로 혐오했다. 황홀하여라, 왼쪽으로 갔다가는 오른쪽으로는 가고, 오르락내리락 하여라, 억눌렀다가는 치켜들어, 언사는 체요體要가 없고 논설은 정리定理가 없다. 잘 모르는 사람들로 하여금 이 책에 현혹되어 보물로 여기게 하기에 충분하며, 잘 아는 사람들로 하여금 깊이 살펴서 그 뜻을 밝히 알도록 하기에도 충분하니, 이것이 그가 고심한 부분이다.

모든 사물은 화평함을 얻지 못하면 운다.[28] 무릇 사람이 기뻐 웃거나 성내어 욕하거나 탄식하며 곡하는 것처럼 더욱이 분방하게 나와 일정함이 없는 것은 반드시 마음에 울결한 것이 있어서 그 바름을 얻지 못했기 때문이다. 불행히 시대의 험난함이 특히 심한 때를 만나 스스로 재주가 어려움을 덮어쓰기에 부족한 줄 알고 침륜하여 온전함을 추구하고자 말을 내뱉어서 뜻을 드러내었으니 슬프게 여길 만하다. 그런데 후세 사람들은 실질을 등지고 허무를 좇고 노고를 꺼려서 안일에 탐닉하며, 세상을 속이고 명성을 훔치는 자들이 그 풍모를 듣고 사모하여 비조鼻祖로 삼아 투탁投託(남의 세력에 기댐)했으니, 동한 때의 고사高士와 서진 때의 청담淸談은 유래가 있으며, 여기에 차츰 젖어들고 점점 물들어서 사람들의 폐와 간 속으로 들어갔다.

북을 울리고 기치를 세워 스스로 성도聖道를 행하고 이단을 배척한다는 자들은 오히려 투식套式에서 벗어나지 못하고 천하에 외치기를 "『장자』는 사설邪說이다. 성인의 죄인이다"라고 한다. 그러나 그들의 실제 행실은 남의 발자국이나 따르고 꿰듯이 무리짓지만, 저들과 매한가지로 사무事務를 버려두고 허언虛言을 숭상한다. 공업功業을 도모하는 자들을 외설스럽고 비루하다 여기고, 사람 물리치고 한가로이 지내길 좋아하는 자들을 우아

---

28   한유(韓愈)의 「송맹동야서(送孟東野序)」에 "무릇 사물은 화평함을 얻지 못하면 운다(大凡物不得其平則鳴)"라고 했다.

하고 도량이 있다고 여긴다. 사사로이 품질을 평가하여 서로서로 과장해서 알맹이 없이 꽃만 있고 실적 없이 이름만 있다. 때를 만나지 못한 것이 아니어서 해야 할 일이 있는데도 기꺼이 마음을 움직이고 힘을 내어, 큰 파도 속에서 기울어 뒤집혀지려는 배를 함께 구제하지 않으니, 천하가 이 때문에 크게 어지럽고 살아 있는 인간의 부류는 위태롭다. 아랫사람들은 힘을 다해 생업에 나아가고 윗사람은 지혜를 다해 공덕을 세워, 천하의 마음이 사물을 구제하고 인간을 이롭게 하는 데 한결같은 이후에야 천하는 다스려지고 백성은 안락할 것이다. 춘추시대 이래로 어찌 군자가 있었다면 이와 같이 하지 않고 저와 같이 했겠는가!

천하를 그르친 것이 장자인가? 장자가 천하를 그르친 것이 아니다. 천하를 그르친 자가 장자에게 가탁한 것이다. 장자는 할 말이 있다. 불행히 천지의 재액을 만나 마침 성인의 글을 불태우고 선왕의 법을 외우는 선비를 파묻으며 협서율挾書律(경서를 끼고 가는 행위를 엄금하는 법률)을 엄하게 하고 우어偶語(길에서 두 사람 이상이 만나 대화함)의 죄를 무겁게 벌하여, 눈을 굴리는 자는 눈을 파버리고 손을 흔드는 자는 손을 베어버리며 혀 놀리는 자는 멸문하고 발뒤축 드는 자는 멸족하던 때에, 당시에 숭상하던 바는 오로지 율령과 형법일 뿐이고 다른 도가 없었다. 탁월하고 기걸한 선비로서 불세출의 기운을 짊어지고 종횡하고 여닫는 재주를 품고 있었지만 속박되어 재주를 펼치지 못하고 꽉 막혀서 뜻을 신설伸雪(원한을 풂)할 수 없었으니, 실성하여 발광하지 않을 자가 있었겠는가! 득과 실, 영예와 모욕을 각각 마찬가지로 여겨 자신의 마음을 평온하게 하고, 툭 트이도록 모든 사물의 바깥을 멀리 바라보아 자기의 심회를 너그럽게 하며, 옛일을 빌려 지금을 비웃어 답답한 마음을 풀어내는가 하면, 인간 세상을 몽환처럼 여기고 우주를 순식간으로 간주하여 울적한 기운을 해소하며, 궤언詭言과 허설虛說로 자기의 뜻을 부치며, 때로는 정론正論으로 자기의 뜻을 드러내었다. 그렇지만 끝내 한편에 치우치고 한편에 굽었다고 자처하여, 『장자』「천하」에서 말했듯이 메아리를 멈추게 하고자 하면서 큰 소리를 지르고 몸이 그림자와 경주하면서 그림자에게서 떨어지려 하는 꼴이라는 것을 슬퍼했으니, 이 또한 스스로를 헤아림이 깊었다고 하겠다. 나아가서 세상을 구제할 수 없어, 물러나 본성을 온전히 하고 해를 멀리하길 구했으니, 이는 거의 현자라고 하겠다. 본디 도덕을 자신하여 미래에 교훈을 드리우려 하지 않았으니, 이것이 천하와 무슨 상관이 있겠는가! 장자는 천하에 죄가 없다.

비록 그러하나 그 사람됨을 보건대 육국六國(전국시대)에서 버려진 인물이다. 군자의 대방大方(대도大道)을 듣지 못했도다! 무릇 천지와 부모로부터 기운과 형체를 받아 사람의 용도를 가지고 천지의 공덕을 도와 이루고 부모의 사업을 이어받아 자기의 용도를 온전히 하는 것이 사람의 도리이다. 쓰지 않고 폐기해버린다면 이는 '하늘을 거스르는 것[逆天]'이요, '어버이를 잊어버리는 것[忘親]'이라고 명명할 수 있다. 또 장인이 제조製造의 어려움을 꺼려해서 재목을 부셔버리고, 농부가 경운耕耘의 수고를 괴로워한 나머지 농토를 없애버리고서 남들에게 자랑하여 "나는 일이 없다"라고 말한다면, 일이 없는 것은 그렇다고 하겠으나 장차 일이 있을 것이니, 굶주려 죽는 일이 이를 것이다. 또 남들에게 자랑하여, "나는 근심이 없다. 주림도 배부름도 같이 여기고 삶도 죽음도 한가지로 여긴다"라고 말한다면, 근심이 없는 것은 그렇다고 하겠으니, 참으로 근심이 없게 된다. 명계明界에서는 몸이 없어지고 종족이 끊어지며 유계幽界에서는 귀신이 소멸할 것이니, 근심하려고 한들 근심할 것이 없을 것이다. 더구나 그 말은 억지이다. 일이 없어서 근심이 없고 주리고 추위에 떨면서도 걱정이 없으며 죽어 사라져도 슬퍼하지 않는다니, 무릇 혈기와 지각이 있는 자로서는 그럴 수 없는 일이다. 어찌 사람을 목석과 같다고 하겠는가? 설령 혹시 그럴 수 있는 자가 있다 하더라도 이는 괴이하고 상서롭지 못한 사람이다. 얻은 것이 얻지 못한 것이 되고 이룬 것이 이루지 못한 것이 되며 사는 것이 살지 않는 것이 되고 존재하는 것이 존재하지 않는 것이 되며 유지有知가 무지無知로 되고 유용有用이 무용無用으로 되어, 천지가 생긴 이래 지금까지 얻은 것, 이룬 것, 살아 있는 것, 존재하는 것, 유지, 유용을 하루아침에 잃어버리고 태초의 이전으로 돌아간다면 과연 그것을 선善이라고 말할 수 있겠는가? 이와 같은 것을 과연 선이라고 한다면 천하의 실패하고 멸망한 것이 모두 선이고 실패하지 않고 멸망하지 않은 것은 모두 선이 아니게 되어, 거의 만물이 다 없어지고 천지도 종식하지 않겠는가? 씨를 뿌려놓고 가꾸지 않으면 씨를 뿌리지 않는 것만 못하고, 그릇을 만들어놓고도 쓰지 않으면 그릇이 없는 것만 못하다. 이러면 천지가 시작하지 않고 만물이 생겨나지 않을 것인데도 그것을 옳다고 하리니, 그것이 옳겠는가?

더구나 사람이 노고勞苦하고 간난艱難한 것은 꺼릴 바가 아니다. 무릇 기는 운동하지 않으면 정체되고 형체는 운동하지 않으면 폐기된다. 이런 까닭에 흐르는 물은 썩지 않고 문돌쩌귀는 좀이 쓸지 않는다. 옛날에 형체를 쓰는 데 인색한 자가 있어, 자기의 왼쪽 눈을 가려서 덮어두어 오른쪽 눈이 쇠약해지는 데 대비했는데, 이윽고 가렸던 왼쪽 눈을 열었더니 어두워서 눈이 없는 것이나 마찬가지여서, 나이 80세에 오른쪽 눈이 쇠약한 것을 하나만 가지고 보다가 일생을 마쳤다. 또 왼쪽 손을 묶어서 쓰지 않고 오른쪽 손이 쇠약해지는 데 대비했는데, 이윽고 묶어놓은 왼쪽 손을 풀었더니 풀었어도 묶은 것이나 마찬가지여서, 오른쪽 손의 비틀린 것을 하나만 가지고 사용하다가 죽었다. 신체의 기혈氣血은 사용하면 쏟아지고 사용하지 않으면 분리되는 까닭에 이렇게 되는 것이다. 형체가 피폐하는 것은 때가 있지만 이로움은 쓰는 데 있고 해로움은 쓰지 않는 데 있으므로 쓰지 않을 수 없다. 신(정신)이 존재하는 것은 무궁하지만 쓰면 길이 나의 것이 되고 쓰지 않으면 다시 하늘로 돌아가므로 쓰지 않을 수 없다.

무릇 인간이 노고와 간난을 꺼리는 까닭은 한때를 참지 못하기 때문이다. 그렇지만 어찌 곤궁과 멸망을 꺼리지 않으면서 노고와 간난을 꺼려 하는가? 한때의 일은 참지 못하면서 우주가 다할 데까지의 일은 참는가? 스스로 형해를 외면하고 사생을 잊어버렸다고 여기면서 어찌 형해의 노고와 간난을 걱정한단 말인가! 끝내는 장차 썩어 없어질 뿐이어늘 그것을 어찌 아껴서 쓰지 않는가? 하물며 영화와 안락은 노고와 간난 속에 있고 곤욕과 쇠망은 태만과 안일 뒤 따름에랴? 진秦나라 사람은 죽음을 무릅쓰고 백 번 싸우는 것〔冒死百戰〕을 악기를 두드려 음악 하듯이〔鼓瑟作樂〕 여겼고, 관중管仲은 할 일 없이 노는 것〔宴安〕을 독약에 비유했다.[29] 무릇 태만하고 안일함으로써 영화와 안락을 바라는 것은 이야말로 뒷걸음질을 치면서 앞으로 나아갈 길을 구하고 북쪽으로 향하고서 남쪽으로 가는 격이다. 아, 슬프다. 세상 길은 진실로 평탄하지 않고 험난하여 평탄하며 세상의 실정은 실로 곧지 않고 헤아리기 어려우며 세상의 운세는 실로 정함이 없이 돌고 바뀌며 세상의 도는 실로 순수하지 않고 분열되어 있다. 세상의 일은 참으로 해나가기 어렵지만 그래도 하지 않을 수 없다.

이와 관련하여 내가 일찍이 한恨한 바가 있었다. 어찌 사람이 거머리〔蛭〕 같지 않음을 한탄하겠는가? 도道가 손바닥처럼 분명하지 못함을 한탄하겠는가?

사람은 안으로 오장육부五臟六腑와 12경맥十二經脉이 있고 밖으로 구규백체九竅百體[30]가 있으며, 뼈로 지탱하고 힘줄로 묶으며 혈액으로 소통하고 살로 감싸고 10만 8천 사락絲絡으로 두르고 10만 8천 모공毛孔으로 배설한다. 승강升降과 향배向背는 교묘한 작동이 만가지요 생극生克과 제화制化는 오묘한 이치가 무궁하다. 황제黃帝 헌원씨軒轅氏도 다 통달하지 못했고[31] 유

29　『춘추좌씨전』 민공(閔公) 원년에 "중국의 여러 나라와는 가까이 지내며 버리지 말아야 하고, 안일은 짐독과 같으니 좋아해서는 안 된다(諸夏親昵, 不可棄也; 宴安酖毒, 不可懷也)"라는 말이 나온다.

30　구규(九竅)는 인체의 아홉 구멍이다. 이목구비(耳目口鼻)의 칠규(七竅) 및 전음(前陰) 즉 요도와 후음(後陰, 항문)을 가리킨다.

31　황제(黃帝) 헌원씨(軒轅氏)가 수산(首山)에서 동(銅)을 채취하여 선약(仙藥)인 단사(丹砂)를 굽는 세발 솥(鼎)을 주조했다. 황제(黃帝)는 그 단사를 먹고 신선이 되어 승천했다고 한다. 『사기』 「봉선서(封禪書)」 참조.

부俞跗와 귀유鬼臾[32]도 능통하지 못했다. 그러므로 병들기는 쉽고 치료하기는 어려우며 요절은 많고 장수는 적다.

무릇 도의 현묘하고 은미하며 상호 관계하고 순환함도, 또한 이럴 따름이다. 이런 까닭에 어리석은 자는 캄캄하여 살피지 못하고 지혜로운 자는 두려워하여 조심한다. 이를테면 거머리는 그 모양이 텅 비어 가죽포대처럼 겉과 속이 없지만 병도 없고 죽이기도 어렵고 볕에 쪼이면 길게 뻗어도 물을 만나면 살아난다. 손바닥은 누구나 다 가지고 있고 보이지 않을 것도 없다. 사람을 거머리 같게 하고 도를 손바닥과 같이 한다면 어찌 어김이 있겠는가? 그럼에도 끝내 그렇게 될 수가 없다. 세상 일은 반드시 해야 하며, 끝내 하지 않을 수가 없다. 아무리 하지 않으려 해도 또한 끝내 하지 않을 수 없다.

물物이란 기氣를 품부받아 생겨나고 기에 감응해서 움직인다. 말하는 것은 (기가) 불어주고 행하는 것은 (기가) 움직이게 한다. 비죽比竹(대나무 악기)[33]이나 괴뢰傀儡(꼭두각시)가 동하는 것은 다른 무언가를 기다려 그렇게 되는 것이지 자기 스스로 되는 것은 아니다. 작위하는 것은 마침 그러한 것이요, 작위하지 않는 것도 마침 그러한 것이다. 마침 그러한 것은 여기에 달려 있고, 작위하는 것은 저것을 기다려 이루어진다. 작위하는 것과 작위하지 않는 것은 모두 자기 스스로 그런 것이 아니요 기가 시켜서 그렇게 되는 것이다. 작위하는 것 또한 작위하지 않는 것이요 작위하지 않는 것 또한 작위하는 것이니, 작위하는 것과 작위하지 않는 것이 다 작위하는 것이

---

32   유부(俞跗)는 침이나 탕약을 사용하지 않고 외과수술을 했다고 한다. 『사기』 「편작창공열전(扁鵲倉公列傳)」에 나온다. 귀유(鬼臾)는 황제(黃帝)의 신하 귀유구(鬼臾區)로, 기백(岐伯)을 찾아가 인체의 원리에 대해 배웠다고 한다. 『황제내경(黃帝內經)』에 나온다.

33   『장자』 「제물론」에 안성자유(顔成子游)가 남곽자기(南郭子綦)에게 지뢰(地籟)·인뢰(人籟)·천뢰(天籟)에 대해 물어, "지뢰(地籟)는 곧 여러 구멍(衆竅)에서 나온 소리이고, 인뢰(人籟)는 비죽(比竹) 같은 악기에서 나온 소리인 줄은 알겠지만, 천뢰는 무엇입니까?" 하자, 남곽자기가 "불어 대는 소리가 만가지로 다르지만 그 소리는 자신의 구멍으로부터 나오는 것이다"라고 했다.

다. 아무리 작위하지 않으려 해도 끝내 작위하지 않을 수 없다. 이는 분명히 무심하여 스스로 주관하고 무력하여 스스로 서는 것이로다! 옳은가 그른가, 선한가 악한가, 얻었는가 잃었는가, 성공했는가 실패했는가, 방불하기가 한바탕 꿈과 비슷하니, 꿈꾸는 자가 마음이 있어 그것을 주관하는 것이 아니다. 작위하는 것과 작위하지 않는 것이 모두 꿈이다. 시비와 선악, 득실과 성패는 모두 꿈이다. 이는 천인天人의 바른 길을 얻지 못한 것이다. 화들짝 깨어나 엄숙하게 바른 존재는 오직 군자로다! 한번도 마음이 기에 의해 움직인 적이 없으되 기가 따라오고 정이 물物에게 부림을 당한 적이 없으되 물物이 돌아온다. 그래서 천하와 더불어 함께 얻고 사적으로 이익을 취하지 않으며, 뭇 사람들과 함께 행하고 명예를 전적으로 차지하지 않는다. 움직임에 있어서는 고요하고 섞임에 있어서는 한결같으니, 사람으로 사람을 다스리고 물로 물을 이루도록 한다. 스스로 자기를 형체를 드러내지 않고 만물을 체득하며 스스로 자기를 쓰지 않고 천지를 써서 혼연해서 천지의 조화가 아무 자취가 없는 듯하다. 그의 행지行止와 어묵語默은 오직 뜻이 욕망하는 바를 따라서 천지귀신도 어기지 않는다. 가려는 곳마다 가서, 가서는 크게 응하여 뜻에 맞지 않음이 없다.[34] 이런 까닭에 능히 천지에 참여하여 아울러 입명立命을 하니, '배천配天(하늘과 짝함)'이라 말한다. 천지는 능히 물物을 생성하지만 쓸 수는 없으며, 능히 사람을 생성하지만 가르치고 안정시킬 수 없다. 천지가 생성하는 것을 도와주고 능히 쓰고 가르치고 안정시키는 것은 사람이다. 그러므로 '사람이란 천지의 마음이다'[35]라고 한다. 이런 까닭에 사람의 도를 다해서 그 바름을 얻은 자를 가

---

34 원문의 '부응(否應)'과 '혜지(徯志)'는 『서경』「우서(虞書) 익직(益稷)」에 나오는 말로, 사람의 마음이 전일해져 완전하게 되면 외부의 조건이 그가 원하는 뜻에 호응할 준비를 마친다는 의미이다.

35 『예기』「예운(禮運)」에 공자가 "그러므로 사람은 천지의 마음이자 오행의 단서로, 음식의 맛을 구별하고 소리를 분별하며 의복의 색을 분별하여 입을 줄 아는 존재이다(故人者, 天地之心也, 五行之端也, 食味別聲被色而生者也)"라고 했다.

리켜 '배천配天'이라 한다. 이와 같이 하는 자는 부귀해도, 곤궁해도, 환난에도, 이적夷狄에도, 어디를 들어가도 자득하지 않은 바가 없고, 어느 곳에 처해도 스스로 즐거워하지 않는 바가 없으니, 어찌 노고와 간난을 꺼리겠는가! 어찌 불행을 만나게 됨에 애달파하랴! 어진 자는 근심하지 않고 지혜로운 자는 현혹되지 않으며 용기 있는 자는 두려워하지 않는다.[36] 낙천지명樂天知命[37]하여 지극한 선에 머물 뿐이다.[38]

---

36 『논어』「자한(子罕)」에 "지혜로운 자는 의혹하지 않고, 어진 자는 근심하지 않고, 용맹한 자는 두려워하지 않는다(知者不惑, 仁者不憂, 勇者不懼)"라고 했다.

37 『주역』「계사전상(繫辭傳上)」에 "성인은 천명을 즐기고 알기 때문에 근심이 없고, 처하는 곳마다 편히 여기면서 인덕을 돈후하게 지니기 때문에 사람을 제대로 사랑할 수 있는 것이다(樂天知命 故不憂 安土敦乎仁 故能愛)"라고 했다.

38 『대학장구』경(經) 1장에 "대학의 도는 밝은 덕을 밝히고 백성을 새롭게 하며 지극한 선에 그치는 데에 있다(大學之道, 在明明德, 在親民, 在止於至善)"라고 했다.

3장
공공의 복리를 위하여

상사기象祠記[1] **왕양명의 글을 개작한다**易王陽明, 癸卯

계묘년(1843)

영박산靈博山[2]에 상象의 사당祠堂이 있는데, 아래에 거주하는 묘이苗夷들

1　왕양명의 「순임금의 아우 상(象)의 사당에 대한 기문〔象祠記〕」은 『고문관지(古文觀止)』권
　　12권 '명문(明文)'에도 수록된 명문이다. 상(象)은 순(舜)의 어머니가 다른 이복동생이다.
　　젊은 시절 상(象)은 아버지 고수(瞽瞍)와 함께 순을 죽이려고 했으나, 순이 요임금으로부
　　터 제위를 양위 받은 후 상(象)을 제후로 임명했다. 왕양명이 귀주(貴州)에 있을 때 선위사
　　(宣慰使) 안군(安君)이 상(象)의 사당을 묘족의 요청으로 개축하면서 왕양명에게 기문을 써
　　달라고 청했다. 왕양명은 상(象)은 포악했으나 순(舜)에 의해 선한 사람으로 교화되었음을
　　강조하여, "인간의 본성이 선하다는 것을 믿음으로써 천하에 교화할 수 없는 사람은 없다고
　　본다. 그러한즉 당나라 사람들이 상(象)의 사당을 헐어버린 것은 상(象)이 처음에 한 행동에
　　근거한 것이고 지금 묘족이 상(象)의 사당을 높이 받드는 것은 상(象)의 최종적인 선행을 받
　　드는 것이다. 이런 뜻을 내가 장차 세상에 알려 선하지 못한 사람이 비록 상과 같은 사람일
　　지라도 오히려 개과할 수 있다는 것을 알게 하고자 한다. 그래서 군자가 자신의 덕행을 수양
　　하여 그 덕행이 지극해지면 비록 상(象)처럼 흉포한 사람도 감화시킬 수 있는 것이다"라고
　　했다.
2　귀주성(貴州省) 검서현(黔西縣) 동부 소박진(素朴鎭)에 있다. 과거에는 영취산(靈鷲山)과
　　박남산(博南山)의 둘을 가리킨다고도 하고 운남성(雲南省) 혹은 호남성(湖南省)에 있다고

304

이 모두 상을 신으로 모셔서 섬긴다. 선위사宣慰使 안군安君이 묘이의 요청으로 그 사당 집을 새로 짓고 내게 기문記文을 청하기에 나는 이렇게 쓴다.

유비有鼻³ 땅의 사당은 당나라 사람이 일찌감치 헐어버렸다. 상의 도로 말하면 자식으로서는 어버이에게 적이요 아우로서는 형에게 오만했다. 당나라에서도 배척했거늘 지금 여기에는 그대로 존치하며, 유비에서도 훼철했는데 이 땅에서는 새로 지었으니 어째서인가? 무릇 사람이 타인을 사랑함에 있어서는 미루어 지붕 위의 까마귀에까지 미친다고⁴ 했거늘, 하물며 성인의 아우에 있어서랴! 그런즉 여기에 제사를 지내는 것은 순舜을 위해서이지 상象을 위해서가 아니다.

나는 또 이렇게 생각한다. 상이 어질지 못했던 것은 처음의 일이었으니, 그가 끝내 순의 교화를 받아 바뀌지 않았을지 어찌 알겠는가? 순의 교화는 고수瞽瞍를 진실한 사람이 되도록 만들었으며, 우빈虞賓이 덕 있는 사람에게 양보하도록⁵ 만들었으며, 유묘有苗(남방의 이민족, 묘족)가 스스로 오게 하는 데⁶ 이르렀다. 천하 사람 누구나 순의 마음으로 제 마음을 삼거늘, 어찌

알려져왔으나 현대에 들어와 검서현 동남쪽의 구룡산(九龍山)이 영박산인 것으로 확인되었다.

3 유비는 남방 이민족의 거주지다. '有庳'로도 표기한다. 『맹자』「만장상(萬章上)」에서 만장(萬章)이 말하기를 "순(舜)이 나쁜 사람들은 모두 처벌했으면서 그의 이복동생인 상(象)은 지극히 불인(不仁)한 사람이었는데도 유비에 봉해주었으니, 유비의 백성들은 무슨 죄입니까?"라고 했다

4 『상서대전(尚書大傳)』「목서대전(牧誓大傳)」에 "어떤 사람을 좋아하면 지붕 위의 까마귀도 좋아지게 마련이고, 어떤 사람을 좋아하지 않으면 담벼락의 모서리도 미워지는 법이다(愛人者, 兼其屋上之烏, 不愛人者, 及其胥餘)"라고 했다.

5 『서경』「익직(益稷)」에서 기(夔)가 순임금에게 "옥경인 명구를 치고 금슬을 타며 노래하니 조상의 신이 강림하고 요(堯)임금의 아들인 단주(丹朱, 우빈)가 제관으로 참석하여 같은 제관의 반열에 있는 여러 제후와 덕의 높낮이로 서로 사양합니다(戛擊鳴球, 搏拊琴瑟以詠, 祖考來格, 虞賓在位, 群后德讓)"라고 했다.

6 천자가 제후를 봉할 때 오행설에 따라 그 방면의 색깔의 흙을 띠풀(白茅)에 싸서 주었다는 고사에서 유래한 말이다. 즉 동쪽은 청색, 서쪽은 백색, 남쪽은 적색, 북쪽은 흑색, 중앙은 황색의 흙을 싸주었다.

유독 그의 친동생만 끝내 감화되지 않았을 리 있겠는가? 또한 악한 상이지만 유비 땅에 봉해진 것은 어째서인가? 무릇 분모열토分茅裂土[7]를 하면 사직社稷이 있고 인민이 있게 마련이다.[8] 선왕이 공을 숭상하고 덕을 존중한 까닭은 천하의 공도公道를 위해서였으니, 그것들을 사사로이 할 수 있는 것이 아니었다. 순은 자기의 아우를 사랑함에 있어서 지극히 공정하게 대처하여 은정恩情을 잃지 않도록 하는 것이 옳았거늘, 도리어 작위와 토지와 인민과 대중을 사적으로 주어서 천하의 공도를 왜곡시킬 수 있겠는가? 맹자가 말하기를 "천자가 관리를 파견하여 그 나라를 다스리도록 했으니, 상은 마음대로 할 수 없었다"[9]라고 했는데, 이는 더욱 그렇지 않은 점이 있다. 한나라 제왕諸王들은 모두 수상守相이 있었으나 끝내 제왕의 탐학을 금하지 못했으니, 원래 자약自若했다. 상의 처지로 말하면 천자를 두려워하지 않고 천자의 사위(순舜)를 죽이고 딸을 빼앗으려 하는 등 형제간에 차마 못할 짓을 했거늘, 수리守吏의 명령을 고분고분 들으며 감히 손을 놀려 그 신민臣民을 해치지 않겠는가? 이 점이 내가 꼭 그렇다고 여길 수 없는 이유이다. 주周나라 제후에게는 필히 명경命卿(제후의 경卿 가운데 천자가 직접 임명한 사람)이 있었으니, 이는 봉건제도의 법에 의하지, 순이 상을 봉할 때만 유독 그러했던 것은 아니다.

순이 상을 봉한 사실에서 상이 마침내 교화를 받아 착하게 되었다는 것을 알 수 있다. 설령 상이 교화되지 않았는데 순이 의리의 옳고 그름을 생

---

7 천자가 제후를 봉할 때 오행설에 따라 그 방면의 색깔(束則靑, 西則白, 南則赤, 北則黑, 中央則黃)의 흙을 띠풀(白茅)에 싸서 주었다는 고사에서 유래한 말이다.

8 『논어』「선진」에 보면, 자로(子路)가 계씨(季氏)의 신하로 있을 때 자고(子羔)를 비(費) 땅의 원으로 삼자, 공자 "학문이 얕은 그에게 사람을 다스리는 책임을 주는 것은 도리어 그 사람을 해치는 것이다"라고 하자, 자로가 "인민이 있으며 사직이 있는데 독서한 후에만 학문을 한다 하겠습니까?(有民人焉, 有社稷焉, 何必讀書然後爲學)"라고 말한 일이 있다.

9 『맹자』「만장상(萬章上)」에 "상은 그 나라에서 정사를 행하지 못했고, 천자가 관리를 시켜 그 나라를 다스리게 하고 상에게는 그 세금만 받게 했다(象不得有爲於其國, 天子使吏治其國, 而納其貢稅焉)"라고 했다.

각하지 않고 다만 봉작으로 아우를 영화롭게 했다면, 상의 나라는 응당 근기近畿의 비옥한 지역에 두어 자주 만나보기 편하게 했을 것이다. 그렇거늘 멀리 떨어진 변방의 무덥고 장기瘴氣(남방의 열대성 독한 기운) 일어나는 땅에 둔 것은 어째서인가? 이미 공도에도 어긋날 뿐 아니라 사정에도 가깝지 않으니, 마침 그의 과오를 조장하면서 악행을 펼치도록 하는 일은, 성인은 자기 아우에게 결코 그러하지 않았을 것임이 분명하다.

대개 상이 교화되어 착한 사람이 된 다음에는 유비의 백성들에게 공덕을 세울 수 있었을 것이고, 유비의 백성들은 그를 받들어 임금으로 삼기를 원했으며, 상 또한 스스로 한번 시도하여 실적을 내려고 했으므로 순이 그를 봉했던 것이다. 만약 상이 교화되지 않았다면 순은 그를 붙들고서 가르치느라 겨를이 없었을 것이거늘, 어찌 머나먼 곳에 봉하는 일이 있었겠는가? 만약 상이 유비의 백성들에게 아무 공덕도 없이 그저 잔혹한 짓만 일삼았다면 그 백성들은 대대로 전하며 비방했을 것이지, 어찌 제사를 받들리 있겠는가? 그러므로 당나라 사람들이 그의 사당을 훼철했던 것은 상의 당초의 행실에 의거한 일이요, 지금 묘이(유묘의 족속)들이 그의 사당을 세워 받드는 것은 상의 나중 행실을 따른 것이다.

『논어』「공야장」에서 공자는 "옛날의 나쁜 행실을 따지지 않는다"라고 했으니, 나중의 처사를 긍정하고 당초의 악행을 추궁하지 않는 것이 옳다. 순이 상을 봉한 일이나 묘이들이 그의 사당을 세운 일이나 모두 마땅한 일이 아니겠는가? 상의 사당이 있는 것을 보면 순이 지극한 덕으로 마침내 오만한 아우를 감화시켰으며, 사적인 사랑 때문에 공도를 폐하지 않았다는 것을 알 수 있다. 이 사당을 훼철하지 않고 잘 보수하는 것은 순을 위한 일이지, 상을 위한 일이 아니다.[10]

---

10   이 글 뒤에 다음 평어(評語)가 있다. "준마를 타고 천길 되는 산비탈을 내려가면서 고삐 잡
      고 채찍 쓰지 않아도 한가롭게 바람을 좇고 그림자를 따돌리는 듯한데, 날아오르고 솟구치
      는 형세는 보이지 않고 오히려 이부자리에서 걷는 것과 같다."

계자묘기. 모곤의 글을 의작함季子廟記 擬茅鹿門[11]

옛날 이름이 게양된 인물 가운데 참으로 천하와 국가를 신짝처럼 보아 털끝만큼이라도 누가 될 것 같으면 취하지 않았던 경우로는 허유許由·오태백吳泰伯·백이伯夷·조자장曹子藏[12]·연릉계자延陵季子[13] 등 서너 사람에 지나지 않으니, 어찌 그리도 드물었나!

세상에서는 얼마간의 돈과 얼마간의 자본을 영위하여도 얻지 못하면 불끈하여 그 바른 기를 잃어버리거늘, 저 사람들은 백관百官과 창름倉廩의 부富와 문물文物과 성호聲號(명성과 칭호)의 총애를 덤덤하게 마음에 개의치 않았기에, 지조와 행실의 우뚝 빼어남은 미칠 수 없으니, 내가 저들에 대해서 무슨 이의를 제기하겠는가? 하지만 저들이 처한 바에는 쉬운 경우와 어려운 경우가 있었는데, 내가 마음으로 감복하여 무릎을 치는 것은 특히 계자季子의 경우이다.

허유의 사적은 경전經典이나 사서史書에 보이지 않고, 유독 장주莊周가 칭송했다. 장주의 『장자』는 진실로 황당하여 믿기 어렵다. 생각건대 허유

---

11 춘추시대 계찰(季札)을 모신 사당에 대해 쓴 기문이다. 명나라 모곤(茅坤, 1512~1601)이 지은 「계자묘기(季子廟記)」를 모의하는 방식으로 자신의 견해를 드러낸 글이다. 모곤은 『당송팔대가문초(唐宋八大家文鈔)』의 편찬자이다. 강소성(江蘇省) 단도현(丹徒縣)의 관리로 부임했을 때 이 글을 지었다. 모곤 「계자묘기(季子廟記)」, 『모녹문선생문집(茅鹿門先生文集)』 권11 참조.

12 춘추시대 조(曹)나라 선공(宣公)의 서자로, 이름은 흔시(欣時)이다. 노(魯)나라 성공(成公) 13년 조나라에서 공자 부추(負芻)가 태자를 살해하고 자립했는데, 이 사람이 조(曹)나라 성공(成公)이다. 노나라 성공 15년 제후들이 조나라 성공을 체포하여 경사(京師)로 돌아가서 자장을 조군(曹君)으로 세우려 하자, 자장은 사양하고 송나라로 달아났다. 『춘추좌씨전』 성공(成公) 13년 참조.

13 춘추시대 오(吳)나라 왕 수몽(壽夢)의 넷째 아들 계찰(季札)이다. 수몽이 계찰에게 왕위를 전하려 했으나 사양했다. 수몽이 숙자 형제간에 차례로 왕위를 계승하도록 약속하여 계찰에 이르게 하고자 했으나 계찰은 연릉으로 가서 종신토록 돌아오지 않았다. 그래서 계찰을 연릉자(延陵子) 또는 연릉계자(延陵季子)라고 한다. 『춘추공양전』 양공(襄公) 29년 참조.

는 방외方外의 인사로, 마음대로 행하고 자유롭게 뜻을 펴서 이름을 좋아하여 깨끗하게 했던 자에 불과했다. 조자장의 경우는 첩실의 아들로 군부君父에게 강박되어 명을 받지도 않았으나 제후들이 후원하여 나라에 세우려고 했으니, 군주의 후예로서 시해하고 찬탈한 자취에 접해 있어서, 절개를 지켜 스스로 좋아했던 것은 확실하지만, 이는 오태백·백이·계자와 나란히 두고 볼 수는 없다.

그런데 오태백과 백이의 경우로 말하면 중국의 밝고 번성한 시대에 태어나, 그들 시대의 사람들이 풍모를 들어 알고 있던 요堯·순舜·우禹가 겸손하게 손위遜位(임금 자리를 내놓음)한 시절과 그다지 멀리 떨어지지 않아서, 가정의 법도와 스승의 가르침을 아침저녁 배우고 익혀 평소 존양存養한 바가 매우 독실했기 때문에 비록 오태백처럼 형만荊蠻에서 문신을 하고 백이처럼 서산西山에서 고사리를 캐어 먹는다 해도 후회하지 않았으니, 역시 본디 지키는 바가 그러했기 때문이었다.

그러다가 춘추시대를 당하여 인의仁義의 도道가 희미해지고 욕리慾利의 마음이 승했으며 퇴양退讓의 기풍이 그치고 쟁탈의 풍속이 이루어졌다. 신하가 군주를 내쫓고 자식이 아비를 시해하며, 잘난 자가 못난 자의 재산을 빼앗고 강자가 약자를 능멸하는 일이 발뒤축이 줄줄 이어지듯 했으나, 머리를 묶고 풀로 몸을 가리는 대오에서 자르듯 빠져나와, 중국에 전해지던 선왕의 예악제도를 한번도 보지도 듣지도 못했음에도 수천년에 한두명 볼까 말까한 자의 행한 바를 행하여 작작綽綽하게 여유가 있었으니, 이것이 계자가 홀로 하기 어려운 일을 행했던 바이다. 더구나 오태백이나 백이는 정말로 부형이 그들의 왕위 승계를 바라지 않았지만 계자의 경우에는 부형이 못내 마음을 두어 후계자로 세우려고 했지만 그의 뜻을 빼앗을 수 없었으니, 계자의 우뚝한 절조와 특출난 행실은 또한 앞의 두 사람보다도 아주 뛰어나다.

비록 그렇기는 하지만 성인의 도는 다른 것이 아니다. 요컨대 지공무사

至公無私일 뿐이다. 숙제叔齊의 현명함이 백이보다 낫지 못한데 그 아비가 장자를 폐하고 어린 아들을 세우려 한 것은 사애私愛에서 나온 일이기 때문에 숙제는 뒤돌아보지 않고 달아났다. 태백의 아들은 문왕보다 못해서 고공단보古公亶父가 계력季歷을 세워 결국 계력의 후사 창昌이 그 뒤를 계승할 수 있도록 한 것은 공심公心에서 나온 일이기 때문에 계력이 그대로 따르고 거스르지 않았다. 이 두 일은 사례가 다르지만 도道를 행함에 있어서는 마찬가지이다.

제번諸樊[14]은 아비의 유명遺命을 따라 형종제급兄終弟及의 의리를 내세워 차례로 전해서 계자에게 자리를 물려주려고 했다. 그 마음을 추적해보건대 지공至公함을 애연藹然(왕성함)히 상상해볼 수 있다. 자제 된 사람으로서는 의당 부형의 미덕을 좇아서 위로 종묘사직의 복을 무겁게 하고 아래로 조야朝野의 바람에 부응해야 하거늘, 어째서 계자는 드높은 태도로 나라 사양하는 것으로 이름 내기를 좋아하는 것처럼 했단 말인가? 무릇 공도公道가 있는 곳을 돌아보지 않고 곧장 자기 이름만 사적으로 고결하게 하는 자는 산림 필부四夫의 뜻이다. 계자는 행실이 태백이나 백이보다 높거늘 뜻은 필부보다 낮았으니, 어째서 한 사람의 몸이거늘 현격히 다를 수 있었단 말인가? 계자는 대개 사람의 염치가 차츰 거꾸러지고 손상됨을 우려하여 당시를 바로 세우고 엄히 하여 후세를 방어하려고 생각했다.

논하는 자들은 계자가 절의에 달통한 자이거늘 『사기』 「오태백세가」를 보면 계찰이 왕위 사양의 뜻을 피력하면서 아래로 조자장의 의리에 부회했다고 하여 이 때문에 허물을 삼는다. 하지만 만약 계자가 절의에 달통했다고 자기를 허여했다면 후세에 사악한 짓을 탐하여 이름을 모칭하는 자들이 그것에 의거하여 구실로 삼아, 마치 요堯임금이 순舜에게 선양하는 것을 빙자하고 탕湯임금이 걸桀을 추방한 것을 본뜨는 것과 같이 했을 것

---

14   오왕(吳王) 수몽(壽夢)의 맏아들이다. 맏이가 제번, 셋째가 여매(餘昧), 막내가 계찰(季札)이다. 수몽의 뒤를 제번이 이었고, 제번이 죽자 여제가 왕이 되었다.

이다. 계자는 오직 이를 두려워했으므로 홀로 도리를 어겨서 절의를 굳게 지켰으니, 쇠퇴한 세상에 대처하는 도는 부득불 이러하지 않을 수 없다. 만일 계자가 선왕의 시대에 태어났다면 또한 계력이 행했던 바와 어찌 달랐을 것인가? 나는 가만히 계자가 때를 만나지 못한 것을 슬퍼한다.

계자의 사당은 예로부터 단도丹徒에 있었는데 군읍의 제사에 부치지 않고 마을의 부로가 설, 삼복, 섣달이면 풍년을 빌고 기복을 해왔을 따름이다. 향대부 오공吳公이 해당 관리에게 청하여 높고 트인 땅을 택해서 이건하여 창신했다. 대개 그 고을 사대부들이나 동서로 지나다가 배알하는 사람들로 하여금 우러러보고 공경의 마음을 일으킬 바를 알도록 하려는 것이다.

아아! 계자 이후로 수천년 동안에 다시 천하 국가를 사양했다는 말을 듣지 못했으니, 세속의 하강 사실을 알겠거니와, 계자 같은 인물은 의당 공자와 더불어 승룡乘龍(때를 만남)을 하여 함께 은례殷禮를 하여 절의를 배양하고 염치를 가다듬도록 하는 근본으로 삼아야 할 것이다. 그런데 이 먼 변방의 땅에서 제사를 받도록 하고 있으니, 나는 이에 감개하는 마음이 거듭 일어난다. 오공의 뜻이 가상할 만하기에 드디어 이 사실을 두고 기記를 쓴다.

『흠서박론欽書駁論』[15]

장난하다가 벌어진 살인嬉戲殺人

숙종 때 이두진李斗鎭이란 백성이 장난을 치다가 사람이 물에 빠져 죽었

---

[15] 『흠서박론』은 살인사건의 옥사를 취급한 책이다. '흠서'란 본래 『서경』 「순전(舜典)」의 '흠재흠재(欽哉欽哉)'에서 따온 말이다. 신중에 신중을 기해야 한다는 뜻이고, 박론은 반박논단이란 뜻이다. 심대윤은 살옥(殺獄)의 형률 적용 문제를 폭넓게 논하면서 정약용의 『흠흠신서(欽欽新書)』를 여러 차례 거론했다.

다.[16] 남구만南九萬 상국은 "이두진은 살인의 마음이 있지 않았지만, 선왕先王이 법률을 제정할 때 장난질을 하다가 잘못하여 죽음에 이른 경우 모두 상명償命(남을 죽인 자는 자기 목숨으로 보상함)에 처했으니, 이렇게 하지 않으면 후일에 서로 죽이는 것을 금할 수 없다고 생각한 때문이다"라고 했다.

【정약용은 말했다. "『대명률大明律』에 희살戲殺(장난하다가 우연히 살인함)은 감등減等을 한다고 되어 있다. 남 정승의 말은 잘못이다."】

무릇 장난하다가 사람을 죽인 경우 마땅히 분별이 있어야 한다. 이를테면 각저角觝(씨름)·발하拔河(줄다리기)·수박手搏(手搏, 손치기)의 부류는 살인을 할 수가 없거늘 잘못하여 사람을 고꾸라뜨리고 발로 차서 떨어뜨리거나 물에 빠지게 하여 죽게 한 경우, 이것은 과실에 속하여 마땅히 용서해야 한다. 축척蹴踢(걷어차기)과, 격자擊刺(치고 찌름)의 부류는 살인을 할 수가 있는데 과연 사람을 죽음에 이르게 했다면 이것은 과실로 돌릴 수 없으므로 삼유三宥[17]의 과科에 있지 않거늘 어찌 당률當律(해당하는 형률)을 시행하지 않을 수 있겠는가? 또 만약 무고살無故殺의 뜻으로 용서한다면, 뒤에 살해의 마음을 안에다 숨기고서 장난을 빙자하여 적賊【적賊은 살殺이다】을 이룰 경우는 어떻게 거짓을 분쇄하고 사실을 밝혀내겠는가? 무릇 옥獄은 심정審情(실제 사정을 심리함)이 귀하니, 정情이란 것은 정적情迹(실제 사건의 자취)의 정情이지, 정의情意의 정이 아니다. 무릇 청옥聽獄의 도는 형태지어져 나타나는 지점에서 살펴야 하지, 은미隱微하여 밝히기 어려운 가운데서 살펴서는 안 된다. 『주역』서합괘噬嗑卦 상구上九에 "목에 차꼬를 써서 귀가 파묻혀 없어졌으니, 흉하도다〔何校滅耳凶〕"라고 했으니, 그 정적情迹의 진위眞

---

16 『숙종실록』권15, 숙종 10년(1684) 8월 8일(신축)에 나온다. 전(前) 병사(兵使) 이두진이 양화도(楊花渡)에 이르러 뱃사공이 명을 따르지 않자 화가 나서 잘못하여 뱃사공 곁의 사람을 묶어 배에 오르게 했는데, 새끼가 끊어져 그 사람이 물에 빠져 죽었다.

17 『주례(周禮)』「추관(秋官) 사구(司寇) 사자(司刺)」에 나오는 형률 용어로, 죄인을 용서하는 세가지 경우에 관한 규정이다. 첫째는 모르고서 지은 죄고, 둘째는 과실로 지은 죄며, 셋째는 망각으로 지은 죄다.

僞와 생호眚怙[18]를 살펴서 경중輕重을 두어 다스리며, 그 지의志意의 호불호好不好를 궁구하지 않는다. 무릇 판결하는 사람의 뜻으로 얼추 헤아려서 옥사를 판결한다면 잘못을 저지르지 않는 예가 드물다. 그 실제 범죄를 정죄定罪(형률의 공평한 적용에 따라 죄과를 물게 함)하고 마음에 적막適莫(옳다 그르다를 미리 결정해둠)이 없는 것이 사사士師(형법관)의 어짊이다. 후세에 옥사를 다스리는 사람은 "그 본의가 여기에 이르지 않았다"라 하거나, "그 형모形貌가 가증스럽다"라 하거나 "그 심술心術이 추악하다"라 하거나 "그 정상情狀이 참긍慘矜하다"고 하거나 "그 사기辭氣가 수상殊常하다"고 하거나 하는 따위를 들어서 법률을 적용하는 데 오르내림이 있다면 형률을 공평하게 시행하는 데는 어려울 것이다.

복수살인의 정상 참작復讐殺人減宥

우리나라 인조 때 이괄李适의 반란에 청흥군靑興君 이중로李重老[19]가 저탄豬灘에서 전사하자 이괄의 장수 이수백李守白이 이중로의 머리를 취하여 상을 요구했는데, 이괄이 이천利川으로 패주하자 이수백이 이괄을 참수하여 항복했다. 이후에 이중로의 아들 이문웅李文雄이 이수백을 죽이고 자수했다.[20] 오윤겸吳允謙 등이 말하길 "이문웅의 복수는 마땅히 용서해주어

---

18 생호(眚怙)의 생(眚)은 과실로 저지른 죄를 말하고 호(怙)는 믿는 데가 있어 재차 저지르는 죄를 말한다. 『서경』「우서(虞書) 순전(舜典)」에 "과실과 재해로 인하여 지은 죄는 풀어 놓아주고, 믿는 데가 있어 재차 죄를 범하는 자는 죽이는 형벌을 하시되 공경하고 공경하여 형벌을 신중히 하셨다(眚災肆赦, 怙終賊刑, 欽哉欽哉, 惟刑之恤哉)"라고 했다.

19 개국공신 이지란(李之蘭)의 후손 이중로(李重老, 1577~1624)는 반정 때 이천부사(伊川府使)로서 군사를 거느리고 와서 정사공신 2등에 책훈되고 청흥군으로 봉해졌다. 이후 포도대장에 이르렀는데, 이듬해 이괄의 난 때 방어사로 마탄(馬灘)을 지키다가 물에 빠져 죽었다. 조경(趙絅) 「청흥군이공신도비명(靑興君李公神道碑銘)」, 『용주유고(龍洲遺稿)』 권21.

20 『인조실록』 권29, 인조 12년(갑술, 1634) 3월 13일(기해)의 기사에 나온다. 이수백은 광해조 때 이이첨의 사주를 받고 옥사를 일으킬 적에 이중로가 따르지 않은 것을 원망하여, 이중로 시체를 취해 머리를 가지고 가서 이괄에게 공로를 요구했다. 이중로의 아들 이문웅(李文

야 합니다"라고 했다. 이를 따랐다.[21]

전사한 경우에는 각자 그 의義를 위했을 따름이니, 무슨 원수가 있겠는가? 그 주인을 위해서 적을 죽였을 때 살인이 아니고 의일 것이로다. 이수백은 대도大盜 도척盜蹠의 개가 요임금을 보고 짖는[跖犬吠堯][22] 죄이다. 하지만 그 주인을 위하여 적을 죽였을 때는 죄를 줄 수가 없다. 더구나 이미 바른 쪽으로 귀착되었다면 전일에 적이었음을 추후에 물을 수가 없다. 더구나 상(군주)이 그를 용서하고 죽이지 않았거늘 이문웅이 천살擅殺(법률이나 공적 허용에 근거하지 않고 개인이 사적으로 살인함)했으니, 이것은 나라의 명에 항거하고 군주를 업수히 여긴 것이다, 어찌 주살이 없을 수 있겠는가? 마침내 그로써 국법을 보존할 수 있다. 어찌 그것을 이수백을 위하여 아끼겠는가?

【개가 도척의 개라면, 개로서 죽일 수 있지만, 그 개가 그 주인을 위하여 남을 향해 짖는 것은 '옳지 못하다'고 말할 수가 없다. 이쪽의 사람이 전사

雄)·이문위(李文偉)는 원수를 갚으려고 했다. 한편, 풍천 부사 박영신(朴榮臣)도 이괄의 난 때 기탄(岐灘)을 방어하다가 포로가 되고, 이수백의 칼에 목숨을 잃었다. 박영신의 아들 박지병(朴之屛)·박지원(朴之垣)·박지번(朴之藩)도 원수를 갚으려고 했다. 그들은 대낮에 도성에서 이수백을 함께 죽였다. 1634년 3월 13일 이문웅 등 5인은 이수백의 머리를 갖고 돈화문 밖으로 와서 상소했다. 의금부가 안문(按問)하여 아뢰자 인조는 대신의 의론을 모으라고 했다. 우의정 김류(金瑬), 영의정 윤방(尹昉), 좌의정 오윤겸(吳允謙)의 수의(收議)에서 이문웅 등이 의(義)로 원수를 갚았다고 보아 용서해야 한다고 합의했다. 인조는 "해조가 지나치게 비호하니, 국가의 체모가 이럴 수는 없다. 살인자는 본시 정해진 법률이 있으니 실로 경솔히 용서할 수 없다. 그러나 그의 아비의 충의에 대해서도 생각하지 않을 수 없으니, 우선 가벼운 율에 따라 결장하고 정배시키라"라고 판결했다. 이에 이문웅을 전주에, 이문위를 익산(益山)에, 박지병을 창평(昌平)에, 박지번을 비안(庇安)에, 박지원을 의성(義城)에 유배시켰다. 뒤에 이문웅은 벼슬이 군수에 이르고 이문위는 병사(兵使)에 이르렀다.

21 오윤겸(吳允謙)이 1634년(인조 12, 갑술)에 좌의정으로서 작성한 「이문웅살이수백복수의(李文雄殺李守白復讐議)」를 말한다. 이익은『성호사설』에서 오윤겸의 이 글을 부연했다. 이익(李瀷),『성호사설』권17 인사문(人事門) 11~46「이문웅(李文雄)」.

22 한(漢)나라의 추양(鄒陽)이 감옥에 갇혀 스스로 변호하면서, 누구든 자기 주인을 위할 수밖에 없다는 뜻으로 "폭군 걸왕의 개로 하여금 성군인 요 임금을 향해 짖게 할 수도 있고, 도척의 식객으로 하여금 허유(許由)를 칼로 찌르게 할 수도 있다(桀之犬可使吠堯, 跖之客可使刺由)"라고 한 데서 나온 말이다.『한서(漢書)』권51「추양전(鄒陽傳)」참고.

하여 저쪽 사람이 원수가 된 경우, 큰 난리 뒤에 천하 사람들이 저 비할 데 없이 악한 적을 장차 장살戕殺(무찔러 죽임)하려 한다면 이것은 법으로 난리를 금지하지 못하여서 의義가 도리어 화를 일으킬 것이니, 장차 그 의義를 어디에 쓰겠는가?】

옥사를 처리할 때는 사건의 범죄사실에 의거해야 하며 법조문에 구애되어서는 안 된다治獄以情而不以文

무릇 옥사를 다스리는 것은 정情(실정)으로 해야 하지 문文(법문)으로 해서는 안 된다. 비발批發(상급관청에서 법사건의 실제를 밝혀내어 판결함)의 사辭는 마땅히 정절情節(사건의 실제 개요)을 정직하게 진술하여 요컨대 간정簡精하고 명창明暢하게 하는 것이 좋다. 어찌 격례格例와 정식程式을 많이 만들어, 걸핏하면 어긋나고 잘못되어 서로 간에 대조하여 착오를 적발해내느라 분분하고 복잡하게 하랴? 또 어찌 황백黃白²³의 사사詞를 뽑아내고 월로月露²⁴의 태깔을 드러내어 조탁彫琢(아로 새기고 꾸밈)과 미만靡曼(질질 끌고 화려함)을 추구하여, 사리辭理가 도리어 통달하지 못하게 하랴? 이것은 정실情實을 지적하여 진술해서 사의詞義가 엄정嚴政한 것이 아니다. 지금 보건대 정약용의 비평批評(법리 논평)은 한 글자 반 구절의 잘못과 정격程格의 털끝만 한 실수라도 장황하게 따지지 않음이 없으니 '가세심문苛細深文(까다롭게 세세히 따져 살피고 법률 조문을 억지로 끌어다 맞춤)'이라 이를 것이다. 『주역』 비괘賁卦의 '산하유화山下有火'는 사물의 잡다하게 어지럽고 자잘하고 번쇄한 것을 밝게 비추지 않는 것이 없는데, 비賁는 문식文飾의 괘이되 그 대상전大象

---

23 황백(黃白)의 방술(方術)은 도사(道士)가 단약(丹藥)을 단련하여 황금과 백은을 만드는 방술로, 흔히 신선술(神仙術)을 가리키는 말로 쓰인다.

24 월로(月露)는 음풍농월(吟風弄月)의 소재인 풍화월로(風花月露)의 준말로 사시(四時)의 경치를 말하는데, 공허한 시문(詩文)을 비유한다.

傳에 "옥사의 판결을 과감하게 하지 않는다"[25]라고 했으니, 옥사의 판결을 충忠으로써 하지 문文으로써 하지 않는다. 문으로 하게 되면 가세苛細하게 되어 충직忠直을 손상하게 되어, 옥사가 번쇄해질 것이다.[26]

무원록변정 서無冤錄辨正序[27]

공자는 『논어』 「안연顏淵」에서 "송사를 결단하는 일은 나도 남과 똑같이 하지만 나는 반드시 송사가 없도록 하겠다"라고 했다. 무릇 그 본원을 맑게 하지 않고서 그 말류를 다스리는 것은 성인도 세속의 관리보다 나을 수가 없었다. 『서경』 「주서周書 강고康誥」에 "정교政教에 질서가 있어야 이에 치리治理가 크게 밝아져서 백성들이 복종한다"라고 했다. 『논어』 「안연」에서 말하듯 자로子路가 '한마디로 송사에 판결을 내릴 수 있는 것'은 그 발언과 행사가 득중하지 않은 것이 없고 그 기의機宜에 적절하므로 백성들이

---

25   비괘(賁卦) 대상전(大象傳)에 "산 아래 불이 있는 것이 비로, 군자는 그로써 뭇 정치를 밝히며 옥사의 판결을 과감하게 하지 않는다(山下有火賁 君子以 明庶政 無敢折獄)"라고 했다. 그 주에 "산 밑에 불이 있으니 이는 먼 데까지 밝힐 수가 없다. 서정을 밝히는 것은 적은 일이고, 송사를 판결하는 것은 큰일인데, 내괘는 이(離)로서 밝음을 형상하는 것이고, 외괘는 간(艮)으로서 중지시킴을 형상하는 것이다"라고 했다. 이는 자잘한 서정은 밝힐 수 있으나 송사를 판결하는 등의 큰일은 할 수 없음을 해명한 말이다. 하지만 심대윤은 잡다하고 번쇄한 일을 모두 밝힌다는 점에 주목했다.

26   『대명률』이 6등의 의옥(議獄)을 둔 것에 대해 정약용은 『흠흠신서』에서 중국의 법률은 극도로 치밀함에도 우리나라보다 범죄가 열배나 심하다고 지적하고 우리나라에는 흉악하고 참혹한 사건은 거의 없으므로 번거롭게 규정을 만들고 가혹하게 나갈 필요가 없다고 했다. 심대윤은 그 견해가 이치에 맞다고 인정하되, "말단만 좇아 법조문이 자세하고 실오라기처럼 따져 들어가서 말단에 더욱 정밀해질수록 더욱 근본을 상실하게 된다"는 점에 주목했다.

27   『무원록변정』은 『흠서박론』의 부록이다. 「무원록변정서」라는 표제는 없으나, 해당 글을 내용상 서문으로 볼 수 있다. 『무원록』이 검험의 방법에 대해 세세한 사실까지 구별하지만 실상 백성들의 심성을 무너뜨리는 폐해가 있다고 보아, 검험법(檢驗法)을 새로 수립하겠다는 뜻을 밝힌 것이다. 본문은 검험법을 조목별로 변경했다.

복종하지 않음이 없어서, 사랑하되 외경하고 공경하되 신뢰하여 진정을 드러내고〔輸情〕정성을 바쳐서 감히 기만하고 무함하지 않아서, 몸이 남 다스리는 근본이 되어 자기 자신을 닦아서 남이 저절로 다스려졌던 것이다. 『서경』「여형呂刑」에 "덕으로 밝히자 천하가 밝아지고 덕으로 위엄을 보이자 두려워한다"[28]라고 했다. 『논어』「위정爲政」에서 말했듯이 "덕으로써 인도하고 예의로써 가지런하게 하고" 악으로 풍화하면〔風之以樂〕[29] 백성은 선에 권면되어 잘못을 저지르는 것을 부끄러워하여 상을 주더라도 간악한 짓을 하지 않는다. 덕은 형을 그침〔止刑〕의 근본이니, 덕이 시행되면 형은 저절로 그친다. 『서경』「군진君陳」에 "형벌하여 형벌을 그칠 수 있을 때 비로소 형벌하라〔辟以止辟, 乃辟〕"라고 했다. 형벌의 도는 백성의 죄를 그치는 데 있을 따름이다. 무릇 간악함이 일어나는 바는 비유하자면 하천이 개미둑에서 터지고 들판이 횃불에 불타게 되는 것과 같다. 그 문을 막으면 간악은 일어나지 않는다. 그 문을 막을 줄을 모르고 그때그때에 따라가서 다스리면 정밀하면 정밀할수록 더욱 잘못되고 교묘하면 교묘할수록 더욱 궁해진다. 간악함의 문을 막은 것이 형벌을 사용하는 근본이다. 문이 막히면 형벌은 절로 맑아진다. 남을 해치고 구타하여 싸운 죄에 적용하는 법률을 엄하게 하면 남을 살해하는 일이 적어진다. 시신을 파는〔賣尸〕죄에 적용하는 법률을 엄하게 하면 도모하여 의뢰하는 자가 끊어진다. 함부로 살해하는 죄에 적용하는 법률을 엄하게 하면 흉악하고 패려궂은 일이 엎드려 숨는다. 무함하여 고발하는 죄에 적용하는 법률을 엄하게 하면 간사하고 교묘한 일이 그친다. 주범과 피고의 구분을 엄정하고, 유아由我의 법[30]을 제거하고 수범首犯과 종범從犯의 죄를 한결같이 하면 옥사의 실정이 현혹되지 않는다. 이것

---

28 원문은 "덕으로 위엄을 보이자 두려워하고 덕으로 밝히자 천하가 밝아졌다〔德威惟威, 德明惟明〕"인데 앞뒤 구절을 바꾸어 인용했다.

29 심대윤이 추가한 구절이다.

30 직접 사람을 죽이지는 않았지만 죽음의 원인을 제공했다고 판단한 경우, 원인 제공자에게 피해자의 죽음에 대한 일정한 책임을 묻는 형률을 말한다.

이 형벌을 맑게 하는 근본이다. 형벌을 적용하는 자가 근본을 알면 거의 올바른 이상에 이르리라.

무릇 소인의 실정은 드러나고 밝은 곳에서 악을 감히 저지르지는 않으며 은밀하고 어두운 곳에서 감히 잘못을 저지른다. 그러므로 선왕의 정치 실행은 백성을 드러나고 밝은 곳으로 몰아가지, 은밀하고 어두운 곳으로 들어가게 하지 않으며, 금하려고 하여 더욱 정밀하면 할수록 더욱 잘못되며, 더욱 교묘하면 교묘할수록 더욱 궁해진다. 형벌이란 것은 드러나고 밝은 곳에서 금할 수 있지, 은밀하고 어두운 속에서 금할 수가 없다. 덕이 이르지 않은 곳이라고는 없고 형은 미치지 않는 곳이 있으며, 양은 가득차고 음은 움츠러드는 것이 이理이다. 서합噬嗑 괘의 상구上九는 형벌 사용의 진선盡善을 두고 "목에 차꼬를 써서 귀가 파묻혀 없어졌다"라고 했으니, 그 뜻은 듣지 못하는 바가 있다는 것이다. 비賁 괘는 잡다하고 혼란하며 가늘게 번다한 것을 밝게 비추는 것에 대해 "옥사의 판결을 과감하게 하지 않는다"라고 했으니, 그 뜻은 형벌은 가혹하고 자세히 살피는 것으로 밝다고 하지 않는다는 것이 그렇기 때문에 형벌은 큰 죄악【그 간악함을 기르고 자라게 하고 그 풍속을 물들여 망가지게 하는 것이 이것이다】에 엄하고 작은 죄【형벌과 유형에 미치지 않는 것이 이것이다】에 관대하다. 드러나고 밝은 곳에서 근실하고 은밀하고 어두운 곳에서 소략하다. 천하의 치란治亂은 작은 죄에 관계되지 않으니, 작은 죄를 다스리지 않으면 백성은 마침내 여유 있고 넉넉해진다. 촘촘한 그물망을 시설하지 않으면 물고기와 자라가 자라난다. 백성에 대한 징계와 격려는 드러나고 밝은 곳에 달려 있고, 은밀하고 어두운 곳에 있지 않으니, 뭇 사람들이 보고 들어 아는 바이되, 들어가는데 잘못하고 나오는데 잘못하면 인심이 불복하고, 요행으로 징계받지 않게 되면, 뭇 사람들이 보고 듣지 못해 알지 못하는 바이되, 혹은 나가는데 잘못하여, 끝내 정치의 도리에는 손상이 없다. 깊이 있는 것을 갈고리로 끌어내고 그윽한 것을 탐색하여 그 실정을 파악하여도 끝내 정치의 도리에 무익하다. 차라리 억울하게 남형으로 하여 재앙을 초래하는 것보다는 차라리 사람을 살려서 복을 맞이하는 것이 낫다.

반박하는 사람은 말한다. "은밀하고 어두운 악은 사람들이 알 수가 없어서 징계되지 못하고 물들지도 않으니, 다스리지 않아서 덕을 베풀 수가 있다. 악을 저지르는 자가 뜻을 얻어서 장차 다시 저지른다면, '형벌하여 형벌을 그치게 한다'는 뜻이 어디에 있겠는가?"

대답한다. "죄는 의심스러우므로 풀어주고,[31] 풀어주었는데도 다시 범법하면 앞의 죄와 나란히 다스린다. 의심스러우므로 잠시 풀어주되 그 하는 행위를 보아서 능히 행실을 고쳐서 다시 범법하지 않을 수 있다면 이것은 사람을 살려서 형벌을 그치게 하는 일로, 형벌의 도의 지선이다. 음으로 해치려고 마음먹어서 다시 죄를 저지른다면 범법한 것이 아무리 작더라도 역시 악을 저지를 수 있음을 징험할 수가 있다. 그러므로 지난 죄와 함께 나란히 다스린다. 『서경』「대우모大禹謨」에서 순舜이 '차라리 떳떳한 법대로 하지 않는 잘못을 범하겠다'[32]고 한 것이 이것이며, 『서경』「순전」에서 '믿는 구석이 있어서 죄를 저지르거나 재차 죄를 저지른 자는 사형을 시킨다'[33]는 것이 이것이다. 의심스러운 바가 있지만 밝힐 수가 없기 때문에 잠시 놓아두고 그 행위에서 징험하면 형벌 적용을 잘못한 것이 아니다. 의죄疑罪를 짊어지고 스스로 경계하고 근신하지 않고서 다시 악에 들어간다

---

31   『서경』「우서(虞書) 대우모(大禹謨)」에 제순(帝舜)이 고요(皐陶)에게 사사(士師)가 되어서 오형(五刑)을 밝히라고 하자, 고요가 "과오로 지은 죄는 용서하시되 큼이 없고 고의로 지은 죄는 형벌하시되 작음이 없으며, 죄가 의심스러운 것은 가볍게 형벌하시고 공이 의심스러운 것은 중하게 상 주소서(有過無大 刑故無小 罪疑惟輕 功疑惟重)"라고 했다.

32   『서경』「대우모」에 "무고한 사람을 죽이기보다는 차라리 떳떳한 법대로 하지 않는 잘못을 범하겠다(與其殺不辜, 寧失不經)"라고 했다.

33   『서경』「순전(舜典)」에 보면, 순임금에 대해 "과오로 인하여 죄를 저지르거나 불행으로 인하여 죄를 저지른 자는 용서하여 풀어주고, 믿는 구석이 있어서 죄를 저지르거나 재차 죄를 저지른 자는 사형을 시키되, 조심하고 조심하여 형벌의 사용을 신중히 했다(眚災肆赦 怙終賊刑 欽哉欽哉 惟刑之恤哉)"라고 한 구절이 있다.

면, 그 어질지 못함이 심하도다. 작게 범법을 하여 앞의 죄까지 아울러 다스리는 것은 남형이 아니다【「여형呂刑」 주에 나온다】. 의심을 두어서 사면하는 법이 은밀하고 어두워 밝히기 어려운 악을 대한 것은 선왕의 형전이다【「여형」에서 의심하여 사면하는 경우에 모두 납속納贖(사면을 위해 돈을 바침)하는 것은 태사씨와 선왕의 의리이다】. 지금 보건대『무원록』의 검시檢屍의 법은 위시爆屍와 증골蒸骨로 그 흔적을 구한다면 '살인을 찾는데 너무 심하다'고 할 것이며, '용의가 참렬慘烈하고 불상不祥이 심하다'라고 말할 수 있으니, 결단코 선왕이 아름다운 법전이 아니며 결단코 군자가 말할 바가 아니다. 무릇 위엄은 위에서 빌리고 밝음은 아래에서 빌리는 것이 천하의 이치이다. 그러므로 서리와 눈, 우레와 번개는 하늘에서 내려오고, 해와 달, 별과 번개는 아래에서 나온다. 그러므로 선왕은 한 사람의 이목을 이목으로 삼지 않고 뭇 사람의 이목을 이목으로 삼는다. 보고 들음에 있어서 뭇 사람의 보고 듣는 바는 사사로움에 가려지지 않고 거짓에 현혹되지 않으며 밝음을 더 이상 바랄 것이 없다. 해와 달의 밝음은 형체가 있는 것을 비추지, 형체 없는 것을 비출 수가 없으며, 빛을 용납하는 것을 비추지, 은미하고 숨어 있는 것을 비출 수가 없다. 주관周官의 삼자三刺[34]는 신민臣民에게 신문訊問하는 것을 말했고, 「여형」에서는 "여러 사람들에게서 검증해야 한다"[35]라고 했으며,『맹자』에서는 "나라 사람들이 모두 죽여야 한다고 말한 뒤에 죽여야 한다"[36]라고 했다. 옥사를 다스리는 도는 아래 백성에

---

34 『주례』「추관(秋官) 사구(司寇) 사자(司刺)」에, "사자(司刺)는 삼자·삼유(三宥)·삼사(三赦)의 법을 맡아 사구(司寇)의 송사 다스리는 것을 돕는다. 일자는 신하들에게 묻는 것이고, 재자는 아전들에게 묻는 것이고, 삼자는 만민에게 묻는 것이다"라는 구절이 있다.

35 『서경』「주서(周書) 여형(呂刑)」에 "다섯가지 형벌이 의심스러우면 용서를 하고, 다섯가지 벌이 의심스러우면 용서를 할 것이니, 자세히 조사하시오. 여러 사람들에게서 검증해야 할 것이니, 심문을 하여 조사할 것이며, 사실에 부합하는 바가 없으면 안건을 수리하지 말고, 함께 하늘의 징벌을 공경하시오(五刑之疑有赦 五罰之疑有赦 其審克之 簡孚有衆 惟貌有稽 無簡不聽 其嚴天威)"라고 했다.

36 『맹자』「양혜왕하(梁惠王下)」에 "좌우 신하들이 모두 죽여야 한다 하더라도 따르지 말고, 대

게 청문淸問하여 실제 자취를 파악하는 데 달려 있을 따름이다. 뭇 사람이 보고 듣지 못한 바깥에서 알 것을 구하고, 으슥하고 은미하여 형벌을 가할 수 없는 것에서 찾으려고 힘써서, 으리으리하고 번쩍하게 현혹시켜서 신기神奇함으로 삼아서는 안 된다. 지금은 상도에서 벗어난 미매微昧(애매모호함)의 술수로 사람의 지식과 사려가 이르지 못하는 곳에서 갈고리로 낚고 화살로 쏘아대니, 그 필연의 여부는 끝내 능히 밝힐 자가 없으며, 인명을 끊고 율법으로 판결하기를 캄캄한 데서 하니, 이것은 불가한 첫번째이다. 미세하게 나누고 가늘게 쪼개어서 글을 만드니 간사한 백성이 장차 법률에 인하여서 사특한 짓을 저지른다【이를테면 스스로 목을 매었는지 윽박당하여 목을 매었는지에 대해 분변하는 법이 있자, 간악하고 교활한 자가 스스로 목을 매는 법을 이용하여 윽박질러 목을 매게 하니, 장차 스스로 목을 매었다는 것을 믿게 된다. 살아서 불에 탔는지 죽어서 불에 탔는지를 입과 콧속에 재가 있는지 없는지로 변별하지만 만약 재가 있는 법을 사용하여 죽은 뒤에 불에 탄 것으로 본다면 장차 살아서 죽었다는 것을 믿게 된다. 다른 것도 모두 이에 준한다】. 늘 법의 위로 나와서, 법은 끝내 간악한 자를 이길 수가 없어서, 도리어 간악한 짓을 열어 보인다. 숙향叔向은 "백성이 형서刑書를 끌어대어 추도의 끝(형서의 자구 혹은 자잘한 이익)까지 장차 전부 다툴 것이다"[37]라고 한 것이 이것이니, 이것이 불가한 두번째이다. 백성을 다스리는 요체는 그 심성을 인도하여 인선仁善에 들어가게 하는 데 있다. 그 어버이의 신체를 그 자손과 형제의 곁에서 중하게 도륙한다면, 이

부들이 모두 죽여야 한다 하더라도 따르지 말고, 나라 사람들이 모두 죽여야 한다고 말한 뒤에 살펴보아 죽여야 할지를 잘 살핀 뒤에 죽여야 합니다. 그러므로 나라 사람들이 죽였다고 말하는 것입니다(左右皆曰可殺 勿聽 諸大夫皆曰可殺 勿聽 國人皆曰可殺 然後察之 見可殺焉 然後殺之 故曰 國人殺之也)"라고 했다.

37 『춘추좌씨전』 소공(昭公) 6년(기원전 536) 조에 "백성들이 형서를 알면 예를 버리고 형서를 증거로 끌어대면서 눈곱만 한 이익도 다투려고 할 것이다(民知爭端矣 將棄禮而徵於書 錐刀之末 將盡爭之)"라는 내용이 보인다. 양백준(楊伯峻, 1909~92)에 따르면 '추도지말(錐刀之末)'은 형서의 자구(字句)를 이른다.

것을 차마 할 수 있다면 어느 것인들 차마 할 수 없겠는가? 이것은 백성들을 잔인하게 가르치고 그 심성을 파괴하는 것일 따름이니, 온화한 기운을 손상하여 그 흉려凶戾를 조장하는 것이니, 이것은 크게 불가한 세번째이다. 법이 이와 같다면 법이 없는 것이 나음만 못하다. 이 형서를 만든 자는 필시 후손이 없을 것이다. 아아! 법문의 속리가 섬세하고 교묘하지만 대도를 모른다면, 그 유해流害는 어찌 쉽게 말할 수 있으랴! 이 형서가 세상에 행하여 그것이 사람 목숨을 그늘지고 어두운 속에서 살해하여도 사람들이 깨닫지 못하는 사례를 이루 다 셀 수 있겠는가? 이루 다 셀 수 있겠는가?

복리전서서福利全書序[38]

옛날에 성인이 예禮로 영재를 교육하고 악樂으로 어리석은 백성을 교화했으니, 예악이란 것은 세상을 다스리는 도구이자 교화의 방도였다. 삼대三代 이후로 예악이 폐하고 교화가 쇠하자 비록 경전經傳의 글이 있더라도 학자들이 지의旨義를 통달할 수가 없었다. 고명高明한 자는 허탄하고 아득한 길로 치달아 실리實理를 등지고 거짓 행실을 숭상하며, 어리석은 자는 연무 자욱한 진흙탕 속으로 추락하여, 감정대로 함부로 행동해서 방향을 모른다. 교화는 날로 없어지고 풍속은 날로 피폐해지며 화란禍亂은 날로 늘어가서, 살아 있는 인류가 장차 멸망하고 천지의 도가 장차 폐기될 지

---

38 현재 『심대윤전집』 전 3책은 『맹자』를 제외한 사서오경의 논술과 『복리전서』를 수록했다. 심대윤은 『주역상의점법』을 저술한 20년 후 『복리전서』를 저술했는데, 그 논리는 『주역상의점법』과 마찬가지로 이익(利)과 해로움(害)을 두 축으로 삼았다. 1862년(임술)에 작성한 「복리전서서」에서 심대윤은 천하 만세의 백성들이 모두 그 복리(福利)를 누리고 불행에서 벗어나게 하기 위해서 『복리전서』를 저술한다고 했다. 자신이 모든 노력을 경주하여 저술을 하고 남은 것을 갖고 백성들이 복리를 누리게 해야 하지 백성들이 불행에 허덕이게 버려두면 안 된다는 뜻이다. 「서문」 아래에 1938년 정인보가 덧붙인 「지(識)」가 있다.

경이다. 이 때문에 근심스럽고 근심스러워 나는 애태우고 걱정하기를 마치 상처가 마음에 있는 듯이 했다. 성인의 예교禮敎가 경전에 갖추어져 있으므로 재주가 뛰어나 배울 수 있는 자는 힘을 쏟을 수 있지만, 명철한 왕이 나오지 않아 음악의 교화가 행하지 않으므로 배울 수 없는 어리석은 백성은 깨우칠 방도가 없다. 짐승새끼는 가르치지 않아도 스스로 성장하지만, 백성은 이와 달라 가르치는 도가 좋지 않으면 이르지 않는 곳이 없게 된다. 『시경』에 "너의 무지함을 즐거워하노라"[39] 했고, 또 "태어나지 않음만 못하네"[40]라고 했다. 사람으로서 무도하면 아무 것도 모르는 짐승만도 못하며, 사람으로서 짐승만 못하다면 태어나지 않은 것이 나음만 못하다는 뜻이다. 아아! 이 백성들은 가르침이 없어서는 안 된다. 이제 경전經傳의 요지를 취하여 그 언사를 간략하고 상세히 하여 알기 쉽게 해서 만세토록 어리석은 백성의 참된 경전으로 만들어, 방향을 헷갈리는 자들에게 지남이 되어 천하 만세의 백성들로 하여금 모두 복리福利를 누려서 앙화를 면하게 하고자 한다. 그래서 이름하여 『복리전서』라고 한다.

책 중에 기술한 것은 모두 상고시대 성인이 말씀하셨던 미묘한 비결秘訣이다. 나의 사사로운 뜻에서 나온 것이 아니다. 진실로 성심으로 강독하고 집중해서 생각하고 잊지 않고 새겨서 잃지 않는다면 한없는 복리를 가져올 수 있을 것이다. 한번 읽으면 한번의 복리를 얻을 것이요 열번 읽으면 열번의 복리를 얻을 것이니, 많이 읽을수록 복리가 더욱 후해질 것이다. 일할만큼 실행하면 일할의 복리를 얻고 십할만큼 실행하면 십할의 복리를 얻을 것이니 부지런히 실행할수록 복리가 더욱 쌓일 것이다. 익숙히 많이

---

39 『시경』「회풍(檜風) 습유장초(隰有萇楚)」에 "진펄에서 생장한 저 장초나무, 그 가지 곱기도 하네. 반지르르 귀여운 너, 너의 무지함을 즐거워하노라(隰有萇楚, 猗儺其枝. 夭之沃沃, 樂子之無知)"라고 했다. 본래는 당시 백성들이 정사가 번거롭고 부역이 무거운 것을 탄식하며 무지한 초목을 부러워한다는 뜻이다.

40 『시경』「소아(小雅) 초지화(苕之華)」에 "능소화, 그 잎이 푸르고 푸르도다. 내가 이와 같을 줄 알았더라면 태어나지 않음만 못하구나(苕之華, 其葉靑靑. 知我如此, 不如無生)"라고 했다.

읽고 부지런히 실행하여 일심으로 다른 마음이 없으면 천만가지 재앙이 모두 소멸되고 수많은 복과 상서가 저절로 이르러 올 것이다. 성경聖經을 비난하고 업신여기며 천리를 믿지 않아 강講을 들어도 마음을 붙이려 하지 않고 일을 행하는 데 경의 가르침을 돌아보지 않는다면 복덕은 나날이 줄어들고 재앙이 나날이 늘어갈 것이다. 힘쓸지어다! 힘쓸지어다! 비록 지극히 어리석은 사람이 내 말을 믿지 않는다 할지라도 시험 삼아 읽어보고 시험 삼아 행해보면 효과가 저절로 따라 드러날 것이니, 이 경이 실로 오묘하여 허황된 말이 아님을 알 수 있을 것이다.

내가 마음을 다하고 진심을 토하여 너희 백성에게 널리 고하는 것이 어찌 털끝만치라도 자뢰自賴(내게만 이익됨)하겠는가! 오직 너희 백성들이 무지하여 죄에 빠지기에 이로써 고심할 뿐이다. 너희 백성들이 어찌 유념하지 않을 수 있겠는가!

임술년(1862, 철종 13) 5월에 쓰다.

4장
자기 일에 힘쓰는 것이 인간의 도리

사람의 도리로 일에 부지런히 힘써야 함을 밝히다明人道勤勞事業

하늘이 사람에게 중화의 덕을 명하고 직분을 주어 힘쓰게 했으니, 중화를 지켜 힘쓰면 온갖 상서祥瑞를 내려주고 중화를 잃고 안일하면 온갖 재앙을 내린다. 게으르고 안일하게 놀며 일 없이 따뜻하게 입고 배불리 먹으면 천도가 심한 앙화를 내린다. 사람은 반드시 일이 있은 뒤에 이利가 있고 이利가 있은 뒤에 생양生養하고 보존할 수 있다. 새와 짐승 벌레 물고기 등 꿈틀대는 동물도 자기 일을 가지지 않은 것이 없으니, 사람으로서 일이 없다면 초목의 길이다.

전傳(『국어』「노어魯語」)에 "군자는 부지런해야 후세에 계승함이 있다"고 하고 『주역』 겸괘謙卦 단사彖辭에 "천지와 귀신은 겸손한 이에게 복을 준다"고 했는데, 노勞 한 글자가 겸謙의 주인이니,[1] 반드시 일이 있어 형체를 이용한 연후에 천지의 기를 감소感召하여 화복도 되고 자손도 되고 귀신도

---

1 『주역』 겸괘(謙卦) 구삼(九三) 효사(爻辭)에 "공로가 있으면서도 겸손하여, 끝까지 군자의 면모를 보이니 길하다(勞謙, 君子有終, 吉)"라고 했다.

된다. 부모에게 형체를 받아 세상에 태어나고 천지에서 명을 받아 사람의 직분을 수여받았는데 형체를 버려두고 이용하지 않고 직분을 폐하고 거행하지 않으면 어떻게 복이 있을 수 있으며 어떻게 자손이 있을 수 있으며 어떻게 귀신이 될 수 있겠는가? 이는 스스로 자기 몸을 멸하고 부모를 멸하는 것이다. 형체를 이용하되 잘하지 못하고 직분을 거행하되 의롭지 못하면 몸에 화가 되고 자손에게 재앙을 미치며 죽어서 여귀가 되니, 이는 스스로 몸을 해치고 부모를 해치는 것이다. 사람은 자기 형체를 이용하지 않을 수 없고 형체를 쓰되 선하게 하지 않을 수 없다. 하늘에서 기를 품부받아 움직임을 본성으로 삼으므로, 움직이지 않으면 하늘을 버리는 것이다. 하늘에서 명을 받아 선을 덕으로 삼으니, 움직이되 선하지 않으면 하늘을 거스르는 것이다.

현자는 마음을 쓰고 어리석은 자는 힘을 쓰니, 마음을 쓰는 자는 남을 다스리고 힘을 쓰는 자는 남에게 사역된다.[2] 남을 다스리는 자는 덕을 베풀어 백성을 편안히 하고 남에게 사역되는 자는 생업에 근로하여 나라에 이바지한다. 지혜가 마음을 쓰기에 부족하면서 또 힘도 쓰려고 하지 않는 이는 천하의 쓸모없는 백성이다. 악을 저지르는 데 마음을 쓰고 이익을 다투는 데 힘이 지치는 이는 천하의 재앙이 되는 백성이다. 마음을 쓰는 자는 남에게 받아먹고 힘을 쓰는 자는 남을 먹여주니 근로하지 않고 먹는 자는 천하의 도적이다. 그러므로 마음을 쓰는 자는 공덕을 세워 백성에게 은혜 베풂을 귀하게 여기고 힘을 쓰는 자는 직업에 근로하여 몸을 이롭게 함을 귀하게 여긴다.

(중략)

---

2   『맹자』「등문공상(滕文公上)」4장에서 "마음을 수고롭게 하는 자는 남을 다스리고, 몸을 수고롭게 하는 자는 남에게 다스림을 받는다. 남에게 다스림을 받는 자는 남을 먹여 살리고, 남을 다스리는 자는 남의 먹여줌을 받는다(勞心者治人, 勞力者治於人, 治於人者食人, 治人者食於人)"라고 했다.

사람이 명을 품부받음이 고르지 않아 분수가 각기 다르므로 분수 안에서 선을 다하고 분수 밖의 것에서 구하지 않아야 실패하지 않고 성공한다. 쥐가 범이 될 수 없고 소가 용이 될 수 없다. 『주역』 간괘艮卦 상전象傳에 "생각이 지위를 벗어나지 않는다" 했고, 『논어』 「위 영공」에서 공자는 "도가 같지 않으면 함께 도모하지 않는다" 했으니, 사람은 분수를 편안히 여기지 않으면 안 된다는 말이다. 재주에 따라 분수가 다르고 지위에 따라 분수가 다르며 시기에 따라 분수가 다르다. 어질거나 어리석음에 따라 분수가 다르고 귀하거나 천함에 따라 분수가 다르며 옛날이냐 지금이냐에 따라 분수가 다르다. 임금이 신하의 일을 행하고 신하가 임금의 일을 행하면 국가가 위태로워지고 남자가 여자의 일을 행하고 여자가 남자의 일을 행하면 집안이 어지러워지며 사농공고士農工賈가 업을 바꾸면 이익을 잃는다. 분수를 지키는 자는 오래오래 가고 끝마침이 있으며 분수를 지키지 않는 자는 자주 낭패하고 끝마침이 없다. 오래 보존하는 도는 분수 지킴만 한 것이 없고 속히 망하는 술법은 분수 지키지 않음만 한 것이 없다. 자신의 생업을 즐기고 직분에 부지런히 힘쓰며 몸을 삼가고 용도를 절약하며 외물을 사모하는 마음에서 구차히 남을 부러워하지 말고 스스로를 과신하는 뜻에서 남에게 함부로 대하지 않으며, 한번 옷 입고 한번 먹을 때도 절약하지 않음이 없고 한번 말하고 한번 행동하는 데에도 공손하지 않음이 없어야 하니, 이것이 서인庶人이 분수를 지키는 것이다.

귀신의 정상을 밝히다明鬼神之情狀[3]

인간세상은 양계이고 귀신은 음계이다. 음이 양에서 생겨나 음양이 합

---

3   심대윤은 유계에 귀신이 존재한다고 믿었다. 「유명(幽明)의 시종에 관한 이치를 밝히다(明幽明始終之理)」에서는 "사람이 부모의 형체를 받아 사람이 되는데 형체의 미추(美醜)와 강

하여 만물을 이룬다. 음이 양을 이어받아 공을 이루니 양의 공이 음에서 이루어진다. 하늘의 공은 땅에서 이루어져 만물이 생성하며 남자의 공은 여자에게서 이루어져 자식이 생기며 봄여름의 공은 가을겨울에 이루어져 재목과 결실이 이루어지며 인간세상의 공은 귀신에게서 이루어져 인과응보가 맺어진다. 정精과 백魄이 기氣와 형形에서 생겨나서, 기氣와 정精이 합하여 귀신이 된다. 사람이란 것은 기의 형체이고 귀신이란 것은 사람의 기이다. 기가 형을 낳고 형이 정精을 낳으니 이것은 정의 실實한 것으로, 감소感召하는 진기眞氣와 하나를 이루어 자손이 된다. 기가 형을 낳고 형을 이용하여 또 정을 낳으니 이것은 정의 허虛한 것으로, 이를 백魄이라 이름한다. 백魄과 정精은 실로 모두 형이 낳은 정精이다. 하늘에서 품부받아 생명을 가진 기가 백과 하나를 이루면 귀신이 된다. 기가 백과 하나를 이룬 것을 혼魂이라 이름한다. 실제는 하나의 기이다. 형을 이용하면 반드시 사물을 이용하게 되고 사물을 이용하면 반드시 형을 이용하게 되니 그 실제는 하나이다. 정精에서 실도 아니고 허도 아닌 정이 감소의 기와 서로 짝하면 화복이 된다. 화복의 도는 자기 몸에 행하고 자손에 행하고 귀신에 행하여 시종을 관철한다. 이것이 정이 형과 형을 사용하는 사이에 생겨나는 것으로,

---

약(強弱)은 부모에 달려 있고 스스로 형체를 써서 귀신이 되는데 귀신의 길흉과 장단은 자신에게 달려 있다. 하늘에서 기운을 품부받고 부모에게 형체를 받아 스스로 그 귀신을 이루는 것이 삼극(三極)의 이치이다. 하늘에서 기운을 품부받는 것은 공변되어 사가 없고 부모에게 형체를 받는 것은 공도 있고 사도 있으며 스스로 그 귀신을 이루는 것은 전적으로 사를 위한 것이다. 천지의 도는 공으로써 그 사를 이룬다. 공으로써 상대를 이루고 사로써 자신을 이루니 상대를 이루는 것이 자신을 이루는 방법이다. 인도는 공을 귀하게 여기는데 공을 귀하게 여기는 것은 그 사를 이룰 수 있기 때문이다. 명계에서는 자손으로 유계에서는 귀신으로 그 사를 이루는 것이다. 부모의 형체는 나의 소유가 아니요 천지의 사물도 나의 소유가 아니로되 그 형체를 이용하고 그 사물을 이용하는 것을 통해서 나의 자손을 두며 나의 귀신을 이룬다. 그렇다면 부모의 형체도 나의 형체요 천지의 사물도 나의 사물이다. 그래서 형체를 쓰고 사물을 쓰는 선악과 근태가 그 사를 이루는 방도이니 인간 세상의 지나가는 희비와 고락은 외물로서 나의 천진(天眞)을 줄이거나 보탤 수 없다"라고 했다.

바로 정精의 삼층三層[4]이면서 지성至誠의 도이다.

　소옹邵雍은 "귀신은 형체가 있다"고 했다. 형체가 기를 에워싸서 흩어지지 않으면 사람이 되고 백이 혼을 에워싸서 흩어지지 않으면 귀신이 된다. 그러므로 귀신도 형체가 있다고 말한다. 『예기』「제의祭儀」에서 공자는 "사람이 죽으면 골육이 덮이어 들판 흙이 되고 모든 사물의 정은 그 기가 위로 발양하여 소명昭明이 된다"고 했으니, 사물을 이용하는 정이 귀신이 됨을 말한 것이다. 『주역』「계사전상繫辭傳上」에 "유혼游魂이 변함이 되고 정기가 물物이 된다"고 했는데, 물은 실제 형체이니, 정精과 백魄이 형체를 이루고 하늘에서 품부받은 기가 거기에 합하여 변화함을 말한 것이다. 사람이란 기가 변화하여 이루어지고 귀신이란 사람이 변화하여 이루어진다. 기가 형을 낳고 기와 형이 합하여 귀신이 되니 귀신이란 사람과 품물의 마지막 국면이다.

　『춘추좌씨전』소공昭公 7년조에 보면 자산子産은 "품물을 많이 사용한 자는 혼백이 강하다"고 했으니, 그 사람이 심력을 부지런히 힘써서 공덕이 높고 사업이 두터이 쌓인 자는 귀신이 오래 가고 강하여 백년, 천년, 만년 동안 없어지지 않으며 게을러서 심력을 쓰지 않아 사업을 세울 수 없었던 자는 귀신이 속히 없어지며, 더러는 형체가 아직 썩기도 전에 혼백이 흩어져 멸한다. 형체를 많이 쓰는 자는 정기가 두텁고 정기가 두터운 자는 견고하게 엉기며, 견고하게 엉긴 자는 혼이 오래되어도 흩어지지 않는다. 형체를 적게 쓰는 자는 이와 반대이다. 마치 사람이 장수하고 요절함이 형체의 강약에 달려 있는 것과 같다. 형체가 기를 떠나면 죽어서 흙이 되니, 형체는 땅의 부류이므로 땅으로 돌아가고, 혼이 백을 떠나면 흩어져서 공空이 되니, 기는 하늘에서 품부받으므로 하늘로 돌아간다. 형체가 흙이 되어

---

[4]　정(精)의 첫째 층은 실정(實精)으로 자손(子孫)이 되는 정이고, 둘째 층은 허정(虛精)으로 귀신(鬼神)이 되는 정이고 셋째 층은 실도 아니고 허도 아닌 정으로 화복(禍福)이 되는 정이다.

도 땅의 흙을 더 많게 할 수 없고 기가 하늘로 돌아가도 하늘의 기를 더 보
탤 수 없으므로 '흩어져서 공이 된다'고 말한다.

선을 행한 자는 길신이 되어 안락을 누리고 악을 행한 자는 여귀厲鬼가
되어 고초를 받는다. 짐승이나 뱀의 행실을 행한 자는 각각 그 부류대로 형
체를 이루니 이것을 귀물鬼物이라고 한다. 또한 명계에도 귀천과 고락의
사람이 있고 뱀 같은 동물이 있는 것과 같다. 혹자가 묻기를 "귀신이 형체
로 나타나는 것은 예로부터 지금까지 모두 사람의 형체이며, 짐승이나 뱀
의 형상을 본 적이 없는 것은 어째서인가?"라고 한다면, "인간세상은 일을
변화시킬 수 있으나 형체를 바꿀 수 없으며 귀신은 형체를 바꿀 수 있으나
일을 바꿀 수는 없다. 귀신이 형체로 나타나는 것이 모두 사람 모양인 것은
바로 형체를 바꾼 것이지 참된 형체는 아니다. 사람의 도는 형形이 실이고
신神이 허이기 때문에 일을 바꿀 수 있으나 형을 바꿀 수 없으며 귀신은 형
이 허이고 기가 실이기 때문에 형을 바꿀 수 있으나 일을 바꿀 수 없다. 일
을 바꿀 수 없으면 참 형체를 끝내 바꿀 수 없으니 형체를 바꾼 것은 곧 일
시의 환형幻形이다"라고 답한다.

(중략)

이단의 책[5]에서 "육신은 영혼의 원수이다"라고 한다. 영혼은 하늘로부
터 받아 선하지 않음이 없거늘 육신이 있기 때문에 온갖 악이 생겨나므로
원수라고 한다. 육신을 원수로 여긴다면, 부모는 원수의 근본이고 형제는
원수의 족류이며 자손은 원수의 종자이고 처첩은 원수의 배필이다. 부모·

---

[5] 마테오 리치(Matteo Ricci, 利瑪竇, 1552~1610)는 『천주실의(天主實義)』에서 영육(靈肉)이
원론에 입각하여 영혼의 우월성과 육체의 저열성을 대비시켰으나, 심대윤은 그 설을 배격
했다. 즉, 『천주실의』 제5편에서는 "진실로 도(道)에 뜻을 두고 있다면, 이 육신을 도적과 원
수처럼 노엽게 보아야 한다. 하지만 부득이하게 잠시 기르고 있을 뿐이다"라고 했다. 마테오
리치는 동물은 인간을 위해 존재하므로 인간이 동물을 잡아먹는 것이 당연할 뿐 아니라 천
주의 은혜라고 주장했으나 인간의 육체에 대해서는 가치를 인정하지 않은 것이다. 하지만
심대윤은 인간의 육체를 중시했다.

형제·자손·처첩을 원수로 여기는 것은 스승만 존중하려는 것이다. 스승은 선을 하도록 가르치기 때문에 스승만 존중하고, 육신은 유혹하여 악을 저지르게 하므로 육신을 원수로 여긴다. 그러나 부모·형제·자손·처첩을 원수로 여겨 서로 해치는 것은 또한 불가함을 알기 때문에 또 "원수 대하기를 선하게 하지 않으면 안 된다"고 말하니 원수를 잘 대해주는 것이 스스로 영혼을 좋아히기 때문이다. 이로써 백성을 가르치는 것은 마음에 육친의 친속을 절교하고 교단의 스승만 존중하여 민심을 얻고 자신을 이롭게 하려는 계책이다. 그러나 또 백성들이 따르지 않을까 두려워서 "선을 하는 자는 천당에 올라가고 악을 하는 자는 지옥에 들어간다"라고 말하여 화복의 권한을 장악하여 유인하고 위협한다. 어리석은 백성은 술수에 빠져서 그 설을 한마디로 깨트릴 수 있다는 것을 깨닫지 못한다. 영혼은 하늘로부터 받고 육신은 부모로부터 받으니, 하늘로부터 받은 것은 죽어도 없어지지 않고 부모로부터 받은 것은 죽어서 흙이 된다. 받은 근본도 다르고 돌아가는 곳도 다르니 영혼과 육신은 판연히 초나라와 월나라처럼 된다. 육신이 선을 행하고 악을 행하는 것이 영혼과 무슨 상관이 있기에 영혼이 보복을 받는가? 영혼과 무슨 상관이 있다고 영혼이 원수로 여기는가?

(중략)

아비의 행실이 천지의 순기醇氣를 감소感召하여 부모의 음형·양형의 정精과 일치하게 되어서 형체를 낳으면, 기는 지각이 있을 수 없기 때문에 형체에 의탁하여 지각이 있게 된다. 부모가 있은 뒤에야 육신이 있고 육신이 있은 뒤에야 지각이 있으며 지각이 있은 뒤에야 형체를 이용하고 품물을 이용할 수 있으며 형체를 이용하고 품물을 이용하게 된 뒤에 영혼이 있으니 저들(서학자)이 "영혼은 하늘에서 얻는다"라고 말하는 것은 망령되다. 형체를 이용하고 품물을 이용하는 정精이 하늘에서 품부받은 기와 일치하여 귀신이 되니, 저들이 "영혼과 육신은 하나가 아니다"라고 말하는 것은 망령되다. 죽어서 썩는 것은 형체의 찌꺼기이고 죽어서도 남아 있는 것은 형체의 정영精英이다. 찌꺼기만 형체라고 말하고 정영을 형체라고 말하지 않는 것이 옳겠는가? 천기가 사람을 낳고 흙이 초목을 낳고 물이 고기를 낳으며 술이 초파리를 낳고 곡식이 날벌레를 낳으니 기가 형체를 낳지만 형체가 기는 아니므로 기라 말할 수 없다. 부모가 자손을 낳고 형체를 이용하는 것이 귀신이 되며 흙이 시루가 되고 굼벵이가 매미가 되는 것은 형체가 형체로 화化하는 것이므로, 형체는 형체이기 때문에 형체가 아니라고 말할 수 없다. 기와 형체는 하나가 아니지만 하나를 이루고 형체가 형체로 화는 것은 하나이지만 전하여 변한다【약을 끓이면서 찌꺼기를 버리고 즙을 취하는데, 찌꺼기를 약이라 하고 즙을 약이라고 여기지 않는다면 옳겠는가? 곡식을 수확하면서 짚을 버리고 알곡을 취해야 하는데 짚을 곡식이라고 하고 알곡을 곡식이라고 여기지 않는다면 옳겠는가? 형체는 귀신의 찌꺼기이고 귀신은 형체의 즙이며, 형체는 귀신이고 귀신은 형체의 알곡이다. 귀신이 형체가 아니고 무엇이겠는가?】.

(중략)

명계는 짧고 정해진 기한이 있어서 많아도 육, 칠십년에 불과하니, 잠깐 사이에 바뀌고 옮겨가며 가고 또 가고 지나가는 것이 마치 양을 끌고 도살장에 들어가듯 한발 한발 사지로 나아간다. 어제 만났던 것을 오늘 지나쳐 버리고 어제 얻었던 것을 오늘 버리니 잠시도 머무르지 못하고 잠시도 소유할 수 없어서, 일생 하는 일이 모두 헛되다. 유계는 길고 짧음이 자신에게 달려 있고 정해진 기한이 없어, 가지 않고 머무르며 옮기지 않고 고요하여, 비록 천년, 만년이라도 하루 같아, 명계에서 한 일이 이에 이르러 모두 실이 된다. 명계는 형체는 실이지만 일은 헛되며 유계는 형체는 헛되만 일은 실하니, 실했던 것이 도리어 허가 되고 허했던 것이 도리어 실이 된다. 천지의 도는 돌이킨 뒤에 이루어진다는 것은 이것을 말한다.[6]

6   심대윤은 『복리전서』의 「귀신의 정상을 밝히다(明鬼神之情狀)」에서 "신은 사람에게 의지하므로 은미하고 드러나는 길은 서로 다르지만 귀신과 사람이 세상을 달리하는 것은 아니

사람이 품부받은 기운은 넉넉하되 살면서 수립한 일이 없으면 형체를 이용하는 정精이 희박하여 귀신이 되지 못하고 또 갑자기 흩어지지도 않아서 환생하는 이치가 있다. 불교도는 욕망을 끊고 외물을 끊어 혼기魂氣가 도학道學의 정精에 의탁하여 갑자기 흩어지지 않아서 또한 환생하는 경우가 있다. 사람이 형륙을 당해 죽으면 억울한 기가 정精이 되어서 귀물이 될 수 있다. 친연두니 홍역 등은 장혈臟血의 병이되 마음이 주장이므로 천연두 홍역으로 죽는 자는 병기가 정精이 되어 역시 귀물이 될 수 있다. 사람의 형체를 사용한 생정精이 희박하지도 않고 두텁지도 않으며 억울한 정精이 희박하지도 않고 두텁지도 않으면 귀물의 형상을 이루지도 못하고 또 환생하지도 못하여, 썩은 나무나 망가진 기물의 형체에 의탁하여 이매(도깨비)가 된다【전투 후에 싸움터였던 곳에 귀린鬼燐(도깨비불)이 많다】.

선왕의 예에 따르면 큰 공덕이 있는 자는 조천祧遷[7]하지 않는 제사를 지낸다. 천자는 6대를 제사하는데, 조묘祧廟가 둘, 단壇 하나, 선墠 하나를 두어, 선은 단에서 내려온 조상을 모시고 단은 조묘에서 내려온 조상을 모신다. 제후는 4대를 제사하는데, 조묘 둘, 단 하나, 선 하나를 둔다. 경대부는 3대를 제사하고, 사士는 2대를 제사하며, 서인은 아버지만 제사한다. 천자의 체禘 제사(군주가 그 시조의 묘廟에 올리는 제사)는 시조에게 미치고, 협祫 제사(삼년상이 끝난 후 여러 조상의 신주를 한 사당에 모시고 행하는 제사)는 태조에

다. 귀신이 귀천과 고락이나 짐승이 되고 지옥이 되는 길을 달리하는 것뿐이지 세계를 달리한 적은 없었다. 천지의 이치는 하나일 뿐이니, 유계의 이치가 바로 명계의 이치이다.『주역』「계사전상(繫辭傳上)」에 '처음을 근원하고 끝으로 되돌아간다. 그러므로 유명의 일을 알며 귀신의 정상을 아는 것이다'라고 했다. 이는 명계를 미루어서 유계를 알 수 있음을 말한 것이다"라고 말했다.

7 종묘나 사당에 모시던 신주를 세대가 다하여 정전(正殿)이나 사당 밖으로 모셔 내는 것을 말한다. 예전에는 조상의 제사를 모시던 맏집의 5대손이 죽고 나서 5대손이 살아 있는 차자의 집으로 신주를 옮겨 제사를 모셨다. 왕가에서는 규정된 대수(代數)를 넘긴 조종(朝宗)의 신주를 원조(遠祖)의 사당으로 옮겨 봉안했다. 조선의 경우는 정전에서 신주를 옮겨 영녕전(永寧殿)으로 모셨다.

미친다. 제후는 협 제사만 하고 체 제사를 하지 않는다. 경대부는 협 제사를 8대까지 하고 사는 6대까지 하며 서인은 4대까지 한다. 귀신이 오래가는지 빨리 없어지는지 존재하는지 없어졌는지를 알 수 없기 때문에 대략 헤아려서 제도를 삼은 것이다.

천지·인물·귀신의 유래를 밝히다著天地人物鬼神之所自生也[8]

하늘은 기氣이고 땅은 형形이다. 기가 처음 생겨나는 것을 태극이라고 이름하는데 태극은 양이다. 기는 움직임(動)을 본성으로 삼으니【기는 한시도 움직이지 않을 때가 없으니 움직이지 않으면 기가 소멸된다. 사람 몸의 기는 움직이지 않으면 죽는다】, 태극이 움직여서 굽혔다 폈다 하면 음기가 생겨난다. 현묘한 이치는 둘이 서로 합하여 물物을 이루고 둘이 서로 짝하여 물을 낳는다. 그러므로 양기가 굴신하여 서로 짝하여 음기가 생겨나니 음은 양에서 생겨나고, 음양이 서로 합하여 기를 이루니【홑 양과 홑 음은 기가 아직 이루어지지 않은 상태이다. 음과 양이 합하여 기를 이룬 연후에야 조화를 행할 수 있다】, 이것을 하늘의 기라고 일컫는다. 양 가운데 다시 음양이 있고 음 가운데도 다시 음양이 있어, 음양과 음양이 서로 짝하여 형形이 생기니, 형은 기에서 생겨나고, 형과 기가 서로 합하여 형을 이루니【형은 기가 없으면 생겨날 수 없고 기는 형이 없으면 존재하지 못한다】, 이것을 땅의 형이라고 일컫는다. 기는 지각이 있을 수 없으나 형체에 의탁하여 지각이 생기며 기는 변화할 수 없으나 형에 의탁하여 변화한다. 그러므

---

8 『주역상의점법(周易象義占法)』 등 심대윤의 저술과 공통되는 내용이다. 심대윤은 37세 되던 1842년(임인) 도서상수역학(圖書象數易學)을 토대로 『주역상의점법(周易象義占法)』을 저술하고 12월에 이 서문을 작성해서 "정이와 주희가 논한 것은 도(道)이지만, 내가 논한 것은 점(占)이다"라고 했다. 심대윤은 이해(利害)·화복(禍福)·길흉(吉凶)을 점치는 방법에 고심했다.

로 기와 형이 짝하면 정精이 생기고 기와 정이 짝하면 신神이 생기니, 신이 생기고서 지각이 있고 변화가 있다. 이에 천지, 일월, 성신, 산천, 강해의 신神과 토석, 초목의 영靈이 있게 되는데, 이는 혈육을 가진 형기와 섞이지 않은 것들이어서, 영이 밝아 더할 수 없이 변화무쌍하고 오래도록 유지되어 없어지지 않아서, 조화의 주인이 되어 화복禍福의 정치를 행한다.

(중략)

무릇 사람의 행사와 사려는 형체를 사용하고 품물을 사용해서 천지의 기에 감소感召(부름을 받고 감응함)하는 것이다. 기에 감응하여 남녀음양의 형의 정精과 하나를 이룬 것은 자손이 되고 기가 감응하여 희로애락의 정을 쓰는 정精에 배합한 것은 화복禍福이 된다. 형을 사용하고 품물을 사용해서 나온 정精이 하늘에서 품부받아 생명을 있게 한 기氣와 하나로 되면 혼백魂魄이라 이름하니, 이것이 귀신이다.

기와 기가 합하여 형을 이루고 기와 형이 합하여 정精을 이루며 기와 정이 합하여 신神을 이루니, 기로부터 형이 되고 형으로부터 신이 되는【기와 정이 합하여 신이 되는데, 기와 기가 합하고 기와 형이 합하고 기와 정이 합하니, 이것이 삼층이다】삼극三極의 도가 갖추어져 사람을 이룬다. 기와 기가 합하여 형을 이루고, 기가 형체를 합하여서 형체를 이용하는 정精을 이루며, 형체를 사용한 정이 기와 합하여 혼백을 이룬다. 기에서부터 형체를 용用하게 되고 형체를 사용함에서부터 혼백이 되니, 삼극의 도가 갖추어져 귀신을 이룬다.

무엇을 삼극이라 하는가? 음양 기氣의 극이 있고, 음양 형形의 극이 있으며, 음양 용用의 극이 있다. 기가 주主이며, 형은 체體이고, 용은 용用이다. 기는 태극이라 하고 형은 양의兩儀라고 하며 용은 사상四象이라 한다. 그러므로 모든 사물과 모든 일과 모든 이치가 이 세 층을 갖추어 생겨나지 않는 것이 없고, 이 세 층을 갖추어 이루어지지 않는 것이 없으며, 이 세 층을 갖추어 이용하지 않는 것이 없다. 기에는 기의 삼극이 있고 형에는 형의 삼극이 있으며 용에는 용의 삼극이 있다. 천지의주·체·용을 기의 삼극이라 하고 사람의 주·체·용을 형의 삼극이라 하며 귀신의 주·체·용을 용用의 삼극이라고 한다.

성性, 심心, 정情의 체용體用에 대해 말하다言性·心情之體用也

(전략)

『서경』「중훼지고仲虺之誥」에 "하늘이 백성을 낳으매 욕망이〔欲〕 있다" 라고 했으니, 욕망이란 천명天命의 성性이며 사람과 만물이 함께 얻은 것으로 옮기거나 바꾸거나 더하거나 줄일 수 없다. 마치 하늘에 태극이 있음과 같으니, 태극의 도는 철두철미하여 어디를 가든 있지 않은 데가 없고 어떤 사물이든 없는 데가 없어 만물의 통수統帥이고 온갖 조화의 강령綱領이다. 그러므로 욕망은 성·심·정의 주인이다. 사람으로서 욕망이 없으면 목석과 다름없으니, 말하고 움직이고 보고 듣고 생각하고 먹고 색을 밝히는 것이 욕망이 있기 때문에 일어나는 것이다. 사람으로서 욕망이 없다면 어떻게 사람이라 할 수 있겠는가?

마음의 밝은 지각이 발현하는데 네가지가 있다. 친하여 함께하려는 마음은 인의 단서이고 차등을 두는 마음은 예의 단서이며 취사선택하는 마음은 의의 단서이고 변통하는 마음은 지의 단서이니, 이를 사단四端이라고 이름하고 인의예지를 사덕四德이라고 이름한다. 사람의 마음에 이 사단이 있기 때문에 사덕을 이룰 수 있다. 친하게 함께하는 것이 바름을 얻으면 인이 이루어지고, 차등이 바름을 얻으면 예가 이루어지며, 취사선택이 바름을 얻으면 의가 이루어지고, 변통이 바름을 얻으면 지가 이루어진다. 사단이 발생하는 까닭은 욕망이 있기 때문이니, 욕망이 없으면 발생하지 않는다. 따라서 욕망이 마음의 주인이다.

마음의 밝은 지각이 발하여 외물과 접하면 정이 생기니, 희로애락이 이 것이다. 평소 마음속에는 본래 정이 없지만 사물이 밖에서 접촉해오면 발생하는데, 마음의 혈기에서 움직여 함부로 발하면 마음을 상하게 된다. 정이 발생해야 할 데에서 발생하고 발생하지 말아야 할 데에서 발생하지 않으며 발생하되 모두 법도에 맞으면 마음이 평온해진다. 마음이 평온하면 고요하고 고요하면 밝아지고 밝으면 인의예지의 사덕을 이루고 중화를 이룰 수 있으며 중화를 이루면 복리福利를 얻어서 본성의 욕망을 이룰 수 있다. 그러므로 그 본성을 이루고자 하는 자는 먼저 그 덕을 닦아야 하고 그 덕을 닦고자 하는 자는 먼저 그 몸을 선하게 해야 하며 그 몸을 선하게 하고자 하는 자는 먼저 그 마음을 다스려야 하고 그 마음을 다스리고자 하는 자는 먼저 그 정을 조절해야 한다. 무릇 사람이 공부할 때 반드시 정으로부터 시작하는데, 정이 발생하는 까닭은 욕망이 있기 때문이니, 욕망이 없으면 정이 발하지 않는다. 정이 조절되는 까닭도 욕망이 있기 때문이니, 욕망이 없으면 정을 조절하지 못한다. 따라서 욕망이 정의 주이다.

사람의 도리인 명리名利, 충서忠恕, 중용中庸을 밝히다明人道名利忠恕中庸也

(전략)

이利는 나를 위하는 데서 생겨나고 명名은 남을 위하는 데서 생겨나며, 이익은 생生을 풍후하게 하고 명예는 몸을 영화롭게 하니 이 둘은 사람의 본성이 욕망하는 것이다【성호가 말했다. "몸을 영예롭게 하고자 하면 반드시 실리實利를 손상하니 군자는 반드시 여기에 뜻을 두어서는 안 된다. 실리가 참으로 큰 것은 저절로 후세에 명예가 남으니 옛 성인이 모두 그러하셨다. 어찌 굳이 명예에만 뜻을 두고 실리를 닦는 데 전력하지 않으리오?9】. 사람의 도는 본성을 이루는 데 있다. 그러므로 이익을 추구하지 않을 수 없고 명예를 추구하지 않을 수 없으니, 사람의 도는 명예와 이익일 뿐이다. 그러나 만일 전적으로 이익만을 추구하여 남에게 해가 되면 명예가 손상되고 전적으로 명예만을 위하여 자신에게 박하게 하면 이익이 손상되니 둘 다 그 본성의 한편을 잃는 것이고 그 몸에 화가 된다. 반드시 명예와 이익 둘을 이루어서 편향되지 않은 뒤에야 그 본성을 이룰 수 있다. 명예와 이익 둘 다 이루어 편향되지 않는 것이 중용의 지극히 선한 도이다. 중용이란 커다란 선이요, 지극한 이익이요, 복이 모인 것이다. 중을 지키면 항상恒常(늘 적절한 상황을 유지함)될 수 있으며 항상되면 화합하니, 중용은 중화이다.

(중략)

인도人道에는 충서忠恕가 있으니, 충서는 인도의 규구規矩이니, 사람의 정을 소통시켜 남과 나에게 공변되어 하늘의 도를 순응하는 방도이다. 하늘의 도리는 사사로움이 없어 만물에 골고루 베푼다.『논어』「위 영공」에 나오듯 '자신이 원하지 않는 것을 남에게 행하지 말라'는 것을 서恕라 하고, 자기가 바라는 바를 남에게 미루어 행하는 것을 충忠이라고 한다. 사람의 정은 남이 자신에게 덕을 베푸는 것을 좋아하고 남이 자신에게 해를 가하는 것을 미워하지 않는 경우가 없지만, 지혜가 가려지는 바가 있고 총명함이 비추지 못함이 있기 때문에 항상 혈기의 사욕에서 움직여서 처지를 뒤집어 생각할 줄 모른다. 오직 자신의 이해만 보고 남의 이해를 보지 못하며 오직 자신의 호오만 믿어 따르고 남의 호오를 헤아리지 않으니, 오로지

---

9 『복리전서』 언해본에는 이 주가 빠져 있다.『성호전집』이나『성호사설』『성호사설유선』에서는 '실리(實利)'라는 말을 사용한 예가 없다. 그러나『성호사설』권7 인사문(人事門) 1~62 「이해인부(利害仁富)」,『성호사설유선』권2상 인사편(人事篇) 1, 인사문(人事門), 수요빈부(壽夭貧富) 03 「이해인부(利害仁富)」에서 이익은 이해(利害)와 인부(仁富)를 체념(體念)하라고 했다. 즉 이익은『논어』「자한」에서 "공자는 이(利)를 드물게 말했다"라고 했고, 선유는 "자신을 이롭게 하면 반드시 남을 해치게 된다"라고 했다.『맹자』「등문공상(滕文公上)」에서는 양호(陽虎)의 말을 인용하여 "인(仁)을 하면 부자가 될 수 없고, 부자가 되면 인을 할 수 없다"라고 권계했다.

자신에게 사사롭고 남에게 공변되지 못한다. 충서忠恕의 도는 자신의 마음으로 남의 마음을 헤아리고 자신의 정으로 남의 정을 헤아리는 것이다.

(중략)

『예기』(『중용』)에 "중화를 이루면 천지가 제자리를 얻고 만물이 화육함을 얻는다"라고 했다.[10] 중용의 덕은 진실로 뭇 사람이 그 극도를 다 할 수 있는 바가 아니다. 사람이 품부받은 재주와 처한 자리와 만난 시기를 명命이라고 이르니, 명이라는 것은 분分이다. 각자 그 재주에 따라 중中을 달리하며 그 자리에 따라 중을 달리하며 그 시기에 따라 중을 달리한다. 천하의 중이 있고 나라의 중이 있으며 집안의 중이 있고 사람의 중이 있으며 일년의 중이 있고 계절의 중이 있으며 달의 중이 있고 하루의 중이 있으며 성인의 중이 있고 현인의 중이 있으며 중인의 중이 있고 어리석은 사람의 중이 있으며 왕공의 중이 있고 경대부의 중이 있으며 사士·서인庶人의 중이 있고 노예의 중이 있다. 각자 재주와 자리와 시기에 따라 그 중을 얻는 것이니 한번 옷 입고 한번 밥 먹는 데도 반드시 중을 얻은 연후라야 우환이 없다. 하늘이 사람에게 중화의 덕으로 명했으니 사람이 전혀 중도를 행하지 않고서는 하루도 살아갈 수가 없다. 크게 중을 하는 자는 대인이고 작게 중을 하는 자는 소인이며 항상 중을 하는 자는 성인이고 중이 많고 부중이 적은 자는 현인이며 부중이 많고 중이 적은 자는 평범한 사람이다. 중하면 복리를 누리고 부중하면 화해禍害를 입으니 중의 다과에 따라 복리가 그와 같이 되고 부중의 다과에 따라 화해가 그와 같이 되며 중의 크기에 따라 복리의 크기가 그와 같이 된다. 중용이란 지극히 선한 것이다. 지나치거나 미치지 못하거나 치우친 것을 음란함이라고 말한다. 천도가 선한 이에게 복을 주고 음란한 이에게 화를 준다는 것은 이를 두고 말한다.

---

10   이 부분은 심대윤 자신의 『중용훈의(中庸訓義)』에 나온 내용을 요약한 것이다.

참고문헌

1. 자료

鄭齊斗『霞谷集』, 한국문집총간 16, 민족문화추진회(현 한국고전번역원) 1988;『국역 하곡집』I, II, 재단법인 민족문화추진회, (주)민문고 1989.

鄭齊斗『霞谷全集』上下, 여강출판사 1982.

李匡呂『李參奉集』, 목판본, 한국문집총간 237, 민족문화추진회 1999.

李匡呂『李參奉集』, 필사본, 문중소장; 李匡呂『李參奉集』, 필사본, 국사편찬위원회 소장.

李匡師『圓嶠集』, 한국문집총간 221, 민족문화추진회 1999; 沈慶昊 외『新編圓嶠李匡師文集』, 시간의 물레 2005.

申大羽『宛丘遺集』, 한국문집총간 251, 민족문화추진회 2000.

李忠翊『椒園遺藁』, 한국문집총간 255, 민족문화추진회 2000.

沈大允『福利全書』, 고려대학교 중앙도서관 貴594;『福利全書』, 규장각 古1360-34;『福利全書』, 규장각 奎12469;『복리전서』, 국립중앙도서관 古3636-175.

沈大允『沈大允全集』1-3, 성균관대학교 동아시아학술원 대동문화연구원 2005.

沈大允『백운 심대윤의 백운집』, 익선재백운집강독회 역, 실시학사 실학번역총서 07, 사람의무늬 2015.

심대윤『시경집전변정』1-4, 성원규·윤은숙·김형석 역, 학자원 2021-2022.

金澤榮『韶護堂集』, 한국문집총간 347, 민족문화추진회 2005.

李建芳『蘭谷存稿』, 청구문화사 1971 영인.

尹拯『明齋遺稿』, 한국문집총간 135-136, 민족문화추진회 1994.

李建昇『海耕堂收草』, 한국학중앙연구원 소장.

『家乘·續家乘』上下, 한국학중앙연구원 소장.

李建昌『明美堂集』, 한국문집총간 349, 민족문화추진회 2005.

李建昌『黨議通略』, 이덕일·이준영 해역, 자유문고 1998.

李建昌『이건창전집』, 성균관대학교 대동문화연구원 편, 영인 2018.

鄭東愈『주영편: 종횡무진 지식인 정동유, 심심풀이로 조선 최고의 백과사전을 만들
다』, 안대회·서한석·김경희·김보성·이승용·임영걸·임영길 역, 휴머니스트 2016.

李忠翊『초원 이충익의 담노(談老) 역주: 조선을 다시 보게 만드는 한 철인의 혁명적 노
자 풀이』, 김학목 역, 통나무 2014.

崔錫鼎『經世訓民正音圖說』, 명문당 2011; 고려대학교 민족문화연구원 해외한국학자료
센터 제공(http://kostma.korea.ac.kr/).

鄭寅普『詹園文錄』, 연세대학교출판부 영인 1967; 鄭良婉 역『담원문록(詹園文錄)』, 태학
사 2006.

鄭寅普『詹園鄭寅普全集』1-6, 연세대학교출판부 1983.

鄭寅普『陽明學演論』, 詹園鄭寅普全集 1, 연세대학교출판부 1983; 정인보『정본 양명학연
론: 양명학연론 교주(校注) 수록』, 한경애·이재황 교석, 살림 2021.

정인보『양명학연론: 본심이 감통하는 따뜻한 세상』, 한정길 역해, 아카넷 2020.

王守仁『王陽明全集』上下, 上海: 上海古籍出版社 1992.

利瑪竇『天主實義』(影印), 李之藻 編,『天學初函』, 臺北: 臺灣學生書局 1965; 송영배 외 옮김
『천주실의』, 서울대학교 출판부 1999.

2. 논저

강화양명학연구팀『강화양명학 연구사』I·II, 한국학술정보(주) 2008.

강화양명학연구팀『강화학파의 양명학』, 한국학술정보(주) 2008.

곽혜성「심대윤의 이욕론(利慾論) 연구: 복리전서를 중심으로」, 성균관대 석사학위논
문 2017.

金敎斌「霞谷哲學思想에 關한 硏究」, 성균관대학교 동양철학과 박사논문 1992.

김교빈『양명학자 정제두의 철학사상』, 한길사 1995.

김길락「조선후기 양명학에 있어서의 근대정신」,『동양학』24, 1994.

김대중「공부하는 사람의 자립을 위하여」,『민족문학사연구』62, 민족문학사학회·민족문학사연구소 2016, 369~74면.

김대중「조선 전기·중기 자립경제학 초탐(初探)」,『민족문학사연구』65, 민족문학사학회·민족문학사연구소 2017, 119~62면.

김동준「18세기 소론계 학통의 다각적 조명: 소론계 학자들의 자국어문 연구활동과 양상」,『민족문학사연구』35, 민족문학사학회·민족문학사연구소 2007.

김문용「沈大允의 복리사상과 유학의 통속화」, 고대민족문화연구단 2009.

김성애「沈大允의『福利全書』校註 飜譯」, 고려대학교 대학원 번역협동과정 석사논문 2010.

김용재「한국양명학 연구현황과 새로운 모색」,『양명학』14, 한국양명학회 2005.

김우형「조선후기 귀신론의 양상」,『양명학』19, 한국양명학회 2007.

김재화「심대윤 철학 연구: 복리전서를 중심으로」, 서울대 석사학위논문 2011.

김재화「심대윤 철학의 연구」, 서울대 박사학위논문 2018.

김하라「고부갈등에 대한 착잡한 시선: 심대윤의 〈제질녀문(祭姪女文)〉 분석」,『한국고전여성문학연구』15, 한국고전여성문학회 2007, 181~206면.

김학목「李匡呂의 〈讀老子五則〉分析」,『인천학연구』15, 인천학연구원 2011, 233~67면.

노경희「沈大允의 論語注說 譯註」, 성균관대 박사학위논문 2014.

노경희「심대윤의『논어』해석의 일 단면: 利와 忠恕를 중심으로」,『한국고전연구』29, 한국한문고전학회 2014, 277~309면.

민영규「강화학과 그 주변」, 연세대학교 국학연구원 강연 1988; 민영규『江華學 최후의 광경』, 우반 1994.

배규리「『經世訓民正音圖說』과『五音集韻』의 운모체계 비교」,『동양학』83, 단국대학교 동양학연구원 2021, 1~24면.

서경숙「초기강화학파의 양명학에 관한연구」, 성균관대 대학원 박사학위논문 2000.

서경숙「강화학파의 유적지 발굴조사」, 제2회 강화양명학파 국제학술대회 2005. 10.

서근식「강화학파 역학사상의 전개 양상 연구(Ⅰ): 하곡(霞谷) 정제두 역학사상의 하락·선후천적 특징」,『율곡학연구』49, (사)율곡학회 2022, 205~30면.

서근식「강화학과 역학사상의 전개 양상 연구(Ⅱ): 석천(石泉) 신작(申綽) 역학사상의 훈고적(訓詁的) 특징」,『율곡학연구』51, (사)율곡학연구원 2023. 3, 337~62면.

서근식「강화학과 역학사상의 전개 양상 연구(Ⅲ): 白雲 沈大允 易學思想의 陽明左派的 성격과 占筮的 특징」,『민족문화연구』103, 고려대학교 민족문화연구원 2024, 101~24면.

손혜리「조선후기 지식인의 생업에 대한 인식과 현실적 대응」,『한국고전연구』30, 한 국고전연구학회 2014, 31~63면.

심경호『강화학파의 문학과 사상(3)』, 한국정신문화연구원 1995.

심경호「恒齋李匡臣論」,『진단학보』84, 진단학회 1997, 239~72면.

심경호「江華學의 虛假批判論」,『大東漢文學』14, 大東漢文學會 2001, 37~78면;「江華學派 의 假學批判」,『陽明學』13, 韓國陽明學會 2005, 245~92면;「江華學派的假學批判」,『韓 国江華陽明學研究論集』, 臺湾大學出版中心 2005, 405~34면.

심경호「조선후기 지성사와 제자백가: 특히『管子』와『老子』의 독법과 관련하여」,『한 국실학연구』13, 한국실학회 2007, 365~405면.

심경호「江華學派와 '惻怛'」, 第86回 公共哲學京都フォ__ラム「實心實學」, 日本: 神戸 2008. 11. 2.

심경호「위당 정인보와 강화학파」,『열상고전연구』27, 열상고전연구회 2008.

심경호「강화학파 관련 새 자료의 발굴과 강화학파 연구의 과제: 이광려의 간찰 자료 를 중심으로」,『인천학연구』13, 인천학연구원 2010, 45~85면.

심경호「위당 정인보의 양명학적 사유와 학문방법」,『애산학보』39, 애산학회 2013, 47~106면.

심경호「유희(柳僖)의 문학과 학문에 드러난 '求是求眞' 경향」,『진단학보』118, 진단학 회 2013, 141~66면.

심경호『韓國漢文基礎學史』1-3, 太學社 2012(1刷) 2013(2刷).

심경호『내면기행』, 민음사 2018.

심규식「靑松沈氏 古文獻을 통해 본 橆村 沈鋧의 생애와 학문」, 고려대학교 대학원 석사 학위논문 2018.

심규식「심대윤의 사찬병서(私撰兵書) 대순신서(大順新書) 소개: 재야지식인의 군사지 식과 그 한계점에 대한 소고(小考)를 겸하여」,『규장각』55, 서울대 규장각한국학연 구원 2019, 83~122면.

심규영「조선후기 시문 속 여성 복수(復讐)의 윤리적 정당화」,『한국고전여성문학연 구』50, 한국고전여성문학회 2025, 187~218면.

심소희『한자 정음관의 통시적 연구』, 이화여자대학교출판부 2013.

안현『申大羽의〈宛丘遺集〉研究와 譯注』, 성균관대학교 일반대학원 한문고전번역협동 과정 번역학전공 박사논문 2018.

양태부「하곡 정제두의 가계와『강화학파』묘지 발견 조사: 하곡 가문의 강화도 혼맥을 중심으로」, 한국문화원연합회『제23회 전국향토문화공모전 수상집』, (주)계문사

2009.

尹南漢『조선시대의 양명학연구』, 集文堂 1982.

이연세『하곡의 〈대학〉 경설 연구』, 인천대학교 인천학연구원 2014.

이용규『강화학과 학인들의 발자취』, 수서원 2007.

이종묵「鄭東愈와 그 一門의 저술」, 『진단학보』110, 진단학회 2010.

이한영「백운 심대윤의 현실참여적 세계관: 「제물론편론(齊物論篇論)」 분석을 중심으로」, 『한문학보』36, 우리한문학회 2017, 101~38면.

이현일「李匡呂의 實心實學과 經世學」, 『민족문학사연구』35, 민족문학사연구소 2007, 83~126면.

임형택「19세기 서학에 대한 경학의 대응: 정약용과 심대윤의 경우」, 『실사구시의 한국학』, 창작과비평사 2000.

임형택「심대윤전집해제」, 『심대윤전집』1책, 대동문화연구원 2005.

임형택「백운 심대윤 선생 연보」, 익선재백운집강독회 역, 『백운 심대윤의 백운집』, 사람의무늬 2015, 863~79면.

張炳漢「沈大允 經學에 대한 硏究: 十九世紀 現實指向的 經學觀의 一斷面」, 성균관대학교 박사논문 1994.

장병한「19세기 양명학자로 규정된 沈大允의 사유체계」, 『한국실학연구집』10, 한국실학학회 2006.

장병한「하곡 정제두와 백운 심대윤의 경학 비교」, 『양명학』18, 한국양명학회 2007.

張炳漢「沈大允의 書經蔡傳辨正에 대한 연구: 大同的 實德·實用主義的 內聖·外王論과 福善·禍淫論을 中心으로」, 고려대학교 철학과 박사논문 2014.

정양완·심경호『강화학파의 문학과 사상(1)』, 한국정신문화연구원 1993.

정양완「蘭谷 李建芳論」, 이종찬 외, 『조선후기한시작가론』, 이회문화사 1998.

정인재「강화양명학파의 위상과 현대적의미」, 강화양명학파국제학술대회 2004.

조남호「이충익의 양명학적 사고」, 제5회 하곡학 국제학술대회 2008.

조성산「玄同 鄭東愈와 『晝永編』에 관한 연구」, 『韓國人物史硏究』3 2005.

조성산「조선후기 소론계의 東音인식과 訓民正音 연구」, 『한국사학보』36, 고려사학회 2009, 87~118면.

陳在敎「심대윤의 국풍론(國風論): 『시경집전변정(詩經集傳辨正)』을 중심(中心)으로」, 『한문학보』1, 우리한문학회 1999, 439~79면.

진재교「심대윤의 사회적 처지와 학문자세」, 『한문교육연구』16, 한국한문교육학회 2007.

한국양명학회『陽明學』1-20, 청계출판사 1997-2008.

한국양명학회『하곡학 국제학술대회』1-5, 2004-2008.

한정길「鄭寅普의 陽明學觀에 대한 연구」,『東方學志』141, 연세대학교 국학연구원 2008.

홍이섭「申綽『古尙書』略解」,『古尙書』, 正陽社 1954.

다카하시 도루(高橋亨)『다카하시도루의 조선유학사: 일제 황국사관의 빛과 그림자』, 이형성 편역, 예문서원 2001.

中純夫『朝鮮の陽明學: 初期江華學派の研究』, 東京: 汲古書院 2013;『조선의 양명학』, 이영호·이혜인·곽성용 역, 동아시아자료총서 18, 성균관대학교출판부 2016.

3. 웹사이트 및 전산자료

국립중앙도서관 http://www.nl.go.kr

한국고전번역원 한국고전종합DB http://db.itkc.or.kr

한국학중앙연구원 한국역대인물종합정보시스템 http://people.ask.ac.kr

尙友千古 http://s-sangwoo.kr

百度 http://www.baidu.com

四庫全書 電子版

강화학파 학맥

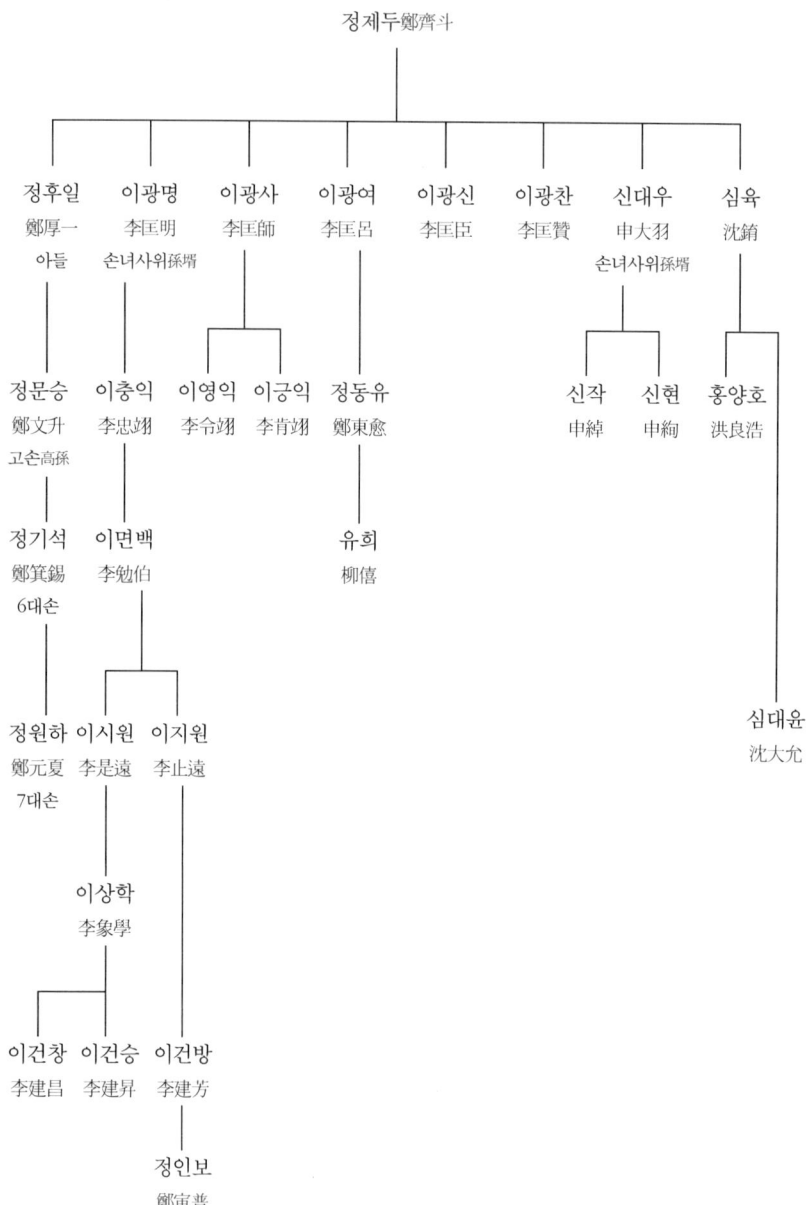

정제두 연보

연도	정제두	국내외 주요 사건
1649년 (기축, 인조 27년)	• 6월 27일, 서울 반석방(盤石坊)에서 출생했다.	• 영국, 찰스 1세가 처형당하고 크롬웰 의회파가 공화정을 수립함.
1653년 (계사, 효종 4년)	• 부친상을 당하여 안산(安山) 추곡(楸谷)에 장사지냈다. (5세)	• 일본, 오규 소라이(荻生徂徠) 출생.
1658년 (무술, 효종 9년)	• 교관(敎官) 이상익(李商翼)에게 글을 배우기 시작했다. (10세)	• 조선, 나선정벌에 나섬. 청의 요청으로 러시아 카자끄 부대와 교전함.
1664년 (갑진, 현종 5년)	• 봄에 관례(冠禮)를 행했다. • 11월, 조부 정유성(鄭維城)이 타계했다.	
1665년 (을사, 현종 6년)	• 겨울에 최명길(崔鳴吉)의 외종손녀이자 윤홍거(尹鴻擧)의 딸 파평윤씨와 혼인했다.	
1668년 (무신, 현종 9년)	• 겨울, 별시(別試) 초시에 「성기책(聲氣策)」으로 합격했다. (20세)	
1671년 (신해, 현종 12년)	• 2월, 아들 정후일(鄭厚一)이 태어났다. • 11월, 부인 윤씨의 상을 당했다.	• 아이작 뉴턴, 『원리』집필을 위해 미적분을 완성.
1672년 (임자, 현종 13년)	• 별시에 합격했으나 전시(殿試)에 낙방했다. 이때까지 외삼촌 이성령(李星齡)에게 과문(科文)을 익혀왔으나 아우 정태제(鄭齊泰)가 급제하자 과업(科業)을 그만두고 박세채(朴世采)의 문하에서 경학(經學)에 몰두했다. 이후 경사(經史)와 백가(百家)의 서적을 섭렵했다.	
1674년 (갑인, 현종 15년)	• 서한주(徐漢柱)의 딸 남양서씨(南陽徐氏)와 재혼했다. (26세)	• 조선, 갑인예송. (효종 왕비 인선왕후의 국상에 자의대비가 입을 상복을 두고 일어난 예송 사건.)
1675년 (을묘, 숙종 1년)		• 코트프리트 빌헬름 라이프니츠, 미분 기호를 이용하여 미적분 체계를 정립.
1677년 (정사, 숙종 3년)	• 관동 강릉부(江陵府)를 유람했다. (29세)	

1680년 (경신, 숙종 6년)	* 여름, 김수항(金壽恒)의 천거로 사포서 별제(司 圃署別提)에 제수되었으나 취직하지 않았다.	* 조선, 경신환국. 남인 일파가 서인에게 축출당하고 정권 을 빼앗김. 1681년 이익(李 瀷) 출생.
1682년 (임술, 숙종 8년)	* 12월, 종부시 주부(宗簿寺主簿)에 제수되었으나 취직하지 않았다. * 「의상박남계서(擬上朴南溪書)」에서 양명학에 대한 입장을 밝혔다.	
1684년 (갑자, 숙종 10년)	* 3월, 공조 좌랑에 제수되었으나 병으로 체직되 었다. (36세)	
1686년 (병인, 숙종 12년)	* 아들 정후일이 이단상(李端相)의 딸과 혼인했다.	
1688년 (무진, 숙종 14년)	* 겨울, 모친을 모시고 동생 정제태의 임소 장성 (長城)으로 갔다. * 12월, 평택 현감(平澤縣監)에 제수되었다. (40세)	* 영국, 명예혁명 발발. 제임스 2세가 폐위되며 입헌군주제 의 토대 마련.
1689년 (기사, 숙종 15년)	* 기사환국 이후 이이(李珥)와 성혼(成渾)이 문묘 (文廟)에서 축출당하자 사직하고 안산 추곡(楸 谷)에 거처했다.	* 러시아와 청나라 간 네르친 스크 조약 체결.
1694년 (갑술, 숙종 20년)	* 1월, 모친상을 당했다. * 아우 정태제가 관서(關西)로 유배되었다. (46세)	* 조선, 갑술환국 사건. 인현왕 후가 왕비로 재복위하고 장 희빈은 희빈으로 강등됨.
1695년 (을해, 숙종 21년)	* 박세채를 곡했다.	* 중국, 고염무(顧炎武) 『일지 록(日知錄)』 간행.
1696년 (병자, 숙종 22년)	* 6월, 서연관(書筵官)에 뽑혔으나 신임(申銋)의 소척(疏斥)을 받자 사직했다.	
1697년 (정축, 숙종 23년)		* 조선의 김석문, 『역학도해 (易學圖解)』를 저술하여 지 전설(지동설)을 주장.
1698년 (무인, 숙종 24년)	* 광주부윤(廣州府尹)으로 있던 아우 정제태를 곡 했다. * 경기도사(京畿都事)에 제수되었으나 취직하지 않다. * 11월, 세자익위사 익찬(翊贊)에 제수되었으나 사직했다. (50세)	

1700년 (경진, 숙종 26년)	• 1월, 부인 서씨의 상을 당했다. • 삭녕군수(朔寧郡守)에 제수되었으나 사직했다. • 10월, 여주(驪州)로 갔다.	
1702년 (임오, 숙종 28년)	• 12월, 사도시 주부(司䆃寺主簿)에 제수되었으나 사직했다.	
1703년 (계미, 숙종 29년)	• 1월, 조부 충정공(忠貞公, 정유성鄭維城)의 연시 례(延諡禮)를 행했다. (55세)	
1705년 (을유, 숙종 31년)	• 2월, 종부시 주부에 제수되었다.	
1706년 (병술, 숙종 32년)	• 윤지완(尹趾完)의 천거로 장령에 제수되었으나 상소하여 체직되었다.	
1707년 (정해, 숙종 33년)	• 사복시 정(司僕寺正)에 제수되었으나 상소하여 체직되었다.	• 영국의 앤 여왕, 영국연방을 수립함.
1708년 (무자, 숙종 34년)	• 벗 박심(朴鐔)을 곡했다. • 장령에 제수되고 또 집의에 제수되었으나 사직 했다. (60세)	
1709년 (기축, 숙종 35년)	• 7월, 서종태(徐宗泰)의 천거로 세자익위사 익위 에 제수되었다. • 8월, 강화(江華) 하곡(霞谷)에 은둔했다. • 10월, 호조참의에 제수되었으나 사직했다.	
1710년 (경인, 숙종 36년)	• 9월, 강원감사(江原監司)에 제수되었으나 사직 했다.	
1711년 (신묘, 숙종 37년)	• 7월, 회양부사(淮陽府使)에 제수되었다. • 9월, 금강산을 유람하고 10월에 돌아왔다. • 「심경집의(心經集義)」를 편찬했다.	
1714년 (갑오, 숙종 40년)	• 정호(程顥)의 요어(要語)를 뽑아 「정문유훈(程 門遺訓)」 3편을 엮고 「정성서해(定性書解)」를 지 었다. (66세)	
1716년 (병신, 숙종 42년)	• 최석정(崔錫鼎)을 곡했다.	
1717년 (정유, 숙종 43년)	• 3월, 숙종이 온양(溫陽)에 행차하자 잠실(蠶室) 의 강교(江郊)에서 영송(迎送)했다.	
1718년 (무술, 숙종 44년)	• 2월, 단의빈端懿嬪(경종의 세자 시절 빈 심씨 沈氏)이 졸하자 복제(服制)를 헌의(獻議)했다. (70세)	• 일본, 오규 소라이 『논어징 (論語徵)』 초고 완성.

1719년 (기해, 숙종 45년)	• 2월, 가선대부(嘉善大夫)로 올랐다. • 8월, 동지중추부사에 제수되다. • 11월, 한성 좌윤(漢城左尹)에 제수되었으나 사직했다.	
1720년 (경자, 숙종 46년)	• 숙종 승하 후 입경하여 군신연거복(群臣燕居服)에 대해 헌의했다. • 「중용설(中庸說)」을 짓다.	
1721년 (신축, 경종 1년)	• 『경학집요(經學集要)』를 편찬했다.	• 북유럽의 대북방전쟁에서 스웨덴이 패배함에 따라 러시아가 발트해 진출.
1722년 (임인, 경종 2년)	• 3월, 대사헌에 제수되었다. • 7월, 세제시강원 찬선에 제수되었다. • 9월, 이조 참판에 제수되었다. (74세)	• 조선, 임인옥사로 노론 4대신이 사사되고, 소론이 일시적으로 실권을 잡음.
1724년 (갑진, 경종 4/영조 1년)	• 명릉지문(明陵誌文) 수의(收議)에 헌의하지 않았다. • 6월, 소명(召命)이 내렸으나 사양했다. • 7월, 성균관 좨주(祭酒)에 제수되었다. • 8월, 경종이 승하하자 분곡(奔哭)하고 복제(服制)와 의절(儀節)을 헌의했다. • 영조 즉위 후 소명(召命)이 내렸으나 나가지 않았다.	• 독일, 철학자 칸트 출생.
1725년 (병오, 영조 2년)	• 양명학을 한다는 이유로 지평 이정박(李廷樸)의 탄핵을 받았다.	• 조선, 압슬형 폐지.
1727년 (정미, 영조 3년)	• 7월, 이조 참판에 제수되었다. • 8월, 세자시강원 찬선에 제수되었으나 고사했다. • 10월, 대사헌에 제수되었으나 고사했다. • 『경학집의(經學集義)』와 『경학집록(經學集錄)』을 수정했다.	• 조선, 정미환국으로 노론이 일시적으로 실권하고 소론 가운데 온건파가 기용됨.
1728년 (무신, 영조 4년)	• 1월, 자헌대부(資憲大夫)에 오르고 우참찬에 제수되었다. • 무신란(戊申亂, 이인좌 난) 후 상경하여 입대(入對)했다. 이후 서연(書筵)에 참석했다. • 9월, 안산으로 성묘하러 갔다. • 효장세자(孝章世子)가 죽자 입궐하여 상례(喪禮)에 대해 헌의했다. • 11월, 대사헌에 제수되었다. (80세)	• 조선, 이인좌의 난 이후 소론 몰락.
1729년 (기유, 영조 5년)	• 화폐(貨幣)의 편부에 대해 헌의했다.	

1730년 (경술, 영조 6년)	* 연좌율(緣坐律)에 관해 아뢰었다. * 역변(逆變)이 일어나자 상소하여 위문했다. * 『경학집요』를 완성했다. * 「천원설(天元說)」을 지었다. * 이후 영조는 해마다 약물(藥物)과 식물(食物)을 하사했다.	
1731년 (신해, 영조 7년)	* 장릉(長陵, 인조의 능) 천장(遷葬)에 대해 헌의했다.	
1734년 (갑인, 영조 10년)	* 벗 최규서(崔奎瑞)를 곡했다. * 3월, 지중추부사에 제수되었다. * 우찬성이 되었다. (86세)	
1735년 (을묘, 영조 11년)	* 원자보양관(元子輔養官)에 제수되어 원자 상견례를 행했다.	
1736년 (병진, 영조 12년)	* 1월, 세자의 책례(冊禮) 후 세자이사(世子貳師)를 더하여 숭록대부(崇祿大夫)로 자급이 올랐다. * 상소하여 겸직 등을 해면(解免)해주기를 청했으나 허락받지 못했다. * 8월 11일, 정침(正寢)에서 타계했다. 영조가 사제(賜祭)했다. 강화의 선영에 장사지냈다. 향년 88세.	* 일본, 오규 소라이 『논어징』 발간(1737년).
1741년 (신유, 영조 17년)	* 3월 13일, 정제두의 아들 정후일이 황화방 집에서 타계했다. 이후 사위 신대우(申大羽)가 행장(「朝鮮故通訓大夫 富平都護府使 水原鎭營兵馬同僉節制使 鄭公行狀」)을 지었다.	
1742년 (임술, 영조 18년)	* 사후의 정제두에게 '문강(文康)' 시호가 내렸다.	

이충익 연보

연도	이충익	국내외 주요 사건
1744년 (갑자, 영조 20년)	* 이광현과 나주임씨 사이에서 3남 1녀 중 둘째로 태어났다.	* 프랑스, 디드로 등 『백과전서』 2권 출간(1751년).
1755년 (을해, 영조 31년)	* 을해옥사로 부친 이광현(李匡顯)이 경상도 기장(機張)으로 유배되고 종부 이광명(李匡明)은 갑산(甲山)으로 유배되었다. (12세)	* 조선, 을해옥사로 소론의 주요 가문 몰락. * 독일, 칸트 「형이상학적 인식의 제1원리」(「신해명논문」) 출간.
1760년 (경진, 영조 36년)	* 종부 이광명 부인 정씨(鄭氏)의 상을 당했다. 종부 이광명의 양자가 되었다.	* 조선, 이익 『성호사설』 필사본 성립.
1761년 (신사, 영조 37년)	* 친형 이문익(李文翊)을 곡했다. (18세)	
1762년 (임오, 영조 38년)	* 신대우(申大羽)의 동생 신대익(申大翼)이 죽어 애사(哀辭)를 지었다.	* 조선, 정약용 출생. * 프랑스, 루쏘 『사회계약론』 출간.
1767년 (정해, 영조 43년)	* 아들 이면백(李勉伯)이 태어났다. (24세)	
1768년 (무자, 영조 44년)	* 강화 마니산(摩尼山) 망경대(望京臺)에 승려 혜운(慧雲)과 함께 암자를 지었다가 관금(官禁)으로 철거했다. * 종형 이영익(李令翊)이 조롱의 뜻을 다은 연작시를 보내오자 화답했다.	* 조선, 영조의 명으로 『동국문헌비고(東國文獻備考)』 편찬(1770년). * 독일, 헤겔 출생(1770년). * 중국, 청나라 건륭제의 명으로 『사고전서(四庫全書)』 편찬 시작.
1776년 (병신, 영조 52년)	* 7월, 생부 이광현이 기장 유배지에서 죽어 과천(果川)으로 운구하여 매장했다가 다음 해 강화로 이장했다. (33세)	* 조선, 영조 승하, 9월에 정조 즉위, 규장각 설치. * 미국, 독립선언문 발표. * 애덤 스미스, 『국부론』 출간.
1777년 (정유, 정조 1년)	* 양부 이광명의 봉양을 위해 심도(沁都, 강화)에서 갑산으로 갔다.	
1778년 (무술, 정조 2년)	* 11월, 양부 이광명이 갑산 유배지에서 운명하자, 강태웅(康泰雍)의 도움을 받아 장사(葬事)를 치렀다. 후에 「기강태웅사(記康泰雍事)」를 작성했다. (35세)	

1780년 (경자, 정조 4년)	• 종형 이영익을 곡했다.	• 조선, 박지원(朴趾源) 『열하일기(熱河日記)』 집필 시작. • 독일, 칸트 『순수이성비판』 초판 간행(1781년). • 중국, 청나라 『사고전서』 완성.
1782년 (임인, 정조 6년)	• 이영익 제문을 짓고, 문집을 편찬했다.	
1783년 (계묘, 정조 7년)	• 족부 이광려(李匡呂)를 곡했다. 후에 이광려의 문집 『이참봉집(李參奉集)』을 엮었다. (40세)	• 조선, 『대전통편(大典通編)』 간행. 박지원 『열하일기』 탈고.
1786년 (병오, 정조 1년)	• 10월, 생모 임부인(林夫人)의 상을 당했다.	• 독일, 칸트 『실천이성비판』 간행(1788년). 『판단력비판』 간행(1790년). • 조선, 정조의 문집 『홍재전서(弘齋全書)』 간행(1800년).
1801년 (신유, 순조 1년)	• 아들 이면백(李勉伯)이 증광시(增廣試)의 생원시와 진사시에 모두 합격했다. (58세)	• 조선, 신유옥사. 천주교 금지령 공포. • 프랑스와 오스트리아 간 뤼네빌 협약 체결로, 라인 연방이 출범하고 이는 독일통일의 촉매제가 됨.
1803년 (계해, 순조 3년)	• 도성의 서강(西江)으로 이주했다. (60세)	
1809년 (기사, 순조 9년)	• 본생고비(本生考妣)의 합지(合誌)를 지었다. • 11월, 이모부 신대우(申大羽)를 곡했다. 후에 묘지명(墓誌銘)을 짓게 된다. (66세)	• 독일, 헤겔 『정신현상학』 저술(1807년).
1815년 (을해, 순조 15년)	• 손자 이시원(李是遠)이 정시(庭試)에서 장원급제했다. • 동지사 홍의호(洪義浩)를 시로 전송했다. (72세)	
1816년 (병자, 순조 16년)	• 2월, 부인상을 당하고, 3월에 병으로 타계했다. 5월, 강화(江華) 선도포(仙都浦) 길상산(吉祥山)에 장사지내졌다. 향년 73세.	• 남미, 싼 마르띤의 아르헨티나 독립 선언. • 독일, 칼 맑스 출생(1818년).

심대윤 연보

연도	심대윤	국내외 주요 사건
1806년 (병인, 순조 6년)	• 심대윤이 심완륜(沈完倫)의 아들로 태어났다. 부친이 심무지(沈懋之)에게 입계하여 심수현(沈壽賢)의 다섯째 아들 심발(沈鈸)의 뒤를 이었다.	• 유럽, 신성로마제국 해체 선언. • 독일, 헤겔 『정신현상학』 저술(1807년).
1820년 (경진, 순조 20년)	• 『춘추』를 연찬하기 시작했다. 이후 제자백가와 음양술수 서적까지 섭렵했다. (15세)	• 독일, 칼 맑스 출생(1818년).
1833년 (계사, 순조 33년)	• 부친 심대윤의 상을 당했다. 직전에 경기도 안성 가곡(佳谷)에서 동리(東里)로 이거했다. (28세)	
1834년 (기해, 헌종 5년)	• 이때부터 경전에 주석을 하기 시작했다. (34세)	• 독일, 프로이센의 주도로 관세동맹 체결. • 조선, 정약용 타계(1836년)
1841년 (신축, 헌종 7년)	• 이해 10월부터 다음해 4월에 걸쳐 증조 심악(沈䤨)에 연좌되어 전라도 광양(光陽)으로 유배되어 있다가 죽은 증조모, 조부, 대고모의 유해를 모셔와서 선영에 안장했다. 심악은 을사사화 때 증조 심악은 역적으로 복주되었다. 심대윤은 반장의 기록과 제문, 시편을 『남정록(南征錄)』으로 엮었다.	
1842년 (임인, 헌종 8년)	• 『논어』 『대학』 『중용』에 주석을 하다. • 12월, 『주역상의점법(周易象義占法)』 5책을 완성했다. (37세)	• 청과 영국 간 난징조약 체결로, 청이 홍콩을 영국에 할양하고 광저우 등 4개 항구를 개방.
1843년 (계묘, 헌종 9년)	• 『중용훈의(中庸訓義)』와 『대학고정(大學考正)』을 완성하다. • 유영건(柳榮健, 자 夏元)이 죽어 제문(「祭柳夏元文」)을 지었다.	
1844년 (갑진, 헌종 10년)	• 4월 30일, 어렵게 얻은 아기를 잃었다. • 8월 2일, 황해도와 평안도 유람을 떠나 9월 22일 귀환했다. (39세)	

1845년 (을사, 헌종 11년)	• 두 아우와 함께 안성(安城) 동리(東里)에서 반상 (盤床) 공방을 열었다. (40세)	• 영국 군함 사마랑호, 제주도 와 전남 해안 일대를 무단으 로 탐사하고 돌아감. • 독일, 맑스·엥겔스 『독일 이 데올로기』 저술. 『공산당선 언』(1848) 저술.
1851년 (신해, 철종 2년)	• 『논어』 주석서 2책을 엮었다.	• 청, 태평천국운동 발발.
1852년 (임자, 철종 3년)	• 안성 동리에서 약방을 열었다.	
1854년 (갑인, 철종 5년)	• 부인 경주이씨(1802~54, 이후영 李厚榮의 딸)를 잃었다. 가좌곡(嘉佐谷) 즉 가곡에 매장했다. • 『정법수록(政法隨錄)』 1책을 지었다. 또한 『흠서 박론(欽書駁論)』과 『대선신서(大順新書)』를 엮 었다. (49세)	
1855년 (을묘, 철종 6년)	• 모친 의령남씨(宜寧南氏)의 상을 당했다. • 문생 정기하(鄭基夏)의 요청으로 『팔자백선비 평(八子百選批評)』을 지었다. (50세)	
1859년 (기미, 철종 10년)	• 『서경채전변정(書經蔡傳辨正)』 4책과 『시경집 전변정(詩經集傳辨正)』 6책을 이루었다.	• 다윈, 『종의 기원』 출간.
1862년 (임술, 철종 13년)	• 『복리전서(福利全書)』 1책을 이루었다. • 만년에 이르기까지 『예기정해(禮記正解)』 8책, 『의례정론(儀禮正論)』 2책, 『주례산정(周禮刪 正)』 2책, 『가서산정(家書刪正)』 1책 등을 정리 하고 표제를 『예기(禮記)』라 했다. (57세)	• 조선, 진주 민란 발발. • 독일, 비스마르크 재상으로 취임. • 조선, 『대전회통(大典會通)』 간행(1865년). • 독일, 맑스 『자본론』 제1권 출판(1867년). • 일본, 니시 아마네(西周) 『백학연환(百學連環)』 간행 (1870년).
1872년 (임신, 고종 11년)	• 2월, 『효경산정(孝經刪正)』을 이루었다. • 7월 24일 타계했다. 묘는 양성(陽城) 구만리(九 萬里, 현재의 용인 지역)에 있다. 향년 67세. • 유고로 『백운문초(白雲文抄)』 3책과 『한중수필 (閒中隨筆)』 2책이 전한다.	

문헌 찾아보기

창비 한국사상선 9

정제두·이충익·심대윤
참된 마음의 공부길

초판 1쇄 발행 / 2026년 2월 20일

지은이 / 정제두 이충익 심대윤

편저자 / 심경호

펴낸이 / 염종선

책임편집 / 박주용 박대우

조판 / 황숙화

펴낸곳 / (주)창비

등록 / 1986년 8월 5일 제85호

주소 / 10881 경기도 파주시 회동길 184

전화 / 031-955-3333

팩시밀리 / 영업 031-955-3399 편집 031-955-3400

홈페이지 / www.changbi.com

전자우편 / human@changbi.com

ⓒ 심경호 2026

ISBN 978-89-364-8113-1 94150